我的法官之路

官昌恒 著

中国财经出版传媒集团
中国财政经济出版社

图书在版编目（CIP）数据

我的法官之路 / 官昌恒著 .—北京：中国财政经济出版社，2017.5
ISBN 978-7-5095-7455-3

Ⅰ.①我…　Ⅱ.①官…　Ⅲ.①官昌恒 - 回忆录 Ⅳ.① K825.19

中国版本图书馆 CIP 数据核字（2017）第 097796 号

责任编辑：周桂元　　责任校对：李　丽
版式设计：孙俪铭　　封面设计：孙俪铭

中国财政经济出版社 出版

URL：http://www.cfeph.cn
E-mail: cfeph@cfeph.cn

社址：北京市海淀区阜成路甲 28 号　邮政编码：100142
营销中心电话：010-88190406　北京财经书店电话：010-64033436　84041336
北京财经印刷厂印刷　各地新华书店经销
787×1092 毫米　16 开　20.75 印张　309 000 字
2017 年 7 月第 1 版　2017 年 7 月北京第 1 次印刷
定价：49.00 元
ISBN 978-7-5095-7455-3
（图书出现印装问题，本社负责调换）
质量投诉电话：010-88190744
打击盗版举报热线：010-88190414　QQ：447268889

前言

《我的法官之路》，可谓是“十年后再磨一剑”。自十年前我的《偏离准星的欲望》（1、2版）出版后，再没有出版新书。退休后的今年春节，又燃起我写作的欲望，故又拾起笔，将我一些经历、承办的一些典型案例、在报刊、杂志上发表的部分文章，经筛选缀辑成书，以飨读者。

写书的确不易，就说打字，因在十年前写《偏离准星的欲望》引起颈椎病，十多年没摸过键盘了，且把五笔字根忘得一干二净，十年后为了写《我的法官之路》，只好又重背“目具上止卜虎皮，日早两竖与虫依”的字根，捉虫式的敲打电脑键盘。

键盘上下左右有规则的敲击、运行，显示出逻辑思维，文字内涵告诉读者，人生饱尝酸甜苦辣，其经历就是甜与苦、快乐与幸福、高兴与痛苦的辩证统一。人不能得意忘形，低迷不要自卑，往往起点就是终点，终点就是起点，奋进才是人生目标。我将自己的职业历程缀字成文，就是让读者以此为鉴，知得失。

“十年再磨一剑”，似时间漫长，又可谓短暂。2006年后没有再写作，美其名曰工作忙了，担子重了，可真正的原因是勤奋少了。退休后又缀笔，不免词不达意，文不对题，但许多真实的事例能启迪人生，从中得到教益，且许多有哲理的思维，能让人聪明，吸取教训，以免重蹈他人覆辙。

本书既是对过去的自我回顾，也是对自我的反省；既是对过去经历的总结，也是明示自我；既是对往事的追忆，也是对得失的思考。在过去36年多的法官生涯中，我在湖北省高级人民法院历经了七任院长，在内设的十个单位从事过刑事、民事、立案、审判监督等工作；在办公室从事过信访，在研究室搞过调研，任过“业大”教师，写过《法院司法志》，办理了数不清的刑事、民事案件，防止过错杀，纠正过冤案，让许多上访人息诉。打击犯罪、维护权益、平反昭雪、息诉服判，在理论上也有许多探讨。当然书中过去有些理论、观点、数额认定等，用现在的观点看已过时，但从另一角度看，正好说明了法治与政治、经济、社会发展紧密相联。随着社会进步，法治也不断完善，也正好反映了当年法治状态和法治理念，对历史也是个交代。

几十年法官生涯，办理了许多典型案件，把这些案件经过整理作为案例写入本书，目的是让人们当作一面镜子，从中得到启示、教育。知人者可知得失，知己者可明是非。在我写的有些例证中许多就是因为自负、自居、自傲而放松世界观改造，认为“官”就高人一等，在人之上，镜子总是照着他人，对别人高标准，对自己低要求；有的头天台上作报告，第二天戴手铐；有的头天接到任命书，再日接到撤职书；有的的确曾为社会作过贡献，为他人作过有益的事，但随着改革开放，大浪淘沙，经不起“糖衣炮弹”的攻击，堕落犯罪，最终悔之晚矣；有的“与狼共舞”，杀人越货，最终自绝于人民、自绝于社会，成为罪人；有的在金钱与权力面前，败下阵，贪污受贿，入监坐牢。这一切都值得深思。

本书在出版过程中，得到了中国财政经济出版社的支持，特别是周桂元主任提了许多宝贵意见，也得到许多朋友的鼓励，在此一并表示感谢！

官昌恒

2017年春于武汉

目录

第一章

法官，未曾预想的职业

我不曾预想过，也没有任何思想准备，1980 年 2 月我从武汉大学哲学系毕业后被分配到湖北省高级人民法院工作。不说专业不对口，且直接从大学门走进了省直机关门，对我这个出生在农村里的“山里娃”，不仅国家机关让我陌生，省法院系国家审判机关，更是让我感到十分神秘。

可当我报到后，让我没想到，省法院机关在武昌首义路，办公楼是 50 年代初建成的旧房，且只有 60 多人。一楼是家属区，各种杂物堆放堵住通道，四家共一间厨房；走廊灯光昏暗，墙壁灰黑色，碰壁沾灰；二楼靠东边的一间 50 平方米的房间就是我们新报到人员的宿舍。二楼、三楼属办公区。每间办公室挤着七八个人，任何一个人细微的小动作或者咳嗽声，整个办公室都被打扰。我刚进机关，非常谨慎，处处小心，不敢在办公室走动，就是感冒了咳嗽也只能用手帕捂着嘴，生怕咳出声影响他人办公。在办公室没有人随意走动，没有人敢大声喧哗，就是一张拟稿纸正反两面都得使用，否则就会以不知道节约受到批评。

那时的省法院，虽说人员不多，但是机构设置齐全，业务庭主要分为刑事、民事，特别是刚刚恢复不久的政法机关，刑事为主导，分刑事审判第一庭、刑事审判第二庭，民事不受人待见。我被分配到刑一庭工作，被同学羡慕。正当我上班时，刚恢复不几年的法院正遇上“文化大革命”后期的平反冤假错案，大量的群众来信来访涌进法院。每天上访人员排成大队，上访信件堆积如山。对来访人员采取简单询问登记式，来信进行分拣，除由省法院受理管辖的申诉案件外，分区域一袋一袋地寄往管辖地法院，所以有人总结叫“看、转、留”，即看地域，按区域管辖转出，属省法院的留下来。由于信访量大，信访科急需扩充人员，我刚到刑一庭，政治处又通知我，说我在大队任过党支部书记，懂得做群众工作，为此调到信访科工作。

信访科隶属院办公室，6 个人除了我是年轻人外，其他人都在 50 岁左右，不是老弱就是病残，工作量很大。每天要接待几十个上访人，千封左右的信件需要分区域整袋整袋地邮寄，光用剪刀剪开信件，手指都被磨破皮。没有一点休息的时间，脑子高度紧张，吵闹声、骂人声震耳欲聋，有时遇到上访人把“文革”时期和“三反、五反”、“四清运动”所受的气，一起发泄到我们工作人员身上，吵得人心烦意乱。碰到有的闹事者，还不时被院领导指责，真可谓“猪八戒照镜子——里外不是人”。

当年我到省法院才24岁，血气方刚，觉得工作累不说，反而在信访科挨骂被指责，心还很累。同到省法院来的同学都分配在业务庭工作，通过办案学了很多审判业务。而我在信访科业务学得少，还受气挨骂，有种动摇心理，要求回业务庭工作。愿望没有实现，反倒受到了批评。

在信访科工作了两年，由于平反复查申诉案件大幅度上升，各业务庭案件突飞猛进，需要大量年轻干部充实到业务庭办案，我相对也是年轻人，业务庭机构扩编，我又被调回刑一庭。不料就这一调，在我10多年的工作中，被当作不服从安排的典型，连副科级多年也没有被提拔。同来省高院工作的25个大学生中，这时有的已任副厅级的院领导多年。

在刑一庭，我主要负责调研工作，全年要办理各类刑事请示案件50余件，还要拟写各类讲话、材料汇编等。写作成了我腾飞的梦想。

在刑一庭工作不久，院里成立了《湖北法院司法志》办公室，隶属研究室，我又被抽调到《湖北法院司法志》办公室写湖北法院志，一写就是三年。1985年全国法院业余大学成立，各省高级法院为分校，学校需要大量的经最高法院培训的专职和兼职老师。因我在大学学的是哲学专业，“业余大学”有法律逻辑课，我又被抽调任“业大”老师。在任兼职老师期间，我既要办理50多件刑事请示案件，还要完成巡回全省的教学任务，一个人要完成两个人的工作任务。由于业绩突出，1985年我被评为全省法院系统的先进工作者。

在36年多的工作中，我20余次被评为优秀共产党员、先进工作者、优秀党务工作者。其中荣立一等功二次，二等功一次，三等功一次。1992年晋升一级工资，并被评为湖北省省直机关优秀共产党员，2001年被评为全国立案信访先进个人。曾先后在《人民司法》、《法制日报》、《人民法院报》、《知音》等10余种报刊杂志上发表文章50余篇，其中有的获法制好稿征文一等奖、法制宣传一等奖；出版专著和合著《犯罪醒世录》、《偏离准星的欲望》（1、2版）、《金钱情爱掩卷思考录》等5部作品。先后任立案庭副庭长、审判监督第二庭（现改为审判监督第三庭）副庭长，民事审判第一庭庭长；二级高级法官、审判委员会委员、副巡视员、专职审判委员会委员等职。2006年9月27日当选为中国法学会民事诉讼法研究会第一届理事会理事。被《中国人才辞典》、《中国优秀领导人才大典》、《中国世纪专家》等书库载入。我撰写的《我们是怎样把好死刑案件复核关的》被载入《当代专家论文精选》一书中。

第二章

儿时的印象

第一节 百里荒的印记

曾未预料过了40多年，在我退休后回到“百里荒”故地重游。“百里荒”的熊家岗是我出生的地方，现名为宜昌市夷陵区龙泉镇柏家坪村熊家岗小组。

据记载，“百里荒”因古代方圆百里无人烟而得名。宋代文学家欧阳修曾被贬至夷陵，任过一年半县令。在他任夷陵县令期间，曾于1037年8月踏上百里荒，面对如此荒凉的景象和自己被贬的心情，触景生情写下“荒烟几家聚，瘦野一刀田”的名句。

现“百里荒”分别隶属宜昌市夷陵区的分乡镇、龙泉镇，东与当阳市连接、北与远安县接壤，总面积约31.8平方公里，距宜昌市城区50公里，距三峡大坝70公里，平均海拔1200米，盛夏最高气温28℃，是宜昌的避暑胜地。景区目前已开发出多个观光体验区、山楂树文化园、红叶谷观景区、花海景区等。“百里荒”以草原风光、天然荒凉为特色，以原汁原味的“荒凉文化、山楂树爱情文化”为底蕴。在这里20世纪80年代我国南方草场建设“北羊南养”项目的重要科研实验基地，原始草场三万亩，人工草场一万亩，享有“中国南方草场”的美誉；由于独特的高山地理环境，仅“百里荒”具有“春迟、夏凉、秋早、冬寒”的荒凉特色，到“百里荒”品味荒凉是其最大的特点。春季的荒凉，夏季的清凉，秋季的苍凉，冬季的冰凉，使得春夏秋冬四季游，“百里荒”景看不够；山楂树则是“百里荒”景区最大的亮点和看点，著名导演张艺谋执导的电影《山楂树之恋》在宜昌拍摄，影片中的灵魂树——山楂树就是选在“百里荒”景区。影片于2010年9月16日公映后，“百里荒”景区因山楂树一夜成名，无数“山楂迷”慕名而来，争睹“百里荒”山楂树风采，探寻纯真美好的爱情之真谛。《最后的国门》电视连续剧也在此拍摄。

位于宜昌市夷陵区龙泉镇柏家坪村“百里荒”的熊家岗，原属独立的生产大队，新中国成立后住家不过百人，几经变迁，现只有一个小组，住家人员递减。在“百里荒”的熊家岗山顶峰上，中间有一块方圆几公里的平地，平地中间有一口井，不管天寒地冻，水从地下溢出，清澈甜润，名叫“洗马池”。传说“洗马池”是三国时关云长因洗马而得名。“洗马池”下的山腰上有座独立生成的锥形山峰，山峰面积有一个篮球场大，平坦、雄伟，远处眺望，美到极致，它矗立在半山腰，十分显眼，名叫“棋盘山”；在“棋盘山”下有一条山水沟，位于两山间的半山腰，山洞奔流的山泉水清澈，奔流不息，养育着下游数万人，它名叫“滚子冲”。相传三国时期，关云长骑着赤马从当阳出发，走到现夷陵区的龙泉镇柏家坪，马在山岗一池塘饮水，被陷入泥巴塘里，从此此地取名“汉马岗”；走到一山顶，山高水长，看似没有水源的坡地，但均为水田，马见到绿油油的稻谷，奔跑着抢吃稻谷，马鞍即从马背上掉下，关云长重新将马鞍给马背上，从此此地改名为“背马山”（也有的说是关云长在此备马而得名）；横向行走了十多公里，在熊家岗的山下半山腰中，饥饿时随地拾柴烧了几个饼子吃了，从此此地改名为“烧饼坡”，新中国成立后烧饼坡就是一个生产大队，与熊家岗大队齐名。关云长继续向山顶上爬，走到山顶，方圆几十公里没有水源，来回寻找，在山顶上的一洼地，见有水源从地下溢出，水澈清甜，自己喝足后，将马浑身的泥浆用此井的水洗干净，从此此水井改名为“洗马池”。关云长见到“洗马池”下的半山腰中有一座独特的山峰，山峰顶端有块特大石头，兴致至极，下到山腰爬上大石头，与赵子龙下棋对弈，此山从此改名“棋盘山”；在对弈中，一颗棋子滚到了山下一山沟，山沟从此改名为“滚子冲”。

这些脍炙人口的三国古战场传说故事，如果没有《山楂树之恋》电影，恐怕只能在当地流传，如果没有《山楂树之恋》的传播，“百里荒”的风景没有被开发，将会被湮没被淡忘。而就是电影的传播，“百里荒”已成为宜昌新的旅游胜地，凡到过“百里荒”的人们，无不为之感叹：山顶的草原与北方草原不同，似乳峰式草甸，一个接一个；千奇百怪的侏儒石材、石芽、石笋、石柱，浑身灰白，石形如瘦骨枯根，怪模怪样，似牛羊在草丛中，满山遍野。阴雨天，在山峰上俯视乳峰山间，满山云雾，无缝飘浮，山间被遮得严严实实，似少女般羞涩。晴朗的夜空，远眺宜昌市城区，灯光似星星，眨眼式地闪烁。百里荒有二千多种乔木、灌木，形成天然氧吧，让人心旷神怡。白云悠悠，鸟鸣声声，林木森森，芳草萋萋。山上的山楂树生长在山巅，长在山岭薄地，再普通不过，它不鲜艳。春天，嫩绿的叶子中美丽洁白的小花，在深色叶子的衬托下，显得格外娇艳。夏天，在炎热的阳光下，茂密的枝叶就像一把大伞，遮阳避暑，感觉特别凉爽，绿绿的果实在叶子下露出小脸。秋天，在凉风中，红红的果实露出一张张迷人的笑脸，空气中弥漫着酸甜的味道，让人垂涎。冬天，寒风夹着大雪，雪花洁白得像一件羊皮袄，裹住那挺直的树干，树枝上的叶子掉光了，仍在寒风中欢快摇摆。不惧天寒地冻，不怕风吹雨打，任其东北风西北风，独领风骚，没有其他树陪伴孤独地让人尽收眼底。夏天树叶茂密，秋天的红色果实硕果累累，酸甜可口；山楂树不争艳，但非常诱人，特别是天寒地冻在风雪中摇摆，挺直树干，它在向人们显示，冬天来了，春天还会远吗？

1955年阴历正月十八日，在滴水成冰的寒冷深夜，我就出生在"百里荒"一脚踏三县的熊家岗。据我父母讲，我出生的当夜，寒风刺骨，没有取暖的炭火，只有寒冷的大雪飘舞，冷飕飕；当夜下了一米多厚的雪，风寒地冻，屋檐挂满几尺多长的冰锥……母亲因冻馁，生我时从鬼门关走了一回。母亲的一生对我影响非常大，她一生让我受益匪浅，的确，为我留下用不尽的精神财富。

第二节 妈妈给我留下的精神财富

一

我的母亲是一位再普通不过的典型农村妇女，没有文化，也讲不出什么深奥的哲理，一生没有留下什么惊天动地的业绩使后代荣耀，也没有留下一笔丰厚财产供后人继承。但她具有勤劳、善良、朴实、忠厚、贤惠的美德，为我们留下了取之不尽、用之不竭的精神财富。

从我记事起，一年到头母亲总是忙忙碌碌，白天要出工，在生产队劳累一天后，晚上回家总有理不完做不尽的家务事。深夜，全家人都睡觉了，母亲还在那昏暗的煤油灯下纳鞋补衣。一年四季，春夏秋冬，夜幕总是伴随着母亲的身影。儿时的我是在母亲温馨的油灯光中入睡，又是在母亲明亮的油灯光中醒来。

母亲共生下我们8姊妹，长大成人的有两个姐姐，两个妹妹，一个弟弟和我。母亲把毕生的精力都投入到了子女的身上，她别无所求，只求子女们平安、幸福，只求儿女们长大成为有用之才。儿女就是她的希望、她的理想，为了儿女，再苦再累她也毫无怨言。

我儿时的记忆中，最难忘的是20世纪60年代初的自然灾害。那场全国性的大饥饿中，树皮被刮、草根被刨，我们姊妹因不谙世事，饿得围着母亲嗷嗷叫。有一天，母亲往返百余里到几个亲戚家弄得4升苞谷。我看着放了野菜但却稀得照人影的稀糊糊，哭着不吃，在妈妈的怀中我吵着："那菜太苦，我要吃用猪油渣炒的白米饭。"母亲端着碗，将稀糊烧成的锅巴一口一口地喂我，对我说，我们能吃上苞谷糊就算满足了，别人家现在连稀糊都吃不上啊。我只顾哭闹，不知这碗照人影的稀糊，母亲还未吃上一口。每次开饭，母亲不是在打杂喂猪，就是让父亲和我们先吃饱后她才吃残羹剩饭。即使在这样的饥饿日子里，母亲还总是挂念他人。母亲在亲戚家弄得4升苞谷后的第二天，得知我们生产队的另一家8口人几天前就断了炊，全家饿得打不开门，她马上端上一升苞谷送去。当时我们姊妹都不能理解。母亲说："再过半月，我们菜园里苞谷也可刨青了，别人有难就应帮助他。人啊，难中好救人。俗话说，一碗米的恩人，他家现在揭不开锅了，我们有点粮食，就应帮助他们；如果我们家也揭不开锅，别人也会帮助我们的。"

1964年4月中旬，我母亲刚满月子的第二天就出工了。清早一水田因背阳光，又出于河水口，水冷刺骨，许多田地的粪土都撒开了，唯这儿块田里粪土无人问津。我母亲身为妇女队长，为了起带头作用，第一个下水田去撒粪土。因水冷刺骨，造成我母亲第二天下肢肿痛，一病就是4年多，住院达两年之久，家庭背债2000多元。那时的2000元债对一个农村人来说可是个天文数。因母亲长期卧病在床，无人给我做鞋穿，几年我都是光着脚板上学。路上石子多，出门就是坡，我经常被石子划破了脚板。因在水里雨里踏，脚被感染了，几年一到夏天我的脚板就化脓，母亲为此非常心痛。有一年又快到冬天了，母亲准备用父亲的一双旧鞋将后根帮子缝合后改小给我穿，当她发现我们同村有两兄弟因母亲过世几年冬天都赤着脚板时，母亲当即将这双鞋送给了那兄弟的老大，结果我多打了半个月的赤脚。

我家因母亲长年患病，可以说家贫如洗，有时一连几天没盐吃，长年靠我们几姊妹上山挖点药材，摘点副业赚上三五角来维持家用。记得一次我家几天断盐，母亲拿出1角7分钱要我上学带回1斤盐。我在买盐中见本大队王某因病买中药差 5 分钱，急得汗直冒，我当即将 5 分钱给了王某买药，结果未买回盐。回家后，母亲问明情况，不仅未责怪我，反而对我讲："你做得对，别人买药是为治病，如果买不了药，就会误了治病，那是大事；我们没盐吃比起别人治病吃药事要小得多。"讲完，妈妈又补了一句："这叫积德啊！"

二

我母亲出身贫寒，未进过学堂门，一生只字不识。为了使我们不走她的老路，她非常注重我们的学习，晚上我们做作业时，她也总是坐在旁边守候。那时家乡没有电灯，晚上全靠煤油灯，为了节约，家里常常用松脂和松节照明。而我读书时，母亲从不吝惜，将煤油灯拿给我用。母亲虽不识字，但每天检查我们的作业是否得了百分。我读一年级时，母亲就要父亲教我学打算盘，在学习上，她要求特严，不准旷课，当天的作业一定要当天完成。我们上学要走十多里山路，记得有一天因下雪，我在路上贪玩，上学迟到了，母亲知道后用木棍将我打了一顿。这是我母亲一生中打我最厉害的一次。我上小学二年级时，一支 2 分钱的铅笔被另一同学拿去了，我不问理由就去夺，结果与那同学打起架来。虽说老师严厉批评了那位同学，还给了我的铅笔，但回家后因我脸上有手指划伤印，母亲问明情况后，逼我跪在地上，反复责问，为何不先跟老师讲而动手与人打架。并说，即使别人不对，也不能与人打架。这件事对我触动很深。后来在我的日常生活中，母亲对我也从不放松教育。就在 1977 年我上大学的前几天，母亲还反复告诫我，农村娃上大学不易，一定要保持农村人的本分，不忘艰苦奋斗的精神。

的确，母亲一生中对我期望特别高，总希望我能成为社会有用之才。我小学毕业时，正值"文化大革命"期间，上中学必须经过贫下中农推荐，因我父亲在大队任民兵连长，也成了所谓的"走资派"，红卫兵不分昼夜批斗我父亲。那时"走资派"的子女比什么都臭，因而在推荐时，我也被无情地剥夺了上中学的权利。我母亲得知后，当即找到公社文教组组长詹义运老师。那时我是全学区学习标兵，詹老师非常了解我，在他的同情和支持下，我才上了中学。如果那时没有我母亲的努力，没有仗义的詹老师，我将失去学习机会而造成终生遗憾。为这事我母亲不知哭了多少场，她生怕因父亲是“走资派”而连累我。在我上中学时，母亲为了我交学费，每次将家里的鸡蛋积攒起来卖了钱后供我上学。那时的鸡蛋只卖3角多钱1斤，1只鸡1年生不了几个蛋，也卖不了几个钱，不得已有时只得让我把鸡卖了去交学费。在我读书期间，我妈妈很少缝新衣服，有一年春节缝了一件粗布新衣却舍不得穿，不知保存了多少年……至去世清理遗物时我们发现还存放在箱子里。但为了我上学读书，她从不吝惜钱。在我上大学期间，母亲每年要喂上一两头猪为我筹备读书的费用。

三

我成长过程中的每一步，都与母亲的教育分不开，不管在前进的路上遇到什么困难，妈妈总是将言教寓于身教中。记得1975年，在我担任大队党支部副书记的第二年，因张某偷了生产队的几个青苞谷棒，在群众大会上，我点名批评了他。回家后，我母亲认为我工作方法太简单了，说批评一个人之前，必须先了解一下他为何要偷集体的粮食。按照母亲的叮嘱，我主动到张某家了解情况，找他谈心。我发现张某家大口阔，还有80岁的父亲，因青黄不接断了炊，才不得已到集体田间掰了十几个青苞谷棒。弄明情况后，第二天我主动找生产队的保管员，从仓库中称了40斤苞谷给他家送去，解决了饥饿之苦，他为此深深地感谢我母亲和我。后来，母亲深沉地对我说：他家在断炊的情况下不得已去摸了几个青苞谷棒，这说明你们当干部的未深入实际，不了解群众的疾苦，是一种失职行为。从这件事上你应好好想一想，作为一名农村干部，应多关心群众的生活。这席话，至今深深地印在我脑海中。

“对群众生活要关心，即使对自己过去有矛盾的人，作为一个干部也决不能计较。”这是我母亲长期教育我的口头禅，在实际中，我母亲也是这样为我们做出榜样。1974年，在我任生产队队长期间，朱某因病去世，留下5个孩子，家庭十分困难。因朱某过去在任生产队队长期间，自私自利，独断专行，得罪了大多数群众。他死后，大家都不愿上门帮忙，我也曾联想在我母亲生病期间，他　扣过我家口粮，逼我未成年的二姐代母亲外出搞“三线”建设，认为这是他的报应，未能及时为朱家安排办丧事。我母亲严肃地批评我：“活人怎么能记死人仇呢？朱家过去对我们家是不好，但今天你作为干部，怎么能在他人有困难时记恨他呢？”我母亲帮着出主意，在朱家一贫如洗的情况下，我出面帮朱家借了副棺材，并号召全体社员献菜献米，热闹地安葬了朱某，朱某的家人至今对我感激不尽。

另一次，邹某在外出工，家里只有一个女人和一群小孩，正当分红薯期间，他家无人往家里运，我便主动号召他人帮忙。结果事与愿违，邹某的妻子不领情，说我们把已挑选过的红薯送给了她家。我当时非常恼火。我母亲当时在场，耐心地给她做解释工作，叫她回家看一看，如果是挑选过的红薯，就退来我家要。一旁的群众也批评邹某的妻子说话不实。第二天，邹某的妻子向我赔礼道歉，说对不起，昨天她冤枉了我。事后，我母亲对我说："有些人在不明事因的情况下，对干部可能做出些出格的事，但我们不能因受点委屈就得理不饶人，这不是大将风度，不是男子汉的气度；如果为这件事你与她争吵，矛盾会越闹越深，她不会因错而向你赔礼，我们遇事要冷静，要有事当无事。"

我母亲不懂那些深奥的哲理，但新中国成立后她长期担任大队、小队干部，有一定的组织能力，深得群众的信赖。什么张家吵嘴李家闹矛盾，大小事件，乡邻总忘不了请我母亲出面调解。有时即使邻里闹得不可开交，只要我母亲出面，双方即息事宁人。在当地我母亲人缘好，有极高的威望，深得群众的拥护。

四

我母亲一生是勤劳而艰苦的，直到她快60岁了，我们姊妹才先后成家立业，但她还是少不了为我们操心，不是为我们婚事操心，就是为姊妹的生活操劳。1980年2月我大学毕业后被分配到湖北省高级人民法院工作，但母亲仍未放松对我的教育。1981年我谈上了朋友，妈妈在农忙中特地抽空从宜昌来到武汉，看望未来的儿媳。见面后，母亲高兴得合不拢嘴，连声对我说："好！好！找媳妇就是要找能持家的。"她与未来的儿媳谈天说地，那高兴的心情我在旁边也受到了感染。1982年春节前夕，我带着爱人回家了，平时本来不热闹的山沟热闹非凡。母亲忙前忙后，一连好几天，高兴得夜不能寐，清晨起来用手工磨豆腐，千方百计做些可口的菜给儿媳吃，晚上还出钱放了一场电影。我爱人住了几天，很快消除了婆媳的距离感，十多年来，婆媳关系很融洽。后来，我儿子出世，母亲特地来守候了一个月，这也是母亲来武汉时间最长的一次。

我成家立业后，母亲虽年岁已大，但还是少不了挂念。每年专为我准备家乡的土特产，我探家返程时，一担子近百十斤香肠、腊肉等挑得我满头是汗。在母亲眼里，只要和儿女在一起，就是她最大的欢乐，为下辈人付出越多，她越感到幸福。1990年，母亲已60多岁高龄，家乡的桃子刚熟，为了让孙子能吃上鲜果，她摘下60多斤装了一口袋，专程从宜昌送到武汉。在武昌下火车后，她用肩扛到我单位，因走错了路，来回多走十多华里，累得她气喘吁吁，可是她还怕桃子被揉坏了，衣服被汗浸得透湿。当我见到母亲累出的汗水时，泪水直往肚里流。可怜天下慈母心啊。

1994年8月3日，天气特别闷热，早上还晴朗的天空，乌云翻滚，一场大雨即将来临。我上班不久，突然接到弟弟的电话，说母亲已病数日住进了宜昌市第一人民医院。我和爱人、儿子当天乘车赶到医院。母亲见到我们，反复说，你们工作忙，我没有什么大病。可是我却预感母亲这次病得很重，平时有病也从未医治，积重难愈，母亲的病像一块石头压在我心中。我爱人也发现母亲的精神差，不像一般的皮肤病，要求从皮肤科转内科，因为是双休日，怎么也找不着值班医生，一拖又是两天。晚上，我见母亲痛得直咬牙，但我们在她身边时她却一声不吭。为了不让我们担心，她表现得特别镇静、坚强。只要我们离开病床，她痛得在床上翻滚。同病房的病友说："你母亲真了不起，疼痛难忍，把牙咬得格格响，舌头咬破了，也一声不吭。"我看着母亲的病一天重一天，心如刀绞。到了星期一，医院总算派来了一个内科主治医生。医生一检查，认为出现了病毒性疱疹引起综合性感染。检查不到一个小时，我母亲永远闭上了眼。

我不相信这是事实，母亲去世得太突然了。在我印象中，她是一个累不垮、病不倒的人，就在我爱人为母亲洗脸擦身，将母亲冰冷的身躯抱在怀中穿寿衣时，我还认为母亲仍然活着……

这天正是1994年农历七月初一。我母亲才67岁。这是一个悲恸的日子，天阴沉沉的，乌云密布，雨下个不停，我一时失去了任何主张。许多闻知噩耗的亲朋好友，无不痛哭失声……

第二天，我们把母亲安葬了。我长跪在大地上，望望垒起的新坟，望望荒山野岭，妈妈……妈妈……您不该走得这么急。我们都已长大成人了……我们再不会断盐缺粮了，您睁开眼再看一下。您应该有一个幸福的晚年，好好享受。您怎么就这样离开了我们呢！

母亲的去世让我悲痛，她去世的太早、太突然，好几年我只要见到坟堆眼泪控制不住地往下滴。一回想我成长的路，好像儿时的我没有长大，长大了也还未懂事……

妈妈的墓园旁是四季常青的柏树，每年春节前，弟弟总要将妈妈的墓园清理下。可每年清明，似乎青草长得特别快，姐姐妹妹、侄女侄子、外甥等用双手拔除坟头的杂草，而来年又布满坟头。也正是在每次到妈妈的坟头，心情总是沉浸在哀悼中。在妈妈的墓地前后左右转上几圈，似乎是又见到妈妈那慈祥、温暖的笑颜，那美好的回忆总在我心中萦绕。我们做儿女的永远报答不了妈妈的养育之恩，只能好好继承妈妈的精神财富，才是最好的报恩。

长跪拜在妈妈的坟前，点燃一张张纸钱，似永远的怀念、纪念。

第三节　难忘的日子

我家是在我一岁多从“百里荒”的熊家岗搬迁到烧饼坡三岔口子的余家垭，从山上搬到山下，海拔也在500米以上，出门也是坡，山上石头多，出门爬坡走十多华里才走到山外，是典型的山中有山。但从山顶峰搬到山下，至少要少爬两个小时的陡坡路，可谓从山上到了“平原”。为了生活更好点，从山上搬到山下用200元买了几间没有进行土改的地主私房，后被没收归大队所有的土墙屋，改名为“官家大屋”，一住就是几十年。200元那年头是天文数，房子是赊账的，十多年来父母披星戴月，起早贪黑，养猪喂鸡的积攒才把这笔账还清。

说真话，那时的“百里荒”除了荒凉就是石头，除了石头就是草甸，山楂树、野生猕猴桃、野生八月瓜到处可见。余家垭相比“百里荒”的熊家岗富裕，水旱两兼，粮食除了小麦、苞谷、红薯外，还有水稻，而“百里荒”的熊家岗只有苞谷，的确是从穷地搬进了富地。

我就是在这穷山沟长大的。

虽说从穷山上搬到了富山下，实际只相距十多华里，只是山上与山下之分。这里方圆几十公里的村庄没有一所固定的小学，六岁时，父母求人在同区的高场公社的“尖山小学”让我上了学，每天要走十几华里，也是从山下爬到山上，一般走一个半小时左右。早上清晨吃早餐上学，中午没带午餐，只能放学后回家饱餐。母亲为了我读书，在粮食不充足的情况下，想方设法为我饱肚，她却自己一天到晚很少吃饱饭。有时为了我上学能带中餐，设法为我用小麦面做成馍馍让我带上当午饭。母亲就是这样让我从小学读到高中。初中、高中离家远住宿学校，高中在离家30多华里的分乡区，名叫宜昌县分乡区分乡高中，半个月才能回家一次，自带米和柴，吃的是腌菜，只能在学校每周劳动课时，学校才免费提供一顿萝卜、白菜。学校规定，有钱的交钱，没钱的交五十斤木柴才能搭伙蒸饭，不说在高中那时要走30多华里的山路，还要自带米和木柴，每次返校要背60斤左右的东西，对于像我这样个头不高，身材单薄，力气不大的真是很吃力。而半个月才能回家一次，又没钱买青菜吃，一年四季就是自带豌豆酱和炒黄豆，吃不上一口青菜。在我工作后的二十多年，只要一闻到豌豆酱之类的腌菜就反胃，根本不吃腌菜。那时为了上学读书，寒暑假就是上山采药材，什么柴胡、桔梗、白芍、黄姜等，一个假期采的药材能卖到五六元，真是高兴至极。采药材时不时遇到蛇，被虫咬，还有被摔下山的危险，那全然不顾。一次我挖黄姜时，不小心将一把挖菜的小铲子丢了，在山上找了半天未找着，吓得直哭，因这把小铲子成本有一元多钱，我全天挖的黄姜还卖不到二角钱。尤其是冬季只能挑木炭赚运费，每百斤木炭挑到20多华里的“高场商店”，只一元五角的“力金”。挑一次木炭“力金”能赚到一元钱那可高兴得不得了，一般挑一次我只能赚得六七角钱。小时候我特别爱吃糖果，多想拿出一毛钱买几颗糖吃，又怕赚的钱交不起书费和学费，不忍心也不敢用苦力换来的钱去买糖果吃，一想起每一毛钱得来不易，就只好吞口水。因挑木炭一般从山上挑下山，摸早贪黑，头天晚上爬到十多华里的山上，用肩从海拔1000多米的陡山上挑下山，第二天早上天不亮再挑到十多华里的山下的商店，路不仅远且上坡下岭，有的陡坡长达五六华里，每前进一步流出的汗水湿透衣服……

我从十岁左右就跟随姐姐挖山货、挑木炭。对于像我这个年龄，身材不高力气又小的，挑木炭很累很累，多赚一毛钱就无比兴奋。起早贪黑，挖药材经常被刺划破手，挑木炭肩被扁担磨破皮，为了赚书学费我自愿付出，能上学时交清费用就高兴，如果遇到药材未晒干还未卖出钱，那总觉得无脸见人。有一年秋天，我上初中时开学了还差二元六角的书学费，母亲想了许多办法确实拿不出来，早上就将正在生蛋的一只母鸡让我捉去卖了交学费。清晨我提着母鸡从山上往学校赶，走到“鲁家岩”正遇上在田间薅苞谷草的朱星伍，他是地主分子，在那以“阶级斗争为纲”的年代，属“四类分子”之首，很少人敢与他往来，就是交往也是偷偷摸摸的，生怕被人发现戴上与地主分子勾搭的帽子。我也一样，与他交往很少，平时也是礼节性地点头微笑，但他对我印象好，认为我懂礼貌。当见到我提了只母鸡就问，我告诉他因上学要交二元六角的学费，暑假挖的药材因下雨未干没卖掉，没钱交学费，只能将家中正在生蛋的母鸡卖掉交学费，他听后二话未讲，当即从荷包掏出二元六角钱给我，把我提的这只母鸡接过去说：“你们家家大口阔，这么多人靠母鸡生蛋打煤油、买盐吃，鸡卖了怎么能行。”

这二元六角钱让我终生难忘！

还有一件事让我刻骨铭心，在我上初中时，在三个月中有两个妹妹相继死亡，一个六岁，一个不到两岁。都是高烧不退，无钱治病死亡，现在看当时她们得的就是肺炎。农村孩子家穷，生病了靠自己扛，自然拖，未考虑看医生，病拖久了好了就算命大，拖不久死亡就是命不好。六岁的妹妹病了几个月，死亡了才引起警觉；一岁多的妹妹虽一病就引起警觉，但在缺医少药的山村，方圆百里只一个村医，地广人稀，当找到医生时，人已死亡。

六岁的妹妹死亡正值冬天，死亡后单薄衣服，根本裹不住尸体，我见状将身上穿的破棉袄脱下来裹着妹妹的尸体，将其埋葬。而我在大冬天无棉袄过冬，初中老师叶绍金见状就将他的一件旧补丁棉短大衣给我穿，因我个头小，短棉大衣穿上很不合体，但很温暖，也让我体会到：人间的温暖，世上好人多！

在那个年代，经济不发达，穷是普遍性，商品极度贫乏，什么都是计划物资，不说钱少，就是有钱也难买到物品，仅日用品，不是计划供应就是无货供给，肥皂、火柴、烟、酒靠供应，就是豆腐、肉类拿着供应票也要排长队还买不着。说来也巧，初中的一天中午，我到厨房端饭吃，不小心将叶绍金老师唯一的一个竹壳开水瓶从灶台上撞着掉到地上摔破了，当时不仅没有开水瓶买，且叶老师每天靠此开水瓶打开水生活，没开水瓶就无开水喝，无法洗脚……当时我感觉真的闯了大祸，很自责，无地自容，一个开水瓶需几元钱，比我一学期的学费还要高，更无法面对叶老师……

1972年至1973年在分乡高中读书，正值长身体时期，半个月带三升米（一升2.5斤），还是父母紧勒裤带节约出来的，为了填饱肚子，也带些红薯放在钵子同米一块蒸，有时米不够就带点苞谷面，如果将红薯和苞谷面放在钵子一块蒸，苞谷面溢出到别人的饭钵，也时常听到责怪声，即使别人责怪也无言以对。半个月的三升米的确不够吃，从开米袋起就节约着计算吃，饿了有时上街闻到饭店香气扑鼻的馒头，只二分钱一个也吃不起。

吃苦、节俭、勤劳，知农村农民不易，从小深深印在脑海中！

1973年我高中毕业回乡，当时已18岁，正值“老中青”三结合干部梯队政策落实时期，上半年当选生产小队会计，并被选中为大队干部培养对象，下半年任生产队小队长。1974年被原中共宜昌县分乡区委批准加入中国共产党，随之任大队党支部副书记兼任第一生产队队长。烧饼坡大队与熊家岗大队合并为烧饼坡大队。说实话，虽我生在农村长在山区，农活真正一窍不通，在任生产队队长时，什么季节播种什么粮，施什么肥，根本不懂，全靠请教他人或者母亲当参谋，不耻下问。在我任队长期间，农业丰收，烧饼坡大队九个生产小队中，只有我任队长的第一生产队不吃返销粮，日分值在四角钱，年终有三户家庭余款百元。百元存款的家庭得到许多人的羡慕。农业的丰收，该生产队年产粮也只12万斤左右，交够国家夏粮秋粮后，按人口粮工分粮分配，人均才400斤左右，实际上粮食不够吃。

那些年“工业学大庆”、“农业学大寨”，除长年组建的基建队开荒变梯田外，冬季基本上以公社为单位，组成大规模的挖山改田、改河为梯田的基建队，吃住在工地。

1975年“拆区并社”，原宜昌县分乡区柏家坪公社与土门区宋家嘴公社合并，后又“拆社改镇”，现“百里荒”的熊家岗归龙泉镇管辖。

“拆社改镇”后，乡镇企业大发展，也需大批年轻干部到乡镇企业工作，1975 年我被调到“背马山”的桑茶厂工作，不久又调到“百里荒”组建林场，在我出生的地方，挖草山，栽华山松。经历 40 余年后，“百里荒”山上的华山松已成林，为“洗马池”也增添了风景。当退休后重返“百里荒”，见到参天大树，心中不由高兴……

历史真会重演，在我一岁多从熊家岗的“百里荒”搬到山下余家垭，20 多年后又回到出生地“百里荒”种树。由于我工作努力，在林场工作二年后，1977 年 2 月正式入武汉大学哲学系读书。

在大学期间，我“三点一线”，寝室、课堂、图书馆，平时就是 0.05 元三站路的公共汽车，怕花这 0.05 元钱也极少上街。大学几年，武汉市我不熟悉，汉口更是陌生。学校每月十几元的补助费，一是积攒做放假回家的路费，二是余下买书。在读大学期间，我不敢乱花一分钱，但买书我不惜重金。大学毕业时真可谓孔夫子搬家——书多。

大学期间，寒暑假不管多么困难必须回家探望父母，那时交通极不方便，从武汉到宜昌要绕道襄阳，坐十一个多小时的火车，返程票更是买不着，经常是站票。在火车上十多个小时，太困太累了就在座位下垫几张纸睡觉。

在学校我很羡慕带薪读书的同学，读书国家供给，而我们农村的孩子生活质量低多了。在武汉大学，寝室与课堂相隔较远，常因掌握不准时间而误课，经常打扰同学也感觉自卑。在大二期间，放暑假我就给我妈妈讲，为了不误上课能不能买只手表，那时的手表是特殊供应商品，正好一朋友在宜昌市百货手表店卖上海牌梅花表，需 125 元钱。这年是 1978 年，母亲将一头生猪卖了 120 元钱，又找亲戚借了 5 元钱给我买了一只上海牌梅花表，至今我还保存着，想起妈妈就“睹物思人”，触景生情。

现在回想也太不应该，生猪要卖到 120 元，称重在 200 多斤，在农村喂一头 200 多斤的猪真不容易。猪靠吃草，人都吃不饱哪有粮食喂猪吃。就是在“购留过半”生猪政策下，国家收购要达到 120 斤，常有许多家庭将生猪抬到收购点因不够 120 斤而又抬回家，来回 30 多公里。这年因为我买了只手表，不能完成“购留过半”，过年没猪肉吃。

什么叫“购留过半”，就是农民向国家卖一头生猪，过年才能有一头猪自食，家里如果只喂一头猪，过年还得将半头猪肉卖给国家。在那个时期，多数家庭过年只能吃半头猪肉，许多家庭还喂不起一头猪。

在我记忆中，有两年因生猪不够120斤，请人抬到食品店称重不够又抬回来，来回30多公里，把人累得瘫在地上。

当然手表也激励着我发奋读书，每当看着不停运行的秒针，好像无形的鞭子，要多看书好好学习，用知识回报母亲，这年我被评为“三好学生”。

1980年1月我从武汉大学毕业后，正值拨乱反正后期，机关干部缺位，大学毕业生奇缺，凡进省直机关工作的只要符合“三个条件”：共产党员，三好学生，24岁左右的，属优先安排的对象。自己被分配到省法院工作。在省法院我工作了36年多，先后从事过刑事、民事、告诉申诉、立案、审判监督等工作，先后在在信访、办公室、研究室、司法志、“业余大学”共十个单位工作过，经历过七任院长。

第三章

艰辛的岁月

1980年2月我正式到省法院上班，当走进办公室不是我想象的那样，一栋矮小的二层正副院长住房，一栋三层楼的老式办公楼，建于20世纪50年代初期，全院60多人。办公楼一楼是家属区，是干部结婚的住房，每一间18平方米，也是办公用房专门腾出来的；二楼靠东边一间50多平方米的房间为单身干部共同住房，当年我们20多名干部就挤在这间房睡觉，根本没有私人空间，就是单身干部谈恋爱也只能在马路上。二至三楼为办公用房，一间办公室七八个人一块办公。后来的确不仅影响干部的休息，也不利于办公，1981年在首义路省政府第二招待所租了几间住房，两个人一间，这才享受了“干部待遇”。两人一间住房总比20多人挤在一间房条件好，但还是很不方便，同寝室的干部家属一来，另一个干部只能到处去借宿。记得与我同寝室的蔡培元，1958年大学毕业后在省法院工作，“大鸣大放”被打成右派，从此被开除公职，几十年不停地到京或省法院上访。用他自己的话说，上访就是乞讨，捡过烟头，吃过别人丢掉的饭菜，除用自己一手修鞋手艺挣点钱外，全靠已离婚的妻子一月5元钱的救济。他们为了不让孩子受牵连而离婚，老伴带着五个孩子捡菜帮过生活，还得从36元工资中拿出5元给老蔡上访。直到1980年平反恢复工作，老蔡已快60岁了。夫妻复婚后，没有住房，周六、周日夫妻团聚，他们团聚时就是我的借宿日。

那时期，人们的思想较单纯，考虑个人利益不多，相互帮助，团结友谊，助人为乐，以德为尚，哪家有点事，全院干部帮助。友谊成为社会关系的基础，相互帮助是同事间的常事，相互谦让，勤俭节约是社会的风尚，也是道德的修养，高标准严要求是干部起码的准则。在办公室上班时专心致志，没有聊天的机会，只有在合议庭讨论案件时才听得到争论声。一张桌子一个椅子倍爱有加，一支笔一张纸从不浪费。就是一张拟稿纸抄写错了，也不得随意丢弃，纸的反面继续作拟稿用；更不说电话，私人是不能用公家电话的，电话属办公室统管，就是公事也得先批后用。我到省法院时就是三部车：一部“解放”牌的大卡车，属公共服务车，那时物资短缺，为了解决干部的福利，年关前用大卡车在乡下购买猪肉、牛肉、花生、鲜鱼、菜油等分给干部。记得我开始到省法院正值分物资，分了十几斤鱼，我既没有地方放，也没有做饭的家，无奈只好从武昌首义路骑自行车到汉口二七路送给一个朋友，来回骑自行车几个小时。另一部吉普车属院领导公用车；第三部上海牌的轿车属院长专用车。

第一节 艰辛

艰苦、节约是当年省法院的真实写照。

辛苦是法院的另一特色。省法院与省直机关的其他单位不一样，不单是管理、指导、监督责任，更是独立的具体办案实体，受案数、结案率、息诉率、执行率、调解率是考核法院工作的指标。加班加点家常便饭，出差十天半个月常有之事，尤其是死刑复核，二审上诉案件，要求高，时间紧，群众观望，领导关注，快审快结是法院办案的另一写照。

长期离家驻点办案是我们办案的另一特点。那年代交通不便，“严打”任务重，基本上一个月有 20 余天在驻点办案，有时一个地方案件多，我们就吃住在当地法院，十几件案件办结后，背着卷宗回省法院成习惯。记得有一次，一个同事去某地方办案，十几个案卷卷宗让他吃不消，下火车后电话要求一个基层法院的同志帮忙用车接下，后来反馈说，“明知我们基层没有车，一部摩托车也下乡了，还要到火车站去接”，为此，该同事反受到批评，在支部会上作了检讨。

穷，办公条件差，从上到下都一样。一个基层法院有一部吉普车那算奇迹，有一部摩托车那算富裕。后来抓基层法院物资装备建设，车辆才慢慢普及。那时进行死刑复核，必须查看现场，不管多大的山，多陡的坡，多险的路，多远的现场，都必须到现场察看，否则合议庭就不议，审判委员会不讨论。如果哪个基层法院有一部摩托车送一程，或者能送到现场，真谓好“待遇”。多为步行，有时要走一天山路，爬山攀岩，一天吃不上饭，渴了就喝山泉水。像神农架、保康、十堰、恩施有的山区走一天碰不到几个人。有一年在神农架，从山下爬了一天陡坡路，口渴肚饿，现场几十里方圆无人烟，被告家单门独户，住在山顶峰，被告家里除床上有两件蓑衣外，几间房子是用树垒筑，用泥浆糊成的，下雨不挡风，下雪不挡寒。已过下午四时，村干部无奈在被告家煮面条给我们吃。这是我一生唯一的一次吃刑事被告家的食物。

交通不便是我们出差办案的一大难题。1983 年冬季的一天出差到恩施，在汉口新华路长途汽车站每天只一趟早上 6 点 30 分的班车，没有选择，同事就购了车票，而未考虑我住在洪山区卓刀泉省法院宿舍，从卓刀泉到省法院所在地首义路，只有 15 路公共汽车，早上 6 点多才开班车，而我早上 6 点 30 分必须赶到汉口新华路长途汽车站乘车。无奈在大冬天我只好早上 4 点起床，从卓刀泉骑自行车到首义路，然后将自行车停在省法院院子里，再从阅马场坐头班公共汽车到汉口乘车。

这种事例举不胜举，一天坐十几个小时的长途汽车，夏天要忍受酷热，冬天要忍耐寒冻。有一年夏天，我与同事从汉口新华路汽车站到黄梅县小池镇办案，八月酷热，坐了八个多小时车，路上停留的少，一天吃不上饭，渴得让人难忍。在黄梅办案后转黄石市大冶县，从大冶晚上赶到黄石，那时正值改革开放初期，小商小贩多，到黄石后旅馆住满人，经与旅馆协商一间统铺给同事睡，在厕所门口加床给我睡。不仅厕所臭得让人无法入睡，小商小贩进进出出搅得我无法入眠。早上 4 点多钟，我刚睡下，突然一商贩大声喊叫，他装有 5 元钱的钱包被偷了，闹得我一整夜没合眼。

1997 年腊月二十，我在保康与神农架交界处办理一起抢劫杀人案，现场位于大山中，几天的大雪覆盖了地面，天寒地冰。春节已临近，只能克服一切困难，爬雪山，海拔在 1200 米以上，上山要爬两个小时，再从这座山下到另一座山要走一个半小时，山高路陡，稍有不慎就可摔到岩下，后果不堪设想。当地派出所的几名干警，站在山峰口，帮助我们过雪山，衣服汗湿了，手被冻僵了，没人叫一声累。下午两点多在一农民家找证人作笔录，吃不上饭，这农民就将准备过年备藏的柿子端了十几个给我们当午餐，虽冰冷但很甜，使我们很感动。朴实的农民真实诚。可晚上九点多钟才赶回襄阳中级法院招待所，厨房师傅因冷又晚十分不满意，就将面条放在未开水的锅里淘了一下，面条未煮熟无法入口，而肚子不争气，一整夜饿得难忍……

在孝感应城县的化工镇，我们在现场调查后已是晚上 7 点多钟，没赶上回应城的末班车，从化工镇到应城有 30 多华里，又是大热天，中午只在老乡家吃了碗米酒，不仅热得难受，饿得也难忍受。等我们走回应城县城时已是半夜。

在钟祥磷矿镇，去现场的途中遇上大雨，路人见我们穿着皮鞋，走在泥泞的土路上，投以笑柄。回旅馆后，湿透的衣服，满泥的皮鞋，自己也露出了自嘲：

不知君能何处想，
那年就是这个样，
吃苦耐劳是根本，
好山好水好风光，
穿着皮鞋走水凼，
住在厕所大门旁，
身背一捆大卷宗，
出差在外把家忘，
真是一副狼狈相。

第二节 苦中有乐

苦中有乐，不胜枚举！乐中有喜，是我们工作的又一特点；能吃苦能战斗是我们工作的优点；每当依法为当事人办成一件事又是我们工作的兴奋点；每当当事人感谢的语言由衷而发又是我们的成就感。

记得在省法院刑一庭刚上班又被调到信访科工作，正值全国拨乱反正时期，上访人多，信访量大，每天一般要接待数十人，处理来信上千件。信访科只 6 个人，大都是老弱病残，只我一个年轻人，接待上访人、处理信访大都由我承担。在信访科，上访人吵闹的、骂人的、拍桌子的比比皆是，信访科成了上访人出气的地方。记得 1980 年冬天，信访科刚开门，一个未穿鞋的小姑娘，衣着单薄，约十一二岁，她是为其父亲上访，在“文化大革命”的 1968 年，他父亲雇请司机，带着侄女、弟媳等外出，不幸途中出了车祸，其侄女死亡，造成一死二伤的严重后果，结果以“故意杀人罪”判处她父亲死刑，缓期二年执行。她父亲是抗美援朝的特等残废军人，被判刑后其母亲改嫁，家里只剩下她与其爷爷生活，爷爷年岁高，生活全靠她捡废品为生。

听了她的叙述，看过申诉状后，经研究决定立案复查。那时没有立案庭，更没有审判监督庭，信访科承担了接待立案审查任务。经复查，她父亲刑罚明显偏重。于是重新处理，她父亲在坐了十多年的牢后被释放。

当再次看到小姑娘的笑脸，我心中无比畅快。

在信访科也常遇一些不曾预想之事，让人头痛。有一天上午，突然走进来一个精神病患者。她是典型的花痴，在接待室大哭大闹，不是说谁追求她就是说谁强奸她，好几十天，信访科成了她“施展才能”的天地。为此我提了一些建议，也提了一些不同的意见，领导认为我说话不动听，对我另眼相看。

第三节 我的第一篇文章

因工作变动，调回刑一庭后任书记员，每天记一本公文纸，写得手发酸，不敢有任何怨言；长期下乡奔波办案，无暇顾家庭，没有任何不满情绪。除了工作，其他由组织考虑。

1983 年前后在中国连续发生杀人抢劫、强奸、盗窃大案。例如，1980 年 10 月北京火车站发生爆炸案；1981 年 4 月在北京公园的三名犯罪分子劫持三名女中学生进行强奸的“北海公园事件”；1983 年 5 月卓长仁等人从沈阳劫持民航班机飞逃韩国；1983 年被称为“二王”的王宗坊、王宗伟连续在东北、华北、华南等地作案，杀害数名公安干警和无辜群众，震动全国。其犯罪特点之一是刑事犯罪案件连年上升。据不完全统计，1980 年全国刑事立案比 1979 年上升 19%，1981 年立案比上年增加 17.6%，1982 年立案比上年有所下降，但减少主要是盗窃案件。二是杀人、抢劫、强奸、放火等重大案件突出，以“二王”为代表抢劫枪支，杀人恶性案件十分突出。三是犯罪低龄化十分突出。据一些省市公安机关统计，25 岁以下者占作案人员总数 70% 左右。故 1983 年中央做出依法从重从快严厉打击刑事犯罪活动的决定。1983 年首次提出“严打”，1996 年实施二次严打，2000—2001 年第三次严打，2010 年为第四次严打。

说实话，我是学哲学的，到法院工作真的是门外行，虽然进行了培训，那也是皮焉之至，什么叫法律，怎样运用证据，分析案件应抓那些关键点，定罪的依据，甚至许多法律概念之前从未听说过。只能在干中学，学中干，白天办案，晚上看法律书籍，从书本中“淘金”，从案例中寻找答案。办案中也与同事进行过无谓争执，也探讨过法律的真谛。

1985年，为了适应审判工作的需要，提高干部素质，最高人民法院组建了“全国法院业余大学”，10多门课程，要求三年学完，考试闭卷，各地交换监考。我因是大学毕业，被免考入“业余大学”学习法律。在“业余大学”三年，功夫下的真大，做作业背书本，办案件学法律，二者两不误。在这三年中，我的确学了许多法律知识，仅间接证据的运用，我翻阅了许多书，研究了许多案件，记了许多笔记。1984年1月23日，我学以致用，将其承办的一起杀人案，写了一篇《从一起杀人案看间接证据的价值》一文，发表在《中国法律报》上。这是我发表的首篇文章，全文如下：

我国刑事诉讼法第三十一条规定：“证明案件真实情况的一切事实，都是证据。”证据分为物证、书证；证人证言；被害人陈述；被告人供述和辩解；鉴定结论；勘验、检查笔录等。根据证据与案件主要事实的关系，可分为直接证据和间接证据。凡能直接证明案件主要事实的证据，叫直接证据。凡需与其他证据相结合才能证明案件主要事实的证据，叫间接证据。间接证据的证明作用取决于它与其他证据的结合，因为它不能直接证明案件的主要事实，但这并不意味着直接证据优于间接证据。在实践中，侦查一个案件往往首先只有取得间接证据，从而确定侦查方向，划定侦查范围，并通过间接证据获得直接证据，直至最后侦破全案。如一起奸情杀人案件，被告朱某（男）与被告孔某（女）勾搭成奸，为达到结婚之目的，遂起杀害孔的丈夫陈某之恶念。1980年6月，两被告策划用砒霜毒死陈某。孔便以治牙疼为名，找其婶胡某要来砒霜约5钱，于同年某天中午乘陈某吃饭之机，将砒霜投入陈的碗内，陈中毒被抢救脱险。两被告又于当晚趁陈卧床休息之机，妄图用毛巾堵嘴致陈窒息死亡，但因陈大声呼喊未遂。嗣后，被告朱某又提出用电池引爆的方法将陈炸死。1980年9月某日晚，两被告一起将炸药、电雷管埋在陈某菜园地的一块大石头缝内。陈于翌日中午在菜园地挖红薯时，牵动引爆线，引起爆炸，陈的面部、胸部、腹部和上下肢多处被炸伤，右手被炸断，尺挠动静脉等血管被炸裂，大量出血，在送往医院抢救的途中死亡。

案发后，两被告均否认有预谋的杀人行为，并谎称陈某是自己炸石头被炸死的。但经查证：

1. 被告孔某以治牙疼为名找其婶胡某要来砒霜约5钱，胡某夫妇二人均已证实。同时，从两被告人家中均查获有少量砒霜。陈某中毒后，大队医生徐某等人检查证实，陈病情符合砒霜中毒症状。

2. 公安机关在勘验时，从现场获取被害人陈某被炸烂的日记本第二页的内容记载上看，以及该大队肖某证实，死者生前曾向肖讲过两被告用毛巾堵他的嘴的具体情节，被告孔某也有交待，说明与现场获取的物证及证人的证言相吻合。

3. 现场提取黑色电池芯一个，炸断的无壳电池半截，经鉴定是“工农”牌电池。大队代销员证实，被告朱某在陈死前不久，曾在该店买过“工农”牌电池一对，被告朱某也承认有此事，但电池去向不明。

4. 该大队、肖某等人证实被告孔某在本队仓库拿了四筒硝酸铵炸药；郑某也证实，被告朱某向他索要过两发电雷管。对此，两被告均有供述，但谎称炸鱼用去了炸药、雷管。当地群众一致证实：被告朱某在发案前根本没有炸过鱼，当地也根本没有河流，堰塘不准用炸药炸鱼。说明被告有作案的条件。

5. 被告朱某之母证实：1980年9月某日吃晚饭后，朱某与孔从其家中外出，当晚电影散场后朱一人返家。这与被告孔某交待此时间为埋炸药的时间相符。说明两被告有作案的时间。

6. 被害人被炸伤后在送往医院抢救的途中说：“我没有放炮，没带炸药和雷管，是在挖红苕时……”这就排除了被害人自己误伤致死的可能性。

在证据面前，两被告先后供述了杀人的具体情节。但在交待各自的罪行时，避重就轻，互相推卸。如被告人朱某始终将实施犯罪的主要罪责归于被告孔某，说什么孔首先提出要杀死其丈夫，然后与他结婚，制作引爆装置也是孔实施的。法院在审理此案中，坚持重证据，重调查研究，把口供与其他证据相互印证，认定使用爆炸手段杀人既遂的犯罪，被告朱某系本案主犯。其理由是：

1. 被告孔某是一山区农村妇女，不懂装置引爆炸药的技术。被告朱某曾一度在外搞土建，既有制作引爆的技术，也有杀人的思想动机。据群众反映，被害人陈某勤劳，为人老实忠厚，被告孔某与陈结婚以来，感情尚好，生育两个孩子，从未提出过离婚。被告朱某1978年爱人病死后，留下八个孩子，还有一个70多岁的老母亲，年龄比被告孔某大7岁。因此，被告孔某主动提出与朱结婚，为达到结婚之目的，杀死亲夫显系不合情理。

2. 被告朱某作案后的次日，曾将炸死陈的具体过程告诉了其兄，并要其兄为其作掩护，说炸药、雷管于某日炸鱼用了，其兄未听从。

从这一案件中可以看出，案内间接证据与案件事实之间存在着客观联系。两被告有杀人的原因，有杀人的条件，也有杀人的结果，而且排除了自死的可能性。每一证据与案件事实联系，均是和其他证据相印证的，并且都有相应的证据予以证明。间接证据在本案中起到了证明案情事实的重要作用。

这是我首次发表文章，虽然稿费只16元，但在中央级刊物上发表，影响很大，就是16元也相当我一个月三分之一的工资。

第四节 连篇累牍

为了进一步深入研究，在“业大”学习期间，我又在最高人民法院全国干部业余大学《学习与辅导》上发表了《从一起故意杀人案看间接证据的作用》一文。这篇文章是我办理的第一起案件的总结，印象特别深刻。其原文如下：

刑事证据按其能不能直接证明案件主要事实，可分为直接证据和间接证据。凡能直接证明案件主要事实的证据，叫直接证据；凡不能单独地直接证明案件主要事实，而需与其他证据相结合才能证明案件主要事实的证据，叫间接证据。直接证据对案件事实的证明作用很明显，而间接证据的证明作用，取决于它与其他证据的结合。因此，与直接证据相比，间接证据的运用更为复杂，但这并不意味着直接证据就一定优于间接证据。在司法实践中，有的案件由于种种主客观原因，可能收集不到直接证据。在这种情况下，只能通过运用间接证据查明案件事实。

有这样一个案例：1980年12月20日晚12点钟左右，湖北省大冶县金牛公社贺桥大队社员黄××到水井浸泡粪桶时，发现一女孩死在井中。黄即喊来同村社员贺××等人将尸体捞起，经辨认系本村许××的外孙女郭莉，年仅9岁。翌日清晨，郭莉的舅父向公安机关报案。公安机关经过侦查，认定郭莉系溺水而死，并排除了自杀和不慎失足落水的可能性，确认是他杀。将水井中的水抽干，仅发现小手帕一个，经辨认系死者之物，此外，没有收集到其他物证。在向死者郭莉的继母张瑶华了解情况时，张讲郭莉昨晚在外婆家，具体情况不详。而公安人员在调查访问中，干部和群众一致反映张瑶华平时对郭莉有严重虐待行为，并查明发案当晚6至8时，张去向不明。于是，张瑶华被列为重大嫌疑对象。

公安机关在侦查中，收集到大量的间接证据：

1. 张瑶华称，1980年12月20日晚6时许，她将其丈夫郭×× (因病卧床休息) 锁在房里后，到金牛镇看电影。而与张同厂的工人袁××证实：当晚放电影时 (6时多)，她在金牛公社旧址 (朝现场方向) 碰见了张瑶华，并讲了话。另一与张同厂的工人张××也证实：发案当晚7时半左右，他从贺桥大队加工厂回家，在大队部旁碰见张瑶华，与她打过招呼。张瑶华也承认在此地与一男子说过话。该大队部距现场仅300多米，是到现场的必经之路。上述情况证明，1980年11月20日晚6时至8时，张瑶华确实到过作案现场附近。

2. 郭莉的奶奶邹××证实：郭莉在当日下午5时许离开她家，她告诉郭莉，其外婆已走亲戚去了。这说明郭莉已知外婆家无人，当晚不会一人到现场，还说明死者失踪的时间是在下午5点以后。

3. 吴××、唐××证实：发案当晚约8:30，张瑶华到印刷厂女工宿舍，声称在印刷厂水池边摔了跤，把棉衣和绒衣袖子打湿了，并借吴的衣服换上，将打湿的衣服拿到厨房里烘烤，因火已封住未成。张的丈夫郭××证实：当晚约8时多，张瑶华说到厂里去收菜，后来回家，问其为什么穿别人的衣服，她说："厂里人打着玩把衣服打湿了。"张的邻居金××也证实：当晚8时左右，电影未散场时，她下班回家，正遇张瑶华在门外的绳子上晾棉衣，相互说了话后，看见张瑶华开门锁进房，还听见郭××问张到哪里去了。这些旁证，与公安机关在张家取获的张的还湿着的棉衣、绒衣相符。经技术鉴定，证实张的棉衣、绒衣中所含水分与现场井水的硅藻反应一致。

4. 张瑶华对继女郭莉生前曾多次进行打骂、虐待，其亲属、邻居均有证明。1980年9月一天晚上，张用手指抠伤郭莉的阴道，制造郭莉被人奸淫的假象。后被郭莉及其奶奶揭穿并告到金牛派出所和金牛法庭，张受到领导批评和群众的谴责。张也有交代。说明张有作案的思想动机。

在确凿的证据面前，张瑶华供认了杀害郭莉的罪行：

张瑶华1977年5月与郭××结婚后因继女郭莉在其外婆许××家中抚养，曾为抚养费问题与许发生矛盾。1980年8月，许将郭莉送回随其父生活，张见郭莉不听她的话，也不喊她“妈妈”，便对郭莉产生反感。同年9月下旬一天，张在郭莉熟睡时，用手指抠伤郭的阴道，制造郭被他人奸淫的舆论，蓄意败坏郭莉的名誉。后被郭莉及其奶奶揭穿并告到金牛派出所和金牛法庭。张受到批评教育和群众的谴责。张对郭莉更加怀恨，多次借故对郭莉打骂，并曾将其书包烧毁，衣服丢入污水沟里。同年10月，郭莉的奶奶经有关单位领导同意，将郭莉领去抚养，张认为给自己丢了面子，又恐郭莉成人后仇视她，遂起杀人之心。同年12月20日晚6时许，张瑶华乘其夫郭××患病卧床休息之机外出，以给郭莉做棉衣为借口，将郭莉从金牛镇街上骗到约五华里远的金牛公社贺桥大队第七生产队水井边，对郭莉说：“我的嘴唇干了，你用袂子（手帕）到井里浸湿点水给我擦一下。”当郭莉走到井边时，张瑶华突然将其推入水井，按在水中溺死，然后潜逃回家。

这一实例中，揭露和证实张瑶华犯罪的证据都是间接证据，张瑶华的供述也为间接证据所证实。在法院审理此案过程中，张瑶华推翻原供，法院坚持重证据，反复查证，依靠间接证据，最终确认是张瑶华作案无疑。

根据间接证据的运用规则，我们可以看到，此案的间接证据与案件事实之间存在着客观联系。有些间接证据反映了张瑶华杀人的原因，如她长期虐待郭莉；1980年9月，用手指抠伤郭莉阴道，制造郭莉被人奸淫的假象被揭穿后，她怀恨在心，又恐郭莉长大后报复等。有些间接证据反映了张瑶华杀人的结果，如在水井中发现了郭莉的尸体；现场获取郭莉生前使用的小手帕；硅藻检验，证实张瑶华的湿棉衣、湿绒衣中所含水分和作案现场的井水硅藻反应一致。有些间接证据则反映了张瑶华杀人的条件，如袁××证实，发案当晚，在去现场的方向碰见了张瑶华；张××证实，发案当晚7:30左右，在离现场仅300多米的大队部，碰见了张瑶华。这里，每一个证据与案件事实的联系，都与其他证据相互印证，查证属实。如果孤立地仅看一个证据，不足以认定张瑶华是杀人者。例如，硅藻反应，只能说明湿棉衣的水是井水，但结合其他证据，进行分析，则可以认定张是杀人者。

本案内的间接证据已形成了一个完整的证明体系。张瑶华杀害郭莉的动机、时间、地点、手段、结果等，都有相应的证据予以证明，各个证据，由前到后，一环套一环地组成了一个自然的有机的证明体系。如果在哪一个环节上缺乏相应的证据，那么该证明体系就不完备。比如，如果查明张瑶华没有作案的时间或未到过现场，那么其他任何证据都将不足为证。

我们还看到，本案的间接证据也足以排除其他可能性。如水井距死者郭莉外婆的家仅 42 米，死者生前随外婆长大，熟悉水井周围的情况，一般不会误坠井中；另外，郭莉已知外婆家无人，且一个年仅 9 岁的小女孩，晚上也不敢一人步行五华里到现场。这就排除了被害人自己到现场附近误坠水井溺死的可能性。同时，根据郭莉平日的言行表现也表明她没有自杀的可能。

上述所列的间接证据，与案件事实有着客观联系，且都经逐证审查和综合审查判断查证属实，又排除了自杀和失足溺死的可能性。另外张瑶华的供述与现场勘查结果相符。每一间接证据与案件事实的联系，均和其他证据相互印证，并且都有相应的证据予以说明。可见，间接证据在本案中起到了证明案情事实和印证直接证据的重要作用。

首篇文章发表后，一发不可收。我相继在《人民司法》、《法制日报》、《人民法院报》、《知音》、《幸福》、《统一战线》、《湖北法制报》、《湖北审判》等十余家报刊，杂志发表文章 50 余篇。有的获得法制好稿征文一等奖、法制宣传一等奖。其中在《知音》上的多篇文章被全国多家杂志转载。

第五节 难以吸取的“教训”

由于多篇文章见报，发生了负面影响。有个领导多次调查我上班是否在写文章发表，经反复调查核实，我常完成几个人的工作量，写作完全是业余时间，但他一句话，说我能写就调到《湖北法院司法志》办公室，一写就是三年。就是“严打”，《司法志》班子不撤，人员不减。1985

年由于“严打”任务重，我又回到了刑一庭工作，并兼任“业余大学”的教师。既办案又完成教学任务，故被评为全省法院系统先进个人。

虽然光阴流逝已几十年了，我常想，我是1980年2月正式到省法院上班，多次被评为优秀共产党员，先进工作者，立功受奖，但当宣布干部提拔时，总没有我的名字，与我同分配到省法院工作的25个大学生中，有的已成为院领导，当厅级干部十来年了，有的任处级领导多年，我还刚被任命为副科级。

曾想过，分析过，找过原因；也苦闷、纳闷过。其中一个主要原因，不善于察言观色，过于直率，讲话一针见血，办事认真，缺乏原则性与灵活性的统一。比如有这么一件事，在刑一庭有一位同事刚从部队转业，是副科级，与当时的主管干部的领导是老乡，正值提倡要“不拘一格”用人才，这位领导为了将“老乡”从副科直接提拔为副处，在年终评比时，以“老乡”在办理一起刑事案件时三次赴现场调查为由，结论是“该同志不辞辛苦，为查明案件事实，三次到现场调查”，当年荣立一等功。可当立功表彰不久，该“老乡”到仙桃办理一起刑事案件，穿着一件绿色的军大衣，怀带起子在一家市民家撬门盗窃时被发现，人赃俱获，当场被打，下身被踢而肿大。当基层法院的同志送其回省法院，正值在开审判委员会，还未等基层法院负责人汇报完，一位领导大发脾气，说这是诬陷，并批评基层法院的同志未好好保护省法院的办案干部，事情就这样不了了之。

这事件发生还不到两个月，该“老乡”在现湖北省人民医院旁一居民家盗窃被发现，追赶中他慌不择路，直接从二楼跳下来腿被摔断，无路可逃再次被抓了现行。他刚受到表彰，一等功没过三个月又讨论给处分并撤销“一等功”称号。在讨论处理结果中，同样引用他立一等功的那事例，立功时说他“不辞辛苦”，处分时说他案件搞不清楚，合议庭要他多次重新调查。

就是这个结论，我在党支部大会上说，能否换个理由，同一件事例，该同志立功时说他“不辞辛苦”，“三次到现场调查”，处分时结论又说“案件根本未查清楚，在合议庭要求下三次重新查证”。

就是我这句“口无遮拦”的话，刺激了领导，领导也直言不讳：“官昌恒为何不与大家保持一致，反与支部大会意见相佐？”

太直率，敢讲话，讲实话，太刺耳是我不能察颜观色的弱点之一。就是此次事件不久，刑一庭又出现大事，两个女的同时在省法院闹，缘由是一位部队转业不久的干部，职务是书记员，他随审判员到监利办案，晚上他一个人在逛街，见到一个刚 20 岁出头的漂亮女性，这位“老兄”拿出省法院的工作证，以问路为名主动找这姑娘搭讪。在问路的交谈中，当姑娘听到这位个头不高、皮肤不白、能言会道，能帮自己调到武汉工作的“大官”，真是遇到了贵人。当晚她被……

刚过去一个月，这位姑娘便来到武汉，看帮工作落实得怎么样，发现该男人根本不能兑现承诺，反不见面，不说安排工作，贞操失去蒙受了耻辱。她愤怒、悔恨，直接找到院领导告发。

可正巧，正当她愤怒之极找到领导办公室，正好碰上仙桃一女子也在状告同样的一个人。原来，这位“老兄”在监利以帮找工作和调到武汉的许诺在仙桃重演。就是采用同样的手法，办案出差到仙桃，当晚在街上遇到了这位仙桃花鼓剧团的演员，以省法院干部的身份奸污了她。因无法兑现允诺，她也是带着羞辱到省法院告发……

正巧，这两位女性相遇，告的是同一个男人，说的是相同的事。

这两件事发生后，影响很大，事情还未了结，刑一庭又连续出现几件事。开党支部大会又讨论处分问题，在支部大会上领导将责任推得一干二净，不敢担当。我呢又发言说：“事件由他个人负责，但领导应尽管理责任，要有监督制度，要加强干部教育，最起码自己的干部出问题了，领导应负教育责任……”

话不投机半句多。我的发言未结束，领导听得很不耐烦，打断我的话说：“他犯事，领导有什么责任？”

从此，“太直率、太直言”成了我的代名词。故此我也找到了为何比别人“进步”慢的真正原因。

第四章

耕耘与思考

第一节　审判实践中的沉思

写作是我的精神依托，沉默是我提升素质的动力。

的确，一同报到的，同一个单位工作，同一桌子办公，工作表现不比别人差,工作任务不比他人完成的少,立功受奖证书一堆,十七八年下来，最晚提副处级的也比我早三年，有的甚至任厅级干部十来年。十几年不被提拔，自己无言，不知情的旁人也会有不好的评价。思想的压力，旁人的刮目相看，抬不起头是理所当然的，为了化解压力，为了证实自己，为了自己不成另类，发奋工作，加倍努力成了自己奋斗的动力。那时在办公室没有暖气，冬天用煤炭生火取暖，早到办公室生火取暖，打扫卫生，沉默寡言，多干事少说话。再者，通过事例我也汲取了许多经验，该讲的口到嘴边留三分，不该说的不语。让沉默改变自己，让少语改变看法，把全部精力投入写作上，让写作释放压力，让文章体现价值，让勤奋展示个性。

一个人要改变自己的个性的确不容易，我天生直言直语，心怀坦荡，不惧权势，不办违心事，这是我的本来面貌。要彻底改变自己，只有在事实面前碰得头破血流才回头，才知、才懂，才明白事物的客观真理。

在事实面前我低了头，不服不行，服了才知耻才懂事，有悟性，感悟才能改变自己，才是动力，才能改变人生，才能发奋图强，有了目标，人才能从量变到质变。

我的改变方法就是多看书，多干事少说话，写作成了我的精神依托，沉默成了我提升自己的动力。别人节假日逛街赏风景，晚上跳舞、打牌会友喝酒，我除了不会玩外，就是以“写”为乐趣。我在《偏离准星的欲望》一书中是这样描述自己的：

《偏离准星的欲望》是我第五部作品，它既是我心血付出的收获，也是我留住时间的一种方式。许多人问我，你的职业是法官，工作任务十分繁重，哪来的时间写作？我的回答是：一分耕耘，一分收获。我的全部作品是利用业余时间完成的，多年来我的节假日和通常的休息日大都伴随着笔和纸度过的，时间是挤出来的，它对任何人都是公正的，就看你是否会利用它，就看你把时间花费在什么地方。曾记得有一次，朋友邀我到他家做客，闲来无聊，主人邀我和另外几位客人在家打麻将，我未摸过麻将，不熟悉麻将的规则，在他们的诱导下，初上牌桌，脑子反应迟钝，手也显得笨拙，动作总是慢半拍，看到的都是东、南、西、北、中，不知出哪张牌好，受到牌友的指责，而他们的牌技让我眼花缭乱。他们玩得不过瘾，我也玩得非常别扭。虽说牌友的指责让我心中不悦，但也为之高兴：我的时间花费在写作上，有成就，而他们把时光付之在牌桌上，牌技的确熟练，但没有被评为“能手”。而我却一点一点地挤出时间，让一个一个的字变成了文章，变成了书。如果将时间花费在牌桌上，我将一事无成。如果充分利用它，把它花费在学习与工作中，它就是成果。时间又是自私的，最昂贵的，它一去不复返，浪费时间等于浪费生命。我充分利用了时间，工作和业余写作两不误，在省法院工作了 30 多年，发表了许多文章，多次立功受奖……

我的这些自白，不是想说自己如何了不起，只是想说明时间对任何人都是公平的，利用好它就是成就的前提和基础；善于把握它就会取得你意想不到的成绩。运用好时间，才能获得知识，给你力量。

第二节 沉思中的成果

我除了利用好时间外，还注意积累资料，在长期的办案过程中，经过跟踪调查，对各类犯罪分子的社会背景、犯罪的动机、作案手段、犯罪的心理轨迹均进行了客观的记载。尤其对审判实务中的分歧点，注意研究，在不同的刊物上发表我的理解和建议。比如在“严打”中时间与质量发生矛盾时，许多地方官员一味追求时间，只讲快审快结。当二者发生冲突，有的官员认为“时间就是效率”，没效率那有质量。特别是死刑案例，“严打”的第二战役，许多地方官员只要求“快杀”，质量在一定时期被忽视，重时间，只讲“快”字，实务界和理论界在这种理念影响下亦分歧大。

当时间与质量发生冲突，时间服从质量，要严格把好死刑案件证据关，正确把握法律和政策，做到罪行相适应。以下是我 1991 年在《人民司法》上发表的《我们是怎样把好死刑案件复核关的》一文，全文如下：

死刑是剥夺罪犯生命的最严厉的刑罚。要把死刑案件办成铁案，经得起历史和法律检验，就必须坚持以事实为根据，以法律为准绳。在办理死刑复核案件中，我们的具体做法是：

突出打击重点，严惩严重刑事犯罪分子

为了维护社会的稳定，促进治理整顿、深化改革的顺利进行，我们认真贯彻“稳定压倒一切”的方针，坚持把严重危害社会治安的杀人、强奸、抢劫、流氓、重大盗窃、破坏电力设备、拐卖妇女儿童以及惯犯、累犯和犯罪集团的首要分子作为打击的重点，尤其是对那些社会危害性极大、人民深恶痛绝的持枪抢劫银行，大肆盗窃公私财物，流氓滋扰、横行城乡的犯罪集团等罪犯，严惩不贷，依法应判处死刑的坚决判处死刑。如以杨阶春为首的21人抢劫、盗窃案。这伙罪犯在1989年4月至11月，持刀结伙拦劫过往车辆，并在火车上抢劫、盗窃，作案达25次之多，犯罪情节特别恶劣，罪行特别严重，社会危害性极大，群众反应强烈。省法院依法核准其中的3名犯罪分子的死刑立即执行，核准死缓1名，并维持原审判处的无期徒刑4名，十年以上有期徒刑8名，十年以下有期徒刑5名的判决，严惩了这伙车匪路霸。

明确职责，严格把好事实证据关

死刑案件，人命关天，必须慎之又慎。为了保证死刑案件的办案质量，从案件的受理到审判、执行，我们都建立和健全了办案责任制。承办人要认真审查案件事实和证据，认真阅卷，做好阅卷笔录和庭审提纲；对重大疑难案件，合议庭的组成人员均要阅卷。对起诉书指控的犯罪事实、情节，原审判决认定的犯罪性质、量刑根据，有无漏罪漏犯等，均认真审查。对决定定罪量刑的证据必须到发案地实地调查，核实证据材料。坚持做到“四个对照”、“四个必须”；即将起诉书、原审判决书的事实、定罪是否一致进行对照；将口供前后有无矛盾进行对照；将证据能否相互印证进行对照；将证据与口供之间有无矛盾进行对照；将证据与口供之间有无矛盾进行对照。证据之间相互矛盾的必须查清；证据不能相互印证并与口供矛盾的必须查清；关系到定罪量刑的情节必须查清。提审被告人时要认真听取被告人的陈述，特别是无罪和罪轻的辩解。要注意听取律师或其他辩护人的意见。合议庭是法定的审判组织，在合议案件时，要认真听取承办人对

案情的汇报，细致审查案件的事实和证据，发现有疑点要及时查清，否则不得提交审判委员会讨论；对适用法律要认真推敲。提交审判委员会讨论的案件，必须全面汇报合议庭对定罪量刑的意见。审判委员会讨论死刑案件时，力求大多数委员参加，除认真听取合议庭对案情的汇报外，对基本事实、基本证据要逐一审查；对定罪量刑、适用法律等问题要认真研究；对关键证据、矛盾点、分歧点要反复研究，凡以微弱多数通过的死刑案件，审判委员会一般不宜匆忙定案，可提交下次会议讨论决定。

事实是基础，证据是关键。只有认真审查每一个事实，核实每一件证据，不放过每一个疑点，做到事实清楚，证据确实充分，死刑案件的办案质量才有保证。我们在办理死刑案件中，不论时间多紧、任务多重，都确保一个“准”字。有的为了核实一件证据，多次深入现场调查，为了查清一个事实，步行百余里，询问几十个证人。有的为了查清被告人犯罪的年龄，翻阅十几年的档案材料。当时间与质量发生矛盾时，时间服从质量。对部分事实不清、证据不足的案件，该调查补证的就调查补证，但绝不纠缠不影响定罪量刑的枝节问题，也不对基本事实不清、基本证据不扎实，法院又无法查证的案件草率下判。该发回重审的案件，依法予以发回。发回重审的案件，也不是一退了之，而是请有关法院主管刑事案件的院长和承办人到省法院一同研究，交换意见。刘 ×× 杀人案，原审法院认定刘欲强奸女学生张 ××，因旁人路过，害怕罪行暴露而将张杀死，因此以故意杀人罪判处其死刑。省法院在审理中，发现在作案时间上卡不死，且刘时供时翻，供述的部分情节也不一致，故发回重审。原审法院在重新审理中，发现另一罪犯也交代了在同一时间、地点，杀死一女学生的罪行，遂退回检察机关，从而避免了一起错杀。在死刑复核中，我们还注意审查有无漏犯。如罗 ×× 故意伤害案。郑 ×× 与彭 ×× 及其子彭 ×× 等人发生纠纷后，郑为了报复，邀约其外甥罗 ×× 驾车追上彭 ×× 及其子彭某，以郑某为主对彭 ×× 及其子进行殴打，造成一死一伤的严重后果。而检察机关只起诉了造成彭 ×× 死亡的直接凶手罗 ××，而未起诉郑 ×。省法院审理后，将该案发回原审法院，并要求追诉漏犯郑 ×。

正确执行政策法律，做到罪刑相适应

我们在审理死刑案件中，注意正确执行党的刑事政策，全面适用法律。

对论罪尚不够判处死刑的，决不超越法律规定“拔高”定罪量刑；对于没有加重处罚情节的，绝不罪加一等。我们严格区分“情节严重”、“情节特别严重”等影响量刑幅度的情节，注意认真审断，坚持做到罪行相适应。对于罪大恶极的犯罪分子依法予以严惩，该判处死刑的，决不手软；对于具有法定或酌定从轻、减轻处罚情节的，也予以认真考虑，严格掌握杀与不杀的界限。第一，对具有投案自首、检举立功等法定从轻情节的，综观全案，一般均依法从轻处罚。第二，对虽不具有法定从轻情节，但因被害人有明显过错或一般民事纠纷引起的杀人或故意伤害致人死亡的被告人，充分考虑其犯罪动机、手段、情节、性质、后果和认罪态度及一贯表现。第三，认真执行“惩办与宽大相结合”的政策，宽严相济，分化瓦解犯罪分子。坦白从宽，抗拒从严，是我国的基本刑事政策，在审判实践中，我们较好地运用了这个政策，既分化瓦解了犯罪分子，也取得了较好的社会效果。第四，全面考虑案情，依法定罪量刑，对事实清楚，证据充分，但论罪不够判处死刑或者不是应当立即执行死刑的案犯，依法予以改判。第五，对少数基本事实可以定案，论罪亦应判处死刑，但证据还不十分扎实，某些情节卡不死，一时又无法查清的案件，为了保证不错杀，在处刑上留有余地.

此文章发表后，被有些刑事研究所借鉴。

第三节 获奖的作品

为了宣传把好死刑案件质量的重要性，我相继写了《死因复核获重生》、《死刑，核准时被勾除》两篇文章。《死因复核获重生》被《楚天都市报》、《楚天周末》编辑部评为“法制好稿”征文竞赛一等奖；全省法院系统法制宣传一等奖。文章从不同侧面阐述了把好死刑案件证据关，重证据不轻信口供，“严打”要严格依法，做到罪刑相适应。

《死刑复核获重生》一文如下：

有的人为死囚提供伪证，企图保他一条命，结果被揭穿；但复核人员发现原审判决认定的事实有误，于是依法重审改判。

1995 年 6 月 8 日，湖北省高级人民法院再次刑事裁定：囚犯张金望由死刑改判无期徒刑。从而避免了一起错杀案件。

一、祸起于言

1993 年 7 月 23 日晚 12 时许，京山县锅炉辅机厂工人李俊邀约几个哥们到一餐馆喝酒，一瓶白干下肚，李俊已有几分醉意，但仍然喝个不停。几位哥们不敢“恋战”，纷纷离席回家。李俊独自走出餐馆，遇到女青年唐某，二人闲谈起来。当谈及李俊的女友时，李俊大骂其女友无情无义。原来是在年初，其女友与天门一男青年发生矛盾，李俊举拳猛击男青年脸部，男青年被击向后仰倒，头部正好撞在一石头尖上，当即死亡。李俊在关押期间，女友又与某纤维板厂另一青年恋爱。李俊被判处缓刑出狱后，非常恼怒。今天遇上了唐某，一腔怒火倾盆直泄。当李俊说到“我看不惯纤维板厂的人，见一个就想打一个”时，正好被纤维板厂工人李恒发和无业人员张金望听见。李恒发听到这个素不相识的人口出狂言，便上前搭腔道：“我就是纤维板厂的。”李俊问：“你是否认得纤维板厂今天穿白衬衣的那个伢，你跟他说一声，叫他小心点。”并说：“你是纤维板厂的也得打。”为此，双方发生争执。因唐某认识双方，便将双方拉开。李恒发和张金望即离开现场，一起朝新市材场方向走去。

路上，李恒发和张金望觉得无端受辱，心中十分恼火。二人决定返回去“把他（指李俊）搞一下”。于是，张金望拿了一把铁锹，李恒发拿了一根木棍返回原地。此时李俊仍在原地与唐某说话，未有任何觉察。张金望持锹从正侧方上前朝李俊的头部猛砍一锹，李恒发从后侧冲上去持木棍朝李俊头部乱打。李俊被打后仰倒地。张、李二人仍不罢休，分别持铁锹和木棍朝李俊身上乱打。唐某和吴某见状上前将李恒发、张金望拉开。李俊在被送往医院的途中死亡。

据公安局法医鉴定：死者李俊头部有骨折，肝脏破碎严重呈挫碎状，系他人用接触面积较大的钝性物体（如锹类工具）打击右肋，引起肝脏破裂，大失血，导致休克死亡。也就是说，死者是持铁锹的张金望打击而死。

5 月 24 日，原荆州地区中级人民法院依据上述鉴定，判处张金望死刑，剥夺政治权利终身；判处李恒发死缓刑，剥夺政治权利终身。

二、揭穿伪证

1994 年 7 月，江城武汉持续高温，热浪袭人。湖北省高级人民法院刑一庭审判员刘长根接受了张金望、李恒发流氓、故意伤害一案的复核任务。他仔细地翻阅着案卷材料，每个疑点都摘抄在阅卷笔录上。正在此时，一张被告人张金望作案时不满18岁的证明材料摆到了刘长根的桌上。

此后不久的一天晚上。张金望的舅舅带着钱物找到刘长根的家里，反复声称张金望不满18岁，具有法定从轻情节，并说只要给张金望留一条命什么都行。说情、送礼在法官面前不是万能的。刘长根同志对那位不速之客进行了严肃的批评。

既然不满18岁，为什么不依法上诉，而要走后门送钱物？这里面有什么名堂？

刘长根在书记员的配合下，深入实地，核实着每个证据。为了查清张金望的年龄，刘长根一头扎进了张金望的出生地，在已发霉的人口花名册和口粮分配单中，翻了几百份材料，调查了十几个证人，终于查实张金望出生在1974年10月20日，证实张金望作案时已满18周岁，不具备法定从轻情节。伪证被揭穿了。

刘长根在核实张金望的年龄时，正值7月1日，出具伪证的村会计正在村委会过党的生日，不知面对党旗，他该如何解释自己的行为？张金望的舅舅不仅是一位党员，且是某市一区委的政法委员会委员，在法律面前，他知法违法，的确耐人深思。

三、依法改判

第一个年龄疑点被查清了。面对厚厚的卷宗，看着一张张醒目的尸检照片，阅着证人证言，另一疑点引起了刘长根同志的注意；为何目击者的证言与鉴定结论不能完全印证？为何尸体照片与第二被告人李恒发的交代一致而与结论相左？卷宗材料显示；铁锹致死被害人的结论不能令人信服。根据上述情况，刘长根决定委托本院法医室重新鉴定。

湖北省高级人民法院法医室接受委托后，在主任医师张南山的主持下，邀请了湖北省公安厅、湖北省人民检察院、同济医科大学的有关法医专家对李俊的死亡原因和致伤工具重新进行了法医学文字审核。专家们深入实地，走访群众，以事实为根据、经过反复研究，于1994年8月9日得出了新的鉴定结论：死者系肝脏破裂急性大出血休克死亡；从导致肝脏的损伤部位和形态上看，系棍棒打击所致，铁锹不能形成。再次走访作出原鉴定的法医，他也承认当时的结论有疏忽。至此，事实终于完全查清：死者系李恒发的木棍打击致死，而非张金望的铁锹打击所致。原审判决认定的事实有误。

据此，湖北省高级人民法院依法撤销原荆州地区中级人民法院的原审判决并发回荆沙市中级人民法院重审。1995 年 5 月 3 日，荆沙市中级人民法院经重新审理，张金望由死刑改判为无期徒刑，李恒发由死缓刑改判为死刑，并重新报省高院予以核准。

张金望有了一条生路。这条路不是伪证给他的，而是法律给他的。这一案件的依法改判，再次表明了人民法院以事实为依据、以法律为准绳的原则。同时也告诉人们：任何伪证必然会被事实揭穿，企图用伪证来逃避法律制裁最终必然会失败。

第四节 研究与思考

在“严打”中，对盗窃、官倒、色情贿赂几类犯罪量刑各地不一致，一味强调严惩，对政策体现不够。为了把好刑事案件审判质量关，能经得起历史检验，我也阐述了自己的观点。

一、关于盗窃犯罪刑罚的几个问题

各地对盗窃案件的定罪数额掌握不一致，有的盗窃 3 头耕牛，达到 3 万元就被判处死刑，有的盗窃百元就处以重刑，不同的地区不同的区域同类型不同标准的刑罚，各地也掌握不一致，为了罪行相适应，1991 年我专题《关于盗窃犯罪刑罚的几个问题》及《两类重大盗窃犯罪量刑问题》进行了分析：

法院审理盗窃案件时，由于具体盗窃案件特点的多样性，带来了适用刑罚的复杂性。在审判实践中，不同的法院或不同的办案人员对有些问题的认识及刑罚尺度的掌握不尽一致，往往出现量刑上的不平衡。因此，深入地探讨研究这些问题，有着重要的意义。笔者仅就以下几个问题谈点看法，以求教于同仁。

1. 在数次共同盗窃中，被告人部分为主，部分为从，其累计参与总数额在 3 万元以上的，如何处罚？

1991 年 4 月 12 日，最高人民法院在《关于办理共同盗窃犯罪案件如何适用法律问题的意见》（以下简称《意见》）中规定：“对其他共同盗窃犯罪中的主犯，应按照参与共同盗窃的总数额依法处罚。”按照这一规定，共同盗窃犯罪的主犯，不考虑其分得数额，按照其参与共同盗窃的总数额定罪和处罚。实践中不存在不同的处理意见和做法。而问题是，在数次重大共同盗窃中，多人多次，有分有合，主犯不固定；在同一案件中，某个共犯为主几次，为从几次，其参与共同盗窃的数额，两者相加已超过 3 万元，在量刑上怎样处罚，认识上不尽一致。如邱某等 6 名共同盗窃犯，仅在 5 个月内，共同盗窃作案 9 起，其中，邱某为主 5 起，参与共同盗窃的总数额为 2.1 万元；其余 4 起为从，其参与盗窃的总数额为 1.1 万元；两者相加参与共同盗窃的总数额在 3 万元以上。在量刑上分歧意见大：一种观点认为，按照参与共同盗窃的总数额作为量刑标准，对邱某应判处死刑。其理由是，在数次共同盗窃中，邱某有 5 次为主，4 次为从，为主的参与总数额在 2 万元以上，且两者相加其参与盗窃累计总数额已在 3 万元以上。对此，笔者不敢苟同。邱某参与盗窃公私财物虽然数额特别巨大，但不具有其他特别严重的情节。在共同盗窃中，不能将被告人为从参与盗窃的总数额也计算在其为主参与共同盗窃的数额中，要其均负为主的责任，应该把参与共同盗窃总数额中的为主部分和为从部分加以区别，然后再酌定进行处罚。因为，主犯与从犯的处罚原则不同。根据我国刑法规定，主犯是“组织、领导犯罪集团进行犯罪活动的或者在共同犯罪中起主要作用的”犯罪分子；其处罚的原则是，除刑法分则已有规定的外，应当从重处罚。而从犯是指“在共同犯罪中起次要或者辅助作用的”犯罪分子；其处罚原则为，“应当比照主犯从轻、减轻或者免除处罚”。对此，《意见》也作了明确规定。因此对邱某的量刑，既要考虑其对为主参与共同盗窃的 5 起总数额负主犯责任的情节，又考虑了其对为从参与共同盗窃的 4 起总数额负从犯责任的情节。由于邱某为主参与共同盗窃的总数额不满 3 万元，故不应判处其死刑。

2. 共同盗窃犯罪中多名主犯，其参与共同盗窃总数额均在3万元以上，如何处罚？

在一些共同盗窃中，按照地位和作用的划分，一案中有多名主犯，而其参与共同盗窃的总数额均在3万元以上。如朱某等人共同盗窃案。被告人在盗窃过程中相识后，松散性地纠合，无事先预谋，无明确分工，都直接动手，撬门扭锁，共盗窃作案34起，总价值7.8万余元。其中有3名被告人从犯罪情节上难分主从，在盗窃犯罪中均起了主要作用，均系主犯，且参与共同盗窃的总数额均在3万元以上。就其如何量刑，认识不一致。有人认为,3个被告人在较短的时间内，在居民住宅区，采取撬锁、撞门等手段，共同作案30余起，盗窃数额均特别巨大，情节特别严重，均应判处死刑。对此，笔者有不同的认识。对多名主犯应根据他们参与共同盗窃的实际情况，在量刑轻重上，要有所区别，做到罪与刑相适应。

其一，我国刑法第五十七条规定了总的量刑原则。这一原则对一切犯罪的处罚均适用。其二，盗窃数额大小是犯罪情节轻重之一（是认定情节轻重的必要条件）。盗窃情节包括盗窃数额，但它不能穷尽犯罪情节。所以对盗窃罪量刑罚时，既不能忽视盗窃数额，也不能只看数额而忽视其他情节。尽管同一案中，多名主犯其个人参与盗窃数额均在3万元以上，在具体确定刑罚时，不能一概而论，还应根据他们各自所犯罪行的事实、情节和社会危害程度，以及个人的具体表现等综合分析后，裁量决定刑罚。不能凡是主犯只要个人盗窃公私财物数额在3万元以上，就一律判处死判。仍应严格审查有无法定从重或从轻、减轻处罚的情节，对具有自首、立功等法定从轻情节的，也可以考虑不予判处死刑。对虽然没有法定从轻处罚的情节，还应该充分注意犯罪的动机、手段、坦白交待或者积极退赃等酌定从轻情节，综合裁量刑罚。如朱某等共同盗窃案中的第3名主犯，相对前2名主犯盗窃作案次数要少10起，参与共同盗窃的总数额要少4万余元，其犯罪情节及社会危害程度相对前2名主犯要小，因而在确定具体刑罚时，应有所区别，可以不判处死刑。这符合惩办与宽大相结合的原则，有利于促使罪犯的分化瓦解。

3. 一次性盗窃“数额特别巨大”与近百次累计盗窃“数额特别巨大”，在处罚上应如何掌握？

为了说明问题，先举两例：朱某（女），平时无偷模习气，一次在商店买商品时，发现柜台上有一个提包，就顺手偷走了，包内有3.5万余元人民币。她回家清点钱数，当即被巨款所吓昏。公安机关抓获后，她退出了全部赃款。柳某，一年内在机关和大专院校，撬门扭锁，作案达98起，闹得人心惶惶，柳被抓获后，群众纷纷投书政法机关，要求从重判处其死刑；但其盗窃总数额只2.8万余元，论数额不能判处死刑。

此两个案例，如果仅从数额上看，朱某比柳某盗窃的数额多。但实际情况是，柳某盗窃作案近百起，其主观恶性要深，社会危害性大，犯罪手段要恶劣，犯罪情节要严重。相反，如果单纯以数额量刑，不分析其他犯罪情节，朱某可能被判处死刑，而柳某只能判为无期徒刑。显然，这样的处罚，不仅不符合我国刑法第五十七条的量刑原则，而且显失公平。对此，笔者认为，一次性盗窃3万元以上的，要具体案件具体分析，不能单纯以数额而论，要全面综合分析案情；对于有预谋的一次盗窃3万元以上，要依法判处死刑；对于见财起心，盗窃数额特别巨大，归案后主动认罪或积极退赃的，则可以在5年以上10年以下量刑，如果符合刑法第五十九条的规定的，也可在5年以下处罚。

对于那些单从数额上看不够判处死刑，但其作案次数近百起，社会危害性极大，且盗窃数额"特别巨大的"，则应依法从重处罚，做到罪刑相适应。

4. 劳改人员盗窃数额尚不构成"数额较大"的，是否一律不予处罚？

盗窃罪是侵犯财产罪之一，非法侵害财物数额大小，是表明其行为的社会危害程度轻重的重要标志。我国刑法规定；数额较大是构成盗窃罪的重要条件；盗窃数额较小，情节显著轻微，危害不大的，不认为是犯罪。但是，决不能简单地说，盗窃数额的大小是定罪的唯一根据。实践中有一种认识，认为凡不构成规定盗窃数额较大起点的，一律不构成犯罪。这种认识值得商榷。

对构成盗窃罪的数额虽然已有法定界限，但笔者认为，对劳改人员脱逃后，盗窃已接近法定规定的盗窃罪数额起点的，作案次数多，情节严重，应予以定罪处罚。如一劳改犯脱逃后，在农村居民点撬门翻窗，盗窃作案10余次，累计盗窃数额为307元。这一劳改犯是否应定罪予以处罚，分歧意见较大。普遍认为，我省已规定，个人盗窃公私财物400元为构成盗窃罪的起点，该罪犯的盗窃数额未达到定罪的起点，不构成盗窃罪。笔者认为，一般情况下，应按法定的数额标准依法处理。但对于劳改犯不仅应根据其盗窃数额的大小，还应参照其作案具体情节，综合考虑，即使未达到构成盗窃罪的数额起点，如果情节严重，亦应定罪处罚。

二、关于处理“官倒”犯罪案件的几个问题

各地在处理“官倒”犯罪定罪量刑分歧意见大，我即发表了《关于处理“官倒”犯罪案件的几个问题》，全文如下：

“官倒”犯罪案件逐年上升，但如何处罚法律没有明确规定。许多单位投机倒把犯罪没有受到司法机关处理，群众意见很大。1989年3月15日，最高人民法院、最高人民检察院（简称“两高”）公布了《关于当前处理企业事业单位、机关、团体投机倒把犯罪案件的规定》（以下简称《规定》）。《规定》对单位投机倒把犯罪构成的条件及适用法律处罚作了司法解释。指出：“官倒”犯罪是“企业事业单位、机关、团体违反国家有关法律、法规以及国务院有关规定和政策，进行投机倒把活动，为本单位牟取非法利益，数额特别巨大，并且手段恶劣，严重破坏社会主义经济秩序或者严重危害国家、集体和人民群众利益的”行为。

基于“两高”的规定，单位构成投机倒把犯罪的条件是：

1. 违反国家有关法律、法规以及国务院有关规定和政策。比如违反国家的《矿产资源法》和全国人大常委会通过的《关于惩治走私罪的补充规定》及《中华人民共和国海关法》，倒卖国家不允许自由经营的重要生产资料；倒卖国家禁止上市的走私物品；倒卖国家指定专门单位经营的化工产品（如民用炸药等）、军工产品等物质，破坏国民经济计划，扰乱市场的行为。但《规定》中主要是指违反国务院发布的《投机倒把行政处罚暂行条例》中所列举的单位从事各种投机倒把的行为。

2. 通过各种手段进行投机倒把活动，为本单位牟取非法利益，数额特别巨大。数额大小，是分清单位构成投机倒把犯罪与一般投机倒把行为的界限，也是认定投机倒把罪“情节特别严重”的主要内容。《规定》指出，“企业事业单位、机关、团体进行投机倒把活动，一般以非法经营数额达到30万元至60万元，或者非法获利数额达到10万元至20万元为‘数额特别

巨大'的起点。"这一数额幅度是统一处罚的标准，同时《规定》又考虑了各地的政治、经济和经济犯罪情况的不同，又授权各省、自治区、直辖市司法机关应当参照上述数额标准，根据本地区的实际情况，规定本地区所掌握的数额标准，以利于依法严惩严重破坏经济秩序的单位投机倒把犯罪。这里，在计算获利数额时，《规定》虽未明确是获纯利数额，还是获毛利数额。笔者认为，一般应考虑获纯利数额。

3. 手段恶劣。据调查，投机倒把案件中有90%以上是国营、集体经济组织，大多数又是1985年后成立的新公司，他们主要是倒卖钢材、农膜、化肥等重要生产资料。有的为了牟取暴利手段不断翻新，有的为了逃避打击，弄虚作假；有的生产单位不生产，把国家计划划拨的原材料高价倒卖，然后从外生产单位高价买回生产成品，谎报已完成国家计划生产指标。或者把国家计划内物资、指标转为计划外物资指标，加价倒卖牟取暴利。

4. 严重破坏社会主义经济秩序或者严重危害国家、集体的利益。

单位投机倒把，实质是扩大了的私利，置国家法律、政策于不顾，倒买倒卖，哄抬物价，牟取暴利，既破坏了国民经济秩序，也破坏了国家经济计划，严重危害国家、集体、人民的利益。因此，必须按照《规定》和有关政策予以处罚。

（1）单位投机倒把犯罪主要是追究有关人员的刑事责任。前段时期，由于有些政策界限不够明确，在经济管理活动中出现了许多漏洞。既包括有些政策不够完善出现的经济混乱，也有利用价格改革产生的矛盾等。因此，大量的单位投机倒把活动不构成犯罪，可通过经济的、行政的手段予以处理，只有少数情节特别严重构成犯罪的，除按照行政法规予以处罚外，对直接负责的主管人员和其他直接责任人员要依照刑法第一百一十七条的规定，判处3年以下有期徒刑或者拘役。对于少数情节特别严重的，依照刑法第一百一十八条的规定，判处3年以上10年以下有期徒刑。

（2）对有其他特别严重情节的，要从严处罚。在处罚有关责任人员时，对虽未达到规定的数额标准，但有其他特别严重情节的，如生产、推销、倒卖假农药、假种子、假化肥以及假药、假酒等伪劣商品，破坏工农业生产或者危害人民生命和健康，以及倒卖重要农用物资、粮食等影响国计民生的重要生产、生活资料等，应从严依法追究有关责任人员的刑事责任。

但在司法实践中，对这种犯罪的处罚，在认定和处罚时要特别慎重。

（3）行政制裁与刑罚处罚相结合。对投机倒把犯罪的单位，除应依法追究有关责任人员的刑事责任外，还应根据《规定》的第一条，“按照行政法规予以处罚。”行政处罚主要是指要依据于国务院 1987 年 9 月 17 日发布的《投机倒把处罚暂行条例》第九条的规定，批评、罚款、责令停止整顿、吊销管业执照等。

（4）对于企事业单位、机关、团体为牟取非法利益，与投机倒把单位“通谋”的，以投机倒把共犯处罚。对于一些单位虽未直接进行投机倒把活动，但与投机倒把单位“通谋”，“为其提供批件、货源、资金、账号、发票、证明，或者为其提供运输、保管、组织劳务或者给予其他方便，情节严重的，对其直接负责的主管人员和其他直接责任人员，以投机倒把的共犯依法追究刑事责任。”对单位投机倒把共犯的处罚，是否“通谋”是处罚的重要条件，如果不是为了牟取共同的非法利益，尽管在经营活动中获得了利益，也不能以单位投机倒把的“共犯”论处。此外，情节严重是处罚单位共犯的客观条件，《规定》对此虽未作具体的司法解释，但在司法实践中，可根据案件的具体情况酌情掌握。

（5）对从中中饱私囊者要依法从重处罚。对单位投机倒把犯罪的处罚，并不是以是否中饱私囊为前提条件。前段时期，严重存在“以罚代刑”的现象，原因是一些行政执法单位，认为只要单位投机倒把的直接责任人员未中饱私囊，案件就不移送司法机关处理，这是不对的。根据《规定》对于未中饱私囊的单位投机倒把案件，对有关责任人员，应根据不同情况，分别处理。属于个人投机倒把的，应按照刑法一百一十七条和第一百一十八条规定处罚。属于贪污或者受贿等犯罪的，按数罪并罚处罚。国家工作人员利用职务上的便利个人或伙同他人投机倒把的，依照刑法第一百一十九条和全国人大常委会《关于严惩严重破坏经济的犯罪的决定》中的有关规定从重处罚。

（6）私营企业或个人非法成立的经济组织，构成投机倒把犯罪的，应按个人投机倒把认定。因为这两种企业或经济组织，不管是经工商部门批准登记，还是未经批准和依法登记的，实质上都属于私人经济性质，如果投机倒把构成犯罪，应按个人投机倒把认定予以处罚，而不适用于《规定》处理。

三、关于色情贿赂的法律思考

在处理贿赂案件时，发现许多是权色交易，法律没有规定，对以色贿赂者处罚无据，为了这类案件的审理，结合案情，我发表了《色情贿赂的法律思考》一文，在法律理论界引起了涟漪：

一、法律的困惑

近年来，随着社会经济的发展，贿赂这种古老的犯罪亦不断翻新，并赋予了新的内容。除了“以权换钱”或“以钱换权”的权钱交易外，伴随卖淫、嫖娼等黄毒泛滥，出现了“以权换色”或“以色换权”的交易。这种贿赂方式且称“贿色”。

下面的这起案例就很典型。某厂厂长叶某，为了得到一批平价钢材，求助于某省计委的一处长赵某。为了得到赵某欢心，叶某提供交通工具，先后三次包租了3名暗娼到某市陪赵某，共花销人民币一万余元。事后，叶某如愿地得到了平价钢材，从中倒卖获暴利近百万元。

对于叶某，赵某应该处罚，这是共识，但就如何处罚，在认识上存在着分歧。一种意见认为，叶某没有送钱，赵某没有得钱，不构成犯罪。根据最高人民法院、最高人民检察院、公安部（以下简称二高一部）1984年8月7日《关于卖淫、嫖宿暗娼案件应如何处理的意见》规定，应给予罚款、拘留等治安处罚，或党纪、政纪处分。另一种意见认为，叶某为了谋取不正当的利益，以“色”贿赂国家工作人员，从而达到自己的目的；赵某系国家工作人员，而利用职务上的便利，以权换色，为他人谋取利益。其间，叶某为赵某包租暗娼花费万元，与直接送钱没有本质区别，应对叶某、赵某分别按行贿罪和受贿罪论处。

另外，根据当前“贿色”的特点，从打击犯罪，维护社会治安的角度，这类案件比一般因民事纠纷引起的刑事案件影响大，因此，也有人主张依照我国刑法第七十九条的规定，适用类推，比照贿赂罪的案件，对叶某、赵某的行为予以刑罚制裁。其理由是，从当前的社会治安严重性看，以色情贿赂国家工作人员，既有伤风化，败坏社会风气，且有损国家声誉。所以，在现行刑法未修改前可比照贿赂罪予以处罚。

笔者认为，上述几种观点均有不妥之处。首先，仅给叶某、赵某行政处罚是不够的。虽然“两高一部”颁布了对此类案件的处罚规定，但这种规定是法律滞后的一种表现，它不仅不利于打击犯罪，且对保护正常的经济交往亦不利。尤其是赵某，身为国家工作人员，其利用职务上的便利，接受他人的“色情”贿赂，已不是一般的嫖娼行为，它不仅有损于国家工作人员职务的廉洁性，且严重危害了社会治安。如果仅以行政治安处罚代替刑罚制裁，则与我国法律的要求相悖，也不能起到应有的惩戒作用。

另一方面，按照现行法律，对叶某、赵某以行贿罪、受贿罪论处，法律依据不足。受贿罪是指国家工作人员、集体经济组织工作人员或者其他从事公务的人员，利用职务上的便利，非法索取他人财物，或者非法收受他人财物而为他人谋取利益的行为。据此，根据现行法律，所谓“贿赂”，在客观上特指“财物”，而不包括其他权益。只有行为人非法收受或索取他人的“财物”的行为，才构成受贿罪；而行为人接受他人为其子女安排工作、帮助子女出国、提职提级、领取个体工商户营业执照等权益性好处，不是贿赂，故不能构成受贿罪。所以，依照现行立法旨意，如果行为人虽然利用了自己职务上的便利为他人谋取了利益，但是行为人并没有收取他人的“财物”，只是作为交换条件，取得了非“财物”的其他权益的行为，这只是一种违纪行为，而不构成受贿罪。同时，给予上述好处的行为人，也不构成行贿罪。再从“贿色”上讲，“行贿人”虽然付出了钱，“受贿人”也接受了“好处”(色情服务)，但这种行贿只表现为“色”，而不直接表现为“财物”，因而不符合受贿罪的要件。据此，贿色比照贿赂罪类推，与法律理论相佐。

的确，人们对于“贿色”行为深恶痛绝，群众强烈要求依法惩处，然而，对“色情贿赂”如何使用刑罚，无法可依，也给司法实践带来了困难，一方面群众认为对此类案件打击不力，意见较大；另一方面司法部门又找不到相应法律根据，予以刑事处罚，这是目前的情况。也正因为如此，一些以“色”为手段的贿赂在一些行业越演越烈，这些都亟待立法予以解决。

二、几种色情贿赂的表现形态

1. 高价雇请公关小姐，以色情贿赂有经办权和管理权的国家工作人员。任何国家工作人员都具有一定的职权。所谓“职权”，最高人民法院、最高人民检察院 1989 年 11 月 6 日在《关于执行惩治贪污罪贿赂罪补充规定若干问题解答》中解释为“本人的职务范围的权力”。而本人的职权表现为两种：一是领导权；二是经办、管理权。领导权是指具有领导地位的国家工作人员；而经办、管理权是任何国家工作人员都具有的职权，如公安、司法人员具有侦查、经办、审判案件的职权，工商行政人员具有经办工商营业证、许可证的工商管理职权；税务人员具有经办税收职权；银行工作人员具有经办信贷的职权。往往一些心术不正的厂长、经理利用我国的监督机制不健全和国家在经济调整的阶段，以高价成交后从中提成的方法，雇用一些年轻漂亮的女子，充当公关小姐，为了达到减免税收和从银行贷款，以“色”贿赂税收工作人员和银行工作人员，使国家税收流失，造成国家重大损失。同时也助长了色情贿赂的蔓延。

2. 以娼为诱饵，推销假冒伪劣产品。这种表现往往是国家、集体和乡镇企业，为了销售假冒伪劣产品，包租暗娼，以“色”贿赂购销人员。严重扰乱了社会主义市场经济，败坏了社会风气。

3. 凭姿色，以色情达到减税、贷款，逃避工商监督的目的。主要表现为少数个体户，为了逃避国家税收，凭借自己的姿色，以色情贿赂的方式，拉工商、税收等管理人员下水。

对上述的色情贿赂是否以刑法予以治罪，有不同的认识：一种观点认为，将色情贿赂作为受贿罪定罪量刑，在我国法律上没有依据。其理由是，当前我国刑法规定的贿赂仅指金钱、物品等动产或不动产如房屋，而色情贿赂“是一种非财物”的行为，而将索取非法收受“非财物”作为受贿罪处罚，无法可依。但是，对色情贿赂应当予以打击，不一定都用刑法处罚，可根据具体情况，给予党纪政纪处分；如果国家工作人员贪图女色，利用职权为他人谋取利益，危害严重的，可以比照其他罪名以“滥用职权罪”论处。即使按照外国立法例，将接受“非财物”的其他权益的行为按受贿罪处罚，与我国国情不符，况且贿赂罪是以数额多少为是否构成犯罪的根据的，如果将色情交易视为贿赂，那么以几次“贿色”作为罪与非罪的界限或科刑轻重的依据，在司法实践上无法操作。另一种观点认为，色情贿赂可以贿赂罪的一种表现形态予以处罚。理由是：在我国利用色情贿赂的例证不断出现，如走私集团的主犯，为了走私，用其妹妹以“色”将海关工作人员拉下水，致海关工作人员放进该集团近二千万元的走私货物入境，严重扰乱了我国的市场经济，如果不定罪课刑，不仅不利于同犯罪分子进行斗争，且放纵了犯罪。从外国的立法看，有些国家对贿赂罪的犯罪客体不仅仅限于“财物”这一范畴，而对其他权益性的好处也包括在其中，如现代有关贿赂的法律，许多国家认定：“给予或接受的报酬不仅限于金钱或财产，而且包括给予或许诺任何的利益或方便。”日本在审判实践中，对权色交易依据贿赂罪予以处罚不凡一例，且日本大多数学者也认为，“对异性间的性交也可能成为贿赂目的的利益。”依照贿赂罪论处，如果从立法上予以确认，那么，“贿色”的处罚就迎刃而解。另外，社会实践也对立法提出了要求。有的取得“非财产性权益”比直接接受“财物”危害性大，得利者受益更多，如色情贿赂后的受益，接受他人为子女安排户口、工作、出国旅游，提职提级，这不仅助长了以权谋私，且不利于反腐败的深入。因此，为了加大反腐败的力度，严厉惩治“贿色”这种危害社会的行为，建议我国立法机关借鉴国外的司法经验，将“权益性”好处亦纳入贿赂罪调整的范畴，以便法律更好地为社会服务。

三、两种意见的分歧焦点

色情贿赂是否比照贿赂罪处罚？根据犯罪构成的理论，二者在犯罪主体、主观方面、客观方面认识较一致，其分歧的焦点在贿色的犯罪客体上认识不一致。一种意见认为，我国虽然对贿路在刑法理论上没有下定义，但1989年11月6日最高人民法院、最高人民检察院在《关于执行惩治贪污罪贿赂罪的补充规定若干问题的解答》中，明确用“财物”一词取代“贿赂”一词，即我国现行刑法规定的贿赂仅指财物；如果贿赂的不是财物，就难于以贿赂罪处罚，所以只有行为人索取或者非法收受他人财物的行为，才构成受贿罪。而索取或非法收受“非财物”的其他权益的行为，不宜以贿赂罪论处，相应的“贿色人”也不能以行贿罪处罚。其次，如果按照外国立法例，接受“非财物”性利益可以构成受贿罪，那么，相互利用权力进行“非财产性利益”的交易在实践上如何处罚很难操作。例如常某将顾某的儿子提职晋级，顾某将常某的女儿由农村户口转为城市户口并安排了工作。这种权力与权力的互宜，不具备贿赂罪的权钱交易的特点，如果按现行刑法规定的犯罪要件，也就不清楚谁是行贿者，谁是受贿者。另一种意见认为：国家工作人员，利用职务上的便利，以权换色，为他人谋取利益，与直接收受钱没有质的区别，如前例，叶某为了谋取不正当利益，为赵某包租暗娼花费万元，与直接送钱给赵某没有本质的区别，对叶某、赵某应分别按行贿罪和受贿罪论处。其理由：一是这种权色交易，可视为非法收受财物之外的“财产性利益”行为。而财物之外的财产性利益，如免费旅游、免除或减除债务、可代为偿还行为人所负第二人的债务等。这些虽不是直接的财物，但与财物并没有质的区别，如免除一万元的债务与收受一万元的财物在实质上是一致的；提供一万元的免费旅游与收受一万元的财物亦没有本质的差异，这种收受财物性利益只不过是一种收受财物的一种“变种”。而权色交易也是用金钱估价的交易，实质也是一种“权钱交易”。二是从权色交易的目的看，行为人最终是为了谋取利益，从现实例证看，多为获得巨额的金钱或财物，且大多数以色为条件，看中的是那些掌握一定职权的国家工作人员，是一种权力与利益的肮脏交易。没有不利用职务或不为一定利益而以“色”攻关的。实质上，没有职务的作用，谋取利益者决不会以色贿赂，只因你有权，“贿色人”才用色换取权力。这种交易终归是以权或色的中介作用。这种作用大多发生在经济交往中。“行贿人”违反国家法律规定，给予国家工作人员以色贿赂，而谋取不正当利益。如投机倒把分子为了能按照国家调拨价非法弄到国家平价调拨的钢材和汽车等，以转手高价倒卖从中牟取暴利，用色情贿赂的手段，收买某主管单位主管调拨钢材、汽车等物资的工作人员，使其利用职务上的便利，违反国家政策规定或者利用政策上的漏洞，非法批拨一批按调拨价购买钢材和汽车的指标。而“受贿人”接受“色情服务”后，按照“行贿人”的要求，以职权将国家的钢材、汽车非法批发给“行贿人”倒卖。这种权色交易严重扰乱了国家经济的健康发展，社会危害性大。所以，从现实还是从法律上讲，贿赂不仅仅指金钱和物品，也应包括一切不正当利益。三是贿色与卖淫嫖娼不同，二者在表现形式上，都是钱与肉体交易，但二者不同，卖淫嫖娼不需要“权”的中介作用，是一种赤裸裸的钱与肉体的直接交易，只要出钱就“成交”。而权色交易不同，它需要通过“权”的中介作用，是一种间接的钱与肉体交易，且获利人具有长期的效应，国家利益受损，其社会危害性更大。四是从权色交易的犯罪特点看，同其他犯罪一样，色情贿赂也具有很大的社会危害性，刑事违法性和应当受到刑罚惩罚性的三个基本特征。如果从法律上予以规范，有利于打出犯罪，起到惩戒作用 。

四、色情贿赂的特点

色情贿赂同其他犯罪一样，具有其自身的独立性，从其犯罪的性质和犯罪构成的条件看，它具有如下特点：

第一，犯罪的社会危害性大。以权换色，是一种职务性的犯罪，不论其影响如何，都在一定程度上扰乱了国家机器的运转，削弱了国家机器的作用。第二，败坏了国家声誉。国家工作人员、不论其自觉与否，执行职务的行为都代表国家执法，是一种体现统治阶级意志的活动。人民群众往往通过国家工作人员执行职务的活动，来评价国家的清政或腐败。以权换色，是一种国家工作人员利用职务实施的犯罪行为，它有损于国家工作人员职务廉洁性，必然造成恶劣的社会影响。第三，败坏社会风气，污染社会环境，严重危害社会治安。国家工作人员的一言一行，从不同侧面反映着国家政策和法律的指向、允许、禁止的范围，反映着社会道德规范的要求。人民群众往往从国家工作人员的表现中看待国家公职人员的作用，评辨善恶。而以色换权严重败坏社会风气，对社会影响大，毒害性严重。第四，色权交易具有其隐蔽性，其伪装性强，往往很难被人察觉，以“合法”掩盖着非法，危害性大，严重地扰乱社会经济秩序。从其犯罪本身看，接受贿色的人一般都具有一定的权力，具有较高的智商，并掌握了与其职务相关的专业知识，他们懂得法律的规范，深知犯罪利害的得失，因而具有其掩盖罪迹，对付追究的计谋，有的甚至了解某些法律的不完备性，往往利用漏缺的空隙，为“贿色人”服务，从而逃避法律的追究。从被害方面看，大多损害的是国家利益，受益的是少数人（包括个人），一般不易被揭露，即使暴露，犯罪人往往利用职权和地位与“行贿人”订立攻守同盟，制造伪证，或者利用权力以组织的名义搞假报告，掩盖罪责，逃避追究 。

总而言之，对色情贿赂应予处罚，这是共识。笔者认为，如果国家工作人员利用职务之便，贪图女色，为他人谋取利益，危害严重的，如果刑法予以增加罪名，为了做到科学性、完整性，可根据案情，结合我国刑法理论，以滥用职权罪科刑为妥，予以从重处罚；但在现行刑法未修改前，可参照贿赂罪予以处罚，但应该分清不同情况，不能一概而论，可根据犯罪事实、性质、情节和对社会危害程度，进行综合分析。有的用党纪、政纪处理，有的则必须以刑法处之。如果单以行政治安处罚，不仅不利于打击这种犯罪，且有以行代刑之疑，与我国法律原则相左，也不利于国家机器的正常运转；如果单以党纪政纪处理，群众意见大，不利于维护社会稳定，不利于维护国家的政治声誉，也不利于国家工作人员的清正廉洁性。所以对色情贿赂的犯罪不能一概都使用刑法，要根据具体案情，区别对待，对情节较轻的，可给予党纪政纪处分，予以降职降级。对于情节严重、危害较大的，应予以刑罚惩罚。

那么，哪些属情节严重、危害较大的呢？我认为有如下情节可视为危害较大的：（1）权色交易多人多次，社会影响极坏，群众反映强烈的。（2）接受色情贿赂，致使国家经济遭受重大损失和危害国计民生的。如一商场经理，以一女“倒爷”的姿色为条件，为其开出价值数万元的紧俏商品的。（3）贪图女色，滥用职权，多次为“贿色”者谋取私利危害严重的。（4）利用职权，公开以色要挟和承诺，或以色允诺为条件而为他人谋取利益的。如公安人员在执行侦查时，以女盗窃犯允诺性交，否则将其送上法庭的方法得到同意，与之性交的。（5）二人以上共同犯罪，情节恶劣的。（6）为谋取暴利，多次利用女色贿赂国家工作人员，情节严重的。

五、刑事责任

对危害严重构成犯罪的色情贿赂的刑事责任，在现行刑法未修改前，可参照《刑法》一百八十五条第一、二、三款和全国人大常委会《关于严惩严重破坏经济罪犯的犯罪的决定》第一条第二项的规定，依照全国人大常委会《关于惩治贪污罪贿赂罪的补充规定》第二条、第五条、第六条、第八条、第九条、第十二条的规定，分别不同的犯罪情节，结合国家损失的实际程度，予以处罚。

（1）“行贿人”出资在1000元以下，而国家损失在2万元以上5万元以下的，情节严重的，处5年以下有期徒刑，情节较轻的处2年以下有期徒刑或者拘役。

（2）“行贿人”出资在2000元以下的，使国家利益或集体利益遭受10万元以下重大损失的，处10年以上有期徒刑。

（3）“行贿人”出资在5000元以上的，使国家和集体利益遭受100万元以上巨大损失的，情节特别严重的，可处无期徒刑。

（4）二人以上共同犯罪的，根据其情节轻重，从重处罚。对“行贿人”可根据出资数额大小，获取暴利多少，处5年以上15年以下有期徒刑。

（5）对企业、事业单位的负责人授意他人以色情贿赂国家工作人员的可处2年以下有期徒刑或者拘役。

第五节　在勤奋中创造成绩

人们常说，艰辛能让人坚强，困境中使人奋进，绝路让人重生，幸福全靠自己创造。我也不例外，常利用时间弥补自己的不足，书成了朋友，写作成了我的动力，我与时间赛跑，只要有空就阅读各类书籍，特别是为了以字释义，《现代汉语词典》被我翻破了几本。勤奋学习也使我的思想境界得到了升华，收获更让我自信。

当年由于我写了许多文章，多篇发表在《知音》杂志上。我在《知音》杂志上发表文章，每字1元多，每篇5000多元稿费，稿费收入远远高于我的年工资收入。在20世纪80年代机关干部出国可谓天方夜谭，1997年当《知音》杂志社特邀我到中国香港、泰国、马来西亚、新加坡参加笔会，我还心有余悸，生怕批不准。可当我头天下午送报告，次日早上一上班，报告批件就到了我手上。1997年、2000年我两次到东南亚地区参加《知音》杂志社组织的笔会，的确在当时引起了不小的反响。记得1997年在泰国正值国庆节，大家高兴地唱起中国国歌，那一刻真是让人兴奋，感到当一个中国人是何等的自豪！

2010年我被评为全国立案信访先进个人，省法院在《记优秀法院信访干部官昌恒》的材料中是这样描述的：

官昌恒同志作风严谨，工作深入细致，得到了同志们和领导的一致好评。1995 年担任立案庭副庭长以来，长期负责信访接待工作。他坚持“以事实为依据，以法律为准绳”的法制原则，运用哲学原理，对上访老户，在充分了解案情的同时，对其申诉过程，家庭情况等都要掌握，再就具体问题进行具体分析，摸索出了一套信访工作的路子。在上大学之前，他曾经担任过大队党支部副书记，这段基层工作经历，为他提供了做群众工作的经验，使他做好信访接待工作有一定的基础。他姓官，也是个“官”，但他没有一点官架子。他身先士卒，无论是在接待室接待来访群众，还是下到基层，同当地党政部门、司法机关及有关单位做老户工作，不耍“官腔，不搞花架子，不搞哄、骗、推，不盛气凌入，而是脚踏实地，一心为了做好老户工作。老户工作虽然难度大，但事关司法公正，事关社会稳定，每当做好一个老户工作，他就由衷地感到欣慰。几年来，他先后使 15 名长期缠诉的老户息诉，其中有的上访十余年，他经常收到申诉人的感谢信。一名申诉人 2001 年 7 月 12 日的感谢信上写到：“我和老伴两次来你院送一面锦旗，向你、向你们立案庭的同志们表示衷心的感谢，”省委、省政府信访局、省人大对他的工作也有不少赞誉，碰到一些无理缠诉和群体上访，常常直接给他打电话，要他尽快去处理，由于他的工作方法得当，使许多上访人怨气而来，满意而归。他本人自 1985 年以来三次被评为先进工作者，四次被评为优秀共产党员，1985 年被评为全省法院系统先进工作者，1992 年荣立一等功，晋升一级工资，1993 年被评为省直机关优秀共产党员。他的先进事迹，主要是如何做好新形势下法院信访工作的难点、疑点和重点工作。切实解决越级上访，缓解集体上访，扼制进京上访，促进社会稳定、机关安定，保护来访人的合法权益，作出了积极贡献。

一、有理申诉，依法立案再审，体现党的实事求是精神

1969 年原通山县公安机关军管小组 (69) 军刑字第 21 号、第 22 号刑事判决书分别认定：尹定杰早在中学读书时，就读过很多反动书籍，妄图颠覆无产阶级专政，在无产阶级文化大革命中，大肆进行反革命活动，到处散布反革命言论，蛊惑人心，密谋策划反革命集团，恶毒攻击林彪副主席。尹定扬思想反动，乘文化大革命之机，伙同反革命首犯尹定杰等人密

谋策划反革命集团，并亲自邀约反革命密会，发展反革命成员，大肆进行反革命活动，尹定杰被判处有期徒刑15年，尹定扬被判处有期徒刑8年。

该案涉案人员达93人，其中党员、干部26人，致伤致残14人，卷宗39本。从1978年开始，尹定杰、尹定扬长期申诉，省法院3次交办，通山县法院、咸宁地区中级人民法院共复查8次，均维持原判。官昌恒同志接谈该案申诉人尹定杰后，调卷复查，在查阅全部案卷后，深入到当地调查，该地是鄂东南大山区，他与另一同志翻山越岭，找证人20余名，两天为了寻找一个证人，直到深夜十一时才结束。结合案情，他询问了原案承办人，发现复查此案的有关人员中，有些就是原案承办人。经过省法院提审，最后认定原判认定的事实、定性均不当，这是一起刑讯逼供特别严重的案件，于1992年12月25日宣告尹定杰、尹定扬无罪，这起上访20余年的案件得到了彻底平反，其社会反映较好。申诉人多次给官昌恒同志写来热情洋溢的感谢信。官昌恒同志事后利用业余时间，就该案撰写的《改判，于二十年后兑现——尹定杰等反革命集团冤案平反录》，对该案进行了认真的思考，得到了法制文学界的好评。

二、无理申诉，以案讲法，深入基层，耐心做好息诉工作

万方芹之父万春山于1994年2月12日被伤害致死，被告林绪斌被判处有期徒刑十三年，剥夺政治权利三年，判令被告人林绪斌赔偿附带民事诉讼原告人万方芹的经济损失二千二百元。事隔不久，1994年3月20日，万方芹之子万顺利因故意杀人罪被判处无期徒刑，剥夺政治权利终身，赔偿附带民事诉讼原告人江亲理经济损失二千元，万方芹为此长期上访，她认为，同样是死了人，判刑却不一样，数年来，万方芹长期上访申诉，不是哭就是闹，还经常制造事端。官昌恒同志在接谈万方芹时，认真听取了其申诉，经反复做工作无效的情况下，与有关部门配合，深入到当地，组织万方芹所在地的村、组、乡领导和县委、县政府有关人员，面对面对万方芹晓之以理，并结合案情讲解该两案的事实和法院判决的法律依据，与会人员都受到了一次生动的法制教育。经过大家面对面的交谈，摆事实，讲道理，万方芹的亲朋好友也觉得万方芹的上访无理，由原来支持其上访，转变为做其息诉工作，万方芹终于息诉了。

三、长期缠诉，说服教育，从解决申诉人的实际困难入手

湖北省钟样市申诉人张世能因其子和儿媳被杀，一审判处被告人死刑，省法院改判死缓刑，张世能携其5岁的孙子，多次到省法院上访，扬言要爆炸长江大桥。为此，也引起武汉市公安局的重视。

1999年4月30日，官昌恒同志冒雨到张世能家，看见张世能夫妇二人均已60多岁，且均为残疾人。其儿子和儿媳被杀后，两老一幼，家庭一贫如洗，为了解决他们的实际困难，官昌恒同志两次与钟祥市委、市政府、乡政府协商，免除了该破碎家庭的各项农业税，并由乡政府出钱免费送其5岁的孙子上学，直到初中毕业。同时当着张世能的面，讲清楚法院改判所依据的法律事实和原因，使张世能及当地干部和群众看到省法院的法官冒着大雨，深入到乡村亲自做工作，宣讲法律政策都深受感动，许多群众也劝告张世能，就省法院法官的这种精神，你也应该服了吧。由于官昌恒同志深入细致的做工作，其精神感动了张世能，后来张世能几次写信给官昌恒同志，称官昌恒同志不以官自居，平易近人，看到了一位普通法官为人的形象。

四、暴力申诉，见义勇为，制止暴力事件保护法院干部人身安全

申诉人熊国洪因贪污被判刑，经省法院再审维持原判后，持刀行凶。1984年冬至1985年10月，熊国洪贪污公款6416.49元，1991年5月22日房县人民法院以贪污罪判处其有期徒刑四年，熊不服提出上诉。1991年7月31日，原郧阳地区中级人民法院二审维持原判，熊仍不服，1995年7月19日省法院决定提审，1998年经省法院复查，再审维持原判，鉴于其多次写信威胁要行凶的情况，立案庭又建议审监庭再复议一次，1999年4月审监庭经复议仍维持原判。在1999年6月审监庭的案件承办人向熊国洪送达维持原判通知书时，能国洪用一根戴头钉的木棍朝案件承办人头部击去，官昌恒同志眼明手快，立即用身体挡住，并夺下凶器，将熊制服，保护了该同志的人身安全。

1999年9月29日，熊国洪又来省院上访。29日上午，官昌恒再次给熊国洪做了息诉工作，下午四时二十分左右，熊国洪在接待室门外乘接访人员陈水清不备之机，拿出预先藏在袖口里的砍刀朝陈水清的头部连砍两

刀，致陈水清伤后，熊国洪更加有恃无恐，持刀到处追杀他人。闻讯赶到的立案庭副处级审判员江传云(59岁)进办公室找到副庭长官昌恒，官昌恒同志即随江传云一同迅速赶到接待室门口，未见到陈水清同志，旁人告诉已被送往医院了，官昌恒即准备拦车去医院，这时，熊国洪突然持刀从接待室内冲出来，持刀直刺江传云的胸部，江传云见状将身体一扭，刀刺向了江传云的腋下，江传云用力将刀挟在腋下，这时，官昌恒同志马上转身扑向熊国洪卡住了熊国洪的脖子，江传云按住熊国洪的手夺刀，在周围群众的帮助下，终于制服了熊国洪。

五、集体上访，循循善诱，体现人民法院是最讲理的地方

1999年到省法院有七起集体上访，官昌恒同志做了其中的五起工作，十多次到省委、省政府解围，许多集体上访少则几十人，多则几百人，有时将省委、省政府围得水泄不通。凡是在这种紧急情况下，经过官昌恒协助做工作就有所缓解，他的工作方法是先找代表谈，对于要求合理的，及时与有关部门通报情况，尽量解决，对于不合理的则讲明道理。有一次，洪山区两个村之间为土地纠纷，不服洪山区人民法院的判决，三百余人将省政府围住，院领导委派官昌恒同志立即赶赴现场，刚下车，上访群众以为他是洪山区法院的，一个40多岁的妇女就上前对其打了几拳，官昌恒同志打不还手，骂不还口，还是反复做工作，讲明道理，上访人被官昌恒同志的真诚所打动，这位打人的妇女也上前主动向官昌恒同志赔礼道歉。

又如东湖医药棉织厂集体上访案。1999年3月间，一百多名上访群众均为妇女，年纪最大的85岁，最小的也是50多岁。上访反映原厂长将公款转移到他爱人办的一个私人企业上，为其爱人担保，造成东湖医药棉织厂工人工资发不出来，退休工人无钱可领，这群上访的妇女，举者小旗，高呼口号，并扬言要死在省法院。官昌恒同志当即进行了接谈，在二个多小时的交谈中，官昌恒同志循循善诱。一方面讲，你们许多人系创业时的工人，现关心企业生存，关心企业的发展，出发点是好的，但集体上访的方式不可取；另一方面，对上访群众说明法院立案再审的依据，动之以情，晓之以理，许多上访群众为之明白了道理，目的是要解决问题。一席话，使这批上访群众听后十分满意，与此同时，官昌恒同志将大家上访的情况

向有关部门反馈，使这起集体上访事件很快得到了解决。

第六节 在逆境中奋进

由于“申诉难，告状难”成为社会焦点。省法院再次进行改革，1995年告诉申诉立案庭一份为三。分庭为立案庭，审判监督第一庭，审判监督第二庭。我被分在立案庭任副庭长。在立案庭工作三年。2001年省法院再次按照部署进行改革，实施“竞争上岗”，所有的正、副庭长采取“笔试、群众投票，领导考核”三项总分相加，前后排列，任职统一调配的政策。我因大学不是学法律的，在读法律研究生未毕业也不能竞争庭长，此次改革，我得分高。因立案庭庭长出现空缺，为了平衡，2001年我被调到审判监督第二庭（现审判监督第三庭）任副庭长。我带头办案，结案数比审判员翻倍。审判监督第二庭2004年报送我一等功的材料是这样写的：

官昌恒同志在2004年工作中，认真学习马列主义、毛泽东思想、邓小平理论，政治上与党中央保持一致，按照院党组的要求，坚持“公正与效率”的原则，严于律己，廉洁、勤奋、高效，超额完成了各项工作任务。2004年是办案多、调解多、改判多、处理涉讼上访老户多、结案率高。共办结各类案件46件，其中刑事6件，民事40件，结案率100%；主持合议和参加合议案件77件，核对各类文书92份；起草各类文书和函件138份，出勤率100%。还协助庭长主管刑事、内勤、党支部工作。在办结的46件案件中，改判、调解、发回重审和指令再审共计18件。

一是带头办大案和有影响的案件，急事急办，从不讲任何条件。交办案件，有的要求急、时间紧、任务重，要求高、影响大，稍微处理不慎，就会出现不同反应，为了及时办结此类案件，官昌恒同志打破常规，加班加点，较好地完成了任务，得到同志们的好评。如涂汉江、胡敏非法经营一案，经有关新闻炒作后，引起了较大的反响。省委喻正声书记对有关《情况反映》进行批示后，吴家友院长极为重视，案件交由官昌恒同志办理，要求在一个星期内审结并报告结果。官昌恒同志加班加点，及时办结了此案，迅速向省委等部门写出报告，受到好评。再如白宗琴非法经营一案。公安县公安局将白宗琴的合法收入没收，建了办公楼，并予以关押。白宗琴出狱后，要钱时公安局就将其关押，不要钱了又将其放出，前后关押了三次。白宗琴为此在省检察院、省公安厅上访，多次在省公安厅和检察院以自杀相威胁。省政法委交办此案后，院领导交由官昌恒同志办理，要求快办快结，官昌恒同志加班加点，在规定的时间内，写出了 27 页报告，经审判委员会决定，宣告白宗琴无罪，受到院领导的表扬。2004 年官昌恒同志直接办理重大影响案件 5 件，星期六和星期天加班达 20 余次。二是认真处理涉讼上访案件，注重办案质量，依法保护当事人的合法权益，2004 年根据院的安排，集中办理涉讼上访案件，官昌恒同志处理的 8 件涉讼上访案件中，均已被本院和有关法院驳回，有的多次驳回。官昌恒同志接受这 8 件案件后，通过阅卷，认真听取当事人的申诉理由，发现原判决存在错误，驳回其申诉不当，经审理，一件宣告无罪，7 件发回重审和指令再审。如武汉市汉正街改造指挥部与张碧莲等人拆迁纠纷五件案件，上访已 10 年，长期上访，久诉不息，年年在省人大、政协“两会”期间闹得更凶。省人大三次交办，有的几次被驳回，省人大再次交办后，官昌恒同志通过听取申诉、阅卷，发现原判确有错误，经提请本院审判委员会决定，发回武汉市中级人民法院重审，当事人非常满意。三是注重办案的社会效果，为社会稳定做贡献，如林保良与父亲房屋纠纷一案。父亲起诉儿子林保良腾退房屋，一审法院判决林保良腾退房屋。二审期间，林保良的妻子行贿于武汉市中级人民法院的原副院长胡昌尤，胡昌尤亲自担任审判长，不仅将房屋判给了儿子林保良，并将未起诉和反诉的、属于父亲的 4 间车库也判给了儿子林保良。胡昌尤被抓后，武汉市中级人民法院再审改判，而林保良不服，提出申诉。申诉案件交由官昌恒同志办理。官昌恒发现父子为打官司矛盾很深，父子几年不再来往，大有将官司打到底的决心。官昌恒同志了解此情况后，面对面地做了五次调解工作，并针对双方的矛盾焦点，指出武汉市中级人民法院再审改判的正确性，最后双方当事人达成互谅互让，林保良也觉得自己的申诉没有道理，并主动撤回申诉，较好地解决了当事人的纠纷，平息了父子矛盾。结案后，林保良父子二人到省院感谢官昌恒同志，取得了较好的社会效果。四是耐心细致地做好工作，从解决矛盾入手，注重调解工作，官昌恒同志在办案中，坚持依法，注重调解，解决矛盾，化解纠纷，已结的 46 件案件中，调解 5 件，如武汉市洪山区科学局与武汉义明节能保温材料研究所返还财产纠纷一案，五位省人大代表联名提出质疑案，为了使人大代表了解真相，听证时邀请五位人大代表参加听证。代表们了解案情后，认为法院判决公正，纷纷做起了再审申请人的息诉工作，并促成了当事人和解，使这起12年的纠纷得到了圆满解决，代表对本案的处理反映相当好。再如中国农业银行三峡分行与沙洋农村信用社资金拆借合同纠纷一案，由本院二审，执行回转达900多万元，经本院审判委员会决定再审后，经官昌恒同志主持调解，监利县支行当场回转执行款650万元，双方当事人均满意。

官昌恒同志在工作中，兢兢业业，不办关系案、人情案，做到了请客不到，送礼不要。坚持在吃透案情的基础上，快审快结，在办案中发挥主导作用，吃透案情，抓重点，找准分歧点，不单方面接待一方当事人，让当事人产生信任感，在把好案件事实关的基础上，做到改判有理有据。其次，排除干扰，消除当事人顾虑，以理服人，以情动人，不耍特权，真正做到一身正气、两袖清风、以高尚的个人魅力和精湛的业务素养赢得当事人的信任。

在审监二庭我办理了许多复杂疑难案件，有的上访十多年，已经复查多次被驳回，而要推翻已有的结论，工作量之大可想而知，既要有新证据，让当事人口服心服，也要原复查承办人服气服理。如办理白宗琴非法经营案。白是外省人，经批准在公安县收购"富余"的棉花。公安县公安局不仅将白宗琴的合法收入没收，建了办公室，并予起诉判刑。白宗琴出狱后，要钱时公安县公安局将其关押，白宗琴答应不要钱了，又将其放出，前后关押了三次。我复查后，宣告白宗琴无罪。因此案公安县的政法机关抵触情绪大，两次在省政法委协调处理白宗琴一案中，公安局的一副局长将脚翘在会议桌上，对省政法机关的意见不屑一顾。送达判决书时，由省政法委同志带队，省公安厅、省检察院均派人参加。在送达判决书时，公安局的一位副局长质疑省法院的判决，他那傲慢的表情给我打下了深深的烙印。

第七节　公正是法官职业的本质

一个法官的好坏，群众自有公论。办好每一个案件是对法官的基本要求。公平正义是法官追求的唯一目标。徇私枉法就会办成冤假错案，公正无私就会办成铁案。依法办案是法官的天职。

在审监二庭我办案比审判员翻倍。在任副庭长三年中，一次立一等功，一次立二等功。因我办案多，善于做群众工作，解决了许多老上访户的问题，也引起了院领导的重视，有的难案院长直接交由我承办。如武汉市汉南房地产综合开发公司（下简称汉南公司）与湖北省农垦实业公司（下简称农垦公司）联合建设销售商品房合同纠纷一案。本院调解书发生法律效力后，因双方对调解书的第八项条款发生歧义，无法执行。汉南公司找省人大，农垦公司找省政协。人大、政协均关注本案，经多次协商未果。仅就调解书中的第八项条款，双方各自利用权力，声讨攻击省法院，因一方有省人大代表说话，另一方有省政协申冤，农垦公司的当事人和代理人均是省政协委员。几年的“两会”，该案均为议案，省人大、省政协多次要省法院携卷汇报，“两会”上双方利用媒体对省法院的民事调解书三评四议。省法院启动再审几年，双方当事人不配合，不是不参与听证，就是不给省法院质证的时机，院领导也十分着急。我调到审监二庭后，院领导点名要我承办此案，要求尽快启动再审程序。当我接受承办该案后，不到一个月报请审判委员会讨论。为了落实审判委员会决定，由常务副院长李官喜带队到汉南公司做工作。当时任省人大代表、区人大常委会主任张某，愤然指着我说，省法院除了现任院领导的几位原合议庭成员外，你能超过他们吗？对我极不信任。

回来后，院长和常务副院长为了尽快解决双方矛盾，亲自参加在省法院食堂宴请农垦公司的代理人吃饭，“五粮液”下肚后，声称一定以政协委员的身份做工作，尽快结案。结果我组织开了九次听证会，这位代理人未看一页的卷宗，在法庭上只是大谈理论，大谈法制。“两会”期间又利用媒体，要求错案追究。最后一次开庭时，当着委托人我直言不讳地说：请代理人明白你的身份，今天在法庭上你代表的是当事人委托的权益，不是政协委员在行使监督权，作为代理人卷宗未看一页怎么履行委托人的职责？

当时在法庭上很难堪，他声称要找领导，我说：“好的，那是你的权利。”此案再审是一审判决，判决后均未向最高人民法院提起上诉。

说实话，此案从起诉，各自运用权术，省法院骑虎难下，这是真的。让我们看看此案审理，申诉的全过程就会一目了然：

汉南公司与农垦公司联合建设销售商品房合同纠纷一案，武汉市中级人民法院1995年9月作出(1995)武经初字第256号民事判决、农垦公司不服，向省法院提出上诉。经省法院审查认为，本案诉争标的额500万元以上，依据最高法院批准的关于级别管辖的规定，1996年5月10日作出(1995)鄂经终字第298号民事裁定：撤销武汉市中级人民法院(1995)武经初字第256号民事判决，本案由本院审理，因武汉市中级人民法院不移送本案，汉南公司不参与诉讼(声称如果是二审就参加诉讼，省法院如果是一审，就不参与诉讼)，1996年6月18日省法院作出(1996)鄂经初字第42号民事裁定，以原告汉南公司经传唤，无正当理由拒不到庭，裁定本案按撤诉处理。在本案按撤诉处理后，农垦公司于1995年6月21日向省法院起诉了汉南公司，1996年6月21日，省法院正式受理了农垦公司的诉讼。同年7月10日本院作出(1996)鄂经初字第50号民事调解书，调解已发生法律效力。因双方对执行条款发生歧义，无法执行，且双方分别找省人大、政协交办；人大、政协均关注本案的执行，经多次协商未果，2004年11月9日经省法院审判委员会决定，对本案进行再审。2004年12月15日省法院作出［2004］鄂监二民字第134号民事裁定，决定对本案进行再审，并通知2005年1月5日公开开庭。汉南公司认为，本案再审应按第一审程序，应当给予不得少于30日的举证期限和交换证据的时间，故要求改期。2005年1月20日公开审理了本案。

一、当事人起诉的要点

农垦公司诉求：1. 判令被告依照《联建合同》的规定，以双方名义办理报建手续，并提交原告人。2. 判令被告人于1996年6月25日前达到已售出房屋进场装修条件，并让已购房客户进场装修；于1996年7月30日前正式向原告人交房，并按原合同规定承担税费，出具税务发票；于1996年10月30日前按原告人提供的资料办理完已购房客户的双证，并提交原告人；以上三项，每延期一天由被告人按原告已投资金的万分之五向原告人支付滞纳金，并承担购房客户向原告人提出的全部赔偿责任和法律责任。3. 对因被告人原因造成原告人无法售出的房屋，判令按原合同规定的1783元每平方米价格交由被告人由被告人处置。4. 判令被告人赔偿原告人经济损失1599.5万元。5. 判令被告人承担本案全部诉讼费。其事实与理由：我公司与汉南公司于1993年8月18日签订《联合建设新合后街商住楼及销售合同》一份，并于当日在武汉市公证处办理了合同公证手续，合同中就工程的开工、竣工日期、工程总面积、双方责任、工程总造价、质量、付款方式及违约责任等均作了明确规定，但被告在履行合同过程中，擅自违约，给原告造成严重的经济损失，为保障工程能继续进行，我方又与被告专就工程进度和资金支付问题，于1994年12月29日签订"补充条款"，并附列了"资金进度安排表"，但被告视合同及协议书为儿戏，屡次严重违约，被告人严重违约事实如下：1. 不按合同规定以双方名义报建工程项目。2. 不按合同规定的时间提交报建手续和文件。3. 不按合同规定办理有关法定手续。4. 不按合同规定的进度施工。5. 不按合同规定的图纸施工、擅自变更设计。6. 不按合同规定，将工程款专用。

二、汉南公司没有答辩

三、原调解书认定的主要事实和调解结果及执行中当事人双方签订的会议纪要

（一）省法院调解书认定的主要事实和处理结果

1993年8月18日，原告农垦公司与被告人汉南公司签订《联合建设新合后街商住楼及销售合同书》，约定双方共同建筑商品房，由农垦公司投资53490000元，获得三万平方米商品房的销售权；汉南公司负责办理有关手续和施工，于1994年11月底前交付合格商品房。合同还对双方的权利和义务作了具体规定。至1994年11月，由于双方均未达到合同约定的施工进度和所支付的工程款额。为此，双方于1994年12月29日签订一份补充协议，对工程进度和定期付款数额进行了约定。因该协议仍未完全履行，双方发生争议而诉至法院。诉前农垦公司共支付工程款21025000元。省法院主持调解达成如下协议：第一，双方签订的《联建合同》及《补充协议》自本协议正式签署之日起终止执行。对原合同标的物作如下处理。

1. 农垦公司于 1995 年 9 月 7 日以前与所有客户签订的有关新合村小区第一、二栋商住楼购房合同均合法有效。其中销售的第一栋门面和住宅及第二栋门面的合同由农垦公司负责继续履行，汉南公司应全力支持和配合。2. 新合村小区第二栋中，农垦公司与客户签订的住宅购销合同，均改由汉南公司负责履行，并由汉南公司承担合同所规定的经济、法律责任。3. 按农垦公司已投资总额 21025000 元（约占总投资 40%），应得门面为 1480 平方米，实际已售出门面共 2849.52 平方米（含厕所面积 95 平方米），其中第一栋应得的门面面积为 817.99 平方米，实售 1825.41 平方米（已扣除厕所面积 95 平方米），多售出 1007.42 平方米、多售部分、由农垦公司按第一栋门面面积平均价返还给汉南公司；第二栋应得门面面积 662.1 平方米，实际售出 929.1 平方米，多售 267 平方米，多售部分，由农垦公司按第二栋门面销售平均价返还给汉南公司。4. 因汉南公司要求将第一栋市政一端 201.5 平方米门面（含厕所面积 195 平方米、厕所保留）作还建使用，双方商定共同作购房户的工作，将客户门面右移。5. 因汉南公司要求将第二栋西端留 94 平方米门面作为还建使用，双方商定共同作购房户的工作、将客户门面右移，如工作做不通，农垦公司应考虑与客户终止合同，合同终止后，第二栋门面不足部分，汉南公司按第二栋已售房门面平均价返还给农垦公司。6. 按农垦公司已投资总额 21025000 元，应得住宅面积 10312 平方米，已售出 7866 平方米，尚欠 2446 平方米，由汉南公司在第一栋内安排补齐；第二栋住宅由农垦公司销售给客户的合同改由汉南公司履行交房，总价款由农垦公司收取，面积以房地局测量的竣工图面积据实划断，办完产权证后三天内一次性补齐余款。第二，本协议签字生效后一周内由汉南公司安排原第一栋施工单位退场并向农垦公司提交现场施工现状说明书，双方派员核定分配给农垦公司的未完工程量及工程造价，由农垦公司按双方核定工程量组织施工、施工内容主要包括室内装修，室内水电、暖通等，其费用冲抵农垦公司应付给汉南公司的款项；预算项目外的工程事项，仍由汉南公司负责。为保证农垦公司和客户施工，汉南公司应在本协议生效后五天内（双方预算交接）向农垦公司交现场，并保证临时施工用水、用电。第三，汉南公司在水、电独表安装以前，住户临时用水、用电的费用、由汉南公司负责，但施工所用的水电费由农垦公司负担。第四，汉南公司于

1997年3月底以前根据农垦公司提供的客户资料，按国家有关规定办理产权证，提交农垦公司。第五，本协议正式签署后，由汉南公司按原合同规定承担售房每平方米1783元以内的税费，超过部分税费由农垦公司承担，并由双方协商具体开票办法。第六，农垦公司预留尾款550000元，待汉南公司向农垦公司提交产权证后15天内支付给汉南公司。第七，原农垦公司投入给施工队的工程款1300000元，不计入农垦公司的投资额，但在双方结算中由农垦公司予以扣除，由双方会同有关施工队办理账务结转手续。第八，其他未尽事宜由双方另行协商处理。第九，本案案件受理费173266元和其他诉讼活动费10000元，由农垦公司和汉南公司各承担50%（农垦公司已预交，汉南公司直接付给农垦公司）。

（二）三个会议纪要的简介

调解书除第一条外余下内容共八条，其中第二、三、四、六、七条是关于办证费及水电等问题的约定，第五条规定，本协议正式签署后，由汉南公司按原合同规定承担售房每平方米1783元以内的税费，超过部分税费由农垦公司承担、并由双方协商具体开票办法。第八条约定，其他未尽事宜由双方另行协商处理。

根据调解书第八条的规定，双方产生了关于住宅、门面、返还均价的三个纪要。

1. 1996年7月11日签订了“省农垦实业公司与汉南房地产综合开发总公司”关于住宅的位置及面积划断纪要，本纪要第一：明确了划断原则：（1）农垦方应得住宅面积10132平方米，在由农垦方提供的已销售房屋面积及具体位置的基础上，扣除1996年7月10日农垦提供的已售建筑面积汇总表中注明的7805.07平方米后，实际尚应划分2506.93平方米，双方同意另定时间对已销售面积同原销售合同进行核对。（2）面积计算依据，暂时按农垦实业公司提供的施工图（复印件）中表明的面积计算，今后结算以房产证所示面积为准。（3）面积的增减仍按1783元／平方米，今后结算只是价款上的调整，本次划定的房屋位置不变，分配的房屋套数不变。

2. 1996年7月17日对“新合村小区一栋及二栋营业门面均价确定的会谈纪要，确定：（1）门面面积计算依据，暂时按农垦提供的各门面销售合同所注明面积进行结算、今后结算以房产证所示面积为准，门面划分应给农垦方的总面积按照省高级人民法院主持的调解书内容执行。（2）门面均价：一栋均价为 4845.52 元 / 平方米；二栋均价为 324579 元 / 平方米。（3）若出现合同售价或总价与实际情况不符，由汉南公司负责。

3. 1996 年 12 月 6 日双方又签订了关于对执行《调解书》的会谈纪要，纪要确定了农垦公司应付汉南公司款 325.3 万元，其中包括尾款 55 万元和住宅面积差额款按房产证面积和调解书中划给农垦公司住宅面积的差按 1783 元 / 平方米据实结算，并规定纪要经签字盖章即具有法律效力，双方均签了字。但签订纪要后的当天晚上 9 时，农垦公司的法人陈某鸣又在该纪要上注明；“除第 10 条第①款双方有争议外、其余条款内容双方保证不再变更。”第 10 条第①款的内容是：“住宅面积差额款按房地产证面积和《调解书》中划给农垦公司住宅面积的差按 1783 元 / 平方米据实结算。”

（三）本案执行中的具体情况

1996 年 7 月 10 日调解书生效后，双方签订了三个会谈纪要，因双方如何结算和交房问题产生了分歧、农垦方要求先把商定的房子给农垦，待办完产权证后再据实结算；汉南公司要求，房产局测量面积已出来，应先对账，一手交钱，一手交房，一次性解决。其理由：

1. 农垦公司申请执行汉南公司、因双方意见不统一，农垦公司急于将确定的房产及时销售变现(包销价 1783 元，实际销售均价 2200 元左右)于 1996 年 7 月 3 日，向省法院申请执行。同年 8 月 12 日在农屋公司申请、诚明集团作执行担保、并提供房屋套数及查封房屋的方位图一份。9 月 1 日又向省法院承诺：“如强制执行带来的损失、由本公司承担责任，并承诺，双证(房产证、地产证)办完后，办证面积与调解书规定我公司应得面积有差异部分，以调解书为准，我公司按调解书规定与汉南公司据实结算，多退少补。”基于此，1996 年 9 月 25 日省法院以 (1996) 鄂执字第 48 号立案执行。根据农垦公司以上要求，省法院分别以 (1996) 鄂执字第 48 — 1 号、48 — 2 号、48 — 3 号、48 — 4 号、48 — 5 号共五个裁定，相继对新合村房屋产权证和土地使用权证予以扣押；对第一、二栋部分门面、住宅予以查封，对查封的财产裁定给农垦公司。

(1996) 鄂执字第 48 — 5 号民事裁定书注明：“申请人 1998 年 7 月 3 日书面承诺新合村小区第一、二栋门面和住宅办理双证后、办证面积与调解书规定农垦公司应得面积有差异的部分、以调解书为准，据实结算，多退少补。”

2. 汉南公司申请执行农垦公司。1996 年 11 月 5 日，汉南公司以农垦公司未履行调解书确定的内容向省法院申请执行，省法院于 1996 年 11 月 20 日以 (1996) 鄂执字第 54 号立案执行。汉南公司申请，省法院以 (1996) 鄂执第 54–1 号裁定，将农垦公司的部分房产查封；54–2 号裁定冻结农垦公司存款 520 万元（实际冻结 5 万元，2002 年 6 月 1 日根据听证会精神已解封）；54–3 号裁定查封农垦公司门面房 733 平方米（省法院裁定给农垦公司名下的房产、没有办理房产手续）；54–4 裁定解封 54–1 号裁定查封的内容；54–5 号裁定冻结诚明集团存款 350 万元（实际冻结 220 万元）；54–6 号裁定解除 54–5 号裁定冻结的内容（诚明集团提供担保）。

3. 双方对账结果。该案在执行阶段，省人大、政协、省政法委有关领导及人大代表都作过批示和建议，执行庭均向有关领导和部门写了报告，2000 年 6 月 1 日省法院执行庭，邀请省人大、政协派员参加举行听证会，确立了五条精神，后又经反复多次做双方当事人的工作，最终于 2002 年 8 月 12 日产生了双方对账。其结果为，按调解书确定的面积，农垦多得住宅 631.67 平方米，门面 131.88 平方米，共计 763.75 平方米，以上对账结论，双方当事人均签字认可。

4. 执行庭公开拍卖的基本情况。省法院执行庭按院审判委员会的决定；依法定程序将已被省法院查封并评估的房产进行依法公开拍卖。2004 年 4 月 27 日，省法院委托湖北华夏资产评估有限责任公司对新合村小区的部分房地产的价值进行了评估，评估结果为因该房产底价过高等原因，无人竞买，第一次拍卖流拍。

在拍卖机构准备拍卖期间，双方当事人均通过有关领导向省法院转来材料。省委黄远志副书记、省政协胡永继副主席、省政协社会和法制委员会分别转来材料。2004 年 8 月 18 日，省人大办公厅以鄂常办信 [2004]59 号件，同年 8 月 27 日，省政协社会和法制委员会以鄂协社法函 [2004]9 号件分别转省法院。其中，省政协社会和法制委员会于 2004 年 8 月 27 日的来函明确提出省法院在执行中存在三个问题：“一是双方合作的前提是‘联合建设’，农垦公司作为投资方的地位不能由单方改变，按《调解书》的精神和规定，农垦方按投资分享开发总面积的约40%，已一次性按设计图纸的面积和住房套数划断，不应有节外生枝的事情发生。二是省法院根据三个《纪要》断定农垦公司放弃权证面积超出图纸面积部分的利益有不妥之处。三是超面积部分，因其分散在130余套住房中，根据最高法院的司法解释，其超出部分归最终买受人所有，出卖方农垦公司无权就超出部分向买受人主张权利，因此，汉南公司主张超出面积部分，于法无据”。省政协社会和法制委员会建议请省法院主持双方当事人，就争议部分，听取双方意见，依法、合理解决争议，并暂缓拍卖。

就省政协提出的三个问题，执行庭认为：对第一个问题，省政协称“按《调解书》的精神和规定执行”是不完整的，应加上双方达成的三个《纪要》。这三个《纪要》非但不是节外生枝，而且是本案执行的重要依据，这一点在省政协的第二个问题中得以体现。农垦公司申请执行汉南公司时，诚明集团作执行担保，并提供房屋套数及查封房屋的方位图一份。农星公司向省法院承诺：“如强制执行带来的损失，由本公司承担责任。并承诺，双证（房产证、地产证）办完后，办证面积与调解书规定我公司应得面积有差异部分，以调解书为准，我公司按调解书规定与汉南公司据实结算、多退少补”。双方于2002年8月12日对账，其结果为，按调解书确定的面积，农垦多得住宅631.67平方米，门面131.88平方米，共计763.75平方米，以上对账结论，双方当事人均签字认可。由此可见，不是“省法院根据三个《纪要》断定农垦公司放弃权证面积超出图纸面积部分的利益”。而是农垦公司自己承认多得了763.75平方米。第三个问题中所提的司法解释是指最高人民法院《关于审理商品房买卖合同纠纷案件适用法律若干问题的解释》。该解释，自2003年6月1日施行，而本案争议在前，根据解释规定，本案不适用该解释。

鉴于此情况，执行庭于2004年10月8日，向李官喜副院长作了专题汇报，形成如下意见：

1. 本院(1996)鄂经初字第50号民事调解书存在一些问题无法在执行中得到解决。首先，该调解书对当事人双方应分得的房屋面积（包括门面和住宅）作出了具体划分，但对双方应分得的房屋面积是图纸面积还是权证面积未予明确，导致双方对事实上比图纸面积多出的1230余平方米的房屋所有权的分配产生严重分歧，在双方各持其辞，和解不成的情况下，执行庭不能以执代审、无权对这1230余平方米的房屋分配进行裁处；其次，该调解书第八条规定，“其他未尽事宜由双方另行协商处理”。对在执行阶段出现的问题，双方又协商不成，争执不休。由于在执行依据中有明确规定，执行庭不能违背调解书确认的原则来处理，否则，又属于以执代审。

2. 根据本院审判委员会2004年2月23日的决定，确定了本案按发生法律效力的民事调解书和双方形成的纪要执行的原则。但对汉南公要求农垦公司承担隐报、瞒报单价造成的损失及利息问题则要求另行起诉解决。执行庭根据审判委员会的决定，并向当事人作了解释工作，同时，执行庭认为就本案而言，对汉南公司请求农垦公司承担隐报、瞒报单价造成的损失的请求可以另案起诉，但是如不一并执行利息，不利于解决本案的主要争议，当事人意见大，工作难做。现汉南公司已在江汉区人民法院起诉农垦公司，在本案未执结的情况下，又生一案，不利于纠纷的解决。

3. 本案双方当事人在执行过程中，一方找省人大反映，另一方找省政协呼吁、各持己见，互不相让。省政协社会和法制委员会来函中明确指出执行庭在执行中有不妥之处（核心问题指向比图纸面积多出的1232余平方米的房屋的处置）。执行庭认为，此案执行难的主要原因是执行依据即民事调解书的内容不明确，一些条款容易让人产生歧义，特别是第八条“其他未尽事宜由双方另行协商处理”的内容使执行工作难以开展。

4. 执行庭对省政协社会和法制委员会来函提出的三个问题进行了评议，认为其核心是对民事调解书确定的内容有不同的看法，执行庭不宜答复。执行庭认为，对此案只有通过院长发现提起再审，重新明确双方的权利义务，才有可能解决双方的争议，达到息讼止纷的目的。根据最高人民法院关于适用《中华人民共和国民事诉讼若干问题的意见》第258条的规定，报请院长审批，对本案提起再审。2004年11月9日本院审判委员会决定对本案进行再审。

四、双方当事人对执行调解书产生争执的焦点

《联建合同》拟建48000平方米，而权证面积为49232平方米，相差1232平方米应如何处理。

农垦方认为：实际多出的1232平方米应按投资比例即4:6分成（总投资5347万元，农垦实投2100万元，约占40%），以体现权利义务相一致的原则，据此，农垦应得492.8平方米，汉南应得739.2平方米。

汉南方认为：农垦方坚持按投资比例进行分配超出图纸面积的1232平方米是毫无道理的，并要求农垦方按双方对账的结果向其履行，其理由如下：第一，《联建合同》第二条规定包销单位与总价，销售面积及单价1783元/平方米一次性核定，没有明确提出建筑面积四六分成。第二，调解书规定农垦已投资2100万元，按1783元/平方米的单价，应得门面1480平方米，住宅10312平方米。第三，双方1996年7月11日纪要，明确“门面划分应给农垦公司的总面积按调解书的规定执行，农垦公司应得住宅面积10312平方米不变，今后结算以房产证所示面积为准，面积增减仍按1783元/平方米单价计算。第四，1998年12月22日农垦公司给法院的报告中第四部分关于面积问题进一步明确，并确认了划断纪要的事实。第五，1997年7月3日农垦方向法院申请强制执行时并出具承诺书，“承诺办证面积与调解书规定我公司应得面积有差异的部分，以调解书为准，我公司按调解书规定与汉南公司据实结算，多退少补。”

汉南方坚持按双方对账结果，由农垦公司返还本金254万元，并承担长期恶意占有财产给汉南公司带来的损失220万元，因诚明集团提供担保，应由其负连带责任，其理由：（1）农垦公司多得的631.67平方米住宅房和131.88平方米的门面房，是双方2002年8月12日对账确认的。（2）1997年9月1日，农垦、诚明集团承诺“由于强制执行带来的损失由本公司承担责任。据此担保，按法律规定诚明集团应承担连带责任。（3）是退款还是退房问题，理应退款。首先，农垦申请强制执行多得的房子，绝大部分均已销售；其次，多得的面积都是在农垦、诚明担保承诺的情况下，法院裁定执行的。（4）农垦方应退款项：①预留尾款55万元；②多得住宅、门面面积折价1791691元（住宅631.67平方米×1783元，门面131.88平方米×5045.68元）；③农垦公司因涂改销售面积，应退款204667元；④农垦长期占有以上款项，应付银行同期利率双倍利息216万元，以上共计约470万元。

2004年2月23日，经省法院审判委员会讨论决定：第一，此案按发生法律效力的调解书和双方达成的纪要执行；第二，按调解书和双方达成的纪要明确的房屋套数不变、位置不变、均价不变的原则，多退少补，不是面积多退少补，而是以价款多退少补；第三，重点做好农垦方面的工作、也要做好汉南方面的工作，做不通就强制执行；第四，对隐报、瞒报单价和利息问题另案起诉。

执行庭根据审判委员会的决定，多次做汉南公司及农垦公司的工作，争取执行和解，但双方分歧较大。李官喜副院长于2004年3月11日作出批示："关于此执行案、审委会已进行了研究，有明确意见，望抓紧实施了结此案。"农垦公司在"五一"节前后，向我院领导及有关庭处室散发材料，反映执法不公。5月12日，执行庭又召集双方协商做工作，汉南公司表示应严格执行省院审判委员会的决定，该决定是基于双方当事人达成的调解书和三个《会谈纪要》而作出的，故请求将已查封评估的房产进行拍卖。而农垦公司仍表示对省院审判委员会的决定不能接受，但为了解决争议，同意拿出610余平方米的房屋(按每平方米1783元计算价值1087630元，若按现在的市场价值，可达1200000元)，以了断此案，但同时要求汉南继续协助农垦办理未尽事宜如办证、开具税票、发票等。因双方的要求差距较大，2004年8月，执行庭决定对已查封评估的房产进行拍卖，通过抽签方式确定了拍卖机构，因种种原因，第一次拍卖流拍。

五、再审查明的事实和双方争议的焦点

(一) 案情简介

1993年8月，汉南公司和农垦公司签订了一份《联合建设新合后街商住楼及销售合同书》，双方约定合作原则是："联合建设、各负其责、单独核算、各享其利、风险各担。"汉南公司负责开发建设的一切手续及施工，农垦公司出资，当时拟建商住楼总建筑面积约为48000平方米，除拆迁还建及汉南公司留用计18000平方米外，另约30000平方米均应作商品房销售，最后以销售建筑面积的竣工图据实划分。农垦公司投资5349万元，按每平方米1783元的单价，获取30000平方米的销售权，双方还约定，农垦公司包销3万平方米商品房中，其中门面3700平方米，住宅不少于6300平方米；农垦公司包销的商品房，自主定价、自主销售、账号单列、

资金自管、利润归己、风险各担。在《联建合同》实施中，由于双方均未达到合同约定的施工进度和所支付的工程款额等原因，造成工程停工，发生纠纷，诉至本院，由本院原经二庭调解结案。

（二）双方争议的主要焦点

1. 建筑面积多出 1232 平方米怎样分配。双方在签订合同时，设计总面积为 48000 平方米，在建筑过程中，因变更设计图纸、改变双阳台和增加面积，实际建筑面积为 49232 平方米，多出的 1232 平方米。农垦公司说应当按照原调解书的方案，多出的 1232 平方米 4 ∶ 6 分成。而汉南公司认为：原公司合同已明确约定合作原则是，各负其责、单独核算、各享其利、各担风险；甲方（汉南公司）增加项目、减少项目、按实际费用增减，乙方（农垦公司）只包销 3 万平方米，汉南公司按农垦公司销售价补利润，农垦公司承担包销过程中的经济风险。其次，农垦公司按合同约定应先投资 5000 万元，而只投资了 2102.5 万元，只占应投资的近 40%，而本项目总造价为 5349 万元，农垦公司只占实际投资的 32.9%，农垦公司投资多少，分多少面积，不存在对多出面积的分成。

2. 汉南公司举证认为，农垦方应退款项：①农垦公司应当返还预留尾款 55 万元，双方无争议。②农垦公司多得住宅 631.67 平方米、门面 131.88 平方米（住宅面积 631.67 平方米 ×1793 元 =1126267 元；门面 131.88 平方米 ×5045.68 元 =665424 元）；双方 2002 年 8 月 12 日已确认，依据 1996 年 7 月 17 日关于均价确定的会议纪要两项折价共计 1791691 元。另外，汉南公司多得二栋门面 1.1 平方米，根据纪要（1.1 平方米 ×3245.79 元 =3570 元）从 1791691 元中扣除，农垦公司此项实际应返还给汉南公司 1788021 元。③农垦公司因涂改销售面积，应退款 204667.45 元 [1007.42 平方米 ×（504568 平方米 – 4842.52 平方米）]；一是 1995 年 5 月 23 日销售给长丰信用社门面 483.54 平方米，涂改为 480.54 平方米，单价由 5800 元，涂改成 5000 元，少报 189732 元；二是 1993 年 12 月 25 日销售给长丰信用社门面 763.43 平方米，涂改为 713.43 平方米、少报 50 平方米。上述二项因涂改合同降低了门面的均价，少返款 204667.45 元。④农垦长期占有房屋尾款 55 万元；多得门面款 665424 元，多得住宅款 1126267 元；多得涂改单价少返门面均价款 204667 元。以上款项，应付银行同期利率双倍利息 2806269.44 元，以上共计约 4345 万余元.

农垦公司对涂改面积、多得面积（包括双方签字认可的）不承认，法庭多次调查其代理人不予配合，对多出的 1232 平方米的房屋，坚持按 4:6 的比例分成。并称不仅不欠汉南公司的款，汉南公司还应找农垦公司的钱，但又不提供有关证据，在开庭和调查中，只要核实证据和事实，其代理人就以退庭、我没有时间、再不出庭等为由拒绝回答问题。当汉南公司举证时，他就干扰，使庭审无法进行。

3. 汉南公司未向农垦公司开税务发票问题，汉南公司明确表示，随时开具。

4. 关于办理房产证问题，汉南提供了已办理且已交给客户的 50 户，资料已移交房产局客户未交费的 41 户，另有 7 户属于农垦公司的房屋，证据直接交给用户，是由省法院执行庭做工作的结果，但农垦公司现在不予认可。

5. 水电安装问题需要继续按原调解书履行。

在再审开庭及调解中，我们反复强调四个一：一个原则、一个基础、一个共识、一个目的。即以原调解书达成的协议为原则；以三个会谈纪要和执行中对账确认的数额为基础；求大同存小异互谅互让为共识；以调解方式解决争议为目的，但未达到结果。

六、合议庭意见

因该案历时长，双方争议大，社会关注面广。但的确本案的原调解书有以下几点不明确：

1. 对新合村小区拟建 48000 平方米（18000 平方米用于还建、30000 平方米用于销售），权证面积为 49232 平方米，执行依据对多出的面积未予明确，执行中双方对此多出面积，各执一词，多出的面积 1232 平方米如何处理？

2. 原生效调解书确认农垦公司实际投资 21025000 元，应得住宅面积 10312 平方米，门面面积 1480 平方米，是拟建面积？还是权证面积？原生效调解书未明确。

3. 农垦公司除自己应得面积外，对多销售的门面面积按销售均价返还给汉南公司，对“均价”如何认定？

4. 根据原调解书第八条的规定产生的三个会谈纪要，双方签字后，农垦公司除对 1996 年 12 月 6 日签署的《执行调解书的会谈纪要》中第 10 条第一款持不同意见，其他条款予以认可，现在其代理人不认可，究竟如何认定该纪要的效力？

鉴于以上情况，合议庭提出如下意见：

第一，此案按发生法律效力的调解书和双方达成的三个纪要执行；第二，按原调解书和双方达成的纪要明确房屋套数不变、位置不变、均价不变的原则，多退少补，不是面积多退少补，而是以价款多退少补；第三，对涂改、隐报、瞒报单价和利息问题既然本案已再审，一并解决，根据民事诉讼法的相关规定，判决如下：一、原调解书关于汉南公司安装水电和向农垦公司提供税务发票及由农垦公司提供客户资料，由汉南公司办理有关房产证问题等未执行的条款，继续按原调解书确认的判决；二、多出的 1232 平方米依照公平和权利义务相一致的原则，以实际投资额，按比例分配，即该房屋的总投资额为 5349 万元，农垦公司投资 2102.5 万元，占投资额 40% 分成，汉南公司占 60%。即农垦公司分得 492.8 平方米，汉南公司分得 739.2 平方米，每平方米按住宅 1783 平方米计算；三、尾款 55 万元，农垦公司应返还给汉南公司并承担利息损失；四、农垦公司涂改面积，按照纪要达成均价的约定，农垦公司应当返还给汉南公司 204667 元；五、依照原调解书，农垦公司多得面积根据纪要达成的约定和双方签字认可的，按照价款返还给汉南公司，其中门面款 665424 元；住宅款 1126267 元。两项折价共计 1791691 元。另外，汉南公司多得二栋门面 1.1 平方米，折价为 3570 元，从 1791691 元中扣除；农垦公司此项实际应返还给汉南公司 1788021 元。

在法官生涯中，稍不注意，就会落入陷阱。汉南公司请我吃饭，我都一一拒绝。可有一天，一位同事突然邀请去他家乡郊区旅游。在不明真相且顾及面子下，到了郊区一个鱼塘钓了三条鱼，回家路上得知系汉南公司请的客，当即我拿出一百元给了同事，三条鱼我出了一百元，真亏大了。

此案宣判后，双方都没有向最高人民法院提起上诉。声嘶力竭的一方也从此哑口无言，新闻频道上再也没有看见代理人的身影和声音了，可以说代理人从一开始就明白，结果不会是他想像的那样。法律是公正的，判决是公平的，案件不是靠谁声音大，闹得凶就让其得利多。代理人曾声称再找领导，将战斗进行到底，可最终连“上诉权”也放弃了。

我办完此案后还未来得及归档，突然接到院党组的任命，我被调任民事审判第一庭主持工作，任党支部书记。

前些年人大、政协个案监督多，交办复查占 40% 以上的比例。甚至个案受到咨询，有的个案监督就是代表一方，有的就是将自己代理的个案提出议案，给法院施压。如武汉市洪山科学局与武汉义明节能保温材料研究所返还财产一案，五位省人大代表联名提出质疑。为了使人大代表了解真相，听证时邀请人大代表参加，听证时一位省人大干部无端指责，且说些外行话，在他随意发言后，我问他是谁？代表谁？他说他不代表谁，我就说你既不代表哪方，又未接受委托，在法庭组织听证时，不要随意打断对方发言。因你不了解案件，有些话我不敢“苟同”。

不敢“苟同”？你把我说是“狗”。我当庭很不客气地说，请你自重。在本庭开庭听证时，省人大没有指定你行使权力，当事人也未委托你行使代理权，作为公民出席旁听，发言也要经本庭允许。听证后，代表们了解案情后，认为法院裁决公正，纷纷做起再审申请人的息诉工作，并促成了当事人和解。而这位人大干部还不服气。

人一生不知有多少坎坷，顺心与不顺心都是相对的，不能任性，顺心得志就猖狂就忘乎所以，必定失败。要时常提醒自己，得志不猖狂。在不顺心时，学会心理调整，多看书多思考多写文章多交流，自我调节，自我释放，自我解脱。要知耻而后勇，不以失败而失志。要有理想有抱负，在困境中前进，在困难时奋进。要在思考中总结经验，在反思中学习他人。只要你努力工作，奋发向上，“是金子总会发光的”。

第五章

创新之路

2005 年 1 月 6 日，这天正值腊月二十八日，在全院开了表彰大会后我正式调到民事审判第一庭任党支部书记，主持全面工作，许多人为之惊讶！

当年 8 月我被正式任命为庭长。在我任庭长期间，抓管理、订措施，充分发挥干警的工作积极性，各项工作取得了成绩，单位年年先进，多人立功受奖，我们的基本做法形成了经验。

第一节 据特点 拟对策

从 2005 年 1 月至 2012 年 6 月，在七年多的庭长任职中，各类民事案件新类型多，其特点突出；各类纠纷增多，纷繁复杂；各类法律法规出台多，民事案件上升比例大；市场经济转型，受理处理难度大。

《人民法院报》2009 年 7 月 20 日报道："随着国际金融危机日益深化，国际国内经济增长明显减速，对我国房地产业产生比较大影响。商品交易市场低迷，房地产企业资金断裂，进而引发退地潮、停建潮、断供潮、退房潮，房地产纠纷案件数量迅速攀升，成为国际金融危机影响增幅最快的案件类型之一。2008 年全国法院共审结房地产民事案件 118564 件，同比上升 11.93%。2009 年 1—6 月，全国法院受理房地产民事案件 67294 件，同比上升 10.58%，且疑难复杂案件显著增多，出现许多新情况、新问题。"

我省法院亦如此。仅省法院民一庭统计，2008 年收案比同期上升 136.5%。荆门两级法院 2007 年至 2009 年的民事案件从 3000 余件上升至 4000 余件，武汉市中级人民法院民事审判人员人均审理案件近百件。其案件主要分为以下几种类型，其特点是：

一、医疗损害赔偿纠纷案件纷繁复杂

从统计中发现，在 2005 年至 2009 年我省法院受理的医疗损害赔偿一、二审及再审案件均快速增长，且在审判中发现，各地法院在审理此类案件中存在医疗损害赔偿纠纷医疗事故鉴定及法律适用等方面认证不统一，医疗事故鉴定与医疗过错鉴定并存和混同，损害赔偿纠纷“二元化”问题困扰各级法院的审判，进而导致医疗损害赔偿纠纷中重复鉴定、多头鉴定，

法院无法采信鉴定结论的不正常现象。在实体处理中常出现医疗事故纠纷的赔偿低于医疗过错赔偿数额，因此出现“医闹”。

（一）关于“医闹”社会影响大

我省作为医疗服务大省，共有医疗卫生机构 35601 家，其中医院 608 家（含公立医院 406 家）。全省医院卫生机构门诊量 26804.99 万人次，其中医院门诊量 8404.63 万人次（数据来源于湖北省卫生厅）。门诊量逐年大幅攀升的同时，我省医疗纠纷案件数量也随之逐年上升。此类案件在审理过程中，大多数患方当事人都能够依法主张权利，但也确有一些患方当事人情绪较为激动，采取信访等方式反映诉求，个别案件中的患方当事人甚至采取赴省进京上访、在法院门口拉横幅、封堵法院大门、将病患者留在法院等方式向法院施加压力。据不完全统计，2009—2011 年，我省各级法院共审结医疗侵权纠纷一审、二审民事案件 800 余件，其中，调解 470 件，撤诉 94 件，调撤率达 70%。涉及“医闹”的民事案件不足医疗侵权纠纷案件的十分之一，涉及“医闹”的刑事案件每年均在五件以下。“医闹”数量不多，但影响极大。医疗纠纷案件其性质主要涉及医疗损害赔偿责任纠纷、医疗服务合同纠纷、医疗器械治疗纠纷等类型，其中医疗损害赔偿责任纠纷占据绝大多数。

“医闹”大多是病人家属及亲属不通过正常途径解决矛盾，而是采取过激手段，纠集大量无关人员到医院闹事、滋事、打砸，破坏医疗机构的设施及正常秩序，甚至侵犯医疗服务人员的人身权利，拉横幅，在医院门口设灵堂，有的将死者的尸体放在医院门口等等。

（二）关于“医闹”案件产生的原因

1. 诊疗行为本身的原因。医患双方就具体医疗诊治行为是否构成事故、应否赔偿、怎样赔偿发生争议，医务人员在诊疗过程中是否存在过失或差错是此类案件的审理焦点。如果医务人员在诊疗过程中存在过失或差错，主要表现在违反规章制度如错用药物、错治病人、错误输血、擅离职守、当班失职；违反技术操作流程如注射缺陷、违章操作、检查疏忽；贻误或错误诊断；技术性错误治疗等。同时考虑到诊疗过程的高度专业性和复杂性，即使医务人员不存在任何过失或过错，在现有的医疗技术条件下，患者也会出现事先难以预料和防范的不良后果，比如并发症，或由患者体内某种疾病自然发展而引起的临床症状。

2. 诊疗过程以外的原因。在审判实践中诊疗过程以外的原因主要是医院本身管理不善的问题。一方面表现在医务人员对各项规章制度落实不严，如医生病案书写不规范、保管不严格、X光片丢失、病历及手术同意书伪造、涂改病历等。另一方面表现在医务人员的职业道德方面，比如医患双方缺乏有效的沟通，医务人员让患者或患者家属在手术单上签字，却未能让患者及家属真正了解手术风险及可能出现的并发症。或者医院之间、科室之间、同事之间对他人的诊疗行为妄加评论，造成患者的误解。此外，患者对医疗结果期望值过高，远远超出现有医疗技术水平所能达到的效果，一旦期望落空，难免产生不满情绪，加之社会上“职业医闹”的煽动，认为“会闹的孩子有奶吃”，抓住医院不怕诉讼就怕闹的心理进而采取过激甚至是非法手段，这也是“医闹”案件产生的重要原因。

3. 当事人受利益驱动，认为“闹访”是解决问题的有效手段。处理医疗纠纷的法律体系尚不完善，鉴定和诉讼的周期过长，第三方调解机制不完善，使医闹有机可乘。即使在人民调解委员会主持双方达成一致协议，当事人仍然寻找调解协议的问题和漏洞再次起诉，甚至采取“闹访”方式来达到其进一步得到赔偿的目的。政府或医院不分原则，充当和事佬，出钱息事宁人，出现大闹大解决、小闹小解决、不闹不解决的局面，造成他人效仿。

4. 职业“医闹”群体的怂恿。近十年我国医疗纠纷频繁发生，有些人就利用医患之间的矛盾大做文章，怂恿患者及其家属采用暴力、殴打、围攻等方式破坏医院的正常秩序，有的甚至还组织成职业团伙，专门为患者及家属出谋划策，并亲自参与医闹，企图找医院索取高额赔偿。患者及其家属在气愤、无助的情况下，也往往容易受到蒙骗和被利用，最终导致医闹等恶性事件的发生。

5. 在处理人身损害赔偿上出现“同命不同价”现象，医疗纠纷出现医疗事故人身损害赔偿和一般人身损害赔偿的法律适用“二元化”问题，引发矛盾纠纷。

第一，“同命不同价”问题，主要是对农村人口人身损害赔偿标准如何确定。由于我国幅员辽阔，各地经济发展不平衡，居民生活水平差距较大，城镇与农村居民收入状况有着较大的差别，如果农村居民简单比照城镇收入标准进行赔偿，将会极大地加重农村地区侵权人的负担，造成一方赔偿不能，而另一方得不到赔偿，引发申诉上访。

第二，医疗损害鉴定问题，2003年1月6日，《最高人民法院关于参照〈医疗事故处理条例〉审理医疗纠纷民事案件的通知》下发后，医疗纠纷出现了医疗事故人身损害赔偿和一般人身损害赔偿的法律适用“二元化”、“赔偿范围二元化”、“鉴定二元化”问题。由于《医疗事故处理条例》确定的赔偿范围和标准远低于最高人民法院《人身损害赔偿司法解释》的规定，导致医疗事故的受害人不愿意进行医疗事故鉴定，而是申请医疗过错鉴定，回避《医疗事故处理条例》解决争议。《侵权责任法》实施后，三个“二元化”虽得到了解决，但随即又出现了新的问题：一是举证责任问题。《侵权责任法》实施前，根据最高人民法院《关于民事诉讼证据的若干规定》的规定，由医疗机构对医疗行为是否有过错及医疗行为与损害后果之间有因果关系承担举证责任。《侵权责任法》实施后，由患者对此承担举证责任，但由于患者举证能力较低，医疗机构提交病历等资料后，患者无法确认医疗行为的过错及因果关系，只能申请司法鉴定，这就需要患者承担鉴定费用，大大增加了患者的诉讼成本。二是鉴定问题继续成为影响医疗纠纷案件审理的难题。《侵权责任法》实施前，大多数医疗损害案件采取医疗事故鉴定，虽就医疗事故鉴定存在一定部门保护的问题，但由于医疗事故鉴定由医学会组织，鉴定人员从医学专家库中抽取，公正性和专业性较高。而今后只能由中介机构做医疗损害鉴定。目前中介机构鱼龙混杂，水平参差不齐。在审判实践中，由于不同中介机构和鉴定结论不同，一件案件中人民法院重复委托鉴定，当事人因不服鉴定结论申诉上访的现象非常普遍。据我们掌握的情况，通过中介机构鉴定的案件，95%以上的鉴定结论认定医疗机构存在过错。这种情况将不利于医学事业的进步。

据武汉市洪山区人民法院反映，2006年至2012年医疗损害赔偿案件存在“四高”现象。一是医疗事故比例高。主要原因是医疗机构误诊、延误治疗、不履行告知义务以及医疗器械质量不合格等。医方承担完全责任、主要责任、次要责任、轻微责任的案件分别占此类案件的8%、31%、

15% 和 46%，涉及患者病危或者死亡的案件超过三成。二是患者对抗情绪高。主要表现为缠访、闹访频发：有的在医院赔偿后又提出安排患者工作、调换工作岗位等无理要求，甚至以自伤、自残、自杀相威胁；有的直接将病人弃之医院不管；有的纠集家属堵大门、拉横幅、摆遗像、烧纸钱等，严重扰乱医院正常工作秩序；有的升级为刑事案件，患者或家属伤害医生、护士身体等过激事件时有发生，给医护人员身心造成较大伤害。三是赔付请求金额高。六年来，该院受理此类案件起诉标的额超过千万元，平均索赔金额为 17 万余元，个案索赔金额最高的达 400 万元。造成这一现象的原因：一是部分医院一味追求经济效益，过度检查、用药、延长治疗等，虚高医疗费给患者造成较重负担，发生纠纷后患者就相应地索取巨额赔偿。二是患者对现代医学及医疗机构缺乏科学合理的预期，一旦诊疗效果不满意，便要求高额赔偿。三是新闻媒体关注程度高。该院受理的此类案件中有 15% 曾被网络或平面媒体转载报道，但其中有部分案件存在报道失实的情况。如少数患者系自身原因加重了病情或导致死亡，却将责任全部推给医院，而新闻媒体为了吸引大众眼球，往往片面地以患者和家属反映的情况为主进行报道；另一方面，医院公布真实信息不及时、不到位，引发公众猜测，造成了诸多负面舆论影响。

随县人民法院 2011 年至 2013 年 4 月，共审结医疗损害赔偿纠纷 48 件，通过对这类案件的分析，发现审理医疗纠纷案件存在“三难三多”特点：一是缩短审理期限难，多适用普通程序。此类案件专业性较强，审理结果多需依据鉴定结论，部分案件存在多次鉴定及反复补充鉴定结论现象，因此造成审理期限偏长。在该院审结的 48 件案件中，适用简易程序的仅为 26 件，占案件总数的 54.2%，远远低于其他民事案件的简易程序适用率。二是调解撤诉难，多系判决结案。此类案件审理结果一般关系到医院声誉和医护人员的个人前途，医院往往认为调解让步表明其自认存在过错，因而不愿意调解；而部分患者索赔额度过高，期望值过高，也造成该类案件调解撤诉率偏低。在该院审结的 48 件案件中，调解 4 件，撤诉 1 件，调撤率仅为 10.4%。三是服判息诉难，上诉上访多。此类案件存在医患双方举证能力不平衡现象，患者的证据一般为证人证言和鉴定结论，而鉴定结论又是依据医院提供的病例作出的，一旦医院提供的病例中存在篡改情况，法院很难将其与不影响实质内容的笔误和疏漏的修正区分开来，从而无法推翻依据病例产生的鉴定结论。法院据此作出的合法裁判，当事人往往错误认为存在瑕疵，因而上诉，甚至在二审终审之后仍不断信访申诉。另外，部分医院希望通过上诉撇清自身责任或者减轻赔偿责任，也导致此类案件上诉率偏高。在该院判决结案的 43 件案件中，有 31 件上诉，上诉率为 72.1%。

针对上述情况，省法院民一庭在 2008 年初组建了调研小组，2009 年 6 月，在调研基础上形成了《关于审理医疗损害赔偿纠纷若干问题的指导意见》（讨论稿），以下简称《指导意见》。在《指导意见》中，就几个问题的解决提出了指导性意见：一是关于医疗损害赔偿纠纷及医疗事故的范畴的理解问题。最高人民法院对于医患纠纷在《民事案件案由》中分别作了医疗损害赔偿纠纷和医疗服务合同纠纷的划分，而最高人民法院研究室在《关于参照〈医疗事故处理条例〉审理医疗事故损害赔偿纠纷的通知》（法〔2003〕20 号）中将医疗损害赔偿纠纷又进一步划分为医疗事故引起的医疗赔偿纠纷和因医疗事故以外的原因引起的其他医疗赔偿纠纷。然而如何理解因医疗事故以外的原因引起的其他医疗赔偿纠纷在审判实践中有不同的认识。有人认为，只要鉴定不是医疗事故的其他医疗赔偿纠纷就是因医疗事故以外的原因引起的其他医疗赔偿纠纷。另有人认为，医疗事故以外的原因引起的其他医疗赔偿纠纷则不仅指非医疗事故损害赔偿纠纷，还包括非医疗行为引起的医疗损害赔偿纠纷。《指导意见》根据司法解释和审判实践对此作出了倾向性的理解和阐释。此外，对于医疗事故的范畴，《医疗事故处理条例》实际上将因医疗机构因过失行为造成患者人身损害的所有情形均纳入医疗事故的范畴。从法律解释和医学的角度而言，医患纠纷存在因医疗行为引起的医疗损害赔偿纠纷和非因医疗机构的医疗行为引起的医疗纠纷的区分，将医疗损害赔偿纠纷硬性界定为医疗事故损害赔偿纠纷和非因医疗事故引起的医疗损害赔偿纠纷是导致目前我省乃至全国医疗损害赔偿纠纷在案由、鉴定及法律适用上极不统一的根本原因。据此，《指导意见》第一条、第二条根据《民法通则》和《医疗事故处理条例》的规定，对何为医疗损害赔偿纠纷、医疗损害赔偿纠纷与非因医疗机构的医疗行为引起的医疗赔偿纠纷（包括哪些类别的案件）的区分作了明确的规定。

二是关于医疗损害赔偿的鉴定问题。由于最高人民法院对哪些案件属于医疗事故引起的医疗赔偿纠纷、哪些是因医疗事故以外的原因引起的其他医疗赔偿纠纷至今没有作任何具体的解释和说明，导致司法实践中很多当事人或规避做医疗事故鉴定，仅要求做医疗过失鉴定；或先做医疗事故鉴定，经鉴定不是医疗事故，退而选择做医疗过失鉴定，进而在人民法院的判决中出现了不是医疗事故的医疗纠纷赔偿数额远远高于医疗事故纠纷的不正常现象。

《指导意见》认为，医疗损害赔偿纠纷应统一由医学会下的医疗事故鉴定委员会进行医疗事故鉴定（医疗事故损害赔偿纠纷包括对于医疗机构的医疗行为是否有过错的判断），对于当事人要求进行医疗过失鉴定的，人民法院行使释明权，告知当事人进行医疗事故鉴定。全国人大常委会 2005 年 2 月 28 日通过的《关于司法鉴定管理问题的决定》中并没有医疗事故可由司法部门鉴定的明确规定，而 2005 年 2 月 28 日第十届全国人民代表大会常务委员会第十四次会议通过的《关于司法鉴定管理问题的决定》中仅有法医类鉴定，包括法医病理鉴定、法医临床鉴定、法医精神病鉴定、法医物证鉴定和法医毒物鉴定；而司法部 2000 年 11 月 29 日下发的司发通〔2000〕159 号《司法鉴定执业分类规定》第五条关于法医临床鉴定中有医疗纠纷鉴定的类别，与国务院 2002 年 9 月 1 日施行的《医疗事故处理条例》的相关规定均相冲突。从效力等级的角度而言，前述司法部司法鉴定中包括笼统的医疗纠纷鉴定的规定不宜采用，如采用，将会助长医疗损害赔偿纠纷医疗事故鉴定的二元化的趋势。

三是在法律适用方面。《指导意见》根据前述对医疗损害赔偿纠纷的范畴具体划分，分别作出规定：对于属于医疗事故损害赔偿纠纷，有明确的医疗事故鉴定结论的，在判决的实体部分适用《医疗事故处理条例》，《医疗事故处理条例》未作规定的，参照适用《民法通则》和最高人民法院关于人身损害赔偿的司法解释的规定处理；对于经过医疗事故鉴定，经鉴定不构成医疗事故，但医疗机构存在医疗过失的，根据过失程度、医疗行为的损害参与度的比例具体赔偿患者或赔偿权利人的经济损失；对于非医疗行为引起的医疗赔偿纠纷，适用于我国《民法通则》和最高人民法院关于人身损害赔偿的司法解释的规定。

四是此外。《指导意见》根据现行法律、法规、司法解释的规定，并对兄弟省市出台的相关规定及相关省市医疗纠纷研讨会的成果进行了分析、整合、修改和提炼，对医疗损害赔偿纠纷中所涉及案由的确定、管辖、举证责任、证据的保全、证据的举证和质证、医疗过失的判断、患者的知情权、诉讼时效等问题一并作出了详细的规定。

上述指导意见2013年11月23日省法院正式以鄂高法〔2013〕343号发全省贯彻执行。本通知就当事人、举证责任、医疗损害鉴定、赔偿责任等作出了规定。

附：

湖北省高级人民法院发布的《关于审理医疗损害责任纠纷案件若干问题的意见》

为依法公正审理医疗损害责任纠纷案件，妥善处理医患关系，平等保护患者、医疗机构和医务人员的合法权益，促进医学科学的进步和医药卫生事业的发展，依据《中华人民共和国侵权责任法》、《中华人民共和国民事诉讼法》及相关法律、法规、司法解释的规定，结合我省实际，制定本意见。

第一章 一般规定

第一条 本意见所称医疗损害责任纠纷，是指患者认为医疗机构及其医务人员在诊疗活动中有过错，或者认为医疗产品有缺陷、血液不合格致使其遭受损害，要求医疗机构、医疗产品生产者或者血液提供机构承担医疗损害责任而引起的民事侵权纠纷。

本意见所称“医疗机构”，是指依法取得医疗机构执业许可证从事医疗服务的机构和个人诊所。

本意见所称“医务人员”，是指依法取得执业资格经注册在医疗机构执业的人员或待聘人员和个体行医者。

本意见所称“诊疗活动”，是指医疗机构及其医务人员借助医学知识、专业技术、仪器设备及药物等手段，为患者提供的紧急救治、检查、诊断、治疗、护理、保健、医疗美容以及与之相关的维护患者生命健康所必需的活动的总和。

第二条 本意见所称医疗损害责任纠纷不包括：

（一）与诊疗活动无关的医疗机构安全管理、医疗设施瑕疵致患者损害产生的赔偿纠纷；

（二）诊疗行为结束后医疗机构擅自解剖（留用脏器）、火化尸体产生的赔偿纠纷；

（三）医务人员非因履行医疗职务行为致患者损害产生的赔偿纠纷；

（四）非法行医行为产生的赔偿纠纷；

（五）其他与诊疗活动无关的行为导致的损害赔偿纠纷。

与诊疗活动无关的行为所产生的损害赔偿，适用法律关于人身损害赔偿的一般规定。

第三条 患者以医疗机构在提供预防接种或者计划生育技术服务行为中有过错致使其遭受损害为由起诉请求赔偿的，人民法院可以按照医疗损害责任纠纷受理；但患者起诉要求医疗机构承担国家计划的预防接种异常反应或者计划生育并发症的赔偿责任的，按照有关法律规定处理，不属于人民法院民事案件受理范围。

第四条 患者因诊疗活动而遭受损害，患者主张医疗机构、医疗产品生产者或者血液提供机构承担侵权损害责任的，案由为“医疗损害责任纠纷”；患者主张医疗机构、医疗产品生产者或者血液提供机构承担违约责任的，案由为“医疗服务合同纠纷”。

患者对侵权责任之诉或违约责任之诉未作出明确选择的，人民法院应当向患者释明并要求患者作出明确选择，以患者的明确选择确定案由。

第五条 在患者以医疗损害责任纠纷起诉的案件中，医疗机构提起反诉的，告知医疗机构另行起诉，但医疗机构仅要求患者支付所欠医疗费的，人民法院可以合并审理。

第二章　当事人

第六条 接受诊疗活动或者使用医疗产品、血液的患者本人为原告。

患者死亡的，其近亲属以及依法由患者承担扶养义务的被扶养人为原告。

第七条 患者起诉的，根据下列情形确定被告：

（一）医疗机构有执业许可证和法人资格的，该医疗机构为被告；

（二）国家机关、企、事业单位设立为内部职工服务的门诊部、卫生所（室），虽领有医疗机构执业许可证，但不具备法人资格的，以设立单位为被告；

（三）依法设立的不具备法人资格的个体、私营诊所，以医疗机构执业许可证或医生执业资质证上载明的单位或个人为被告；

（四）个人与农村集体经济组织签订承包合同以依法登记执业的村卫生所（室）名义行医的，以该村卫生所（室）为被告；

（五）医疗机构外请专家进行医疗活动产生的医疗纠纷，以邀请医疗机构为被告；

（六）医疗机构将内设科室承包给个人的，以医疗机构为被告。

第八条 患者在两个以上医疗机构就诊，因同一医疗损害主张就诊的各医疗机构承担赔偿责任的，以就诊的各医疗机构为共同被告。

患者仅起诉部分医疗机构的，人民法院可依被诉医疗机构的申请追加其他医疗机构为当事人。必要时，人民法院可以依职权追加。

第九条 因医疗产品缺陷、输入不合格血液造成患者损害的，患者主张医疗机构和医疗产品的生产者或者血液提供机构承担赔偿责任的，以医疗机构和医疗产品的生产者或者血液提供机构为共同被告。

患者仅起诉医疗机构或者医疗产品生产者、血液提供机构的，人民法院可以依被告的申请，追加医疗产品生产者、血液提供机构或者医疗机构为当事人。

第三章 举证责任

第十条 医疗损害责任纠纷案件，患者应当对存在医疗关系、医疗机构有过错、损害后果、诊疗活动与损害后果之间存在因果关系承担举证责任，法律规定的其他情形除外。仅凭患者提交的初步证据不足以判定医疗机构有无过错、诊疗活动与损害后果之间有无因果关系的，人民法院可以依当事人申请或者依职权委托医疗损害鉴定。

患者认为符合属于《侵权责任法》第五十八条规定情形的，应当对存在推定过错情形承担举证责任。

医疗机构主张其诊疗活动与损害后果之间不存在因果关系的，应提供相应证据证明。

医疗机构认为已经尽到了《侵权责任法》第五十五条第一款规定的说明义务的，应当提交证据证明；认为符合《侵权责任法》第六十条规定情形的，应当对免责事由承担举证责任。

第十一条 因医疗产品的缺陷造成患者损害的，患者应当对损害后果承担举证责任。医疗机构、医疗产品生产者认为医疗产品不存在缺陷或者医疗产品的缺陷与损害后果之间不存在因果关系的，或者存在法律规定的免责事由的，应当承担举证责任。

因输入不合格的血液造成患者损害的，患者应当对损害后果承担举证责任。医疗机构、血液提供机构认为输入的血液合格或者输血与损害后果之间不存在因果关系的，或者存在法律规定的免责事由的，应当承担举证责任。

第十二条 当事人应当提交其负有保管义务的病历资料等证据材料，包括客观性病历资料和主观性病历资料；拒不提供的，应当承担相应不利的诉讼后果。

第十三条 当事人对由对方保存的病历资料等证据材料的真实性、完整性、合法性有异议的，应当明确提出异议内容，并提交相应反驳证据。当事人提出合理质疑的，由保存资料的一方承担举证责任。

第十四条 病历资料应当在医患双方在场的情况下封存和启封，并应由双方签字确认。疑似输液、输血、注射、药物等引起不良后果的，医患双方应当共同对现场实物进行封存和启封，并由双方签字确认。一方当事人提出要求后，另一方当事人无正当理由拒不同意、不配合或者迟延同意共同封存或者启封病历资料、现场实物等证据材料的，应当承担相应不利的诉讼后果。

第十五条 当事人遗失、涂改、添加病历资料，导致无法判断诊疗活动有无过错或者诊疗活动与损害后果之间是否存在因果关系的，应当承担相应不利的诉讼后果。

当事人认为病历资料中的涂改、添加系纠正笔误的，应承担举证责任。

第十六条 患者接受诊疗活动后死亡不能确定死因或者医患双方对死因有争议的，因医疗机构未及时要求进行尸检，致使无法判断诊疗活动有无过错或者诊疗活动与损害后果之间是否存在因果关系的，医疗机构应当承担相应不利的诉讼后果。

医疗机构要求进行尸检，并告知患者一方不进行尸检将无法确认死因，患者一方无正当理由拒绝或者拖延进行尸检，致使无法判断诊疗活动有无过错或者诊疗活动与损害后果之间是否存在因果关系的，患者一方应当承担相应不利的诉讼后果。

第四章 医疗损害鉴定

第十七条 当事人可以申请进行医疗损害鉴定，必要时，人民法院可以依职权委托进行医疗损害鉴定。

人民法院委托鉴定应当按照《全国人民代表大会常务委员会关于司法鉴定管理问题的决定》及国家有关部门的规定组织鉴定。

第十八条 人民法院可以委托医学会进行医疗损害鉴定，也可以委托具有相应资质的其他司法鉴定机构进行。医患双方协商一致的，人民法院委托双方共同选定的鉴定机构；在双方不能协商一致的情况下，人民法院委托医学会进行医疗损害鉴定，当事人明确表示不同意医学会鉴定的除外。

委托医学会进行首次医疗损害鉴定的，由医疗机构所在地的市（州）医学会进行鉴定。

第十九条 当事人申请人民法院委托鉴定的，鉴定费由申请医疗损害鉴定的当事人预交，人民法院依职权委托鉴定的，可以要求医疗机构预交鉴定费。案件审结时，鉴定费由败诉方承担。

第二十条 人民法院在委托鉴定前，须对提交鉴定有关的证据材料组织质证。鉴定机构在受理鉴定过程中认为需要补充证据的，应当书面函告人民法院及时补充，不得自行接收当事人提交的证据材料，未经法院组织质证的材料不能作为鉴定依据。

第二十一条 有争议的病历资料及其他医疗鉴定所需证据材料由人民法院先行组织双方当事人质证后，仍不能确认真实性的，人民法院可以依据当事人申请或者依职权委托文书鉴定。

第二十二条 委托进行医疗损害鉴定的，人民法院可以根据案件审理需要明确下列鉴定范围：

（一）医疗机构实施有关诊疗活动是否存在过错；

（二）医疗过错行为与医疗损害后果之间是否存在因果关系以及责任程度；

（三）其他医疗专门性问题。

医疗损害鉴定意见未明确作出上述认定的，人民法院可以要求鉴定机构作出补充鉴定或者出具相应的书面意见。

第二十三条 当事人可以申请具有专门知识的人员对医疗损害鉴定提出意见，并对鉴定人进行询问。

当事人对鉴定意见持有异议的，接受委托的鉴定机构应当出庭接受当事人质询。鉴定人无正当理由拒不出庭的，该鉴定意见不能作为认定事实的依据，由对鉴定意见所涉及事实负有证明责任的一方当事人承担不利的诉讼后果。

第二十四条 鉴定机构作出的鉴定意见应清楚明确。鉴定意见对于所委托鉴定的范围认定不清、结论不明的，人民法院可以要求鉴定机构补充说明或补充鉴定。鉴定机构拒绝补充或补充说明后结论仍不明确的，该鉴定意见不得作为认定事实的依据。鉴定机构补充说明或补充鉴定后鉴定意见仍不明确的，由对鉴定意见所涉及事实负有证明责任的一方当事人承担不利的诉讼后果。

第二十五条 当事人对人民法院委托鉴定机构作出的医疗损害鉴定意见不服申请重新鉴定的，人民法院应依据《最高人民法院关于民事诉讼证据的若干规定》第二十七条的规定，审查决定是否予以准许。

第二十六条 因药品、医用设备、医疗器械是否存在缺陷、输入血液是否合格需要鉴定的，人民法院应委托有相应资质的机构进行鉴定。

第五章 赔偿责任

第二十七条 人民法院确定医疗损害责任的大小，应根据医疗损害鉴定意见，综合考虑医疗损害后果、诊疗过失行为在医疗损害后果中的原因及程度、医疗损害后果与患者原有疾病之间的关系以及患者个体差异等因素。

第二十八条 医疗机构违反《侵权责任法》第五十五条第一款所规定的告知义务，给患者造成人身、财产损害的，患者请求其承担相应侵权责任的，人民法院就患者因选择权受到侵害导致扩大的损失予以支持。

医疗机构违反《侵权责任法》第五十五条第一款所规定的告知义务，未给患者的身体组织造成损害，但损害患者知情同意权，造成严重精神痛苦，患者要求精神损害赔偿的，人民法院应根据《最高人民法院关于确定民事侵权精神损害赔偿责任若干问题的解释》的相关规定确定医疗机构承担相应的精神损害赔偿责任。

第二十九条 医疗机构及其医务人员泄露患者隐私或者未经患者同意公开其病历资料，造成患者损害的，患者有权依据《侵权责任法》第十五条、第二十二条规定要求医疗机构承担停止侵害、赔偿精神损害等侵权责任。

第三十条 医疗机构及其医务人员违反诊疗规范对患者实施不必要的检查，导致患者支出不必要的医疗费用，或者造成患者人身、财产权益损害，患者一方请求医疗机构返还不必要检查所支出的费用或者承担相应损害赔偿责任的，人民法院应予支持。

第六章 法律适用

第三十一条 诊疗活动发生在《侵权责任法》实施之前，但是该诊疗活动首次被认知或者持续至《侵权责任法》实施之后的，当事人提起医疗损害责任诉讼，适用《侵权责任法》的规定。

从本意见施行之日起，尚未审结的一、二审案件适用本意见，审判监督程序审理的案件不适用本意见。

第七章 附则

第三十二条 本意见自2013年11月23日起施行。本院鄂高法[2009]240《湖北省高级人民法院关于审理医疗损害赔偿案件若干问题的指导意见(试行)》同时废止。

本意见实施后，新颁行的法律、法规、司法解释的规定与本意见不一致的，从其规定。

二、劳动争议纠纷案件持续上升

（一）据襄阳市中级人民法院2011年分析劳动争议案件的特点

1. 案件逐年上升。2008年全市基层人民法院受理一审案件460件，2009年收案506件，2010年收案614件。二审法院2008年收案187件，2009年收案203件，2010年收案214件。

2. 审判工作呈现“三高”局面。（1）判决率高。2008年各基层人民法院判决率为49%，2009年为47.97%，2010年为50%。（2）上诉率高。2008年为55.82%，2009年为53.59%，2010年63.34%。（3）案件申诉率高。向省法院申诉的案件主要是劳动争议案件，长期进京上访的案件中劳动争议案为数不少。

3. 具有明显的地域性。从2010年二审劳动争议案件案源看，樊城、襄城、高新、襄州四城区人民法院共计180件，占劳动争议案件上诉总数的84.11%，以樊城、襄城两区法院劳动争议案件数量最多。

4. 劳动争议案件类型增多，新类型案件增多。劳动争议及内容日趋广泛，劳动争议纠纷呈多元化和复合型趋势。《劳动法》颁布前后襄阳市劳动争议一般为拖欠工资、劳动报酬以及除名、开除、辞退等劳动处分纠纷，但近年来，涉工会、保险费交纳、工伤保险待遇，解除、终止合同经济补偿，拖欠工资、退休金的纠纷以及要求接收个人档案、办理退休手续、安排工作等新的纠纷增多。既有职工与企业之间的争议，又有聘用人员与事业单位之间的纠纷。

5. 集体诉讼增多。随着群众法制观念的逐步增强，当劳动者的权益得不到有效保障时，往往不再“忍气吞声”，而选择诉讼途径来解决。特别是拖欠工资、内退下岗职工的生活待遇、企业改制中富余人员的安置补偿等普遍性的劳动维权引起的诉讼，其主体可能是几人、几十人甚至上白人。

6. 审理难度大，调解难度大。用人单位与劳动者诉讼对立、情绪对立、矛盾较大，调解难度加大。调解率低说明当事人双方争议较大，矛盾较尖锐，难以调和。有的案件判决后当事人仍然反复申诉。加上法律工作者风险代理，为自身利益，加大了调处的难度。

7. 涉及企业改制或破产企业的案件是难点。该类案件涉及面广，政治敏感性强，稍有不慎，就有可能激化社会矛盾，导致群体性事件，直接影响社会稳定。政府对该类事件也很关注。人民法院在依法维护职工合法权益与依法维护社会稳定方面有时处于两难境地。

8. 诉讼主体呈现出多元化。由过去主要是国有企业和集体企业与职工之间的纠纷，扩展为当事人一方不仅有国有企业及集体企业，还有私营企业、股份制企业和大量的个体经济组织；由过去身份性争议逐渐向经济性争议转变，如经济补偿赔偿类争议、保险福利类争议、劳动报酬类争议。

（二）武汉市中级人民法院在审理劳动争议纠纷案件中发现，部分用人单位在法院立案审查或开庭审理前,已在工商行政管理部门申请注销，个别用人单位甚至在劳动仲裁时就已申请注销，欲借此逃避法律责任，既增加了案件的审理难度，更损害了劳动者的合法权益

1. 用人单位恶意注销行为引发“三难”。（1）劳动者维权难。用人单位恶意注销后，劳动者主张权利的对象即由单位转变为个人，劳动者依法维权难度大。（2）行政机关处罚难。用人单位的恶意注销行为带有很大隐蔽性，为达目的常刻意隐瞒实际情况，相关行政机关受职能所限，难以及时洞察用人单位注销行为的主观恶意，待纠纷进入仲裁或诉讼阶段后发现时，亦无法对其进行处罚。（3）审判机关裁判难。实践中，用人单位在法院受理诉请前即已注销，一旦法院立案受理，不管做出何种裁判，都是以承认用人单位诉讼主体资格适格为前提，其不服裁判结果可上诉或申诉，而实际上用人单位已不存在，诉讼主体并不适格。

2. 在审理劳动争议案件中，劳动派遣类劳动争议新情况、新问题层出不穷，成为民事案件审判工作的难点。据武汉市中级人民法院反映劳务派遣类劳动争议案件存在“三多两难”现象。

“三多”主要指：（1）历史遗留问题多。有的用工单位采取先与员工解除劳动关系，再选择劳务派遣返聘的形式，规避与员工签订无固定期限的劳动合同；有的用工单位通过与劳务派遣单位订立劳务派遣协议的形式,将过去长期聘用但未签订劳务合同的临时工集中转换为被派遣劳动者。

上述情形导致劳动者与用工单位之间形成性质差别较大的新旧两段劳动关系，容易引发劳动争议。（2）群体性诉讼多。在实践中，在同一用工单位工作的被派遣劳动者，大多来自同一派遣单位，一旦发生劳资纠纷，劳动者的争议诉求基本类似，往往形成群体性诉讼。（3）用工单位违反《劳动合同法》的行为多。有的用工单位将连续用工期限分别订立为数个短期劳务派遣协议；有的用工单位安排被派遣劳动者在一线主要岗位工作，且提供的薪酬远低于正式员工。

“两难”主要指：（1）各当事人权利义务厘清难。劳务派遣所涉及的用工单位、派遣单位和被派遣劳动者三方权利义务关系，目前主要是通过各方之间签订的协议进行约定，但实践中往往出现约定不明的情形，一旦发生劳动争议，各方权利义务很难厘清。（2）被派遣劳动者维权难。一些服务年限较长的被派遣劳动者原先多为临时工，用工单位并未与其签订劳动合同或建立人事、工资档案，也没有为其缴纳社保，导致劳动者在诉讼中往往因举证不能而难以维权。同时，劳务派遣单位大多经济实力不足，承担责任能力较差，即便劳动者胜诉，其权益也难以全部兑现。

（三）劳务派遣的确属新兴的一种劳动用工形式，适用范围越来越广

应该说，用人单位以劳务派遣的形式将劳动者委派到其他单位工作后，派遣单位与劳动者之间存在劳动关系。劳动者因履行劳动派遣合同义务而发生的劳动争议，应以派遣单位为被告，接受服务的单位直接向劳动者支付劳动报酬以及履行其他给付义务，因拖欠、克扣劳动报酬等发生纠纷，可以将接受服务的单位列为第三人。

劳动派遣期间，劳动者与接受服务的单位另行签订劳动合同的，派遣单位予以认可的，应当认定劳动者与派遣单位终止劳动合同。派遣单位不予以认可的，应当认定劳动者与派遣单位终止劳动合同关系，有权按照最高人民法院《关于审理劳动争议案件适用法律若干问题的解释》第 16 条第 1 款的规定处理。劳动合同期满后，劳动者未与派遣单位续签劳动合同，而与接受服务的用人单位另行签订劳动合同的，应当认定劳动者与派遣单位的事实劳动关系自行终止。

为妥善及时处理劳动争议纠纷案件，充分发挥工会组织在处理劳动争议纠纷案件中特有的群众优势和组织凝聚力，实现诉调对接、高效便捷

的劳动争议调处效果，依法维护劳动者和用人单位的合法权益，促进劳动关系和谐稳定发展，省法院与省总工会协商确定，人民法院应加大对工会组织调解劳动争议纠纷工作的支持力度，并在全省市、县两级建立人民法院委托工会组织调解劳动争议案件制度。

2010 年 1 月 4 日，省法院与省总工会联合印发《关于人民法院支持和委托工会组织调解劳动争议纠纷的指导意见》，规定如下：

根据《中华人民共和国劳动法》、《中华人民共和国劳动合同法》、《中华人民共和国工会法》、《中华人民共和国民事诉讼法》、《中华人民共和国劳动争议调解仲裁法》以及《最高人民法院关于人民法院民事调解工作若干问题的规定》、《最高人民法院关于建立健全诉讼与非诉讼相衔接的矛盾纠纷解决机制的若干意见》等法律法规、司法解释和人民法院相关政策的规定，结合我省实际，经省高级人与省总工会协商确定，人民法院应积极支持工会组织开展调解劳动争议纠纷工作，并在全省市、县两级建立人民法院委托工会组织调解劳动争议案件制度,特制定本指导意见。

一、工会组织自行调解达成协议的认定

1. 人民法院要大力支持、依法指导工会组织开展调解劳动争议纠纷工作。工会组织依照《中华人民共和国劳动争议调解仲裁法》的规定自行调解达成的劳动争议调解协议，由双方当事人签名或者盖章，经调解员签名并加盖工会组织印章后生效，对双方当事人具有合同约束力，当事人应当履行。双方当事人可以不经仲裁程序直接向人民法院申请确认调解协议的效力。人民法院不予确认的，当事人可以向劳动争议仲裁委员会申请仲裁。

相关法律、司法解释的规定：《中华人民共和国劳动法》第七十七条规定：用人单位与劳动者发生劳动争议，当事人可以依法申请调解、仲裁、提起诉讼，也可以协商解决。

调解原则适用于仲裁和诉讼程序。

《中华人民共和国劳动合同法》第七十七条规定：劳动者合法权益受到侵害的，有权要求有关部门依法处理，或者依法申请仲裁、提起诉讼。

《中华人民共和国劳动争议调解仲裁法》第十条规定：发生劳动争议，

当事人可以到下列调解组织申请调解：

（一）企业劳动争议调解委员会；

（二）依法设立的基层人民调解组织；

（三）在乡镇、街道设立的具有劳动争议调解职能的组织。

《中华人民共和国工会法》第二十条规定：工会参加企业的劳动争议调解工作。

《最高人民法院关于建立健全诉讼与非诉讼相衔接的矛盾纠纷解决机制的若干意见》第十一条规定：《中华人民共和国劳动争议调解仲裁法》规定的调解组织调解达成的劳动争议调解协议，由双方当事人签名或者盖章，经调解员签名并加盖调解组织印章后生效，对双方当事人具有合同约束力，当事人应当履行。双方当事人可以不经仲裁程序，根据本意见关于司法确认的规定直接向人民法院申请确认调解协议效力。人民法院不予确认的，当事人可以向劳动争议仲裁委员会申请仲裁。

《最高人民法院关于建立健全诉讼与非诉讼相衔接的矛盾纠纷解决机制的若干意见》第二十九条规定：各级人民法院应当加强与其他国家机关、社会组织、企事业单位和相关组织的联系，鼓励各种非诉讼纠纷解决机制的创新，通过适当方式参与各种非诉讼纠纷解决机制的建设，理顺诉讼与非诉讼相衔接过程中出现的各种关系，积极推动各种非诉讼纠纷解决机制的建立和完善。

2. 因支付拖欠劳动报酬、工伤医疗费、经济补偿或者赔偿金事项达成调解协议，用人单位在协议约定期限内不履行的，劳动者可以持调解协议书向人民法院申请支付令。申请书应当写明给付金钱的数量和所根据的事实、证据，并附调解协议原件。

《中华人民共和国劳动争议调解仲裁法》第十六条规定：因支付拖欠劳动报酬、工伤医疗费、经济补偿或者赔偿金事项达成调解协议，用人单位在协议约定期限内不履行的，劳动者可以持调解协议书依法向人民法院申请支付令。人民法院应当依法发出支付令。

《最高人民法院关于建立健全诉讼与非诉讼相衔接的矛盾纠纷解决机制的若干意见》第十三条第二款规定：因支付拖欠劳动报酬、工伤医疗费、经济补偿或者赔偿金事项达成调解协议，用人单位在协议约定期限内不履行的，劳动者可以持调解协议书依法向人民法院申请支付令。

3. 当事人请求履行调解协议、请求变更、撤销调解协议或者请求确认调解协议无效的，可以向人民法院提起诉讼。

《最高人民法院关于建立健全诉讼与非诉讼相衔接的矛盾纠纷解决机制的若干意见》第二十条规定：经行政机关、人民调解组织、商事调解组织、行业调解组织或者其他具有调解职能的组织调解达成的具有民事合同性质的协议，经调解组织和调解员签字盖章后，当事人可以申请有管辖权的人民法院确认其效力。当事人请求履行调解协议、请求变更、撤销调解协议或者请求确认调解协议无效的，可以向人民法院提起诉讼。

4. 当事人可以在书面调解协议中选择当事人住所地、调解协议履行地、调解协议签订地基层人民法院管辖，但不得违反法律对专属管辖的规定。当事人没有约定的，除《中华人民共和国民事诉讼法》第三十四条规定的情形外，由当事人住所地或者调解协议履行地的基层人民法院管辖。

《最高人民法院关于建立健全诉讼与非诉讼相衔接的矛盾纠纷解决机制的若干意见》第二十一条规定：当事人可以在书面调解协议中选择当事人住所地、调解协议履行地、调解协议签订地、标的物所在地基层人民法院管辖，但不得违反法律对专属管辖的规定。当事人没有约定的，除《中华人民共和国民事诉讼法》第三十四条规定的情形外，由当事人住所地或者调解协议履行地的基层人民法院管辖。经人民法院委派或委托有关机关或者组织调解达成的调解协议的申请确认案件，由委派或委托人民法院管辖。

5. 基层人民法院审理申请确认调解协议案件，适用《中华人民共和国民事诉讼法》有关简易程序的规定。

《最高人民法院关于建立健全诉讼与非诉讼相衔接的矛盾纠纷解决机制的若干意见》第二十三条规定：人民法院审理申请确认调解协议案件，参照适用《中华人民共和国民事诉讼法》有关简易程序的规定。案件由审判员一人独任审理，双方当事人应当同时到庭。人民法院应当面询问双方当事人是否理解所达成协议的内容，是否接受因此而产生的后果，是否愿意由人民法院通过司法确认程序赋予该协议强制执行的效力。

6. 当事人起诉时申请缓、减、免交诉讼费，对符合条件的，人民法院应当予以准许。

二、人民法院委托工会组织调解

7. 人民法院在收到劳动争议纠纷起诉状或者口头起诉之后、正式立案之前，可以依职权或者经当事人申请后，委托同级工会组织先行调解。当事人不同意调解或者在商定、指定的时间内不能达成调解协议的，人民法院应当依法及时立案。

《最高人民法院关于建立健全诉讼与非诉讼相衔接的矛盾纠纷解决机制的若干意见》第十四条规定：对属于人民法院受理民事诉讼的范围和受诉人民法院管辖的案件，人民法院在收到起诉状或者口头起诉之后、正式立案之前，可以依职权或者经当事人申请后，委派行政机关、人民调解组织、商事调解组织、行业调解组织或者其他具有调解职能的组织进行调解。当事人不同意调解或者在商定、指定的时间内不能达成调解协议的，人民法院应当及时立案。

8. 经双方当事人同意，或者人民法院认为确有必要的，人民法院可以在立案后将劳动争议案件委托同级工会组织进行调解，也可以邀请工会组织协助进行调解。

《中华人民共和国民事诉讼法》第八十七条规定：人民法院进行调解，可以邀请有关单位和个人协助。被邀请的单位和个人，应当协助人民法院进行调解。

《最高人民法院关于人民法院民事调解工作若干问题的规定》第三条规定：根据民事诉讼法第八十七条的规定，人民法院可以邀请与当事人有特定关系或者与案件有一定联系的企业事业单位、社会团体或者其他组织，和具有专门知识、特定社会经验、与当事人有特定关系并有利于促成调解的个人协助调解工作。

经各方当事人同意，人民法院可以委托前款规定的单位或者个人对案件进行调解，达成调解协议后，人民法院应当依法予以确认。

《最高人民法院关于建立健全诉讼与非诉讼相衔接的矛盾纠纷解决机制的若干意见》第十五条第一款规定：经双方当事人同意，或者人民法院认为确有必要的，人民法院可以在立案后将民事案件委托行政机关、人民调解组织、商事调解组织、行业调解组织或者其他具有调解职能的组织协助进行调解。当事人可以协商选定有关机关或者组织，也可商请人民法院确定。

《最高人民法院关于建立健全诉讼与非诉讼相衔接的矛盾纠纷解决机制的若干意见》第十六条第一款规定：对于已经立案的民事案件，人民法院可以按照有关规定邀请符合条件的组织或者人员与审判组织共同进行调解。调解应当在人民法院的法庭或者其他办公场所进行，经当事人同意也可以在法院以外的场所进行。达成调解协议的，可以允许当事人撤诉，或者由人民法院经过审查后制作调解书。调解不成的，人民法院应当及时审判。

9. 对于群体性和当地有重大影响、疑难复杂的劳动争议纠纷案件，人民法院可以依职权在立案受理前或受理后委托同级工会组织进行调解。

三、人民法院委托工会组织调解的程序

10. 劳动争议案件受理后，人民法院应当就是否委托工会组织调解案件征求案件各方当事人意见，并告知相关程序和法律后果，有关内容应记入笔录，由各方当事人签字。

11. 人民法院委托工会组织调解的，应当向同级工会组织出具书面委托函，委托函中应明确委托事项和委托调解事项，并将起诉状、答辩状及证据材料的复印件随函移送同级工会组织。人民法院应针对具体案情做好调解指导工作。

12. 人民法院应当根据案件的具体情况合理确定委托工会组织调解案件的期限，一般不得超过 30 天，如有必要可适当延长。委托调解的期限不计入审限。

13. 经工会组织调解的劳动争议案件，各方当事人达成调解协议的，经调解员签名并加盖工会组织印章后，当事人可以申请撤诉、申请司法确认，或者由人民法院经过审查后制作调解书。

《最高人民法院关于建立健全诉讼与非诉讼相衔接的矛盾纠纷解决机制的若干意见》第十五条第二款规定：调解结束后，有关机关或者组织应当将调解结果告知人民法院。达成调解协议的，当事人可以申请撤诉、

申请司法确认，或者由人民法院经过审查后制作调解书。调解不成的，人民法院应当及时审判。

14. 对于工会组织调解达成调解协议后，当事人即时履行的，人民法院可以不制作民事调解书。当事人要求制作民事调解书的，人民法院应当依法予以确认并制作民事调解书送达当事人，民事调解书应注明“在工会组织主持下达成调解协议”。

《中华人民共和国民事诉讼法》第九十条第一款规定：下列案件调解达成协议，人民法院可以不制作调解书：

（一）调解和好的离婚案件；

（二）调解维持收养关系的案件；

（三）能够即时履行的案件；

（四）其他不需要制作调解书的案件。

《最高人民法院关于人民法院民事调解工作若干问题的规定》第十三条规定：根据民事诉讼法第九十条第一款第（四）项规定，当事人各方同意在调解协议上签名或者盖章后生效，经人民法院审查确认后，应当记入笔录或者将协议附卷，并由当事人、审判人员、书记员签名或者盖章后即具有法律效力。当事人请求制作调解书的，人民法院应当制作调解书送交当事人。当事人拒收调解书的，不影响调解协议的效力。一方不履行调解协议的，另一方可以持调解书向人民法院申请执行。

15. 工会组织应当探索各种有效途径，在调解协议履行期间，积极督促各方当事人履行调解协议。

16. 劳动争议案件各方当事人未达成调解协议的，工会组织应当向委托法院出具调解终结书，并将调解笔录等调解期间形成的相关材料一并移交委托法院。

四、调解协议的效力

17. 有下列情形之一的，人民法院不予确认调解协议效力：

（一）违反法律、行政法规强制性规定的；

（二）侵害国家利益、社会公共利益的；

（三）侵害案外人合法权益的；

（四）内容不明确，无法确认和执行的；

（五）工会组织、调解员强迫调解或者有其他严重违反职业道德准则的行为的；

（六）其他情形不应当确认的。

《最高人民法院关于建立健全诉讼与非诉讼相衔接的矛盾纠纷解决机制的若干意见》第二十四条第一款规定：有下列情形之一的，人民法院不予确认调解协议效力：

（一）违反法律、行政法规强制性规定的；

（二）侵害国家利益、社会公共利益的；

（三）侵害案外人合法权益的；

（四）涉及是否追究当事人刑事责任的；

（五）内容不明确，无法确认和执行的；

（六）调解组织、调解员强迫调解或者有其他严重违反职业道德准则的行为的；

（七）其他情形不应当确认的。

五、贯彻执行本指导意见应注意的问题

18. 根据工作需要，人民法院应指定院内有关单位或者人员负责管理协调与工会组织、调解员的沟通联络、培训指导等工作。

《最高人民法院关于建立健全诉讼与非诉讼相衔接的矛盾纠纷解决机制的若干意见》第二十八条规定：根据工作需要，人民法院指定院内有关单位或者人员负责管理协调与调解组织、调解员的沟通联络、培训指导等工作。

19. 人民法院和同级总工会应当建立日常协商协调工作制度，每年至少召开两次联席会议，互通信息，交流经验，协商处理本指导意见实施过程中遇到的新情况、新问题。

20. 本指导意见中的“工会组织”是指依照《中华人民共和国工会法》的规定在湖北省行政区划范围内依法设立的市、县两级总工会，其职责部门为市、县两级总工会劳动争议调解中心。

21. 本指导意见中的“劳动争议案件”是指《最高人民法院关于审理劳动争议案件适用法律若干问题的解释》第二条所规定的劳动者与用人单位之间发生的纠纷。

22. 本指导意见由湖北省高级人民法院和湖北省总工会负责解释。

23. 本指导意见自下发之日起施行。如法律法规、司法解释有新规定的，按法律法规、司法解释的规定执行。

三、涉房地产纠纷案件逐步上升

据省法院民一庭对 2012—2014 年近三年涉房地产案件的调研表明，随着经济的高速发展，房地产市场日趋活跃，法院受理的涉房地产纠纷案件也逐年上升，新情况、新问题也随之出现。

（一）涉房地产纠纷案件的特点

1. 案件涉及多方利益，群体性案件增多。从各级法院受理的涉房地产纠纷案件情况看，同一事件产生多个案件纠纷的情形比较常见，涉案人数一般多达几十甚至上百人。我院 2014 年受理的一审案件较 2013 年增长了 150%，大多为房地产开发企业资金链断裂之后产生的民间借贷纠纷、建设工程施工合同纠纷、合资合作开发房地产纠纷，其中有 4 起一审案件被告均为武汉中森华世纪房地产开发有限公司，该公司因资金链断裂导致无法支付开发楼盘的建设工程款，无法为购房者办理房产证，不能偿还民间借贷的融资款，亦无能力偿银行贷款被诉至法院，开发商下落不明，建设项目严重资不抵债。这类案件涉及购房户、农民工、民间借贷的出借人、银行，还有一部分施工企业和材料供应商的利益，极易引发群体性事件。

2. 诉讼双方激烈对抗，调解困难。经营困难的房地产企业大多管理混乱，一旦形成纠纷，诉诸法律后，往往采取消极的方式应诉，法定代表人不出面，而授权处理诉讼事务的委托代理人因没有赋予相应处置权限，导致人民法院无法居中调解。而且在此类诉讼中，原告一般抱有早诉讼、早调解或早判决，以争取早执行，尽可能减少损失的心态，因此在诉讼中往往申请人民法院进行财产保全，而房地产公司一般系多个案件债务人，已资不抵债，原告希望通过财产保全减少损失的预期破灭后，导致双方诉讼对立进一步加剧。

3. 敏感性案件增多。在利益主体多元、利益诉求多样、群众心理和社会心态日益复杂的情况下，单个纠纷牵一发而动全身，社会稳定产生新的变数，数字传媒和互联网的发展，使信息传播的速度空前提高，广度空前扩大，房地产纠纷案件事关民生和企业生存发展，具有社会关注度高的特点，处理不好就会带来许多负面影响，甚至影响社会稳定。

4. 维稳压力大，影响恶劣。据了解，2014 年我省各级法院受理的房地产案件中，涉及 50 名以上当事人的群体性案件就有 40 余起。此类案件中原告特别是购房者"抱团"维权的情况较为普遍，动辄采取上访、静坐、冲击政府机关等极端方式维权。如武汉中级人民法院受理的钻石大厦一案，原告人数多达 200 余名，由于该案涉嫌刑事犯罪，不属于民事案件受理范围，一审裁定驳回起诉，原告不满该结果多次集体到有关部门静坐、上访。

5. 涉及房地产的虚假诉讼案件增多。2014 年，我院根据最高法院的要求，对以房抵债类虚假案件开展了全省自查清理，虚假案件涉及宜昌、黄冈、鄂州、武汉 4 个中级人民法院所辖的枝江、宜都、秭归、长阳、团风、梁子湖、新洲 7 个基层法院。其中宜昌中级人民法院所辖 4 个基层法院办理的虚假案件占全省虚假案件总数的 90%。这类案件的案由多表现为民间借贷纠纷和借款合同纠纷，多数案件只有借据没有相关资金往来证明，双方对案件事实没有争议，案件当天立案、当天开庭、当天达成以房抵债调解协议，所有涉案房产均位于北京市，大部分房产又集中在北京市昌平区，案件成因为当事人为规避北京市限购政策，采取以房抵债的虚假方式获得法院作出的民事调解书，以民事调解书在行政部门办理房屋过户手续。这类案件部分承办人违反办案和廉政纪律，明知是虚假案件仍然为之。

（二）涉房地产纠纷案件审理难点

部分涉房地产纠纷案件涉及人数多、范围广、影响程度深，处理难度大，仅凭法院一家力量难以全盘化解，面临诸多问题和困难。

一是案情复杂，事实认定、适用法律难。此类案件事涉多方利益，为逃避责任，部分房地产开发企业采取种种手段规避法律，由于司法的局限性，使法院在对案件事实进行分析认定时变得异常困难。如房地产开发商在借取民间借贷难以偿还时与借款人签订房屋买卖合同，名为房屋买卖，实为民间借贷。如房地产开发商多次办理股权转让、法定代表人变更、公司名称变更等手续，企图通过系列变更逃避债务，导致法院确定最终责任人困难。由于部分领域法律没有明确规定，导致适用法律上存在困难，如房地产开发商与公司员工签订虚假购房合同后，以虚假购房合同到银行办理抵押贷款，抵押贷款合同的效力如何认定，自然人借用房地产开发资质进行房地产开发的合同效力如何认定。

二是审理周期长，当事人权益保护难。某些房地产纠纷案件涉及被告人的犯罪行为，公安机关刑事侦查时间相对较长，当民事案件的审理须以刑事案件的定性或结果作为裁判依据时，法院只能先行中止民事。同时，一旦房产开发商以施工单位工程质量有问题为由进行抗辩，就须启动司法鉴定程序，而司法鉴定的时间长、费用高，不仅延长了审理周期，增加了当事人诉讼成本，也不利于保护当事人合法权益。即使法院通过审理查明案件事实，依法作出判决，但进入执行程序后，由于作为债务人的房地产开发企业往往多宗官司缠身，资不抵债，其有限资产被多个法院采取了查封、扣押、冻结等强制措施，执行中轮候查封、冻结的现象极为普遍，这使债权人的权利很难得到有效保障。

三是相关部门不予配合，纠纷妥善化解难。涉房地产纠纷的成因复杂，查清案件事实需要建设、国土、规划、房产等政府相关职能部门的密切配合，但法院在受理案件后的庭前调解或进行司法调查工作时，一些政府职能部门往往采取抵触、排斥的态度，同时，司法权与行政权是两种并行不悖的权力，基于司法权不能代行行政权的原则，法院的判决书或调解书不能明确要求政府相关部门履行行政职能，这给案件妥善化解带来很大困难。

（三）涉房地产纠纷案件的成因分析

一是部分房地产企业非法融资借贷，使企业走入经营难以为继的恶性循环。在原材料价格普遍上涨、银根紧缩融资贷款难度加大和房地产市场遇冷的背景下，部分开发商为缓解资金压力，不惜饮鸩止渴，向民间高利贷寻求融资解困，然而高额利息给付压力加剧了企业资金紧张甚至无力偿债，使企业走入经营难以为继的恶性循环，为蜂拥而至的纠纷埋下隐患。如被告为湖北宏远药业的系列案件，该公司曾涉足房地产开发，在经营开发期间，因国家对房地产调控力度不断加大，宏远药业公司无法获得银行贷款，为筹措资金，该公司采取申请小额担保贷款及民间借贷方式借入资金，在外累计负债达5亿余元，还涉嫌诈骗银行贷款等刑事犯罪。又如汇新公司系列案件，该公司为吸纳资金，将已出售给购房户的商品房办至开发商名下，然后以商品房到银行办理抵押贷款，最后房地产开发商无力偿还，最终选择携款“跑路”。

二是部分房地产开发企业前期市场运作不规范，为后期矛盾纠纷埋下隐患。如太原化工集团与青联投资公司合资合作开发房地产纠纷一案，双方合同约定由太原化工集团将涉案土地以出让形式办至双方新成立的公司名下，但实际上该土地没有在行政部门办理任何登记手续，土地性质、土地使用权人不明，太原化工集团构成无权处分，房地产开发合同无效。如中房公司在十堰市开发的楼盘，前期手续不完善，该公司在没有获得涉案土地使用权的情形下就在土地上修建了房屋，之后因该公司无法支付工程款，施工方将涉案房屋出售后抵偿工程款，购房人购得房屋后，由于中房公司没有涉案土地使用权导致无法办理土地使用权证，为社会问题和群体性事件埋下了隐患。

三是部分开发企业资金链断裂造成购房者心理恐慌，致部分开发项目陷入瘫痪。受房地产市场持续疲软影响，部分楼盘出现有价无市的滞销现象，致使已缴纳部分房款的购房者心理恐慌，为避免更大损失而纷纷诉请退房，给开发商经营带来压力。如襄阳四个楼盘因开发商无资金投入导致崩盘，引发系列案件。房屋买卖合同纠纷中部分拆迁户因无法预测房价走势而要求货币补偿，加剧开发商资金短缺，经营陷入困境。

四、涉农民事案件复杂多变

我省法院审理的绝大多数民事案件与农民、农村有关。由于“三农”问题相当复杂，党的最新惠农政策与现行法律相对滞后，加之农村基层干部和广大农民法律意识的缺乏，导致涉农民事案件在进入司法审判程序后，出现许多新情况、新问题以及各种疑难问题，涉农案件的审理陷入程序复杂多变、难以处理的两难境地。涉农劳动争议案件、土地承包纠纷案件和土地征用纠纷案件、婚姻家庭案件以及人身损害赔偿案件等各类涉农民事案件审理中表现的特点及产生的原因。

从分析数据看，我省涉农案件总的特点是：（1）在涉农案件中，婚姻家庭纠纷的数量居涉农案件第一位，约占案件总数的40%以上，劳动争议案件居第二位，约占案件总数的15%以上，土地承包经营权和土地征用纠纷、人身损害赔偿纠纷每年均占相当比例。（2）案件类型地区差别大。经济欠发达地区婚姻家庭纠纷所占比例远高于经济较发达地区。经济欠发达地区由于经济不活跃，提供的就业机会有限，农民到外地打工较多，在本地打工较少，劳动合同纠纷、工资待遇纠纷、因缴纳社会保险、养老保险、工伤保险引发的纠纷、工伤赔偿纠纷等劳动争议案件较少。农业县市的土地承包经营权和土地流转纠纷数量远远高于非农县市，非农县市的土地征用纠纷所占比例比较高。（3）涉农案件中，婚姻家庭纠纷调解结案的比例较高，劳动争议案件调解结案的比例相对较少。案件数量多的地区调解结案的比例远低于案件数量少地区。

（一）涉农民事案件在我省的主要表现形式及其特点

从调研的情况看，土地承包纠纷主要包括土地承包合同纠纷、土地承包经营权侵权纠纷、土地承包经营权流转纠纷、土地承包经营权继承纠纷等类型，土地征用纠纷主要是由于土地被征用而产生的土地补偿费用的分配纠纷。土地承包经营权侵权纠纷在土地承包纠纷中所占比例比较高。如大冶市法院2003年3月至2007年6月共受理土地承包纠纷41件，其中土地承包侵权纠纷22件，占土地承包纠纷案件的53.6%。劳动争议案件主要包括劳动关系确认纠纷、工资待遇纠纷、因缴纳社会保险、养老保险、工伤保险引发的纠纷、工伤赔偿纠纷等类型。人身损害赔偿纠纷主要为医疗损害赔偿纠纷和道路交通事故人身损害赔偿纠纷。

1. 劳动争议案件的特点：

（1）往往是集团诉讼多，案件涉及人数多。就武汉两级法院两年来审理的涉农劳动争议案件来看，80%以上的案件是集团诉讼案件，但此类涉案性质却较单一，一般都是体现为农民工工资报酬受到侵害，或者是用人单位拖欠克扣农民工工资、用人单位存在有同工不同酬、同工不同权的现象。

（2）农民工维权意识较弱，收集证据能力极差。在审判实践中，有些案件反映出农民工的合法权益确实受到侵害，但由于农民工在诉讼过程中，不懂得保留和收集保护劳动权利的相关证据而将自己陷入不利的诉讼之中。如不能提供工资单、工作证、劳动合同等基本证据，因此无法证明事实上存在劳动关系，从而导致败诉。还有的农民工在发生纠纷之后根本不知道救济的途径和方法，一味恳求用人单位及相关单位调解，以行政诉求代替司法途径，导致诉讼时效超过。

（3）农民工参保率及劳动合同签订率均低。农民工到用人单位工作的随意性较大，许多单位雇用农民工往往都是口头约定，用人期限和工种处在不确定的状态。而且在众多的劳动争议案件中，均发现部分用人单位不为农民工购买社会保险，即使有的单位购买了，也只是极少数的险种。当然，这主要是用人单位的原因，但其中也有农民工自身的原因，如因农民工流动性大，部分农民工只顾眼前利益而不愿按月缴纳社保费等，实践中由于以上原因而使农民工的权益难以得到有效的保障。

（4）事业单位农民工的社会保险待遇落实困难。由于事业单位的社会保险启动较慢，而与事业单位建立劳动关系的农民工为数不少，在发生劳动争议之后，农民工的社会保险待遇很难落实。

（5）涉农劳动争议案件具有较强的季节性和规律性。在每年年底至次年的元旦、春节左右，以及农忙季节之前，或在道路交通工程施工竣工和建筑工程竣工之时或之后，都会出现农民工讨要工资的高峰。因为农民工的流动性大，极不稳定，一项工程完工后原有的建筑团队就有所变化，故农民工在这个时候都急着讨要工钱，以防以后无着落，而这个时候也正是建筑行业俗称的“秋后算账”之时。

（6）工伤赔偿纠纷中，农民工自身对损害的发生往往负有责任。由于多数农民工都是从事短期、临时性的劳动，一般缺乏培训和必要的安全知识、防护器具，常因疏忽大意或缺乏常识受到伤害，故原告对损害后果需承担一定比例的责任，而工程发包人、雇主是否具备相应的施工资质不加审查，对施工现场安全状况疏于管理，是造成农民工人身伤害的重要原因。

2. 土地承包纠纷和土地征用纠纷的特点：

（1）大多数纠纷涉及当事人众多，有相当一部分案件为群体诉讼，在这些案件中，有的是一个原告起诉多个被告，有的是多个原告起诉一个被告，还有些案件从表面上看原告、被告都是一个当事人，但实际上这一个当事人可能只是众多利害关系人的代表，其中，有的涉及众多村民的利益而以村委会的名义提起诉讼，有的是一个村民先提起诉讼；还有众多相同情形的村民等待观望，有的是单纯的民事纠纷，因家族、宗族因素的介入使一方或双方成为某个家族或宗族的代表，等等。如荆门市中级人民法院 2004 年以来审理的 228 件土地承包纠纷案件中，一方或双方当事人为两人以上的案件 186 件，占案件总数的 81.6%。

（2）随着经济的发展，高速公路、铁路、国家重点建设项目和城市建设需要征用大量农田，从而导致土地征用纠纷日益增多。此类纠纷多发生于城镇近郊区和公路、铁路经过地区，如荆州市土地征用纠纷主要集中在沙市区和荆州区。

（3）因部分承包人文化水平不高，法律知识缺乏，表达能力差，加之经济上的原因，没有或者请不起代理人，导致正常的庭审程序难以顺利进行，往往是该说清楚的没说清楚，不需要的说了不少，且因承包人不注重书证的收集，给法院查清事实、分清是非增加了难度。有的农民承包了土地，但没有领取土地承包经营权证；有的农民在外出打工前，将自己承包的土地转包给他人代耕代种，只有口头协议，没有文字凭证。

（4）双方当事人矛盾比较尖锐，调解工作难做，容易引发涉讼上访事件。双方当事人的矛盾冲突实际上就是利益之争，因双方都不想放弃较大的利益，矛盾冲突激烈，相当比例的土地承包纠纷都是经过当地政府部门甚至党政主要领导的多次协调和处理，并经多次上访问题仍未得到解决后才起诉到法院的，法院在处理这类案件时稍有不慎就会成为矛盾的“爆炸地”。

3. 婚姻家庭纠纷案件的特点：

（1）离婚案件呈逐年上升势头。如南漳县法院 2003 年受理涉农离婚案件 79 件，2004 年为 123 件，2005 年为 156 件；原襄阳区法院 2003 年受理涉农离婚案件 87 件，2004 年为 113 件，2005 年为 134 件，两个法院受理的涉农离婚案件均占当年离婚案件总数的 30% 以上，个别法院甚至超过半数。

（2）大多数离婚案件，是由外出务工一方提起的，应诉方则是留在农村的农民。这类案件离婚率高，和好率低，如阳新县法院审理的离婚案件中判决和调解离婚的案件占总数的60%以上。

（3）法律文书送达难，缺席判决率高。农民外出打工后，工作地点不固定，有的甚至不与家里联系，不告知家里具体通讯地址、联系方式，在家的一方起诉离婚后，法院只有实行公告送达，待公告期满后进行缺席审判。同时也因为外出打工的原因，当事人利用假期回家探亲期间提出离婚的居多，如五一、国庆、春节和农忙期间。

（4）当事人的举证能力、经济能力、文化水平均相对较弱，人民法院在审理中需要做大量的调查取证工作。

（5）环境的变化是涉农离婚案件发生的主要原因。农民工进城打工前在农村生活，结婚还大多停留在“父母之命，媒人之言”的阶段，双方婚前接触不多，了解较少，因夫妻一方或双方长期外出打工，对家庭照顾较少。一方面双方缺乏感情上的沟通，致使夫妻感情逐渐淡漠，另一方面随着生活环境的变化，思想观念也发生了改变，双方无法沟通，导致夫妻感情破裂。

4. 人身损害赔偿纠纷的特点：

（1）医疗损害赔偿纠纷中，被告中个体诊所占较大比例。相当一部分农民工因未被纳入医疗保障体系，加之收入较低，需要就医时一般选择价格便宜的个体诊所。

（2）医疗损害赔偿案件一般要通过医疗事故或是医疗过错鉴定来查明医疗机构医疗行为是否存在过错，与损害后果之间是否有因果关系，而在法院受理的医疗损害赔偿案件中，特别是针对各级正规医院的案件中，医疗事故鉴定很少得出医院有过错的结论，导致原告败诉率高。

（3）原告所得到的补偿往往远低于其主张的赔偿数额。由于当前人身损害赔偿案件中对城镇居民与农村居民的赔偿标准差异较大，很多农民虽在城镇工作多年，但难以按城镇居民标准获得赔偿。

（4）道路交通事故人身损害赔偿纠纷中，由于农村对报废车辆管理不严，肇事车辆中报废车辆所占比例比较高，而肇事人往往无足够赔偿能力，导致案件判决以后难以执行。

（二）涉农民事案件中存在的问题及原因

1. 农民工因缺乏有力证据而难以诉讼。涉农劳动争议案件中，相当一部分的农民工在诉讼中无法向法庭提交其与用工单位签订的有关劳动合同，其主要原因有：一是部分农民工与用工单位并未签订书面劳动合同。一些企业往往出于图省事或逃避应承担的法律责任等原因与其录用的农民工之间仅存在事实劳动关系却没有签订书面合同；另一方面，农民工对书面合同形式重视不够，没有坚持要求签订劳动合同；二是部分农民工与用工单位签订的劳动合同约定事项不明确，必备条款不全，导致劳务双方的具体权利义务关系不明确，一旦一方违约，另一方没有追究违约责任的依据；三是有的农民工并未索要劳动合同以作留存，或者因不注意保管而丢失，导致举证困难。

2. 工程层层转包，导致农民工工资被拖欠。在建筑市场上，由于建筑施工合同不完善，没有明确规定农民工工资偿付条款，施工单位不受条款限制，一些有关系的人从开发商手中拿到工程，转手给包工头，包工头再把活分给农民工做，这样层层转包，而且中间转手的大多是“皮包公司”，他们靠转包牟取暴利，有的发包方与下面的转包人互不见面，发包方给转包人的工程款一到，转包人就溜，造成下面的农民工完成工程后没有工资拿，也有的发包方在工程已经或快完工的情况下，仍然不给钱，恶意拖欠工程款，造成承包方无力支付农民工工资。

3. 执行劳动法具有局限性，劳动者权益不能受到完全保护。《中华人民共和国劳动法》第五十条规定：工资应当以货币形式按月支付给劳动者本人，不得克扣或者无故拖欠劳动者的工资，国家规定在春节等法定假日加班拿三倍薪水，其他双休日拿双薪，但大多数农民工节假日加班是拿不到三新或双薪的，虽然劳动法有明确规定，但对执行内容无强制性的规定。所以，类似此类像农民工拿不到加薪工资，在一些餐饮企业是常见的情况，此外，在用工方面，劳动法明确规定应当与劳动者签订劳动合同，但产生争议和发生纠纷的事件往往都是双方未办理任何手续，使通过法律途径解决争议缺乏依据。

4. 劳动监督不严格，执法力度疲软。我国社会现阶段劳动就业形式多样，但与之相适应的政策法规却滞后不完善，执法监督力不从心。劳动监察部门不能行之有效地监督用工单位用工，一些现行的劳动用工制度，仅在大型企业才能实行，而小型企业、个体和私营单位则根本不按劳动制度办事，仅凭口头协定，同时，劳动监督执法力度疲软，不能主动有力地查处劳动用工方面的违法事件，往往采取民告官办，不告不理的被动态度来对待劳动纠纷，使得一些企业主在用工方面为所欲为，肆无忌惮。

5. 农民工社会地位处于弱势，工会组织形同虚设。外出务工的农民，大多数无一定的社会背景和经济基础，加上缺乏相应的劳动法律知识，其弱势的社会地位往往使拖欠工资等违法者有恃无恐，而且大多用工单位无工会组织，无组织帮助农民工维权。目前我国用工现状决定了劳动者岗位有限，造成“僧多粥少”，许多时候能找到一份糊口的工作已很不错了。作为弱势群体的农民工在自己的权益受侵害时，本着“人在屋檐下，不得不低头”的想法，不得不委曲求全，不敢与用人单位斤斤计较。

6. 司法途径解决成本高、周期长，使得农民工望而却步。在用工方面，劳动法明确规定应当与劳动者签订劳动合同，但产生争议和发生纠纷的事件往往都是未办理任何手续，使通过法律途径解决争议缺乏依据。有的企业约定，平时只有预支农民工饭钱，等到年终或工程完工时再支付全部工资，而届时却又找理由不发或少发，有的老板甚至携款逃走，司法部门由于取证困难而无可奈何。一些农民工即使有证据证明自己的工资确被拖欠，但诉讼周期长、成本高，加上诉讼代理费及执行难等问题，又使农民工望而却步。

7. 多元化的劳动立法具有庞杂与冲突的特点。在审判实践中适用法律的难度大，在审理农民工案件，可适用的法律法规众多而庞杂，诸如劳动法、司法解释、部门规章、地方性法规及有关部门的规范性文件等，多元化的立法导致出现某些漏洞或者形成冲突，劳动行政部门与法院之间对法律及有关规范性文件的理解也存在差异。由于劳动关系的复杂化致使法律法规和司法解释未能完全涵盖法律关系的所有层面，所以劳动部门所制定的规章制度在审理劳动争议过程中的地位尤显重要，但这些部门的规章制度往往存在冲突与矛盾，增大了法院在审理案件过程中适用法律的难度。

8. “自愿调解、一裁两审”的劳动争议调处制度已不符合现阶段的客观要求。一裁两审的劳动争议调处制度曾在发挥劳动争议仲裁部门优势、减轻法院压力、保护劳动者权益等方面起到了重要的作用。但随着市场经济发展的不断深入，劳动争议案件数量的大幅飙升，该项制度由于其程序复杂、期限冗长，极不利于争议的及时解决，且增加了劳动者的负担，仲裁前置作为必经程序使仲裁机构由于人少案多而不堪重负，而且因仲裁机构没有查封、扣押和先予执行财产的权力，给一些用人单位提供了转移财产的时间，增加了争议处理周期和难度，由此造成争议长时间不能解决，劳动者合法权益不能得到及时保护。

9. 涉农离婚案件居高不下，不仅仅是简单的婚姻问题，而是社会诸多因素综合作用的结果。一是相识时间短，夫妻感情基础不牢，有很多农村男女在外打工，每逢年底才回家团聚，短短几天就谈婚论嫁，而且多半是别人介绍，相识不久就结婚。由于相识时间短暂，了解太少，感情基础不牢。另有不少在打工期间相识的农民工夫妻，为排解打工期间的孤独和寂寞，相识时间不长，了解不够深入便闪电结婚，后多因性格不合劳燕分飞。二是双方分离时间长，收入差距拉大，亲情和感情缺失。现代夫妻关系的稳定有赖于经久不衰的亲密性、持续不断的调适性和恰如其分的独立自主性，农民进城务工，多半在城市里飘来飘去，居无定所。由于受工作环境和居住条件的影响，夫妻天各一方，长时间不团聚，就是双方在同一个城市打工，有的也几个月难得见上一面，长时间的分居生活，双方缺少沟通交流，缺乏精神慰藉，加之双方收入差距拉大，生活方式产生差异，互不尽义务，亲情和感情逐渐淡化，甚至相互猜疑，最终使夫妻感情出现裂痕。三是受外部文化影响，农民重视家庭稳定、不愿轻易离婚的传统价值观念趋于淡化，有一定数量的农民在婚姻关系遇到矛盾和挫折时，缺乏维持修补关系的强烈愿望，而是更倾向于以离婚方式解决问题。四是精神世界缺少家庭和社会的监督。农民工背井离乡在外漂泊，文化生活出现空白，精神世界缺少应有的呵护，同时由于配偶、父母和亲人不在身边，缺乏应有的家庭监督，很容易我行我素，一旦一方出现不忠、不道德的苗头性问题，无人从中规劝和制止，就是一同在外打工农民工夫妻闹起感情风波后，由于身边既没有值得信任的亲友调停，也没有社区组织进行调解，往往小纠纷积成大矛盾，小错误酿成大过错，婚姻由此走向死胡同。五是因一方不务正业，酗酒、赌博或判刑，另一方觉得无法容忍提出离婚。有的农民赚了一笔钱便洋洋得意，寻求刺激，把赌博看成是谋生手段，也有的农民外出打工就业困难，理想和现实差距大，心理不平衡，心生邪念，走上了犯罪道路，严重地伤害了夫妻感情。

10. 2005 年以来，土地承包经营权纠纷和土地流转纠纷大幅增长，究其原因主要是：（1）因土地流转不规范，承包土地长期撂荒另行发包形成纠纷。以前因要交农业税等各种原因，一些农民外出打工，口头承诺不要承包地，村组集体为了不将承包地抛荒，就将其承包地发包给其他农户，且税改时这些耕地面积又纳入了代耕代种农户的计税面积。中央惠农政策出台后，税赋取消，承包土地能获得较大收益，利润丰厚，许多农民工纷纷回乡要求继续承包原耕地，而被转让户又不愿退，于是双方发生纠纷，还有的农民发现有弃耕的土地就主动耕种，当外出务工的农民回来要求继续耕种时，实际耕种者拒不退还土地，引起纠纷。（2）为鼓励发展林业、旅游业和养殖业等环境友好型产业，一些地方出台各种优惠政策，如同意承包户建设养殖场或“农家乐”、利用村集体闲置土地植树造林等，因上述用地无主管部门批准，一旦形成纠纷诉诸法院，处理起来相当棘手。（3）在土地被征用后，因为征地补偿标准无明确的规定，地方政府制定的补偿政策不尽科学和合理，加之一些村组实施补偿政策时不公开、不透明，或实质不公平，从而因征地补偿而发生纠纷。（4）因农村基层组织擅自将集体土地承包和流转引起纠纷。农村土地承包经营权在发包过程中一些具体程序上存在走过场的现象，召开村民大会或村民代表大会不严谨，特别是外出打工的农民没有通知其参加会议，有的收到通知没有参加大会，对大会的结果没有及时告知，从而引起纠纷。（5）政府部门出于引导农民增产增收，早日脱贫致富，利用行政手段干预农民经营自主权，引起农民不满，特别是引导发展的产业失败后，许多农户经不住风险的打击，负债累累，重新沦为贫困户，导致纠纷不断。

11. 土地承包纠纷中存在以下问题：一是土地承包关系不明，证册不全，经营权属不清。由于实行土地联产承包责任制的时间比较早，当初承包经营户对农村土地承包经营权认识不足，丢失承包经营权证的现象较为普遍。加之作为发包方的村民委员会对土地承包造册登记不全，档案管理不完善，有的甚至根本没有与农户签订承包合同，未给农户发放承包经营权证，导致承包经营户在国家实行免收农业税政策后出现争包、抢包土地的现象，有的发生纠纷后“空口无凭”，拿不出合法有效的证件，给案件的处理增加了难度。二是违法收回、调整承包地的现象较为普遍。有的村组织方法过于简单，工作程序不到位，没有严格依照当时的法律、政策办事，致使有的承包者的土地被违法收回或者违法转包给他人，有的地方还自作主张连环调整，引发一连串纠纷，也给纠纷的处理增加了难度。有的村组织过分依赖政府决策，没有主动纠错的意识和能力，致使承包者的矛盾得不到及时解决，承包经营户的对立情绪大。三是改变土地用途的情况非常严重。由于乡镇、村各级组织从经济利益出发，大量占用土地兴办企业和开展规模集约化经营，使大片的土地被整体开发，改变了土地用途和原貌，甚至遭到不可逆转的永久性破坏，许多农民因而失去了赖以生存的土地。四是土地经营权流转不规范，一些土地承包经营户在转包、转让、互换、代耕等土地流转的过程中，既未履行法定程序，也未订立土地流转合同，违法、违规流转的现象较为普遍。第一是违反法律关于土地承包期限的规定，超期限转让土地经营权，有的甚至永久性转让土地经营权；第二是流转备案程序缺失，很多土地流转只是当事人双方私下约定，未到相关部门办理备案手续；第三是土地流转后缺乏监管，取得土地使用权者任意改变土地用途。五是农村占地建房处于放任自流的状态，农民擅自改变土地用途的较为普遍，造成土地流失，也引发许多相邻权和土地使用权纠纷。

12. 近年来城乡之间、乡村之间人口流动日趋频繁，导致某些村民因户籍、居住地、婚姻等原因成为特殊群体，包括户口已迁入，但没有在集体经济组织内生产生活或时间较短；长期在外打工或经商但户口未迁出；入赘到女方集体经济组织且将户口迁入；与本村村民结婚、户口仍在原村的妇女；嫁入本村、户口也从原村迁入本村的妇女和嫁给外村村民但户口仍在原村的妇女等多种情况。而法律规定，征地赔偿方案确定时已经具有本集体经济组织成员资格的人，可以要求分配相应的土地补偿款，而以上各种情况的村民是否具备集体经济组织成员资格，能否参与征地款的分配存在着争议，并成为纠纷发生的重要原因之一。

第二节 找原因 订措施

为了提高案件质量，我们从案件类型分析入手、查找原因、找出特点、制订措施。首先，分析全省法院民事审判中存在的问题。2004 年至 2006 年，省法院民一庭二审民事案件结案分别为 157 件、173 件和 178 件，其中维持原判的案件（含撤回上诉案件）分别为 42 件、54 件、52 件，三年的维持率分别为 26.75%、31.21% 和 29.21%。由此可见我省民事审判改判率平均在 30% 以上，案件发回重审率在 17% 以上，改判发回率比较高，我们派专人对三年来发回重审案件进行分析，发现存在以下问题：

一 、关于违反法定程序方面的问题

1. 漏审漏判与判非所诉。主要是以下几种情况：一是有的判决支持了原告的部分诉讼请求，对未支持的诉讼请求未予驳回，漏判了驳回原告的其他诉讼请求；二是漏审、漏判部分诉讼请求。原告提起的诉讼请求有两项，一审判决对一项诉讼请求做出了判决，但对另一项诉讼请求未予审理和判决；三是漏审被告的实体抗辩，如原告夏某诉被告泽皓公司欠款纠纷一案中，被告泽皓公司提出抗辩，称原告夏某的行为属于居间行为，一审判决对此不予审理而径行判决，此种情况亦属漏审；四是判非所请，如原告马某诉被告物资公司、药物研究所及第三人山禾药业公司等联营合同纠纷一案中，一审直接判令第三人山禾药业公司向被告药物研究所给付款项，显然均是判非所请。

2. 超诉请判决。超出当事人的诉讼请求范围判决的情况多是出现在一些细节问题上，在有的人身损害赔偿纠纷案件中，往往损失是不确定的，如果审判人员审查不细致，就会超出原告最终确定的诉讼请求范围判决。如有的案件，原告诉请的有起诉时实际已发生的医疗费和将要发生的后期治疗费。在诉讼过程中，又发生的部分医疗费，有的法院就直接支持该部分的费用，显然是超出诉讼请求范围了。还有的案件，原告起诉了利息，对利息主张了具体数额，而法院判决的利息却是计算至判决确定的给付之日止，对于超诉请判决的，多是因为承办人审查不严谨而造成的。

3. 关于诉讼主体方面的问题。（1）遗漏当事人。原告未将其列为当事人，而这些当事人又必须共同参加诉讼，这样一审判决就遗漏了当事人。

（2）错列当事人。这类案件主要是将注销主体仍然列为当事人，对于企业法人，吊销营业执照，只是工商行政管理机关因其不按照行政法规进行经管活动所作出的行政处罚，其民事主体资格仍然存在，而注销营业执照，则意味着该企业从法律上讲已经消亡，不能再作为民事诉讼主体，企业被撤销，如未经清算，有清算组的，以清算组为当事人；没有清算组的，以作出撤销决定的机构作为当事人。但是企业是否具有民事诉讼主体资格，仍应以营业执照为准。有一个案件，一审法院将党委直接列为当事人。可以将党委的办公厅（室）列为当事人。还有件案件中出现了同一名称、法定代表人，但是不同的企业性质、住所地、注册资金、档案号的某实业公司，显然这是不同的主体，一审法院对此未能予以区分。（3）错列当事人的诉讼地位。有一个案件，一审法院将应列为共同被告的侵权主体列为共同原告。

4. 以未经庭审质证的证据作为定案依据。证据应当在法庭上出示，经当事人举证、质证，由法院审核认定后，方可作为定案依据，在法庭上出示，必须举证、质证，这两个环节是不能少的。还有，对于当事人申请法院调取的证据，应当作为申请方的证据交对方质证。法院依职权调取的证据，亦应向各方当事人出示，并由当事人质证，需保密的除外。

5. 送达双方当事人的裁判文书不一致。荆州中级人民法院出现了两件此类案件：其一是段某与渊博公司承包合同纠纷一案，一审承办人故意违反合议庭评议决定意见，擅自制作了两份不一样的裁判文书并分别送达给双方当事人，该承办人在审理此案时不仅严重违反法定程序而且触犯了刑法；其二是由于审判人员严重失职，导致文书排版错误，并且两份不同版本的裁判文书分别送达了双方当事人。这两个案件给我省法院带来了极坏影响。

6. 其他程序问题。如在判决书中驳回当事人起诉的、对专业问题不经审查或鉴定而由审判人员自行作出认定的、混淆第三人的诉请与被告反诉请的、需合议庭评议而未评议的、合议庭评议或审判委员会讨论结果与裁判文书主文不一致的。

二、认定事实不清方面存在的问题

1. 未按照证据规定对证据进行审查的。这里面涉及对证据的复印件的采信问题、对证人证言的采信问题、对孤证的采信问题等等，问题的根源在于审判人员对证据规定尚不能熟练适用。

2. 案件主要事实认定不清的。这有很多是由于对法律关系的性质、效力认定不当而造成的，如对合同效力作出相反的认定而导致案件主要事实未作认定的。还有的是对法律关系的构成要件，未作审查的。对于这个问题，需要处理好当事人举证与法院审查的关系。诉讼模式已从超职权主义转变为了当事人主义，强调当事人的主导作用，但是对于案件的主要的、基本的事实，法官应当引导当事人举证，并适当进行调查，做到案件主要事实清楚。

3. 出现新的证据导致一审判决认定的基本事实不清的。由于出现新的证据，影响到了整个案件事实的认定，二审如果直接判决，可能影响当事人对实体处理的上诉权利，二审必须发回重审。对于新证据的掌握原则：一般不轻易以程序性的原因而否定当事人的实体权利，处理上可援用证据规定的第四十三条第二款的规定；如果是当事人故意隐匿证据的，由当事人承担相应法律后果。

三、其他问题

十堰市中级人民法院在审理涉及东风汽车公司的一案中，其制发的裁判文书错漏高达近百处，十分惊人！出现这些问题的主要原因是：有极少数法官对包括民事诉讼法、民诉法意见、证据规定和最高人民法院的有关批复等在内的法律规定还不熟悉，学习不够，运用不好；部分法官仍有重实体、轻程序的错误倾向。漏审漏判特别是漏驳其他诉讼请求，以及遗漏、错列当事人等情况，则反映出有的法官工作不细致、作风不够严谨。而判非所请、漏审被告实体抗辩等情况，则说明有的法官的法律思维尚不统一、理念转变不够，还没有适应市场经济条件下司法改革的需要。至于错漏裁判文书及分别送达的错误的制版文书等情况，则说明有个别法官严重的不负责任，甚至是徇私枉法，这应当引起我们的高度重视。各中级法院承担了大量民事纠纷案件的二审任务，案件质量也正在逐年提高，但与我们法治化建设的要求仍有相当大的差距。

故加强对审判人员和案件质量的管理，强化审判人员责任制和案件质量责任制。要提高民事审判工作质量，首先还是要加强制度建设，以制度管人。建立、健全管理制度，并将具体制度细化、落实，堵塞制度上的漏洞，从而杜绝审判人员犯错误的可能。要加强社会主义法治理念教育，完成从超职权主义模式下的审判理念到当事人主义模式下的审判理念的转变，切实做到实体与程序并重，只有在严格、公开、透明的程序保障下的实体公正才是真正的公正，要形成以当事人为民事诉讼主导的理念，充分尊重当事人的诉讼权利，平等保护各方当事人。

第三节　解剖问题　从质量抓起

一、民事案件的特点

通过2007年全省民事审判概况及民事审判若干问题的解析，发现民事案件的特点为：

1. 传统婚姻家庭纠纷数量仍然居高不下。婚姻家庭纠纷案件在人民法院特别是基层法院（包括人民法庭）审理的民事案件中一直占一半以上，离婚案件呈小幅上升趋势，因解除同居关系引起的财产分割和子女抚养纠纷案件大量上升。

2. 人身损害赔偿纠纷案件急剧上升。交通事故人身损害赔偿纠纷、医疗损害赔偿纠纷案件大量增加，且索赔数额不断上涨，动辄索赔上百万元。

3. 案件类型繁杂多样。仅省法院2007年审理的200余件二审案件中，表现出的具体案件类型就多达60余种，各类民事案件都有所反映。

4. 新类型案件不断出现，案件审理中的新问题也不断增多。出现因计划生育手术引发的人身损害赔偿案件、因赌博抵偿工程款以及第三者插足婚姻而出具欠据引起的债务纠纷、因离婚引起的家庭成员公司股权确认纠纷等新型案件；以及婚姻家庭纠纷案件中的家庭成员公司股份的析产问题、交通事故人身损害赔偿中的先予执行及扣车保管问题、出借车辆及挂靠车辆的责任认定问题、物权法实施后有关法律适用问题等新型疑难问题，给民事审判正确审理带来难度。

5. 恶意民事诉讼现象是时发生。主要是案件当事人在一方提起诉讼后，另一方当事人就同一件事另行提起诉讼，甚至将同一事件分解开来提起几个诉讼，造成一事多案多头处理的现象，省法院民一庭在 2007 年就遇到件这样的案件，如两个公司为一份合作开发合同，在中级法院形成三个诉讼，省法院两个诉讼，虽然五个案件最后在省法院一起调解，但过程相当复杂、浪费大量审判资源，如果不是调解，几个案件交织在一起，极易给法院在裁判上造成混乱，也可能产生负面影响，这是民事审判中新发现并且值得引起我们民事法官慎重对待和审慎把握新问题。

二、案件普遍存在的相关法律问题

（一）关于在审理人身损害赔偿纠纷案件中存在的问题

1. 关于残疾赔偿金确定标准问题。由于对因不同原因造成伤残损害后果的伤残等级标准有多个，如《道路交通伤残评定标准》、《职业工伤与职业病致残程度鉴定标准》等。因此，同样的损害后果，可能因为伤残评定标准的不同而产生不同的伤残等级并形成不同的赔偿数额，同时，由于现在鉴定机构过多、过滥，对伤残鉴定的标准和时机掌握亦不同，造成伤残评定的结果多样，在审判实践中难以掌握。

2. 残疾辅助器具的赔偿期限确定问题。最高法院人身损害赔偿司法解释第 26 条第二款规定，辅助器具的更换周期和赔偿期限参照配制机构的意见确定，司法实践中一般按人均寿命减去残疾者实际年龄的方法来确定。但根据该司法解释第 32 条规定，超过确定的护理期限、辅助器具给付年限或残疾赔偿金给付年限，赔偿权利人起诉请求继续给付护理费、辅助器具费或残疾赔偿金的，人民法院应予受理。可见，司法解释并未采用人均寿命的计算方法，为了和其他赔偿项目计算标准统一，我们认为可将残疾辅助器具的赔偿期限规定为二十年。

3. 关于医疗纠纷的有关问题。最高法院《关于参照〈医疗事故处理条例〉审理医疗纠纷民事案件的通知》下发后，医行纠纷出现了医疗事故人身损害赔偿和一般人身损害赔偿的法律适用“二元化”问题。由于《医疗事故处理条例》确定的赔偿范围和标准远低于最高法院《人身损害赔偿司法解释》的规定，导致医疗事故的受害人不愿意进行医疗事故鉴定，而是申请医疗过错鉴定，回避《医疗事故处理条例》解决争议，那么在医疗纠纷诉至法院后是否有必要优先适用《条例》的规定、医疗事故鉴定是否作为前置程序在审判实践中争议很大，各地做法不一。对此，我们认为，应当以当事人的诉求选择为主，以抗辩为补充，即在审理过程中，应当根据当事人的请求，决定是进行医疗事故鉴定还是进行有关医疗过错、伤残等级的司法鉴定，当事人没有明确的，应当要求其予以明确。如果医疗机构以先应进行医疗事故鉴定为由提出抗辩，应当进行医疗事故鉴定，经鉴定能够证明受害人的损害确实是医疗事故造成的，人民法院应当按照《医疗事故处理条例》的规定确定赔偿数额。如经司法鉴定不属医疗事故而是医疗差错的，可以按照人身损害赔偿司法解释的规定确定赔偿数额。

4. 关于因不同原因间接结合发生同一损害后果的责任认定问题。审判实践中，有的损害后果是因不同原因间接结合造成的。如在雇佣关系中因雇佣关系以外的第三人造成损害，受害人同时起诉雇主和第三人。最高法院人身损害赔偿司法解释第十一条规定：“雇员在从事雇佣活动中遭受人身损害，雇主应当承担赔偿责任，雇佣关系以外的第三人造成雇员人身损害的，赔偿权利人可以请求第三人承担赔偿责任，也可以请求雇主承担赔偿责任，雇主承担赔偿责任后，可以向第三人追偿。”根据这一规定，受害人可以分别起诉雇主和第三人。但如果受害人同时起诉雇主和第三人，因对如何确认两者的责任缺乏规定，司法实践中存在很大争议。

（二）关于审理婚姻家庭案件中存在的问题

1. 非法收养的子女，离婚时双方都拒绝抚养如何处理的问题。离婚双方当事人非法收养的子女，与双方均不存在法律上的养父母和养子女关系，如果法院判决中直接作出处理，等于将非法行为合法化，如果法院不作处理，双方当事人的纠纷仍不能得到解决，也使非法收养的子女处于无人监护、无人抚养的地步，实践中处理难度很大。

2. 关于婚姻法中的同居关系确认问题。婚姻法及司法解释规定未办理结婚登记领取结婚证即不存在婚姻关系而为同居关系，对当事人起诉请求解除同居关系的，人民法院不予受理，但我省绝大多数农村地区特别是山区，村民结婚仍然是按农村习俗举办婚礼，很多在一起共同生活多年，孩子已长大都没有领取结婚证，双方发生纠纷就只能按同居关系处理，与国情不符，也不利于农村社会的稳定。

3. 夫妻一方或其子女拒绝进行亲子鉴定，是否能推定相对方与子女不是亲子关系的问题。对于离婚的双方当事人在起诉离婚时，一方当事人提出其子女不是亲生，特别是另一方者拒绝，或子女已成年进行亲子鉴定的情况下，如果当事人一方的其他证明另一方有过错的证据，或没有相应证据的情况下，是否能适用“推定”进行认定的问题，目前是审理此类案件中非常棘手的问题，如果不能适用“推定”进行认定其与子女不是亲子关系，将明显损害无过错方的利益。

（三）关于审理房地产案件中存在的问题

1. 建设工程施工合同无效，但建设工程经竣工验收合格，承包人不参照合同约定而直接请求按工程定额标准对工程造价进行鉴定并支付工程价款的，发包人却请求参照合同约定给付工程价款的如何处理。一种意见认为，《最高人民法院关于审理建设工程施工合同纠纷案件适用法律问题的解释》第二条只规定了承包人在建设工程施工合同无效，工程竣工验收合格情形下对工程价款的请求权，在承包方没有请求的情况下，发包人无权提出该请求。另一种意见认为，司法解释第二条规定既然承包人在合同无效，工程竣工验收合格的情形下可以请求参照合同约定支付工程价款，根据公平对等原则，发包人也应有权提出相应的请求。我们倾向于第二种意见。因发包方市场，司法解释能否再扩大，值得研究。

2. 发包人在受到建设工程竣工验收报告以后的合理期限内，无正当理由拒不组织竣工验收的，承包人能否直接请求发包人支付工程款。一种意见认为，《中华人民共和国合同法》和国务院《建设工程质量管理条例》均明确规定建设单位具有组织竣工验收的义务。发包人无正当理由拒不组织竣工验收，违反了法定或约定义务，承包人当然有权诉请其履行该项义务，同时，发包人长期无正当理由拒不组织竣工验收，导致承包人不能及时结算工程价款，损害了承包人的合法权益，应当允许其诉请支付工程价款。另一种意见认为，由于《合同法》第二百七十九条规定，建设工程经验收合格后，方可交付使用；未经验收或验收不合格的，不得交付使用。《建筑法》第六十一条第二款也有相同规定，故不宜支持承包人直接请求支付工程价款，但承包人可以请求发包人履行组织竣工验收的义务。

（四）关于审理劳动争议案件中存在的问题

1. 劳动者与用人单位形成劳动关系后，又在新的用人单位兼职工作的，是否形成劳动关系。一种意见认为，根据传统的劳动法基本理论，我国仍实行“一人一职”原则，即一个公民在同一时期只能成为一个用人单位的职工，依据《劳动法》第九十九条有关“用人单位招用尚未解除劳动合同的劳动者，对原用人单位造成经济损失的，该用人单位应当依法承担连带赔偿责任”的规定，以及《最高人民法院关于审理劳动争议案件适用法律若干问题的解释》第十一条的规定，均表明法律及司法解释是不认可劳动者与多个用人单位建立劳动关系，如果承认双重劳动关系，极易导致社会保险关系的混乱，引发不利后果，因此，劳动者与兼职单位之间形成劳务关系。另一种意见认为，兼职行为具备劳动关系的基本要素，符合劳动关系的基本特点，从历史发展来看，“一人一职”原则形成于计划经济时代，随着市场经济的快速发展，已不能适应社会需要，若继续坚持这一原则，不利于劳动力自由流动与劳动资源的充分利用。法律法规及司法解释虽然规定原用人单位可以侵权为由要求兼职单位与劳动者承担侵权责任，但这并不意味着对双重劳动关系的否定，也不意味着劳动者与兼职单位之间的劳动关系自始即不成立，故应按劳动关系处理。

2. 劳动者退休后被原用人单位返聘或另到新的用人单位工作的，是否形成劳动关系。一种意见认为，我国法律仅对最低就业年龄有禁止性规定，而并未规定退休年龄后的老年人就不能再工作，退休人员仍可为劳动法上的劳动主体，劳动者一退休原劳动关系即行终止，无论劳动者被返聘或另找工作，其与用人单位之间均形成新的劳动关系。另一种意见认为，劳动者的退休并不意味着与原用人单位终止了劳动关系，劳动者被返聘的，劳动者因原劳动关系未消灭，仍可形成劳动关系；另找工作的，则不能形成劳动关系，只能是劳务关系。还有一种意见认为，劳动者一退休即不能再成为劳动主体，无论被返聘或另找工作，均不能形成劳动关系，而只应是劳务关系。

3. 用人单位对擅自离职的劳动者未作除名、开除、辞退决定，或虽作决定但程序不符合有劳动法律法规的规定的，能否直接产生解除劳动关系的后果。第一种意见认为，出于保护劳动者这一弱势群体合法权益的考虑，用人单位解除劳动关系必须严格遵循法定的程序，未经法定程序解除劳动关系的，应对劳动者不发生法律效力。但是，由于劳动者擅离职守一般符合《劳动法》第二十五条第二款规定的情形，用人单位有权直接解除劳动合同。为此，为了保障用人单位与劳动者的权益均得实现，应当允许用人单位以补正或补办的方式依法定程序解除劳动关系。而对于劳动者离职期间的相关劳动权益，仍应按劳动关系存续状况进行处理。第二种意见认为，法律并未赋予用人单位补正或补办的程序，劳动者未以法定程序解除劳动关系，劳动关系仍然存续。既然劳动者已经回岗，法定解除的情形消失，用人单位无权再行解除劳动关系，如此处理，也可督促用人单位依法管理，至于劳动者离岗期间所造成的损失，可按相关劳动法律法规及用人单位规章制度处理。第三种意见认为，劳动者擅自离职达到法定期限的，即行为发生劳动者单方违法解除劳动合同，终止劳动关系的法律后果。至于用人单位是否对离职的劳动者作出除名、开除等决定，且该处理决定是否送达本人，均不违背劳动者自愿并单位希望解除劳动的意思表示，劳动者自行长期地离开工作岗位的行为本身，就表达了其不愿受劳动合同的约束，自行另谋职业或自找出路的意愿，对于用人单位是否对自己作出除名、开除的决定并不在意。

（五）关于民事审判程序方面存在的问题

1. 新证据的界定问题。《证据规定》对于“新的证据”的界定是非常严格的，即是在诉讼阶段新发现的证据和当事人因客观原因在举证期限内无法提交的证据。在审理涉及个人的案件中，由于大部分老百姓尤其是广大农民群众的法律素质不高，对法律规定和法律程序缺少必要的了解，对什么叫证据、怎样收集证据、什么时间提交证据、逾期提交证据的法律后果等均不清楚，同时受经济条件的限制，很少请律师，因此，若严格按照证据规则的规定来执行，很多案件因当事人提交的证据不属“新的证据”而法院不予认定，造成案件实体处理不公的被动局面，极易引发当事人申诉上访。我们认为，应对《证据规定》的相关条文进行全面理解和把握，从宽掌握“新的证据”的标准，对于当事人并非出于故意或者重大过失而未在举证期限内能提交的证据，如果不审理该证据可能导致裁判明显不公的，应根据《证据规定》第四十三条第二款的规定认定为“新的证据”，通知对方当事人在合理期限内提出意见或举证。

2. 举证责任的分配问题。《证据规定》第七条规定在依法律、司法解释无法确定举证责任的承担时，人民法院可根据公平原则和诚实信用原则，综合当事人举证能力等因素确定，该条对诚实信用原则、公平原则在举证责任分配中的适用，当事人举证能力对举证责任分配的影响均未作出具体的规定，缺乏明确的适用标准，赋予了法官充分的自由裁量权以确定举证责任的分配，在法官素质尤其是基层法院的法官素质参差不齐，法院的裁判权受到各种因素影响和干扰的情况下，任由法官行使自由裁量权，不同的分配方式可能会造成裁判截然相反的诉讼结果。我们认为，依法律及司法解释无法确定举证责任承担时，应根据当事人距离证据的远近以及取得证据本身的难易程度、当事人收集证据能力的强弱、当事人的经济条件等情况确定当事人的举证责任。

3. 人民法院依职权调取证据问题。《证据规定》对人民法院非因申请而依职权调查的情形规定过于狭窄。如有些案件，在举证责任无法分配或当事人双方提供的证据相互矛盾，当事人亦不申请调查，而某一案件事实（非第十五条规定的情形）确需查清；还有些案件事实，由于当事人的法律意识及诉讼请求不当，对能证明案件事实的证据，未能在规定期限内申请，为查明事实必要，应规定法院在此种情形下可依职权调查取证，另外，人民法院非因申请而依职权调查取得的证据有可能影响到案件的实体处理，关系到当事人的切身利益，而《证据规定》对其启动程序、时限问题缺乏规定，需要加以明确和规范。

4. 释明权的正确行使问题。审判实践中，《证据规定》第三十五条在适用中存在以下问题：（1）因对案件法律关系的性质或者民事行为的效力认定不一致，，在法官告知当事人后，当事人不予变更的，是否判决驳回诉讼请求，且驳回后是否影响当事人以变更后诉讼请求再次起诉。（2）二审法院认为一审法院未告知当事人变更或认为一审法院告知当事人变更错误的，二审法院能否直接以变更案由及改判，还是将案件发回重审。对此，各地做法不一，我们省法院在审判实务中处理十分慎重，亟待规范统一。

5. 送达问题。送达是审理民事案件的必经程序，但通过调查我们发现，送达问题已经成为影响民事案件审判效率的最大问题。一是直接送达有困难，对有固定住所或工作单位的当事人，在实际送达中通常很难找到人，多次送达而难以成功；二是公告送达既增加了诉讼成本，又因期限太长而影响了案件审理的效率。现一些法院的公告栏或者受送达人原住地张贴公告的做法，虽简洁、方便、成本低，但不便于证明人民法院确已送达的事实。因此，如何规范、便捷又合法、准确送达，也是我们要努力解决的问题。

三、针对存在问题，我们从抓案件审理质量入手，从源头开始，狠抓案件质量，提升民事法官形象

从我们到部分中级法院民事案件审理质量评查调研工作的情况和我们审判工作中掌握的情况来看，中级法院民事案件的审理质量整体高于基层法院，基层法院民事案件的审理质量确实有待提高。主要存在以下四个问题：

一是队伍结构问题。民事案件数量增长与民事审判队伍结构建设的矛盾比较突出。民事案件数量逐年增加，如荆门两级法院 2007—2009 年的民事案件三年从 3000 余件升至 4000 余件，而民事审判人员略减未增，人均结案数达 40 余件，远远高于其他业务庭审判人员的平均结案数，仅民一庭包括书记员共 7 人，年均审理的民事案件数量占荆门中级法院审理案件总数的近一半。武汉中级法院民事审判人员人均审理案件数近百件。可以说，案多人少，审判压力大。且人员老化严重，荆门两级民事审判人员的平均年龄为 41 岁，断层明显。有的基层法院多年来未进一人，有的虽有人进，但因政治待遇不高，经济待遇低，流失严重。比如最高法院下文要求人民法庭的庭长应当落实副科级待遇，但是我省部分人民法院由于受职数等多种原因限制，无法落实。2010 年 4 月，我陪同最高法院杜万华专委在宜昌、荆州，神农架法院考察人民法庭时，宜昌市夷陵区法院参加座谈的一个人民法庭庭长，大学毕业后在法庭工作已 20 余年，至今仍是科员，但是同区域的司法所所长或派出所所长组织部明文规定为副科级。在基层法院，一般审判人员的工资收入只有一千多块钱，待遇不如行政部门，尤其是偏远地区审判人员严重流失，或调到其他部门工作，或出去做律师。有一个基层法院，总共只有 80 人，近几年已经走了 11 人。

二是人员素质问题。基层法院民事审判人员的业务素质有待提高，

责任心有待加强。有的基层法院队伍稳定性较差。从外部环境而言，基层法院的法官常被政府部分抽调从事一些与审判工作无关的工作，而从内部环境来看，部分基层法院人员内部流动过于频繁，民事、刑事、行政等业务部门审判人员定期交流，往往使刚刚熟悉民事审判业务又被调职其他审判业务部门，导致民事审判人员业务不专不精，容易出现常识性的错误，严重影响民事审判案件的质量。我们在案件评查中发现，由于基层法院的法官对部分事实的认定有误或对法律的理解有偏差，导致了二审对于部分判项做出改判的比例较高，如对于违约期间计算有误，对违约金的计算标准过高，对于责任比例划分与事实认定不符，判项与法律规定不一致等导致改判、发回重审。这反映出基层法院的法官对于有关的法律规定、司法解释学习不够，理解不透、运用不好，需加强业务学习；部分案件的处理结果完全与案件事实、法律规定相悖，不排除关系案、腐败案，需要引起我们的高度重视。有的基层法院超诉请判决，判非所请，遗漏或列错当事人的问题比较多，个别法官责任心不强，出现一些常识性错误。有一件一审判决，判决被告给付原告 20000 元，但在判项却漏掉了“元”字，二审因此改判，这反映出部分法官工作不细致作风不够严谨。

三是案件管理问题。在评查中我们发现中级和基层人民法院合议庭职能弱化的问题比较普遍，有的形同虚设，没有有效地发挥合议庭的作用，审判委员会对民事案件质量把关不严，部分中级人民法院和大部分基层法院合议庭在案件审理中仅仅是个程序，往往是承办人对案件发表了实体处理意见以后，其他合议庭成员均同意了事，有的合议庭笔录不到 30 个字，有的合议庭成员发言系重复复制，没有对案件认真进行讨论和研究，这样的案件质量很难得到保障，且不少基层法院，甚至有的中级人民法院很少开审判委员会讨论案件。

四是程序规范问题。从评查情况看，一部分因程序问题严重影响案件的上诉率和发回率。民事诉讼法对发回重审的标准特别是以事实不清为由发回重审的标准未作明确具体规定，导致发回重审权在一定程度上被二审法院滥用。民事诉讼法对发回重审的标准有两个方面：即事实证据上的理由和程序上的理由。事实证据上的理由为“事实不清、证据不足”，但是由于实践中案件千差万别，即使是同类的案件，个案事实也是不尽一致，且法官的思维方式，认证能力有存在差异。案件事实查到什么程度算“清”，证据举到什么程度算“足”？民事诉讼法对此并未作明确规定，完全由二审法院决定。为此，有的二审法院发回重审不慎重，发回没有严格依法。至于程序上的理由，《民事诉讼法》未对应当发回重审的情形予以列举，只是限定了一个“可能影响案件正确判决”为条件，至于违反法定程序的行为是否到“足以到发回重审”的程度，不同的法官往往有不同的判断标准，甚至可以将其随意化。正是由于法律对于发回重审的标准和理由规定模糊，赋予了二审法院极大的自由裁量权，只要二审法院想发回，则找出个理由发回。甚至有的法官借自由裁量之机而滥用程序权利，导致发回重审程序的不确定性和随意性，不仅让当事人莫名其妙，也使下级法院无可奈何，有损诉讼程序的严肃性。有的案件客观事实本来就无法查明，只能依据现有证据或举证责任分配规则对案件作出处理，但是二审法院却以事实不清为由将案件发回重审。有些案件，一审判决虽然存在事实不清的问题，但二审法院在已查清或完全可以补充查明的情况下将案件发回一审法院重审。有些案件发回的主要理由是二审法院认为一审对证据的审核判断存在问题，本来二审法院可以重新对证据进行审核判断，查清事实后可直接改判，但二审法院仍以事实不清为由将案件发回重审。我们在评查中发现，有的案件可以不发回，但是为了避开矛盾，平衡关系，一发了之。发回容易，结案也快。可没有想到，发回后再上诉，实际上，有些案件从一审到再审当事人打了几年官司又被发回到了原点，效果差。直接影响社会效果和法律效果，既坑了当事人，多花精力多花钱，也使当事人找关系，过问人员更多，将简单问题复杂化；同时时过境迁，不利于化解社会矛盾，浪费了司法资源。

为此，我建议要严格发回，规范发回程序，充分维护当事人的诉讼权益。要合理界定“事实不清、证据不足”的范围：一审对主要事实已经查清，但对一些与争议焦点无关的细节性事实未查清，不影响二审对案件实体处理的，二审法院原则上不得发回重审；一审对部分事实未查清的，二审法院可以在补充查明后直接作出裁判，不得发回重审；对一审虽然未查清事实，但发回后一审法院也很难把事实查清的案件，应在能够查清基础上依照举证责任分配规则进行直接改判；二审过程中需要进行鉴定、补充鉴定、重新鉴定的，原则上应有二审法院直接进行，不得以此为由发回重审。对于程序违法的案件，必须与一审法院沟通，对于共性的问题，及时通报整改，避免重复犯错。对于不影响案件正确审理的，不得发回，但在文书中应当指出来。

四、制定措施

为了妥善化解矛盾纠纷，充分发挥民事审判的职能作用，围绕“为大局服务，为人民司法”的工作主题，对因受国际金融危机影响，引发我国经济发展出现的亏损企业、亏损行业、对农业和农村的发展造成冲击，由此引发的劳动争议、民间借贷、房地产等传统民事纠纷案件，专门采取措施提升案件质量。

第四节 规范程序 从基层管理入手

一、精心审理传统民事案件，注重维护社会稳定

1. 我省各级法院民事审判庭，将涉及农民工案件、人身损害赔偿案件、商品房购买合同纠纷等涉及民生案件，作为民事审判工作的重点，严格执行法律和政策。关于审理好劳动争议案件：一是依法维护劳动者的劳动权利，注重劳动合同的效力，切实维护劳动者的劳动权利。对于用人单位与劳动者解除劳动关系的行为，均进行合法性的审查，对于不符合法律规定的解除行为，依法不予支持。二是注重处理职工合法权益保护与企业健康发展之间的关系。既维护劳动者的合法权益，又支持企业的经营发展，尽可能地维持企业的造血功能，“蓄水养鱼”，避免“竭泽而渔”。三是慎重审理用人单位实施经济性裁员引发的劳动案件，从严掌握用单位实施经济性裁员可行性条件和程序性条件，对确因经营困难实施经济性裁员的，才依法给予支持，防止用人单位借机裁员，损害劳动者的合法权益。

2. 建立完善维权举措，审理好涉及妇女儿童权益案件，维护妇女儿童合法权益。各级法院在审理因家庭暴力引起的婚姻家庭案件、侵犯妇女人身权利的案件、侵犯妇女儿童财产权的案件、剥夺母亲对子女监护权的

案件、老人孤寡赡养权受侵害的案件、侵犯妇女劳动权益的案件、侵犯妇女承包经营权的案件、审理儿童抚养权案件、教育权等合法权益受侵害案件及其他明显侵犯妇女儿童合法权益的案件，审判力量要加强，审判资源要进一步优化。对于关系妇女儿童切身利益的案件坚持快审快结，邀请妇联组织、村组妇联主任、人民调解员参与调解妇女维权案件，对于经济困难需要特殊帮助的妇女儿童当事人，依法减、免、缓诉讼费用，及时提供法律帮助。

3. 从维护农村稳定、促进农业发展、保护农民利益出发，认真做好涉农案件审判工作。在审理农民因转租、出租、互换、转让、股份合作等形式流转土地承包经营权所引发的各类纠纷中，严格把握三个原则：一是自愿原则。土地流转双方依法享有自愿订立合同的权利，任何单位和个人不得非法干预。审查流转合同的订立是否为了流转双方（特别是流出方）真实意思表示，是否有强迫或者阻碍土地流转的行为。特别要审查发包方是假借少数服从多数强迫承包方放弃或者变更土地承包经营权，是否以划分“口粮田”和“责任田”为由收回承包地，是否收回承包地以抵偿欠款。二是生存保障原则。在处理家庭土地承包经营权流转纠纷适用法律时要充分考虑土地的生存保障功能,要尽量保障处理结果不会导致农民生存困难，不能使农民成为种田无地、就业无岗、社保无份的“三无农民”。三是加强调解原则。充分发挥基层调解组织化解农村土地流转纠纷的作用，邀请乡村基层组织参与调解，以促进农村经济的稳定健康可持续发展。

4. 审理好房地产纠纷案件和民间借贷案件，消除社会不稳定因素。房地产案件具有标的金额大、集团诉讼多、社会影响面广、敏感性强等特点，处理不慎，将形成社会隐患。在审理房地产案件时，通过保护合法的房地产经营行为，制裁违法行为，消除房地产经营中的不稳定因素，促进房地产市场的健康发展；在审理商品房购买合同纠纷时，注重平衡当事人之间的利益关系，既维护购房者的合法权益，又维护房地产企业的利益，在房地产案件审判过程中，严格适用合同无效的法定条件，不轻易否定合同的效力。对于借贷双方没有约定利息的，原则上不支持出借人要求借款人支付利息的诉讼请求；对于约定的支付利息标准过高的，按照法律规定的标准予以调整。各级法院要加强对民间借贷案件的调研工作，研究制定规范措施，同时通过向政府有关部门提出要司法建议等方式，促进民间借贷活动的有序发展。

二、加强人民法庭建设，为新农村建设提供法律服务

人民法庭审理的一审案件，占全省法院审理一审民事案件数的一半以上。一是充实人民法庭审判力量，提高人民法庭法官的司法能力。加强对人民法庭法官的业务培训。省法院每年都举办两期人民法庭庭长培训班，人数 200 人。二是认真落实《最高人民法院关于全面加强人民法庭工作的决定》，继续完善人民法庭直接受理案件机制，积极倡导和发扬“巡回审理、就地办案”的优良司法传统，规范巡回审判制度。三是积极创新法律服务形式和途径，变被动服务为主动服务。把法制宣传等教育同农业、农村、农民的具体实际紧密联系起来，切实发挥司法裁判对农村社会思想道德价值取向的引导作用。四是完善各项制度，加强对人民法庭法官和人民陪审员的管理。全省各级法院通过建立完善案件质量评查、工作绩效考评和人民法庭规范化管理等工作制度，完善人民法庭工作运行机制，提高人民法庭的管理水平。

三、积极探索诉调对接机制，有效化解矛盾纠纷

随着劳动者及用人单位维权意识的逐步增强，人民法院受理的劳动争议案件数量日趋增多，特别是《中华人民共和国劳动合同法》颁布实施以后，案件的数量更是呈现几何倍数上升。在我院和湖北省总工会的指导下，武汉市部分法院在开展人民法院与工会组织劳动争议案件诉调对接工作上做出了有益的尝试，武汉市 口区、武昌区、汉阳区、青山区、洪山区、江夏区、新洲区先后由人民法院和总工会共同建立了劳动争议调解中心，将基层工会“情况熟”与法院审理“业务精”、工会的“群众性”与法院的“司法权威性”有机结合起来，形成了职能上的优势互补、作用上的良性互动。我院根据司法解释的精神，在总结武汉市成功经验的基础上，与湖北省总工会共同制定了《人民法院支持和委托工会组织调解劳动争议纠纷的指导意见》，下发全省法院施行。

指导意见规定，双方当事人可以不经仲裁程序直接向人民法院申请

确认调解协议的效力。人民法院在收到劳动争议纠纷起诉或者口头起诉后、正式立案前，可以依职权或者经当事人申请后，委托同级工会组织先行调解。对于群体性和当地有重大影响、疑难复杂的劳动争议纠纷案件，人民法院可以依职权在立案受理前或受理后委托同级工会组织进行调解。经工会组织调解的劳动争议的案件，各方当事人达成调解协议的，经调解员签名并加盖工会组织印章后，当事人可以申请撤诉、申请司法确认，或者人民法院经过审查后制作调解书。

四、加强审判监督管理和调研工作，切实做好对下级法院的业务指导

1. 建立案件交换意见制度和案件质量提醒制度。省法院民一庭通过办理二审案件、请示案件，及时发现下级法院在民事审判工作中存在的问题，有针对性地进行业务指导，提高其民事审判水平。对于发回重审的案件，要求必须与原审法院承办人及庭长交换意见，充分听取原审法院的处理意见和理由，找出认识上的偏差和原因，从而提高下级法院审理同类案件的质量，统一司法标准。

2. 根据审判实践的需要开展专题调研，制定规范性意见，指导民事审判工作。针对医疗损害赔偿纠纷案件审判中存在的鉴定、法律适用和赔偿标准的“二元化”问题，省法院民一庭并在专题调研和走访湖北省医学会、湖北省卫生厅、湖北省司法厅等单位的基础上，起草了审理医疗赔偿纠纷指导意见，制定了劳动争议法律适用的指导意见。

3. 开展多种形式的培训，培养民事审判力量，进行普法教育。

第五节 注重效果 探索新思路

针对以上案件类型的特点，我的民事审判工作的总体思路是：

一、强化调解，依法维持，慎重改判，严格发回

1. 强化调解。在民事审判工作中，加大调解力度，最大限度地做到案结事了，这是在新时期建立健全社会矛盾纠纷协调机制的重大举措。调解

是各类社会矛盾的有效减压阀，是促进社会关系和谐的法律推进器，在构建和谐社会中具有裁判不可替代的作用。做好调解工作既可以有效化解矛盾纠纷，又可以降低诉讼成本、提高诉讼效率，还可以避免当事人裁判后无休止地申诉缠诉，从源头上解决涉讼上访。调解体现的是一个法官的综合素质，它是更高层次的审判艺术，是法官综合能力的体现。没有丰富的阅历、法律知识和社会经验，是调解不成案件的。对于调解工作，要加强领导，调动全体干警的积极性，注重团结协作，形成调解合力。要认真学习调解的法律法规，重视推广应用调解的经验，加强经验交流，增强调解能力。在调解工作中，要注重方式方法，提高调解的效率。要加大民事案件调解力度，将调解贯穿于诉前、诉中、诉后的全过程，对当事人众多、社会矛盾容易激化的案件，证据形不成优势、事实难以查清的案件，法律、政策规定不明确的案件，党委、政府、人大关注案件，力争调解结案。我庭 2006 年将调解作为民事审判工作的重点，2005 年，我庭调解结案率为 33.16%，经过努力，2006 年调解结案率为 38.88%。

2. 依法维持，慎重改判。现在一个普遍的现象是，上级法院对下级法院的案件说改就改，找点毛病就改，随意性很大，下级法院对此意见很大，对内影响了法院内部的团结，对外导致法院的判决没有权威性，朝判夕改，影响法官的威信和法院判决的既判力。通过对改判案件的分析，发现部分案件没有必要改判。为此，省法院民一庭提出在民事审判中要做到“依法维持、慎重改判”。对于二审案件不轻言改判，只要是一审法官在自由裁量的范围内作出的，若无充足理由，一般不作更改。对可改判可不改判的案件，若无充足的理由，一般不改判。即使一审判决存在着一定问题，但经过修正后可以维持，就予以维持。对可能重大改判的案件，要求与一审法院电话或将一审案件承办人请到省院交换意见，听取一审法院陈述判决的理由，以决定最终处理结果。对于重大改判的案件，必须提交庭务会讨论。但是有些案件一审判决后未做到案结事了，如果二审改判后可以做到案结事了，可以改判。2006 年，民一庭二审案件维持率为 23.86%，2005 年为 22.53%，提高 1.33 个百分点。二审案件改判率为 27.27%，比 2005 年同期有所降低。

3. 严格发回。发回重审是我国法律赋予上级法院对下级法院行使审判监督权的一项诉讼制度。经过分析，发现发回重审效果不好，不少案件长期得不到解决，不仅当事人怨声载道，下级法院也苦不堪言，直接影响到审判的社会效果和法律效果。民一庭为此提出在民事审判中要做到“严格发回”。对于二审案件尽量避免发回，能改判的则直接改判，只有当原判决违反法定程序可能影响到案件正确判决的，才发回重审。要求严格控制案件的发回率，将发回案件数控制在最小范围。对于证据不足、事实不清，但能够通过二审开庭调查清楚的，直接查清后予以改判。对于发回重审的案件，要求必须与原审法院交换意见，请原审法院承办人及分管院长来，充分听取原审法院的意见和理由，避免发回重审的滥用。禁止出于回避矛盾、推卸责任、照顾当事人的情绪或利益等目的而将案件发回重审。经过努力，2006年，民一庭二审案件发回率为12.5%，比2005年16.85%，降低4.35个百分点。

二、以审判质量管理为抓手、提升民事审判工作水平

民事案件审判质量的好坏，直接关系社会的稳定和经济的发展，同时也关系社会发展和改革开放的环境。法律的权威，法院的公正，法官的形象，在很大程度上取决于案件的审判质量。从掌握的情况看，全省民事审判工作水平与人民群众的要求还存在不小的差距，存在不少突出的问题。

1. 民事审判理念有待转变。能动司法是新形势下人民法院服务经济社会发展大局的必然选择。少数法官对能动司法认识不足、理解不深，过分追求“消极”、“被动”，片面强调形式正义，在能动求证事实真相、全面准确适用法律、积极为大局服务上有时还做得不好，导致少数案件法律真实与客观真实相距甚远，裁判结果偏离实质正义，未能实现法律效果和社会效果的有机统一。

2. 民事审判队伍有待加强。民事案件数量逐年递增，而民事法官数量不能满足民事审判工作的需要，人员老化、断层现象在部分法院非常严重，民事案件案多人少的矛盾日益突出。基层法院民事审判人员的业务素质有待提高，责任心有待加强，部分民事审判人员业务不专不精，常出现低级的、常识性的错误，审判程序混乱，裁判文书制作水平差，严重影响了民事案件的审判质量。

3. 民事审判管理水平有待提高。要提高民事案件审判质量，就必须加强审判管理，发挥庭长、分管院领导对民事审判工作的管理职能，强化合议庭的职能，发挥审判委员会对民事案件质量的监督指导作用。部分中级法院、基层法院合议庭职能弱化的现象较普遍，有的形同虚设，仅仅走个过场，没有对案件认真进行讨论和研究，难以发挥合议庭对案件质量的把关作用，而审判委员会对民事案件质量把关不严。

三、民事调研指导力度有待强化

从我们掌握的情况看，"上诉率、发回率、改判率"高的一个重要原因，就是一、二审法院认识不一致，裁判标准不统一。解决这一问题的根本途径就是上级法院要加强对下级法院调研指导的力度。省法院在这方面做得很不好，只是忙于办理自己的案件，除了被动地办理请示案件外，很少主动对下级法院进行业务指导，也很少下基层进行调研，对于下级法院尤其是基层法院的需求了解少，监督指导工作做得很不够。

第六节 以调解为突破口 案结事了

针对以上问题，我们从以下几个具体方面采取措施，加以解决：

一、重视民审判工作"十六字"方针

"十六字"方针就是指强化调解，依法维持，慎重改判，严格发回。经过几年的实践，证明是解决"高上诉率、高发回率、高改判率"问题行之有效的方法。强化调解，就是指将调解作为民事审判工作的重心和亮点，加大调解工作的力度，以调解方式结案，做到案结事了，争取最佳的社会效果。依法维持，就是指案件只要是法官在自由裁量的范围内作出的，上级法院就不应作更改。若对一审判决存在的问题进行修正后可以维持，对一审判决结果就应予以维持。慎重改判，是指可改判可不改判的案件不改判，通过修正可以维持原判的不改判，非要改判的，上级法院要与下级法院多沟通，听取下级法院陈述判决的理由，再决定是彻底改判还是修正后改判。有些案件一审后未做到案结事了，如果二审改判后可以做到案结事

了，可以改判。严格发回，是指上级法院对于发回重审要严格适用，能不发回的案件尽量不发回，除非是法律规定必须发回的案件。对于案件事实不清的，上级法院可以去查清事实，没有必要发回。各级法院，尤其是一审法院要立足于提高办案质量，二审法院要贯彻执行“十六字”方针做到慎重改判。减少发回，这是提高民事案件审判质量最根本的办法。

二、各级法院要加强审判管理，建立和完善审判质量控制体系，创新工作机制，保证案件质量

在加强民事法官政治业务培训的同时，要充分发挥合议庭职能，完善庭领导“一岗双责制”，严把案件事实关和法律适用关。要发挥合议庭的集体智慧，合议庭每一位成员都必须肩负起职责，认真阅卷，吃透案情，充分发表意见，强化集体责任意识，加强合议庭对承办法官权力的监督。通过正、副庭长担任审判长审理案件，或列席参加合议，把住案件质量关，强化审判委员会案件质量监督职责，实现法院集体权力对法官个人权力的监督。

三、是上级法院要加强对下级法院审判业务的监督和指导

审理二审案件和请示案件，是上级法院开展民事审判监督工作的一个重要途径。上级法院对审判中发现的下级法院在审判程序上的错误、判决实体处理上和适用法律上的错误，应及时与下级法院沟通，督促下级法院采取措施加以改进，以提高司法水平，维护司法公正。上级法院要定期开展对下级法院民事案件质量的评查活动，通过调研工作、通报改判发回案件情况、开展经验交流、业务观摩等多种形式，督促和激励下级法院提高民事案件审批质量。上级法院要通过召开研讨会、制定规范性文件等方式，统一裁判标准，及时有效地指导下级法院的民事审判工作。

第七节 结合本省实际 规范执法尺度

民事审判工作中应当注意的几个法律适用问题：

1. 计算交强险赔付数额时是否应考虑交强险条款中约定的各分项限额问题。交强险中对于赔偿范围采取分项限额赔偿，将有限的赔偿范围进行了再次缩减，不利于有效地救济受害人。从交强险的立法目的看，应当是在交强险限额内全面赔偿。目前我省大部分法院采取的是分项限额赔偿，少数法院是限额内全面赔偿。最高法院的观点倾向于限额内全面赔偿。但在最高法院司法解释出台以前，各中级法院可以按照自己的现行做法处理。

2. 对交强险第三者的认定问题。被保险机动车发生交通事故时，处于被保险机动车之外的人员都属于道路交通安全法第七十六条规定的机动车第三者责任强制保险中的“第三者”。对于被保险车辆中的“车上人员”能否转化为机动车第三者责任强制保险中的“第三者”，有不少下级法院向我院请示，我们的答复意见是在事故发生的瞬间，脱离了本车的，应视为第三人，但《民事审判指导与参考》第43期刊登了最高法院民一庭的倾向性意见，他们的意见是，当被保险车辆发生交通事故时，如本车人员脱离了被保险车辆，不能视为机动车第三者责任强制保险中的“第三者”，不应将其作为机动车第三者责任强制保险限额赔偿范围的理赔对象。

3. 无证驾驶、醉酒驾驶情形下保险公司的责任承担问题。这个问题涉及《交强险条例》第二十二条的适用问题。《交强险条例》第二十二条仅规定保险公司不承担财产损失的赔偿责任，但对于保险公司是否承担死亡赔偿金和医疗费用的赔偿责任没有作出规定，各法院对此条的理解不一，导致实体处理不同。我院的倾向性意见是，从《交强险条例》的立法目的看，该条例是为了保障机动车交通事故受害人依法得到赔偿，故《交强险条例》第二十二条规定的目的是区分保险公司与投保人谁是责任的最终承担者这样一个责任划分问题，而非对第三人免责问题。由于道路交通事故中保险公司责任的承担适用的是无过错责任原则，而醉酒驾驶、无证驾驶并非法定免责事由，保险公司仍应对第三者承担赔偿责任。

4. 交强险责任和商业险责任能否在一案中处理的问题。根据《中华人民共和国保险法》第六十五条的规定，受害人可以直接向机动车第三者责任商业险的保险公司主张赔偿保险金，因此，受害人在一案中既主张交强险责任又主张商业险责任的，人民法院应一并处理。受害人未主张商业险责任的，人民法院不宜主动释明当事人主张商业险责任。

5. 对于挂靠的车辆发生交通事故的责任承担问题。《侵权责任法》施行前，我院曾就挂靠车辆肇事后挂靠单位应否承担责任问题向最高法院请示，最高法院以 [2001] 民一他字第 23 号《关于实际车主肇事后其挂靠单位应否承担责任的复函》答复："本案的被挂靠单位湖北洋丰股份有限公司从挂靠车辆的运营中取得了利益，因此应承担适当的民事责任。"审判实践中的判决是由被挂靠单位在收取管理费的范围内承担责任，但由此带来一个现实问题，仅在管理费范围内赔偿无法对受害人以合理的救济。现在武汉中级法院的意见是被挂靠单位对受害人的损失承担 50% 的连带赔偿责任，而宜昌中级法院、咸宁中级法院的意见是被挂靠单位与车辆所有人承担连带责任。最高法院关于机动车交通事故的司法解释（讨论稿）中规定是被挂靠单位与车辆所有人承担连带责任。据我们了解，其他高级法院都是判决被挂靠单位与车辆所有人承担连带责任。经研究，我们的意见是判决被挂靠单位与车辆所有人承担连带责任。

6. 因第三人侵权遭受损害亦构成工伤的赔偿模式问题。民事损害赔偿与保险待遇实行差额互补的模式是补充模式，即受害人可以同时主张民事赔偿和工伤保险给付，但最终所获得的赔偿或补偿，不能超过其实际遭受之损害，这一模式既能避免受害人获得双份利益，节约有限的社会资源，又可以保证受害人获得完全的赔偿，这种模式更符合社会公平正义的立法理念，也更符合我国的国情。当民事赔偿与工伤保险相竞合时，适用补充模式的权利救济方式最为合理。湖北省人民政府制定的《湖北省工伤保险实施办法》第三十九条规定的就是补充模式，应先索取伤害赔偿，获得的伤害赔偿低于工伤保险待遇的，补足差额部分。该规定作为地方性法规在审理工伤保险纠纷时应予适用。

7. 离婚案件中共同债务的认定与分割问题。根据《婚姻法司法解释（二）》第二十四条的规定，只要是夫妻一方在婚姻关系存续期间以个人名义对外所举的债务，债权人主张权利的，一律按夫妻共同债务处理，只有两种例外情形：一是债权人与举债人明确约定为个人债务的，二是夫妻对婚姻关系存续期间所得的财产约定归各自所有，债权人知道该约定的。而《婚姻法司法解释（三）》征求意见稿第十八条规定，婚姻关系存续期间以个人名义所负债务若由双方共同偿还的，必须具备所负债务基于夫妻合意或用于夫妻共同生活、经营的条件，对《婚姻法司法解择（二）》的规定完全作了颠覆性的改变。但目前在最高法院新的司法解释出台以前，仍应按现行有效的司法解释处理。

8. 民间借贷案件中对借条的审查是形式审查还是实质审查的问题；以及主张违约金和利息的认定问题等。由于民间借贷案件中涉及高利贷、非法债务或者虚假诉讼的情况日益增多，为了慎重起见，对于借款事实是否发生应认真进行审查，债务人一方抗辩债务系高利贷或者赌债等非法债务的，要严格审查有关证据，全面查清案件事实。由于在这类案件中，单凭借条、借款合同本身难以作出债务是否属高利贷、赌债的认定，在审理时，要适时引导当事人举证或提供证据线索，必要时依法进行调查取证；要对债权人出借资金的来源、给付资金的时间、方式、数额以及债务人借款目的等事实进行适度审查，综合判断借条、借款合同等证据的证明力。经审查认定涉案债务确系高利贷或赌债等非法债务的，对非法的本息要严格依法处理。对债务本息是否非法存有疑问但缺乏足够证据予以认定的，要加大调解力度，尽可能化解社会矛盾。债权人同时主张逾期利息和违约金的，以不超过同期银行贷款利率的四倍为限。

9. 关于房屋优先购买权问题。2004 年省法院民一庭《关于全省法院民事审判若干问题研讨会纪要》中规定，共有人或承租人享有优先购买权的情况下，所有人未通知共有人或承租人行使优先购买权即出卖房屋的，在宣告房屋买卖合同无效的同时，应判令主张优先购买权的人以同等条件购买房屋。后来，民一庭就这个问题与最高人民法院进行了沟通，最高人民法院的意见是优先购买权人以何条件购买房屋系优先购买人与房屋出租人协商的问题，人民法院不宜以公权力干预当事人的意思自治，意见是不宜判决优先购买权人以同等条件购买房屋，审判实践中只判决确认承租人的优先购买权。最高人民法院关于房屋租赁合同纠纷的司法解释对优先购买权人能否以同等条件购买房屋没有作出规定，表明最高人民法院仍坚持以前的意见。因此，我们对承租人要求以同等条件购买房屋的诉讼请求不予支持。

10. 对于出租集体土地上所建房屋，房屋租赁合同的效力应如何认定？对这个问题，我院审判委员会是有明确意见的。本院审判委员会讨论的上诉人武汉东正娱乐有限责任公司与上诉人武汉市江岸区后湖乡人民政府永红村村民委员会房屋租赁纠纷一案，审判委员会认为，永红村委会与东正公司签订《租赁合同》，将其在集体土地上所建房屋出租东正公司经营，虽然永红村委会出租的房屋未办理两证，但永红村委会在20世纪80年代初建设房屋后即实际占有该房屋至今，对该房屋享有处分、收益的权利，参照最高人民法院《关于未经消防验收合格而订立的房屋租赁合同如何认定其效力的函复》中明确“认定房屋租赁合同因出租房屋未办理产权证而无效，缺少法律依据”的精神，永红村委会与东正公司签订的房屋租赁合同并不违反有关法律规定，应为有效。

11. 关于农村房屋买卖合同的效力问题。对这个问题，我院专门向最高人民法院进行了请示。最高人民法院的意见是，农村房屋（含宅基地）买卖合同的当事人非同一集体经济组织成员，该房屋买卖合同无效。

12. 关于“集资房”转让协议的效力问题。我们认为“集资房”虽然属于经济适用房的范畴，但与经济适用房性质还是有所区别，体现了单位对职工的福利，虽然《经济适用房管理办法》规定有办证满五年后方可上市交易的限制，但该规定非属效力性强制性规定，现行法律法规也无集资房转让无效的规定，故“集资房转让协议”应认定有效。

13. 关于借用房地产开发企业的资质进行房地产开发行为的效力。我们认为，从法律规定看，借用建设工程施工企业资质进行施工法律明确规定是无效的，但现行法律、行政法规对借用房地产开发企业的资质进行房地产开发无禁止性规定，《城市房地产管理法》第三十条和《城市房地产开发经营管理条例》第五条的规定是倡导性的条款，属市场准入的管理性规定。根据我国《合同法解释（二）》第十四条“《合同法》第五十二条第（五）项规定的‘强制性规定’，是指效力性强制性规定”和最高人民法院《关于当前形势下审理民商事合同纠纷案若干问题的指导意见》第十六条“人民法院应当综合法律法规的意旨，权衡相互冲突的权益，诸如权益的种类、交易安全以及其所规制的对象等，综合认定强制性规定的类型。如果强制性规范规制的是合同行为本身，即只要该合同行为发生即绝对地损害国家利益或者社会公共利益的，人民法院应当认定合同无效。如果强制性规定规制的是当事人的‘市场准入’资格而非某种类型的合同行为，或者规制的是某种合同的履行行为而非某类合同行为，人民法院对于此类合同效力的认定，应当慎重把握，必要时应当征求相关立法部门的意见或者请示上级人民法院”的规定，对借用房地产开发企业资质的行为应由相关行政部门根据行政规定予以处理，不影响借用房地产开发企业的资质进行房地产开发行为的效力。另外，从最高人民法院《关于审理涉及国有土地使用权合同纠纷案件适用法律问题的解释》第十五条“合作开发房地产合同的当事人一方具备房地产开发经营资质的，应当认定合同有效。当事人双方均不具备房地产开发经营资质的，应当认定合同无效。但起诉前当事人一方已经取得房地产开发经营资质或者已依法合作成立具有房地产开发经营资质的房地产开发企业的，应当认定合同有效”的规定来看，合作开发房地产只需一方具备房地产开发经营资质即可。按照该规定的精神，借用房地产开发企业的资质进行房地产开发行为应认定有效。

14. 对是否进行了招投标应进行实质性审查。对于建设工程是否进行了招投标的审查，不能仅审查是否有《中标通知书》和《建设工程施工合同》，是否按《招标投标法》的规定在建设行政主管部门备案，还要审查是否按《招标投标法》的规定进行了招标、投标、开标、评标，最终确定中标单位并发出《中标通知书》。省法院民一庭曾审理过一件一审案件，我们仅依据《中标通知书》和《建设工程施工合同》在建设行政主管部门备案的事实认定《建设工程施工合同》有效。而最高人民法院经审查，认为该建设工程没有按照《招标投标法》的规定严格履行招投标程序，没有进行实质性招投标，从而认定《建设工程施工合同》无效。

15. 发包人能否请求参照合同约定支付工程价款。对这个问题，我院专门向最高人民法院进行了请示。最高人民法院的意见是，在民事活动中，双方当事人的权利义务是平等的。根据最高人民法院《关于审理建设工程施工合同纠纷案件适用法律问题的解释》第 2 条规定的精神，建设工程施工合同无效，但建设工程经竣工验收合格，发包人请求参照合同约定支付工程价款的，应予支持。

第八节 加强内部管理 确保案件质量

一、加强内部管理，规范办案程序

为了在全省法院做好表率作用，我们从内部抓起，以制度管人，从规范程序入手，确保案件质量。省法院民一庭2009年6月也专门制定了《审判工作管理规定》和民一庭《收结案情况及结案方式一览表》。

附：湖北省高级人民法院民事审判第一庭审判工作管理规定

为规范审判管理，提高审判效率，确保案件在审理期限内审结，实现司法公正，根据有关法律法规、司法解释及《湖北省高级人民法院案件审判流程管理规定》，结合我庭的工作实际，对审判工作规范如下：

（一）基本原则

1. 审判工作要以化解社会矛盾为切入点，以促进社会和谐为重点，以维护公平正义为目标，充分发挥民事审判职能作用，公正、廉洁、高效、文明审理各类民事案件，实现实体公正和程序公正的统一；着力推进诉讼调解，强化调解优先意识，最大限度地增加和谐因素，最大限度地减少不和谐因素，实现“定纷止争，案结事了”。

（二）分案

2. 本庭所审理的一、二审民事、请示等案件，在立案庭移送到本庭后由内勤签收造表并输入微机进行管理。内勤在造表时编好案件号码，二日内将立案审批表送庭长签批。

3. 庭长在内勤报送立案审批表后，负责将案件分配给承办人，期限一般不得超过一天。

4. 副庭长负责确定合议庭组成人员，期限一般不得超过一天。

5. 案件分配完毕，内勤应及时通知案件承办人领取卷宗，并将相关信息输入案件审判流程管理系统。

（三）庭前准备

6. 案件承办人在接内勤通知后，应二日内从内勤处领取卷宗，并将案件信息告知各组专职人员排期开庭，二日内确定开庭日期。

7. 在确定开庭时间和地点后，案件承办人应在开庭十五日前将举证通知书、合议庭组成人员通知、开庭传票、廉政监督卡等诉讼文书送达案件当事人。当事人提交答辩状后，应在接到答辩状之日起五日内送达对方当事人。公告送达的，应在十日内办理完毕全部送达事项。

8. 案件承办人及合议庭成员应在开庭三日前将排期开庭事项输入案件审判流程管理系统，并予以公告。

9. 对于无须开庭的二审案件，案件承办人可组织当事人进行询问调查，但应及时向案件当事人送达举证通知书、合议庭组成人员通知、廉政监督卡等诉讼文书。

10. 案件承办人在开庭前应认真开展阅卷工作，熟悉案情，并督促书记员制作开庭提纲和笔录。

11. 当事人申请财产保全或解除财产保全的，案件承办人应在五日内审查当事人的申请并提请合议庭研究，合议庭决定采取保全措施或解除财产保全的，案件承办人应在三日内制作裁定文书并执行。

（四）开庭

12. 开庭审理或主持调查，要着重抓好法庭调查环节，努力提高庭审质量。要文明执法，注意言行举止，合议庭成员、书记员开庭时一律统一着装，关闭手机，不得随意走动或出入审判庭。

13. 合议庭开庭时应严格依照民事诉讼法规定的程序和顺序进行，充分保护当事人的诉讼权利。

14. 合议庭应平等对待各方当事人，不得剥夺当事人的辩论权利。

15. 对于不能如期开庭的二审案件，可征询当事人的意见是否进行询问调查，若当事人坚持要求开庭，应另行择日开庭。

（五）调解

16. 调解工作应贯穿于审判工作的全过程，要继续加大庭前调解和诉讼过程中的调解力度，在裁判文书送达前仍可以做调解工作。

17. 对当事人属老少边穷地区的案件、当事人一方人数众多的案件、受害一方严重伤残的人身损害赔偿案件以及有可能达成调解协议的其他案件，审判人员应主动到当事人所在地进行调解。

18. 对当事人众多、社会矛盾容易激化的案件，证据形不成优势、事实难以查清的案件，法律、政策规定不明确的案件，党委、政府、人大关注案件，力争调解结案。

19. 合议庭组成人员应将调解、撤诉纳入工作议程，要“合力”而细致地做好调解工作，有针对性地找出案件的切入点，化解矛盾纠纷，必要时提请审判长或正、副庭长参与调解，办争案结事了，达到法律效果和社会效果的统一。

20. 对于调解的案件不受审限限制，案件承办人应及时将信息输入案件审判流程管理系统，扣除审限。对于确实无法调解的案件，承办人应尽快作出判决。

（六）结案

21. 除需要继续调查或审计鉴定的以外，案件承办人应在开庭后十五日内写出案件审结报告，并提请合议庭评议。承办人在汇报案件时，应对廉洁办案的有关情况进行汇报。合议庭对案件评议后决定提交庭务会或审判委员会讨论的，案件承办人应及时根据合议庭的评议意见在三日内打印好审理报告。

22. 案件定案后，案件承办人应在三日内拟出法律文书送签。裁判文书签发后，应将法律文书正本报分管副庭长同意后方可向当事人送达。

23. 对领导或领导机关交办的案件，应及时审理并向庭长汇报案件审理情况；在案件审结后一周内应向作出交办的领导或领导机关书面回复审理结果，并将回复件交督办科、内勤各一份存档。

24. 要确保案件审判质量，必须做到认定事实清楚，证据确实充分，适用法律正确，程序合法，处理恰当。要提高审判效率，力争每个案件必须在法律规定的审理期限内结案，需要延期审理的案件，应在期满前三日内写出延期审理报告报批。

25. 案件承办人对于上述事项信息应及时输入案件审判流程管理系统。

（七）合议庭工作

26. 合议庭的审判长由庭长、副庭长指定。庭长、副庭长参加合议庭审理案件，应担任审判长。

27. 合议庭评议案件时，先由承办法官对认定案件事实、证据是否确实、充分以及适用法律等发表意见，审判长最后发表意见；审判长作为承办法官的，由审判长最后发表意见。对案件的裁判结果进行评议时，由审判长最后发表意见。审判长应当根据评议情况总结合议庭评议的结论性意见。合议庭成员进行评议的时候，应当认真负责，充分陈述意见，独立行使表决权，不得拒绝陈述意见或者仅作同意与否的简单表态。同意他人意见的，也应当提出事实根据和法律依据，进行分析论证。合议庭成员对评议结果的表决，以口头表决的形式进行。

28. 合议庭进行评议时，如果意见分歧应当按多数人的意见作出决定，并由审判长决定是否提交庭务会讨论。

29. 对于发回重审的案件，合议庭应与原审法院承办人及庭长交换意见，指出其处理上的偏差和原因。对于重大改判的案件，应与原审法院电话交换意见。对于案件有重大错误或者影响恶劣的，应与原审法院分管副院长交换意见，指出原审判决存在的问题，督促原审法院采取措施加以改进。

（八）庭务会工作

30. 庭务会由庭长、副庭长、廉政指导员、审判组组长和负责调研工作的人员组成。

31. 下列案件，应提交庭务会讨论：一、疑难、复杂、重大或者新类型的案件；二、合议庭有重大意见分歧的；三、领导或领导机关交办案件，以及人大代表、政协委员关注案件；四、重大改判案件和改判后可能引起当事人上访的案件；五、合议庭认为需要庭务会讨论的其他案件；六、庭长在审核案件文书时认为需要提交庭务会讨论的案件。

32. 庭务会讨论案件时，先由合议庭成员对认定案件事实、证据是否确实、充分以及适用法律等发表意见，庭务会成员再发表意见，由庭长最后发表意见。庭长应当根据讨论情况提出庭务会讨论的结论性意见。庭务会成员进行讨论的时候，应当认真负责，充分陈述意见，对其意见应当提出事实根据和法律依据，进行分析论证。

33. 庭务会进行讨论的时候，如果存在意见分歧，可以按多数人的意见作出决定，必要时，经庭长决定，报请分管副院长同意后将案件提交审判委员会讨论决定。

34. 合议庭的意见与庭务会的意见不一致的，合议庭对案件应重新进行评议。

（九）归档

35. 裁判文书签发后，案件承办人应在三日内制作正式文本，向当事人送达或委托一审法院送达。委托一审法院送达的，应要求一审法院在送达后三日内将送达回证退回。

36. 案件承办人应在结案后三日内将结案信息输入案件审判流程管理系统，并于结案后一个月内整理案件卷宗办理归档手续。

37. 对于上诉的一审民事案件，自收到上级人民法院退回案卷之日起十五日内归档。

（十）调研工作

38. 调研人员负责请示案件的办理。对于请示案件，应写出书面审理报告，确保在审限内办结。

39. 应高标准、高质量完成最高人民法院及本院领导布置的调研课题，并根据庭里年初确定的审判实践中的热点、疑难问题开展专题调研，力求形成具有一定参考价值的书面调研成果或理论成果，争取在权威刊物上发表（负责调研人员每年必须在《人民司法》或《民事审判指导与参考》等刊物上发表一篇文章）。

40. 加强各级法院审判信息的交流沟通工作，促进上下联系交流。选择审判活动中一些好的典型案例和经验做法，通过新闻媒体加以宣传报道，争取每月有1—2篇稿件发表。

41. 为加强政治业务学习，每星期四下午为固定学习时间，学习政治理论知识、民商法原理及最新颁布的法律法规、司法解释，交流审判经验和做法，全庭干警不得无故缺席。

（十一）信访工作

42. 严格执行《湖北省高级人民法院关于处理涉讼信访工作的暂行规定》，办理好涉讼信访工作。

43. 当事人针对我庭审结二审民事案件申诉上访的，应由案件承办人负责接待，做好判后答疑释法工作，当事人仍不服的，告知其向最高人民法院申请再审。

（十二）监督与考核

44. 本规定由内勤负责监督实施。

45. 审判人员遵守执行本规定的情况将作为年终绩效考核和评先的重要依据。

46. 法律法规、司法解释或本院有新的规定时，以新的规定为准。

二、从源头抓起，加强人民法庭建设

根据2008年调查，全省法院批准设置939个人民法庭，实际设立670个，共有干警2555人，占全省法院干警的17.84%；2014年在册人民法庭941个，实际运转627个，共有干警2136人，占全省法院干警总人数的15.34%。2005年至2013年，全省人民法庭共受理各类案件1014168件，结案992900件，结案率为97.9%，结案数占基层法院结案总数的40.4%。为了强化法庭的自身建设。省法院民一庭对人民法庭抓了100个"示范人民法庭建设"活动，先进人民法庭奖励一台电脑。并对法庭干警多次进行办学习班进行培训。

一是强化诉讼调解意识。针对案件当事人大多是乡亲近邻的特点，始终坚持"调解优先、调判结合"原则，推行全程、全员、多元调解模式，将诉讼调解贯穿于立案、审判、执行全过程，将调解任务量化分解到承办人、合议庭、审判长及每一位法庭干警，并积极邀请基层组织人民调解员、司法助理员等多方力量参与调解，做到抓"早"、抓"巧"、抓"延伸"，探索创造了"三心调解法"(爱心、耐心、诚心)、"两有两会调解法"(有公心、有耐心、会看相、会说话)。

二是打造诉讼调解对接网络。为积极应对形势发展的需要，全省各基层法院主动调整工作思路，不断创新诉讼调解与行政调解、人民调解、行业调解等非诉纠纷解决方式之间的衔接机制，针对劳动争议、医患纠纷、交通事故、家庭纠纷、邻里矛盾等多发易发案件，加强与有关部门的衔接配合，探索建立多元化纠纷解决机制，取得了阶段性成效。其中，与工会组织建立了委托调解劳动争议制度，与卫生、司法行政部门构建了医疗纠纷人民调解制度，与交管部门在乡镇街道综治维稳中心设立快速处置交通事故纠纷诉前调解室或巡回办案点，与基层组织建立以司法协助员为纽带的便民机制和以人民法庭为主导的联动调处机制，形成了共同化解矛盾的整体合力。

三是指导人民调解工作。为更好地发挥人民调解在解决基层社会矛盾纠纷中的作用，全省人民法庭充分发挥司法职能优势，建立健全指导人民调解工作相关制度，将指导人民调解工作纳入年终审判绩效考核范围，并积极搭建培训指导平台、工作互动平台，帮助基层调解组织建章立制。同时，通过集中培训系统指导、巡回审判实时指导、旁听庭审观摩指导、典型案例重点指导等方式，加强对人民调解组织的业务指导，逐步实现人民调解与诉讼调解的无缝对接，确保人民调解功能得到充分发挥。

四是推进司法确认工作。在加大对人民调解、行政调解指导支持力度的基础上，全省人民法庭积极开展司法确认工作，依法审查、确认非诉调解协议。2013 年，省法院下发了《关于全省法院进一步加强诉调对接、全面开展司法确认工作的实施方案》，为人民法庭依法规范开展司法确认工作提供了制度保障。各人民法庭充分发挥职能优势，严格司法确认的审查程序和标准，依法提高调解协议的司法确认率。

第九节 社会创新 强化诉调对接

一、创新社会管理，加强诉调对接，依法搞好司法对接

全省各级法院在完善多元化化解纠纷解决机制、全新诉调对接上做了大量有益的尝试。武汉市硚口区人民法院于 2008 年在全省率先与硚口区总工会共同成立“劳动争议调解中心”。在总结武汉市硚口区人民法院和其他法院经验的基础上，省高院和省总工会共同发布了《人民法院支持和委托工会组织调解劳动争议纠纷的指导意见》，于2010年1月1日起施行，2010 年全省工会组织共调处劳动争议纠纷 1015 件。2010 年 1 月，宜昌市中级人民法院在全市范围内推行道路交通事故人身损害赔偿纠纷诉调对接模式。截至 2011 年 5 月，全市共行政调解道路交通事故人身损害赔偿纠纷 18319 件，人民调解 1715 件。

根据省司法厅提供的数据，2010 年，经我省各级人民调解委员会调解达成调解协议的民事纠纷有 228598 件。由于没有对人民调解协议司法确认的数量进行统计，我们无法准确掌握全省法院 2010 年人民调解协议

司法确认的数量。但从部分中级人民法院统计的数据看，2010 年宜昌市有 16235 件民事纠纷经人民调解达成调解协议，人民法院司法确认的有近 1700 件。2008 年至 2010 年汉江中级人民法院辖区年均达成人民调解协议 2100 件左右，人民法院指导近 300 件，但三年来司法确认的只有 4 件。2008 年至 2010 年襄阳市年均达成人民调解协议 12400 件左右，人民法院指导近 1800 件，但三年来司法确认的只有 758 件。

上述数据反映，经人民调解达成调解协议的民事纠纷中，绝大部分没有经人民法院司法确认，对接工作开展比较好的宜昌地区也不到 10%。从我们在宜昌调研了解的情况看，至少有 30% 的民事纠纷是在人民法庭的指导下达成的人民调解协议，人民法庭为此做了大量工作，但是我们仅强调了对于人民调解的指导作用，而没有发挥对人民调解的支持作用，仅强调诉调对接机制的建立，而忽视了诉调对接效果的最终实现，对人民调解协议司法确认的重视程度不够。

通过走访宜昌法院系统部分法院和人民法庭，我们发现对于人民调解的支持作用重视不够，忽视人民调解协议的司法确认工作的原因主要有以下两点：

1. 认识观念上的偏差。大部分法院对于人民法院在诉调对接中的职能和作用认识不清楚，他们认为开展诉调对接的目的就是要将大量的民事纠纷引导由人民调解、行政调解去化解，人民法院只要做好指导工作就行了，没有必要去做司法确认工作。其次，司法能动意识差，大部分法院认为当事人不诉法院不理，等当事人找上门来才确认。

2. 对于相关规定不熟悉。由于大部分法院未受理人民调解协议的司法确认案件，因此对于相关的法律规定尤其是最高人民法院新颁布的司法解释未去认真学习研究。

二、加强我省法院诉调对接工作的法律依据及重要意义

现行的法律法规、司法解释对我们开展好人民调解协议、行政调解协议的司法确认工作，提供了充分的法律依据：

1.《中华人民共和国人民调解法》第三十三条第一款规定：经人民调解委员会调解达成调解协议后，双方当事人认为有必要的，可以自调解协

议生效之日起三十日内共同向人民法院申请司法确认，人民法院应当及时对调解协议进行审查，依法确认调解协议的法律效力。

2.《最高人民法院关于建立健全诉讼与非诉讼相衔接的矛盾纠纷解决机制的若干意见》第20条规定：经行政机关、人民调解组织、商事调解组织、行业调解组织或者其他具有调解职能的组织调解达成的具有民事合同性质的协议，经调解组织和调解员签字盖章后，当事人可以申请有管辖权的人民法院确认其效力。当事人请求履行调解协议、请求变更、撤销调解协议或者请求确认调解协议无效的，可以向人民法院提起诉讼。

3.《最高人民法院关于审理涉及人民调解协议的民事案件的若干规定》第二条第二款规定：当事人一方向人民法院起诉，请求变更或者撤销调解协议，或者请求确认调解协议无效的，人民法院应当受理。

4.《最高人民法院关于人民调解协议司法确认程序的若干规定》第一条规定：当事人根据《中华人民共和国人民调解法》第三十三条的规定共同向人民法院申请确认调解协议的，人民法院应当依法受理。

加强我省法院诉调对接工作，开展好人民调解协议、行政调解协议的司法确认工作，对于推动全省法院的科学发展，展示法院的良好社会形象具有重要意义。

1. 做好诉调对接工作，把审判职能向前延伸，通过对人民调解、行政调解的指导和支持，提前介入对民事纠纷的调处，实现能动司法。

2. 加强诉调对接，做好人民调解协议、行政调解协议的司法确认工作，有助于真实反映人民法院的工作量，提升审理案件的数量，降低案件上诉、上访率。

3. 人民法庭的审判任务是不饱和的。人民法庭的法官是有精力去做好人民调解协议、行政调解协议的司法确认工作的。

三、加强我省法院诉调对接工作的建议及具体措施

我省法院在创新诉调对接机制上已做了大量的工作，取得了明显成效，我们认为稍加调整，我们的工作成果会得到体现：

1. 调整指导思想，辩证看待诉调对接。当前很多地方党委、人大、政府甚至是我们的基层法院，对于法院工作质量高低的评判标准理解有误解，认为法院也和公安机关一样，治安刑事案件发案越少，法院收案越少，地

方就越和谐、越安宁。这种观点没有区分法院和公安机关的不同特点。人民法院的案件数应当随着经济发展同步上升而呈逐年上升趋势。如果中、基层法院全面开展人民调解协议、行政调解协议的司法确认工作，估计每年将能增加 5 万－10 万件的案件数，在案件数大幅上升的同时，调解率也将极大提高。

2. 化被动为主动，整合社会资源、实现诉调无缝对接。要充分发挥人民调解的优势，以人民调解为主，借用行政权力保障，以司法确认对其予以规范，固定调解成果。即使只是引导部分调解成果进入司法确认程序，也会在最小投入的情况下，获得最大的社会效果。

3. 坚持便民原则，全力推行诉调对接。要坚持司法便民、利民、为民，委派专人负责，提前介入，简化确认程序，缩短确认时间，提高审判效率，甚至可以考虑借鉴宜昌市点军区法院桥边法庭做法，以车载法庭形式送“司法确认”上门，把司法确认工作全面开展起来。结合上述建议，我们对加强诉调对接，全面开展司法确认工作有以下具体措施：

（1）加强对司法确认工作的组织领导。要在全省各级法院设立诉调对接领导小组和办公室，领导小组由院主要领导任组长，由民一庭、立案庭、研究室等相关部门参加，办公室设在民一庭。

（2）尽快出台全省开展司法确认工作的指导意见。要在省法院民一庭制定的开展司法确认工作实施方案的基础上，尽快制定开展司法确认工作的指导意见，以规范司法确认工作。

（3）在宜昌市召开现场经验交流会，学习、交流推广宜昌市中级人民法院及部分基层人民法院开展诉调对接及司法确认工作的经验和做法。

（4）加强司法确认工作的人员配备和投入。确保人民法院有专人负责指导和司法确认工作。对于增加人员有困难的，可以选聘优秀的人民调解员担任人民陪审员，在人民法院的指导下开展司法确认工作。

（5）争取司法行政部门、交警部门对司法确认工作的支持与配合。

（6）加大对司法确认工作的宣传力度。使当事人充分认识到司法确认工作对保护其合法权利的重要性，自觉向人民法院申请司法确认调解协议。

四、抓基层，主要是抓以会带训，开展多种形式调查研究，有针对性地进行指导，相关工作要沉下去

1. 凡是在法律法规公布实施后，以中级人民法院划遍，庭长带头以案讲法，不断提高队伍素质。

将案件质量讲座作为常态抓。通报各地案件质量情况，有时组织全省交差评查，进行错案逐案分析，找出问题的根源，不断总结经验教训。

2. 通过研讨会，质量分析会，加大对下级法院的业务指导。2005 年，专门制定了《关于交通事故损害赔偿案件统一审理规定》、《机动车与交通事故责任强制保险条例》颁布后，2007 年底形成了《关于审理道路损害赔偿案例有关问题的补充意见》。随着《中华人民共和国侵权责任法》2011 年 7 月 1 日实行，专门组织下级法院学习，我亲自到孝感对两级法院法官讲授《侵权责任法》。重点对该法相关法条在适用中的疑难问题进行讲座，并对 1999 年至 2011 年全省法院民事案件的基本情况进行了剖析。召开座谈会，以会带训。2011 年 4 月 19 日，在襄阳召开部分法院民事案件审判质量分析会，要求三级法院采取措施，提高案件质量。要求把质量摆在首位，把存在的问题分析透，研究考核标准。要求冷静对待案多人少的矛盾。通过人员分布进行结构性调整；要落实合议庭负责制，庭长监督制；强调“调解优先，调判结合”。针对民事案件审判重大，涉及民生，不慎易引起社会稳定，疑难新类型案件增多的实际和新类型案件法律法规不明确的状况，我们编写了《请示案件汇编》，对全省进行指导参考。

3. 加强沟通，凡改判发回案件，事先与原审判沟通，有时并请下级法院上来交换意见。

五、 调判结合，当判则判，案结事了

1. 调解有利于保护人民群众的切身利益和社会和谐稳定，是人民司法工作实现社会效果与法律效果有机统一的最佳途径。为了进一步推进诉讼调解工作，2007 年 8 月 9 日，在孝感市召开了“全省法院诉讼调解现场交流会，授予孝感、恩施、宜昌等十个单位为全省诉讼调解先进单位”。

2. 加强调研，对新类型案件提出指导性意见，如《关于审理劳动争

议若干意见》（试行）。《关于小产权房纠纷案件情况及有关问题的调研报告》、《关于全省民事案件审判质量的分析报告》、《关于部分基层人民法院开展小额速裁试点的工作方案》、《审理医疗赔偿纠纷指导意见》、《关于人民法院支持和委托工会组织调解劳动争议纠纷报告意见》、《湖北省关于加强预防和制止家庭暴力工作意见》等。

第十节 注重宣传作用 发挥新闻效能

一、在实践中要求案件承办人将新特点、新类型案例登载在各类报刊上，对公民进行教育，对下级法院进行指导

有几个案例登载后，引起新闻界和理论界的关注，社会反映较好。例如，2005年武汉市东西湖2227户种梨户与武汉市交通委员会、湖北交通厅公路管理局、武汉市公路管理处、武汉市东西湖区107公路管理所、武汉市东西湖区交通局等赔偿纠纷一案。1983年以后，武汉市东西湖区的梨农在107国道东西湖区段两旁陆续种植了大量梨树。1995年11月到1998年2月期间，东西湖区交通局，东西湖区公路段及案外人107国道武汉市东西湖区扩建指挥部，在对107国道改扩建时，一并在路段旁种植了松柏树，用于防止因发展交通而带来的交通污染。2003年，东西湖区大部分梨树程度不同地发生了梨锈病。2227户梨农主张发生梨锈病系种植松柏树所致，诉至法院。

武汉市中级人民法院开庭时，梨农冲击法庭，引起各级政府高度紧张，因起诉人员两千多户，还有两千多户在观望中。该案上诉至省法院，为了二审开庭不出意外，庭前研究了三次，事先做了预案，到当地上门做梨农工作，要求诉讼代表人负责开庭安全，并对每一个诉讼人逐一登记，摸清情况，稳定情绪。并确定开庭地点在卓刀泉法庭，对旁听代表逐一审查，防止意外。同时此类新类型案件也引起了学者的关注。2006年5月21日，依据鉴定结论，省法院判决：本案系2227户梨农因所种梨树受到交通部门在107国道上所栽种的松柏树的影响而减产，导致其经济损失提起的诉讼，该诉讼所涉及的是自然界中各种植物的相互影响，生物链相互作用问

题。对自然界中生物的相互影响和相互作用给人们生活造成的影响，目前我国现有法律没有明确的法律规范调整。因此，撤销武汉市中级人民法院民事判决，本案不属于人民法院民事诉讼的主管范围，应由政府有关部门协调处理。

由于事先工作到位，宣判后当事人无异议，防止了一起群体事件。

二、加强案件指导，以判例做好示范效应

因《标志不清，为车祸买单，湖北法院首次判令公路经营管理部门担责》。此案例经新闻报道后，引起了全国关注，新闻评价说，此判决具有标志性意义。

一起发生在京珠高速武汉境内的一起三人死亡的交通事故案件，经一审，省法院作出终审判决，判定湖北省京珠高速公路管理处江夏区公路管理局向死者家属赔偿 37.7 万余元。这是湖北省法院系统第一次在交通事故中判决公路经营管理部门为车祸担责。有关法律专家称，这表明司法部门已开始对公共服务部门的服务质量“亮剑”。

事故回放：2004 年 12 月 26 日晚，刘建军开着本田车从湖北应城赶回老家嘉鱼，车中还有好友王海波、李兵山。晚 8 时，他们从京珠高速武汉市江夏区以每小时 70 公里的速度行驶在延长线垂直相连的武汉市南环线。由于刘建军对路线不熟，加上天黑，本田车没有及时转弯到南环线中，而是斜穿过南环线，直冲路外的深水塘中。第二天上午 10 时许，附近居民发现水塘里浮起四个车轮，这才发现出车祸了。到警方闻讯赶来时，距车祸发生已相隔 14 个小时，车内三人早已身亡。25 天后，武汉市江夏区公安局分局交通大队作出决定，刘建军驾驶车辆因路况不熟，未能保证安全是造成此次事故的直接原因，负全部责任。死亡家属的二审代理律师认为，事故发生后，死者家属都忙着料理后事，对事故原因没有多想。但随后武汉多家媒体称该路口曾多次发生交通事故，引起死者家属的注意。他们到现场仔细查看后发现，京珠高速金口出口延长线与武汉市南环线本是垂直连接构成“七”形路口，但在高速出口延长线上没有任何标志，只有一个“Y”形斜线，行驶恰好驶进水塘。死者家属认为，公路管理存在的问题是车祸的主因，遂决定向公路管理部门讨说法。

此案的判决在社会上引起很大反响。交通标志模糊不清，公路管理部门担责，无疑为相关管理部门敲了警钟，也为下级法院起到了示范作用。

第十一节 把和谐作为法律助推器

一、把调解作为化解矛盾，促进社会和谐的法律助推器

"法官不断解决了我们的矛盾纠纷，而且弥合了我们的感情。"当许多为继承、邻里纠纷、婚姻等诉讼反目成仇，通过法官耐心细致的工作，握手言和时发出最诚挚的感谢时，法官也为之感动。

我任省法院民一庭庭长后，大力推行诉讼调解，把调解作为解决重大疑难案件的途径，促进和谐社会建设的助推器。大量的民事案件调解，起到了定纷止争、消除矛盾、案结事了独特作用。据统计，那些年，基层法院的一审民事调解率有的达 90% 以上，2009 年诉讼进京上访下降 40.12%。"两会"期间涉诉赴省上访同比下降 50%，集体上访申诉案件下降 60.6%。

实践中我们体会到，法律是一个社会的刚性底线，它所捍卫的是这个社会起码的公平与正义。但它不是万能胶，不是所有的伤口都可以用法律来弥合。但司法调解对于化解矛盾、彻底解决纠纷具有司法裁判无法替代的作用。

诉讼进入法院，最终的结案方式无非是判决和调解两种选择。调解通过把讲理与讲法结合起来的方法，定纷止争，消弥矛盾，与判决相比，它具有诉讼成本经济和解决纠纷彻底的作用，能够达到案结事了的社会效果。

社会转型期的社会矛盾和纠纷，纷繁复杂，调处这些矛盾和纠纷的机制尚不健全，司法途径成为解决矛盾和纠纷的主渠道。而法院本应是解决纠纷的最后一道防线，但却被推到了解决各类纠纷的最前沿。如果法院单纯依靠简单套用法条来解决，是远不能达到解决矛盾目的，尤其是基层法院，每天面对大量的婚姻家庭、遗产继承、房地产纠纷，劳动争议等矛盾。这些矛盾往往与群众的生活息息相关，解决不好，矛盾就会激化，有

的甚至转为刑事案件，严重影响社会稳定。如果法院单纯选择判决来处理这些矛盾，对法院来说是最省事的办法。但不少案件判决了而矛盾未解决，虽然判决是公正的，但当事人不服，就会上访申诉，案件最终打成“马拉松官司”。

在这种情形下，司法调解的优势就凸显出来了。调解能够迅速化解矛盾，将矛盾消灭在萌芽状态，达到调解一案稳定一片的社会效果。不仅解决了当事人之间的矛盾，有的还能和谐共处，这就为构建和谐社会作出了贡献。

司法调解曾是我国司法实践的优良传统，在国际上有“东方经验”的美誉，但到了20世纪90年代中期，为应对“诉讼大爆炸”，司法调解被弱化，据不完全统计，全国一审民事案件调解率由1985年的73.8%下降到2003年的29.9%，这就直接导致了民事案件上诉、申诉增加。诉讼信访压力增大，强制执行案件增多，极大影响了法院定纷止争能力的发挥。

我任省法院民一庭庭长后，敏锐地觉察到开庭就判、不调即判必然会造成上访多、缠诉多的被动局面，重拾“东方经验”，2005年一审民事案件的调解率回升到32.48%。为了进一步推进调解工作，2007年8月9日，专门召开了全省诉讼调解经验交流会，表彰了10个先进单位。

和谐社会的基础是人和，人和的前提是矛盾妥善解决。大量案例表明，司法调解可以及时妥善，有效地解决大量容易激化的社会矛盾，是构建和谐社会的“法律助推器”。

2008年省法院民一庭被湖北省直机关工委评为“十佳红旗单位”，湖北法网以《一支特别能工作的战斗堡垒》为题进行了专题报道。文中说：

2008年6月30日，记者从湖北省直机关党建工作先进单位表彰大会上获悉，湖北省高级人民法院民事审判第一庭党支部荣获省直机关基层组织建设“十佳”红旗单位，这是从省直二千余个党支部中选出来的先进单位代表之一。

近几年来，省法院民一庭充分发挥党支部战斗堡垒作用和党支部在思想建设中的优势，不断提高法官队伍司法能力。该庭认真落实党小组会议制度，坚持每月初召开一次支部委员例会，总结上月庭里工作，研究布置当月的工作和学习任务。广泛开展谈心交心活动，做好思想上交心，工作上关怀，生活上关照的细微工作，引导党员干部立足本职，想干事、会干事、干成事。坚持每月组织一至二次政治理论学习，及时学习中央和省委重要文件精神，保证党员干部思想高度集中统一。加强法律专业知识和司法技能学习，不断提高法官驾驭庭审能力、适用法律能力、诉讼调解能力和裁判文书制作能力。该庭党支部成员坚持以身作则，自觉践行党员标准，履行党员义务。党支部书记、庭长官昌恒每年负责审核全庭文书和处理繁杂日常庭务的同时，年平均参加或主持 80 余次庭务会，讨论研究重大疑难案件，并参加调解 30 余件案件。他在包案处理的魏庭禄与宜昌市财政局拆迁补偿再审案件时，与办案人员多次赴宜昌市做双方当事人思想工作，动之以情，晓之以理，最终促使双方达成调解协议，平息了魏庭禄长达十年赴省进京上访难案，受到湖北省处理信访突出问题及群众性事件领导小组的充分肯定并编发简报，通报全省。《人民法院报》也以专题《庭长下访记》进行了报道。在党支部的带领和鼓励下，激发了全庭干警强烈的责任感。近三年该庭结案率保持在 90% 以上。

该庭坚持“防腐前移，防患未然”，把党支部廉政建设纳入日常的重要议事日程，与其他工作一起部署、一起落实、一起检查、一起考核。结合工作制度，制度和完善《党风廉政制度》、《文明廉洁办案规定》，严禁法官私下独自接见当事人，严禁法官接受当事人及其委托代理人的吃请送礼。坚持每月一次党小组生活会或廉政自查会，开展廉政检查。审判人员每季度如实填写廉政建设追踪调查表，并接受党支部廉政监督员的监督和案件跟踪调查，保证了全庭人员没有发生违法违纪事件。

民一庭还注重发挥党员干部对审判管理的作用，采取有效措施，强化审判管理，提高审判效率，坚持正、副庭长担任审判长审理案件，凡不是正、副庭长担任审判长的案件合议时，分管副庭长必须旁听合议庭意见，对合议庭有分歧，重大改判，领导或领导机关交办的大要案以及涉军、涉农、涉政府等案件，报庭长并由庭长主持庭务会研究，仍不能解决的，报分管院长主持讨论或报请院审判委员会决定。2005 年到 2007 年来，该庭审结 650 余件案件，没有出现因处置不当而导致当事人上访和群体上访事件。民一庭还充分运用法律手段，妥善化解各类矛盾，维护社会和谐稳定，对于能够调解结案的，依法调解结案，对不能调解结案的案件，及时判决，维护当事人合法权益，实现案结事了。案件调解逐年上升，2005年至2007年案件调解率分别达到33%、38%和40%，办案质量和办案效率得到了社会各界一致好评。

民一庭党支部以围绕队伍抓党建，抓好党建促审判的工作思路，充分发挥党支部战斗堡垒和党员先锋模范作用，各项工作取得显著成绩。该庭先后被评为省法院机关先进党支部、全省司法调解先进单位、全省法院系统先进单位、全省诉讼调解先进单位。全庭有10名同志分别受到省法院及有关部门表彰、多人荣立一等功。

2008年民一庭党支部共受理各类民事案件544件，比2007年的230件上升136.5%，创该庭设立以来的最高纪录，审判人员人均收案33件以上，最高的收案达57件。针对案件数量多、办案人员不多的现状，采取有效措施，强化审判管理，调动干警的工作积极性，提高办案效率，除三件一审案件因鉴定未结外，结案541件，结案率为99.27%，比2007年上升0.14个百分点，二审案件、申请再审案件和重信重访包案结案率均达到100%。

民一庭通过完善案件质量控制体系，创新工作机制，充分发挥合议庭职能作用，实现“一岗双责制”，创造新的业绩。被评为2007—2008年度全省政法系统先进集体，被最高人民法院评为民事审判先进单位、被评为全省法院指导人民调解工作先进单位、全省法院排查化解重信重访工作先进单位。

民一庭受理的案件百分之九十是传统民事案件和群体性案件，当事人多为弱势群体，矛盾冲突尖锐，处理难度大。为了充分发挥调解工作力度，将调解作为审理民事案件的必经环节，贯穿于诉前、诉中、诉后的全过程，对当事人有可能达到调解协议的案件，合议庭或者承办人必要时主动上门调解。2008年，调解和经做当事人工作撤诉案件共125件，实体处理案件调解率为35.1%，对涉及农民工利益，牵涉弱势群体等民生案件和社会关注案件重点把握，作为调解工作的重点。在调解和做调解工作撤诉的125件案件中，上述案件为78件，占62.4%。如李锦坤与湖北丹江口鑫汇五金交电化工有限责任公司债权转让合同纠纷案，因湖北丹江口鑫汇五金交电化工有限责任公司是当地的困难企业，如果案件处理不当，将影响该公司的生产经营，牵涉到数百名职工的切身利益，合议庭以维护企业的正常经营为出发点，通过仔细阅卷，多次与当事人沟通，寻找调解的突破口，最终确立了以房抵债的基本方案，但在协商抵债房屋的面积时双方分歧很大，调解陷入了僵局，官昌恒庭长亲自出面做双方当事人工作，最终达成了一致意见。

2008 年因民事诉讼法修改，省法院受理的申请再审案件大幅度上升，仅民一庭不到 5 个月受理再审案件 291 件。且这些案件是陈年旧案，不少当事人已缠诉多年，有的长达 10 年之久，处理难度极大。为了及时审结此类案件，民一庭克服案多人少的困难，大胆创新，深挖潜力，按时完成了全部申请再审案件的审查任务。其做法：一是改进审判方式，创新审判思维。由各合议庭根据各案件所属的区域；分批到当地集中复查案件，就地询问当事人，就地合议。创设“随到随合议制”，每周确定一至两天为合议案件时间，审判长、书记员为“常任”，合议庭人员随到随议，逐个讨论合议庭各法官所承办案件，提高了工作效率。二是以结案为第一要务，深挖潜力。庭领导及党支部成员发挥表率作用，带领全庭人员在 8 小时之外继续办案。同时，大胆使用新进人员辅助法官询问当事人，写审理报告，参加合议，写裁判文书，缓解案多人少的压力。三是加大对申请再审案件的调解力度。申请再审人陈秀屏等 37 人与被申请人武汉建筑机械厂破产清算组为劳动争议共发生了 37 起诉讼，申请再审人中大部分为武汉建筑机械厂的退休职工，年龄最大已有 80 多岁，曾多次到省、市有关部门上访，民一庭数十次做双方当事人的调解工作，并争取政府有关主管部门的配合，最终双方当事人达成调解协议，申请再审人撤回再审申请，社会效果很好。当年民一庭共调解申请再审案件 11 件，并有 46 件申请再审案件经过做调解工作，当事人申请撤回再审申请。

在实践中我们着重对以下几类案件调解结案。一是新类型案件，法律规定不明确的调解结案，促使当事人调解息诉。对人大代表关注的，做到件件有回复。如全国人大代表吴少勋委托理财亏了上千万元，索赔官司打了四年，省法院成功调解，得到圆满解决。事由是：2003 年 3 月至 10 月，吴少勋投入 3000 万元，委托上海友源资产管理有限公司（下称友源公司）进行证券交易，友源公司用 900 万元股票作为委托理财的担保，双方同时在番禺营业部设立账户，注入资金。由其负责监管。期间，由于股票大跌，友源公司单方将900万元股票保证金转走。因委托理财失败，吴少勋亏损本金1029.8万余元。2004年1月5日，吴少勋诉至湖北省黄石市中级人民法院，要求友源公司和番禺营业部共同赔偿其损失。黄石市中级法院判令友源公司赔偿吴少勋损失1320余万元；判令番禺营业部承担连带赔偿责任。番禺营业部不服，上诉至湖北省高级人民法院。在审理中我们认为此案属新类型案件，没有明确的法律规定，且主责方友源公司人去楼空，不具备偿还能力，直接裁决并不能使双方当事人服判息诉，反而可能会激化矛盾，造成不良影响。经过不断沟通，协商，在省法院主持下最终达成协调：番禺营业部以现金和房产，共同补偿吴少勋1070余万元。番禺营业部对上海友源公司追偿情况，与吴少勋无关。

这起案件调解，化解矛盾，对新类型案件，在设有法律明确规定下，且主责方人去楼空情况下有效保护债权人的合法权益，起到了示范效应。许多报刊杂志进行了报道，反映效果好。

二、做耐心息诉工作，案结事了

对于长期上访，且申请有理的，作耐心息诉工作。最大限度保护申请人权益。特别是涉及民生案件，能调则调。如宜昌魏庭禄与宜昌市财政局拆迁补偿一案，赴京上访十年，2006年12月6日，我与承办人严浩远涉300多公里，到年近75岁的魏庭禄居住的窝棚里，将4万元补偿款及司法救助款送到其手中，魏庭禄夫妇感动得老泪纵横。至此，一起进京上访十年的难案得以圆满解决。《人民法院报》、《湖北日报》、《湖北省处理信访突出问题及群体性事件简报》均作了报道。《人民法院报》在公正为民，共建和谐一栏目作了通篇报道：《庭长下访成功调解一件赴京上访十年难案》：

2006年12月1日，省高级法院民一庭官昌恒庭长亲赴宜昌市峡口风景区前坪村二组魏庭禄“家”，成功将进京上访十年的包案一举调结，并当场履行完毕，让年已七十五岁的魏庭禄夫妇老泪纵横。

1992年8月，宜昌市财政局征用了宜昌市郊区前坪村土地25626.67平方米，准备盖培训中心（因违规实际未盖成）。魏庭禄、魏顺金的房屋及附属物等在征用土地范围内。因未能达成拆迁补偿协议，魏庭禄、魏顺金拒绝搬迁。宜昌市中级人民法院经宜昌市财政局申请先予执行，将魏庭禄、魏顺金的房屋强制拆迁。后又判决由宜昌市财政局支付魏庭禄补偿费69700.19元；支付魏顺金补偿费35314.10元。强制拆迁实际开支费7570元、搭住搬迁补偿费4000元及一审案件诉讼费4852元，均由魏庭禄、魏顺金负担。魏庭禄、魏顺金不服一审判决，上诉至省高级法院。省高级法院经二审审理后判决，驳回上诉，维持原判。二审案件诉讼费4852元，也由魏庭禄、魏顺金负担。此后魏庭禄、魏顺金一直不服，十年长期赴京、赴省上访。

该案2006年作为赴京上访包案，由省高级法院民一庭庭长官昌恒同志亲自负责处理，由严浩同志具体承办。严浩在仔细查阅案卷，并经合议庭评议后认为：根据前坪村委会出具的证明可证实，魏庭禄、魏顺金当年在一、二审判决已认定的财产之外，还有部分树苗、林木等财产未予认定，原一、二审判决对于魏庭禄、魏顺金的补偿费认定不妥。宜昌市中级人民法院有关强制拆迁的先予执行裁定，法律依据不充分。此后，承办人严浩多次给双方当事人做了调解工作。

为了平息长达十年的赴京上访，化解人民群众与政府机关之间的矛盾，恢复和谐的社会秩序，省高级法院民一庭还向院里申请了2万元专项司法救助款项，以促成本案的调解。

2006年12月1日，官昌恒庭长与承办人严浩，来到了魏庭禄当年的被拆迁现场实地再次进行了调解。当看到魏庭禄夫妇二老寄居在距江边不足三十米的田间，栖身于长、宽、高均约一米的窝棚之内，而背后就是十年前被拆的二层半楼房的断垣残壁的情景时，官昌恒庭长感到十分痛心。魏庭禄还出示了当年二层半新房以及另一间平房的照片，从照片中可见，当年魏庭禄一家足以安居乐业，现在魏庭禄夫妇生活非常困难。经多次解释有关法律规定和宣传党中央构建和谐社会的政策精神，宜昌市财政局最终同意，在原生效判决确定的给付数额基础上，再补偿魏庭禄、魏顺金2万元。官昌恒庭长当即告诉魏庭禄省高级法院另行对其司法救助2万元。再审申请人魏庭禄表示接受调解方案，愿意了结此案，并保证不再上访。当即，双方签署了调解协议。同时将宜昌市财政局的调解补偿款和省高级法院下拨的司法救助款共4万元现金当场支付完毕。

魏庭禄夫妇及其子女在上访十余年后，最终其合法权益得到了保护。看着签好的调解协议、看着厚厚的补偿款、看者风尘仆仆的法官，魏庭禄一家万分激动，表示“纠纷了结，不再上访”，同时拉着官昌恒庭长的手不停地说，是胡锦涛总书记的亲民政策好，是胡锦涛总书记培养了“青天”，为老百姓主持了正义！

三、涉及民生的案件以事了为己任

婚姻家庭、劳动争议、房地产、侵权损害赔偿以及公民与法人之间的合同纠纷民事案件，直接关系到人民群众的切身利益。在审理过程中，办案人员注意引导，在不违反法定程序和法律、法规及司法解释禁止性规定，不损害集体和他人的合法权益情况下，灵活把握调解时机。将调解时间向庭前、庭后延伸。对一些有社会影响的案件，一经审查，迅速阅卷，提前准备，在庭审前即做调解工作。庭审辩论结束后，询问当事人是否愿意调解，一旦双方表示愿意，可以当庭或暂时休庭组织调解。庭后，当事人提出调解的案件还没有宣判，同样征求意见后进行调解。在案件审理过程中，如果合议庭或办案人员认为双方有调解基础或可能的，也适时提议并引导双方调解。同时，严格掌握调解尺度，严格依照法定程序进行调解，划清自愿与说服，合理与合法之间的界限，防止强行调解，违法调解。对以下几类案件着重调解工作。①涉政府案件；②当事人一方为自然人纠纷案件；③人身损害赔偿案件；④建设工程施工合同案件；⑤社会各界关注案件；⑥对涉及军队权益案件；⑦有可能引发后续诉讼的案件。力争达到调解一件，化解数个诉讼。由于注重诉讼引导，灵活把握调解时机，成功调解了一大批民事案件，取得了良好的社会效果。从2006年至2010年《人民法院报》、《湖北日报》、《楚天都市报》、《楚天金报》对省法院民一庭推出惠民举措，优化调解工作，体现人文关怀，携手工会加大诉前调解，释法讲理，异地开庭调解进行十多次的报道。

在我任民一庭庭长期间，首先按照社会主义法治理念，围绕“为大局服务，为人民司法”的工作主题，与时俱进，开拓创新。坚持规范管理，廉政自律并细化审判管理制度，坚持每月公布绩效考核数据，并根据数据分析，瞄准不足，查找原因，推进规章建设。2008年至2011年8月，结合民事审判工作实际，制定了《民一庭岗位能力席位书》、《民一庭关于规范裁判文书制作及审核的若干规定（试行）》、《民一庭庭审规范》等各项规章制度。其次，高度重视调研工作，对审判实践中的难点，疑点问题，从实效性与及时性入手，加强对基层法院的指导。一是通过办理请示案件，对部分中级法院民事案件的调研等多种形式，加强个案指导，从源头上化解案件的瑕疵。二是对近年来民事案件审理质量的基本情况，存在问题进行调研分析，形成《关于全省民事案件审判质量的分析报告》，并主办“全省部分法院民事案件审判质量分析会”，研究探讨并提高我省民事案件审判质量的建议和措施。三是举办庭长培训班，培养民事审判力量。配合法官学院举办多期人民法庭庭长培训班，讲授法律法规适用等问题，并利用《湖北日报》就《侵权责任法》的实施进行解读。2010年8月27日《湖北日报》就《侵权责任法》的实施对我进行了专访，10月22日专门用一个版面进行了报道。题目是《突出保护民事主体权益》。

第十二节 维权调研 紧跟现实

一、以维权调研为重点，调研成果紧跟现实

1.“小产权房”调研。“小产权房”作为社会中的热点问题，前些年一直为民众所关注。我们立足民生关注热点及时收集数据，分析研究，形成《关于“小产权房”纠纷案件审理情况及有关问题的调研报告》，被评为全省法院优秀调研成果一等奖，并发表在最高人民法院《民事审判指导与参与》第41集。

2. 强化农民维权工作。民一庭以“三万活动”为契机，深入农村，贴近农民，形成《湖北省农村执法与农民维权问题的调查报告 — 以湖北省涉农案件审判为视角》。

3. 按照妇女儿童工作委员会和国家统计局的工作部署，组织民一庭对我省法院妇女儿童工作的指导思想、主要目标和策略措施逐一进行检查与核实，形成了《湖北省法院实施妇女儿童发展纲要终期评估报告》和《湖北省法院实施妇女儿童发展规划终期评估报告》，为省妇儿工委提供了详

细准确的数据。

4. 以试点工作为要点，推动审判革新。在工作中我们发现部分基层法院试行小额速裁的先进做法，迅速组织调研，及时向院领导汇报。并向最高人民法院报送相关信息简报，引起了最高人民法院的关注和认可，我省因此被列为小额速裁试点单位。民一庭制定的《关于部分基层人民法院开展小额速裁试点的工作方案》以及《小额速裁文书样式》，有力推动了我省小额速裁工作的开展和民事诉讼的创新，获得最高人民法院的好评。

二、承办最高人民法院主办“全国部分法院婚姻法司法解释（三）”征求意见座谈会

2010 年 4 月 7 日至 12 日，由最高人民法院主办的全国部分法院婚姻法司法解释（三）征求意见座谈会在宜昌召开，参会代表有 10 多个省份的法院民事审判人员，民一庭作为承办方负责了本次会议的筹办。

三、探索构建多元化组织解决机制

1. 建立劳动争议案件速调对接制度。民一庭会同湖北省总工会制定了《人民法院支持和委托工会组织调解劳动争议诉讼的指导意见》，经审判员会议讨论通过后颁布实施，在全省市、县两级建立人民法院委托工会组织调解劳动争议案件制度。仅实施半年，湖北省工会系统就调解劳动争议纠纷案件 1015 件，取得了良好的社会效果。2010 年 10 月，《人民法院支持和委托工会组织调解劳动争议纠纷的指导意见》被最高人民法院在《民事审判指导与参考》（第 41 集）上向全国予以推广。《人民法院报》也对该指导意见的施行进行了专题报道。

2. 建立医疗纠纷案件诉调对接制度。民一庭积极贯彻落实《湖北省深入“平安医院”创建活动实施方案》，配合省卫生厅，司法厅在全省建立医疗纠纷人民调解制度，派专人参与相关工作和指导，支持和委托医疗纠纷人民调解机制调解医疗纠纷。

3. 加强对涉军案件审判工作的指导，维护军队、军人的合法权益。民一庭加强对下级法院涉军审判工作的监督和指导，派专人对涉军案件审判的指导工作。推广“两维”先进经验，也被评为维护国防利益和军人军属合法权益工作先进单位。

第六章

根据真实案情改编的故事

在审判实践中，我根据不同时期犯罪特点、社会影响力。结合案情，以案讲法，将有影响的案件发表在全国各类刊物上，以示教育，起到法制宣传的效果。今从中筛选部分已发表过的文章，整理出版，目的是立足现实社会。将灯光对准人生世界，将犯罪置于社会历史的背景下进行剖析，展示人生心态，让人们从中受到教育和启发。

一、她戴着手铐欢欣地与恩师离婚

昔日弟子向她的恩师发出凄厉的嘶喊：还我自由！一个恩怨相报的故事告诉我们什么呢？

1995 年 12 月，湖北省荆沙某市法院以故意伤害罪判处某中学女教师吕芳有期徒刑 3 年。这位年仅 29 岁的女人将她那 54 岁的丈夫、另一所中学的高级教师常梦文的脸部严重砍伤。

被害人常梦文泪水横流，他喃喃地对人说："10 年如梦，情分如水，恩恩怨怨，我是咎由自取，人情皆空。"

这是一个恩怨相报的真实故事。它给人的启示是厚重的。

那时他有一种伯乐般的豪气与真诚

故事要追溯到 1985 年 3 月。

常梦文是他所任教的重点中学最优秀的教师，在地区教育界享有盛名；他的学术论文发表在省市级刊物上，教学成果在地区获优秀奖；他所在班级的升学率引人注目，因而，他也是该校最早被评为高级职称的教师。尽管常老师身体矮小，甚至因劳累而微驼了腰，那双高度数的眼镜让这位 44 岁的中年老师显得满目沧桑，但是，常老师的才学弥补了这些缺陷。

在常老师众多的学生中，有一个 18 岁的女孩吕芳，她是全班最刻苦、最优秀的学生。她出身贫寒，一边读书还一边干活来维持学业。

常老师特别钟爱这个学生，他把她作为重点培养，曾亲手写下一条幅送给她："你的路就是大学的课堂，走下去灿烂辉煌！"吕芳把这条幅贴在自己的床头，鼓励和鞭策自己。

更多的时候，常老师利用休息时间帮吕芳补课。那年月，他每月工资才百余元，家有妻子和 3 个孩子，生活清贫而拮据，但是，他毫不吝啬地为吕芳买了许多营养品，把妻子养鸡攒下来的鸡蛋大多补贴了吕芳。在高考前夕，吕芳因劳累过度而病倒住院了，常老师却一连守护几个通宵，这份师生情感感动了许多人。

然而，在1985年的高考中，吕芳因患病和临场发挥失常而落榜。她不得不与常老师挥泪告别："常老师，我对不起您了，辜负了您的期望。"

望着学生怏怏离去的身影，常老师清泪长流："多好的学生啊，怎么就这么轻易毁了她的一生。"这竟使他悲伤了好久。

常老师所在班的学生有十几个考上了大学，学生们簇拥着他，为他敬酒时，发现尊敬的老师全然没有兴致，大家安慰老师："吕芳聪明，她准会考上大学！"此时一种豪气与责任感在常老师心中涌起，他骑着自行车跑了30多里路，来到吕芳家里。常老师恳切地对她父母说："吕芳这孩子与众不同，她勤奋、好学、肯动脑子、善于钻研，肯定是上大学的材料，如果就此辍学就太可惜了。我建议从孩子的前途看，让她复读一年，我有把握让她上大学。"

然而，吕芳的父母是极现实的庄稼人，他们说："老师，吕芳生在农村，一个女孩子能读完高中就算是个秀才了，再读下去，谁供得起，咱家女儿多，劳力少，我们还望她招婿上门呢。

吕芳沉默无语，泪水却断了线般地往下淌。

常老师连连几次苦苦劝说。1985年9月14日，他又一次来到吕家，对吕芳父母说："我考虑好了，可以每月从自己的工资中拿出50元钱资助吕芳，帮她复读一年。"

望着衣着简朴、两鬓斑白的常老师，吕芳的父母被感动了，还有什么比这无私的师生情更让人心动呢！吕芳此时也不能自己了，她倏然跪下，对自己尊敬的恩师连磕三个响头，她说："老师，如果我能读上大学，一定加倍报答您！"

"爱情"在一片报恩的情潮中涌上来了

1985年9月28日，吕芳重返母校，又成为学习最认真刻苦的学生。

一分耕耘，一分收获。吕芳在常老师的强化辅导下，成绩迅速提高，几次市级模拟考试，她都名列前茅。每当她沉浸在喜悦中，都在心中加重了对老师的敬佩。她在日记中写道：父母生了我的身，则把我掷向了黄土地，而常老师却把我引向了理想的彼岸，他胜过父母，是我的偶像……

1986 年元月 3 日上午 10 时，常老师正在伏案为吕芳批改作业。此时，吕芳恰好经过房间，推门而入，望见老师那有些佝偻的背脊，望见老师在作文上批下的注语和提示，看着看着，眼泪就淌了下来，她感到老师的无私和崇高。

在一种青春的躁动下，她走上去，一双手从背后揽住了常老师："老师，您为我操尽了心，让我怎样报答您？就让我把爱情献给您吧！"

常老师一下子懵了，没料到事情会发展到这一步，感到尴尬而迷茫，他扳开吕芳的手，用发抖的声音说："吕芳同学，别感情冲动，我是老师，已经 44 岁了，有妻子儿女，怎么能接受你的爱呢？"说完他匆匆逃离房间，直到半夜才回来。

这一夜，常老师失眠了。吕芳大胆而热烈的求爱行动撞动了常老师几十年平淡如水的感情世界。

第二天、第三天，一直到第七天，整整一周，常老师的课也变得草率、敷衍起来，有时甚至变得语无伦次。

吕芳整整"病"了一周，人瘦了一圈，她恨自已的冲动无知和失去面子，也恨常老师迂腐的拒绝和逃避，她也怕伤害恩情浩荡的老师。她甚至想逃回家乡……

正在吕芳苦闷的时候，常老师来看望他的女学生了，他很诚恳很艺术地谈了自己的态度……

你是一个最优秀的学生，一位最让人心疼的女孩子，老师其实从心中爱你，不然不会尽力相助。但老师是个知识分子，有社会地位，有家有口，对接受你的爱缺乏足够的勇气；尽管老师年富力强，但客观上 40 好几了，像鲁迅与许广平、马克思与燕妮的爱情也毕竟是少数；尽管老师对自己的家庭有许多遗憾，但客观上责任感是不能丢掉的。因此，老师不愿耽误你最美好的年华，但老师还会一如既往地帮助你，也把对你的爱珍藏在心里……

这番话是常梦文精心道出的，在一个个"客观"后面，全是暗示，却使一位 19 岁的少女鼓满了勇气和信心，在吕芳看来，常老师是个有责任心，可以依托一生的男人，一种突如其来的幸福立即淹没了她，她又一次扑进了老师的怀抱。这一次，常梦文没有拒绝……

常老师为什么走出了这一步，对吕芳由拒绝到接受，10年后当他被吕芳用刀砍成重伤时曾对有关人员解释了当时的心态："那几天我拒绝了她，看见她十分痛苦，我想到我必须去拯救她，我让她复读了，如果她得不到爱情，也许她会消沉、放弃学业半途而废，我的一片苦心便会付之东流……"

而吕芳在狱中谈及了当时的感受："他当时为我付出了那么多，于我是有恩的，我是个除了拥有年华外一无所有的农村女孩，除了献身，我还能靠什么来报答他呢？"

错位婚姻，一分是懊悔，九分是辛酸

有了爱情的日子，充满阳光，特别是接受着吕芳偶像般的情爱，常老师仿佛感到了几十年来前所未有的精神解放，他开始以最大的投入对吕芳进行辅导。

1986年夏季的高考，常老师亲自送她走入考场。果然，他的苦心没有白费，吕芳过线，被湖北省一所三年制师范学院录取，成了一名大学生。

吕芳前往武汉读书，临行前，向常老师表白："我吕芳非你不嫁，你等着我吧！"这是一位19岁女孩对45岁男人的赠言。她是想在分别中对恩师说一份热烈的感激之辞。

但常梦文却是认认真真地听进去了，他说："我不会辜负你的。"他制订了一个三年计划，用两年时间离婚用一年时间筹备婚事。

尔后，常梦文进行了一场家族性的战争。所谓家族性的，是说这位近50岁的男人正力量悬殊地与一个大家庭进行较量，他孤独地与他的妻子、3个孩子以及他的父母兄弟及常姓亲戚们对峙。他结婚22年，生有两女一男，大女儿已满20岁了，妻子是一个忍辱负重、通情达理的女人，在整个常家极有人缘。因此，他的离婚计划与行动遭到常家人的强烈反对。他的大哥告诫他，"一个快50岁的人了，辛苦一生，别要自已掀翻了自己。"他的四弟规劝过："二嫂是个打着灯笼都难找的好女人，你已儿女成群，别让暂时的桃花运把个家给毁了。"他的老父亲更直接："老二，咱常家从未出过逆子，如果有这一天，你滚出这个家门！"

1989年3月，妻子找到学校。常梦文春节没有回家，他专程去武汉与不想回家过年的吕芳一块度过了春节。回到学校，发现等了他两天的妻子。他咆哮如雷："我一个钱也没有，我已养了你们几十年，够了，我的血汗已被你们榨干了。"事情闹到了校长那里，校长说："老常，你是高级教师了，不仅教学上要起表率作用，生活上也要为人师表啊！"常梦文说："我都快50岁的人了，用不着谁来教训我！"

常梦文感到自己的面子受到了伤害，更感到找到了机会。1989年4月6日，他向人民法院起诉，以感情不和、知识悬殊太大、自己已不能履行丈夫义务为由，向妻子提出离婚。妻子望着越来越陌生的丈夫，声泪俱下："看在我们3个孩子的份上，不要离婚，钱我不要了，我可以种田，养鸡喂猪养活自己，你可以不回家，但我不愿看到没有父亲的孩子。"常梦文不为所动，拒绝了妻子的请求："呸，你休想拖死我！"常家为此震怒了。4月17日，他的大哥和其他几个兄弟会同他的儿子闯进学校，将他的东西一搬而空，大哥说："离婚，吓不住谁，既然你不想过日子了，所有的东西你也别要了，以后常家不会认你的！"

1989年7月，吕芳大学毕业，被分到了本市另一所中学任数学老师。当她出现在常梦文面前时，是四壁空空的房间和一张黑色的离婚证，常梦文既兴奋又悲伤地说："吕芳，为了3年前你的一句话，我可是用生命在实现诺言啊！"

事已至此，由不得吕芳当时是幼稚还是不成熟了。吕芳苦涩地答应了他的求婚。

他俩开始商量结婚。常梦文又陪着吕芳回家向父母求婚。当得知眼前这位很老态的恩师就是未来的女婿时，老实巴交的父母倏地掀翻了酒桌，返身回屋里拿出了一根冲担，接下去是母亲的哀嚎："我们吕家欠了老天什么啊！"

常梦文和吕芳逃回了自己那个空空的家。

3个月后，吕芳有了身孕，她必须与常老师结婚了。1989年11月2日，她俩举行了婚礼。这是一个没有亲人、没有祝福、没有欢乐的婚礼，他俩坐在简陋的房间里泪水直流。

婚后，吕芳因丈夫与原妻已有3个孩子了，她无奈之下去堕了胎。

1990年6月，她又一次怀孕，她很想生下这个孩子，真真切切地做一次母亲，但是，她又一次走进了医院，躺在手术台上忍受着那种撕心裂骨的痛苦。

一桩血案最终结束了这桩老少婚姻

婚后的生活苦涩而艰难。

吕芳原是抱着一种报恩还债的心态与常梦文结婚的，如果不是她和常梦文被两个家庭的强硬态度逼到死角，将婚姻作为了爱情的避风港，她是会重新调整情感指向的。早在大学期间，她就成为不少男同学的追求对象，那种追求，使她感到当初对常梦文的许诺是多么浅薄可笑。

婚后几年，吕芳先后流产3次，她的脸上出现了皱纹，常梦文所表现的无奈和淡然使她怀疑这个家庭存在的意义。她在给大学同学的一封信中写道："一个女人失去了对家庭的依恋，变得麻木不仁，这是我的悲伤。我对梦文，过去曾是仰着头看他，但现在生活在一起了，走得很近了，我感到两个人在生活方式、思维方式上犹如隔在两个不同的时代，更使我难以忍受的是常梦文对我们这种婚姻的消极态度……"

吕芳与常梦文的婚姻引起当地的轰动，在一般人眼中，看到的不是爱情，而是一种掠夺和欺骗。不少女学生家长纷纷向校长提出要求自己女儿转班转学，用一位家长的话是："我担心自己的女儿被一个不能为人师表的男人害了。"更多的女中学生见到常梦文和吕芳是退避三舍，认识吕芳的人对她表现出一种不屑和蔑视。吕芳只能让自己受辱和愤怒的情绪发泄在丈夫那里，数落他的种种不是。而常梦文更是委屈万分，他感到吕芳在一点一点地伤害他。他哽咽着对她说："当初，我为了你已是倾家荡产，妻离子散，我实现了爱情的诺言，事情发展到这一步，我们都应该有一种准备，都要承担责任，你不该把所有的责任都推给我，我一个50多岁的人了，还有点起码的尊严吧！"

吕芳变得郁郁寡欢，她极不愿意与丈夫同行外出，许多次，她与常梦文被误认为是父女俩。1992年4月，她参加一个聚会，人们谈论着老夫少妻的议题，对青春与金钱交易的傍大款现象众说不一，这时吕芳的一个强烈感受是：她傍常梦文纯粹是一种无意义的牺牲。她到底得到了什么？用这种心态去观察丈夫，使她愤愤不平：他是个连袜子都不会洗的男人，他是个连面条都不会煮的男人，他是个每月拿不到三百元工资的男人，他是个无法给她带来任何欢愉的男人……总之，那个才华横溢高尚无私的好男人不见了。在吕芳眼里，他是个没有青春、没有精力、没有金钱、无所作为的庸俗男人。

从 1992 年 11 月起，她所在的学校分配她一间宿舍。此时一位从东北师大毕业的男同事给了她许多关照，也使她有了可以倾诉心事的忠实听众，这使她常常借口工作忙，由每周两次回家变成了两周一次。这引起了常梦文的极度不安，他曾多次去吕芳的学校打探，却遭到了吕芳的斥责，夫妻间的不信任感在迅速扩大。

1994 年春节前两天，夫妻俩正在准备年货，突然门“当”地踢开，常梦文的两个子女闯进来，他们是向老父“借”钱来了，且一“借”就是 1000 元。在儿子们的逼迫下，常梦文抖抖索索地拿了 400 元，他儿子一把夺去。他的儿子说：“你抛弃了我妈，又养了小老婆，你不放血对得起人吗？小妹还差一年才满 18 岁呢。”对此，吕芳心惊胆战，她不知道这样的日子何时是尽头。她只能对丈夫发泄，而常梦文只是沮丧地坐着，束手无措。

吕芳决定离开自己的恩师了。1994 年 3 月 2 日，她给常梦文写了一封长信。她以妻子、学生、同事的身份表露了结婚几年来的矛盾痛苦。她说：“我俩是两个不同时代的大学生，两辈人因一种天真的情感误会而结合在一起，而且在这个泥潭里越陷越深，弄得伤痕累累，这是你我都不期望的。我已用了 5 年时间，用我一生最美好的年华来抵了那个感情债，我想现在连利息都还清了，我恳请你能再给我一条生路，给我一次自由……”

常梦文接信后久无回音。在随后的 4 个月中，他曾两次回到前妻那里，试图在她那儿寻求最后的退路。他发现前妻把一个家治理得红红火火，盖了新房，大女儿已经成了家。前妻对他的到来并不惊奇，显得不卑不亢，像客人一样待他，全没有那种崇敬。当他涉及复婚问题时，几个子女“呸”了几声，倒是前妻尚存几分夫妻情，送他的时候，悄悄地塞上了几百元钱，说了声“再见”，使他彻底断了念头。

他只能在现实的婚姻上固守了，而且他也听到了有关妻子的绯闻：她与那位毕业于东北师大的同事热恋，那男人整整小妻子 3 岁。

1994 年 7 月 16 日，在他与前妻离婚的同一个法院吕芳正式起诉离婚，理由是感情不和、草率结合。常梦文在法庭上大喊冤屈，他声泪俱下地要求妻子看在往日的情分上，看到近10年的缘分上不要离开他。他说还有几年就要退休了，那时，他已不为人师表了，也无法在孩子面前保留什么斯文了，那时再离婚，他可返乡终身埋名隐姓。话说到这个分上，法庭不顾吕芳的请求，决定调和，这样开始了长达一年的分居生活。这期间，吕芳多次提出离婚，而常梦文则多次躲藏。

1995年9月16日，吕芳再一次找到常梦文，她拿出一张事先写好的离婚协议书，但常梦文仍是拒绝签字。吕芳告诉丈夫："我已有了孩子，不过，不是你的，我准备把他生下来。"这话激怒了常梦文，他盛怒之下，扬起了巴掌，而吕芳转身捡了把菜刀像母豹一样扑上去，把这位昔日恩师的脸砍得鲜血如注……

血案发生了，也加速这桩婚姻的了结。吕芳不在乎蹲大狱倒在乎离婚。她戴着手铐，欢欣地在离婚书上签了字。

常梦文此后重病了一场。前往医院照料他的是前妻和女儿，她们对这个男人倾注了最后的人道。

二、生物博士，终于让冷漠与"理智"的婚姻走开

爱情与婚姻，切忌盲目和疯狂。但是，美好的爱情婚姻，也拒绝没有激情的"理智"与了无生趣的冷漠！

——一位在事业上很有造就的生物学博士与一位女校医的爱情婚姻走向失败的进程，典型而生动地诠释了这样一个生活哲理。

本故事取材于一份长达数万字的离婚诉讼状以及对当事人和主审法官的采访笔录。

犹疑不决中，爱情就这样降临了

男主人公杨跃,38岁，湖北南漳人，现为武汉市某电脑公司业务主办。

杨跃10岁丧父，家中有兄弟姊妹五人，他是老大，贫困的生活让他早熟，特别能吃苦。1977年杨跃以优异成绩被武汉一所重点大学录取。从1977年到1984年，他以超常的毅力和吃苦精神走完了从学士到硕士的求学生涯，成为学生中的佼佼者。

1983 年 9 月的一天，杨跃因患重感冒到校医院输液。当时他准备报考博士研究生，正分秒必争地复习。输液的人很多，只有一个护士在忙着，杨跃一看至少得等半个小时，便转身准备离开。这时恰好从医生值班室走出一位 20 岁左右的女医生，她看杨跃脸烧得通红，主动提出帮他输液。杨跃十分感动。此后的第二天、第三天……杨跃每天都计算着时间请女医生在值班时帮他输液。

在交谈中，他了解到这位漂亮的女医生名叫严晓梅，华西医科大学毕业。她的母亲是武汉市一所大学的副教授，父亲在她 5 岁时与母亲离异，与他的女弟子结了婚。母亲没有再婚，母女俩孤苦伶仃地生活着。为了照顾母亲，严晓梅毕业后，分回武汉妈妈所在的学校当了一名校医。严晓梅还告诉杨跃，她想利用校医轻松散淡的时间复习报考研究生，或者专攻英语到外国闯闯。杨跃一听欣喜万分，他不禁拍胸脯说："我精通英语，可以当你的辅导老师。"全然没有想到自己处于紧张的备考阶段。

入学几年来，杨跃一直把全部精力都用在学习上，根本没有考虑过儿女私情，可这一次他终于有了初恋的感觉。严晓梅白帽子下那双乌黑的大眼睛紧紧攫住了杨跃的心。

严晓梅没有想到这个瘦弱而土气的年轻人会一下子爱上自己，她看着杨跃眼中炽热地跳动着爱慕，小心翼翼地说："我们还不太了解……还是先做朋友处一处吧。"

1984 年 5 月，杨跃考取了广州一所重点大学生物系病毒学博士研究生。在接到录取通知书当天，他写了长达十数页的情书向严晓梅正式求爱。在信中，他满怀信心地说："我是个农民的儿子，能有事业辉煌的今天，也能有生活幸福的明天……你难道不想做个与众不同的女人吗？"

严晓梅被深深打动了，但她很快又陷入了矛盾之中。论才华，杨跃无可挑剔；但论家境，杨跃却相差太远。他家在农村家大口阔，几乎没有经济来源。在周围的同事中，有几对夫妻就是因为一方家庭在农村，穷亲戚们三天两头朝这里跑，而引起夫妻争执导致离婚的。这个问题很现实，严晓梅为此左右为难犹豫不决。

1984 年 8 月，杨跃准备离开武汉到广州读博士了。临行前，他又一次催严晓梅表态。严说："反正你还得读三年，我等你。如果结婚，你会分心的。”这不置可否的回答让杨跃产生了深深的疑虑。入学后，他展开了强大的爱情攻势，几乎是一周一信，每封信都灼热得能使人熔化。与此同时，他又很恳切地给严晓梅的母亲写信。在信中他还说：“家庭的基础应该是幸福和谐的生活加令人向往的成就。物质生活和精神生活的富有，只能靠自己，而不能靠别人……我恳求您能帮我做做晓梅的工作……”

这封信打动了严晓梅的母亲，她对女儿说：“俗话说会选的选儿郎，不会选的选家当。杨跃虽然家庭条件差点，但他的一切全靠自我奋斗，这也证明了他的能力。我相信靠你们的努力，经济状况的改善应该指日可待。”她也谈了自己对杨跃的评价，勤奋、老实、不是那种风流倜傥的纨绔子弟。她对女儿说：“老实点好。像你父亲，虽然潇洒帅气，但我喜欢，别人也喜欢，有什么么用！”

在母亲的开导和杨跃的强攻下，严晓梅总算答应与杨跃建立恋爱关系。但她提出了一个先决条件：读博士期间不结婚，让时间考验爱情，杨跃答应了。

1985年春节，杨跃第一次在武汉严家过了年。杨跃的母亲听说儿子在27岁终于相中了一位教授的女儿时，高兴极了，特意从乡下赶到武汉，并拿出卖猪的500元钱给严晓梅作见面礼。严母也很喜欢杨跃，无论工作多么繁忙，总要抽出时间陪杨跃谈天说地。以致后来严晓梅在法庭上说：“我与杨跃相恋时，不是他与我谈恋爱，而是他与我妈妈谈恋爱。”

在杨跃读博士期间，与杨跃同一位导师的女硕士生悄悄爱上了他。当她得知杨跃已有女朋友时，大病了一场。并写了封信给杨跃：“我很羡慕她……也许真是老天无眼，让我与所爱的人不能相聚……你的才华和为人，会永远铭刻在我心中；我们今生无缘，但愿来世相会。”杨跃接到信后，为了表示对严晓梅的忠诚，便将这封信寄给了严晓梅。哪知，严晓梅看到这封信却有了另一种心态：这是杨跃在向我示威，在显示他的魅力。怀着一种莫名妒忌，她将这封信复印了几份，分几处藏好。这在以后的法庭辩论上成了杨跃有第三者的罪证。

婚姻，浸透着没有激情的“理智”

在双方家长的大力撮合下，杨跃和严晓梅商定1985年10月结婚，并决定当年暑假筹办。但这年夏天，因杨跃要为开始动物实验准备房舍，导师不准假。他便写信给严晓梅希望她能到广州一聚。哪知严晓梅回信说她要利用假期与一位同事到桂林、柳州旅游，并且打算次年4月参加专业晋级考试要求推迟婚期，杨跃同意了。到了12月份她又告诉杨跃，准备放弃考试不日来广州结婚。杨跃接信后雀跃不已，忙向朋友借了新房还发了请柬。可是在寒假前一周，严却又来信说还是决定参加晋级考试，再次要求将婚期推至1986年5月份。望着匆匆布置好的新房，杨跃一筹莫展。5月份到了，严晓梅却又说要报名参加湖医附一的培训班……一次次地推迟婚期，杨跃不禁尴尬万分，心中怨愤，他开始感到严晓梅不可思议，甚至怀疑她在“脚踏两只船”。于是迅速发出一封措辞强硬的信：“我渴望有一个家，有一个温存贤惠的仙妻；我希望早日过上一个正常人的生活，但我追求却决不乞讨……”

信寄出不到一个星期，严晓梅便于1986年9月18日在未事先通知的情况下来到了广州，对杨跃说：“我是来结婚的。”

怀着一种忐忑不安的心情，杨跃匆匆结了婚。

其实，严晓梅一再推迟婚期的原因实际是在进行一场秘密的爱情体验。当她正处于嫁与不嫁杨跃的矛盾中，意外地遇到一位外语讲师。讲师才华虽不如杨跃，但他新潮有气质，从认识的第二天起就每日骑着摩托车邀请她满武汉兜风，这使严晓梅有了一个参照物。严晓梅几乎逢约必去，久而久之，她竟产生了一种奇异的想法：在正式结婚之前去体验另一种情感。因此她一边推迟婚期，一边享受着被追求被呵护的甜蜜。当她情不自禁地陶醉在讲师的“爱情”中时，却突然发现那位讲师竟同时“爱”着好几个女人。这使她在失望之余突然“大彻大悟”：这世上的男人没有一个会真正珍惜爱情；女人最重要的是时刻保护自己，千万不能被男人的“爱情”欺骗了！她还同时想到抛弃自己和母亲的父亲，更加树立了“作战”的决心，于是才一改初衷，匆匆南下结婚。用她的话说是“让爱情在婚姻中成熟吧”！

婚礼简单而冷清，他们没请任何朋友。蜜月是在没有激情的理智与冷漠中度过的。杨跃的亲昵，常被严晓梅视作是不尊重她；正当的性要求也被严晓梅看成是“变态”和“龌龊”，两人经常在半夜闹翻了脸。而杨跃对妻子的举止也大感迷惑，他认为妻子在性心理上有障碍，是个性冷淡者。

特别是新婚之夜，他发现妻子并没见“红”，也不由起了疑心。虽然碍于情面没有追问，但心中有了很大一个结。

严晓梅在广州仅住了半个月就回到了武汉，很快发现自己怀孕了。她写信给杨跃，要求流产。杨跃接信后慌忙赶回武汉，万般劝说妻子留下孩子。经过艰难的谈判，两方终于达成协议：一、孩子生下后由杨跃母亲抚养；二、从怀孕之日起停止夫妻生活；三、杨跃每月支付 250 元作为营养费。

这是一张不平等的“条约”，杨跃明显感到一个男人的感情和自尊被玩弄了。他带着愤恨怏怏离开了武汉。

1987 年 8 月，严晓梅生下了一个女儿，取名杨伊。

在这段时间，她让杨跃饱受了考验的痛苦，她常常半夜打长途把杨跃叫醒，对他诉说怀孕的痛苦。在 7 个月时间里 4 次用加急电报把丈夫召回。每当丈夫心急火燎地赶回家，总看到她正悠闲地看电视或打毛衣。她多次半开玩笑半认真地对丈夫说：“我一个大教授的女儿嫁给你，你一定要好好珍惜。只要你经得住考验，我会为你付出一切。”然而，每次夫妻相见却又都在一种不愉快中度过。杨跃久别妻子，见面时有一种冲动。他作为一位生物学博士，总是企图医治妻子的性冷淡，他请了一位心理医生，作过不少尝试；但总以妻子的反抗而流产。但严晓梅却把这看做杨跃对她的侮辱并因此怀疑杨跃爱情的纯洁性。她说：“我是你的妻子，不是性伙伴。”夫妻俩常常为此争执，每次吵嘴，严晓梅都会用一条毛巾把脖子勒得紫红，或用腹部去撞门，每次都要杨跃跪下求情才中止。

分居与冷战加速了婚姻失败的进程

1987 年 9 月，杨跃毕业后留校任教，学校分给了他二室一厅的住房。人事部门多次催他将家属调到广州，解决两地分居问题。但严晓梅都以母亲需要照顾和在广州生活不习惯为由拒绝了。在这种情况下，杨跃想到了出国深造。1991 年美国一所大学实验室愿意与他进行一项合作，但由于经费不足，杨跃没有成行。但这事在校方看来，是不安心工作的表现；加上严晓梅拒不调动，更让校方觉得杨跃肯定不会在学校长期干下去，以后便拒不给他出国指标。

1993 年，闹得十分不快的杨跃调到了深圳某公司，他再次为严晓梅的调动忙碌着，但再次遭到了妻子的拒绝。万般无奈之下，杨跃只好放弃优厚待遇回到武汉，重新调到严晓梅母亲所在的学校当老师。

杨跃怀着一腔怨气回到武汉。在分居的7年中，由于妻子接连不断的"考验"，他错过了申报国家优秀教师的机会，也丧失了学校给的出国深造的机会，所有的积蓄都花在路费上……更重要的是他那无人理解的孤独。在广州，他几乎每年都会重病一二次，有时几天卧床不起也无人探问，连杯水也喝不到。

回到武汉后，虽然妻女在身边，杨跃却感到了另一种失衡。由于刚刚调回，房子一时无法调整，学校只好暂时腾出一间平房给他休息。一家三口仍挤在严晓梅分的一居室里。每当夫妻间为小事争执，严晓梅总会以傲慢的口吻说："我的杨博士，请别在我的家里逞威风。"这话大大刺伤了杨跃的心。

1994年11月，杨跃在清理房间时，突然在衣柜中发现一张复印件，正是几年前那位硕士师妹写给他的情书。他不由怔住了，他没想到妻子会保留它，甚至还复印。同时，他又在衣橱的底层发现了一本他在广州读书时妻子写的日记。当他看到严晓梅那段"情感体验"生活时，一种受辱的感觉油然而生，他突然感到对妻子的信任被玩弄了。他拿着信和日记质问严晓梅，哪知严晓梅冷冷地说："对！我就是对你存有戒心。告诉你，这本日记是我杜撰的，是故意给你看的，是考验你有没有条件反射的敏感。这几年来，你的心哪里放到我们母女身上？否则，你怎么会把我们母女抛在武汉，一个人悠闲自在地在广州享受爱情……"

这串毫无关联的言辞和质问终于搅起了几年来压抑在杨跃心头的仇恨。他拍案而起："我算是彻底明白你的感情了，从结婚前起你就没爱过我。你一直居高临下，你怀疑一切，连对我最基本的信任都没有……这日子没法过了。"

这一对夫妻开始了冷战。他们一连几天不发一言，每当有事就写小纸条摆在桌上。杨跃的脾气开始一天天变坏。

1995年2月，杨跃的一项科研课题进入尾声。他夜以继日在实验室工作。但实验进行得很不顺，他常常被一种莫名的烦恼支配着。直到大年三十，实验才稍有头绪。

这时他的母亲带着不少土特产从乡下赶来过年，但老人没料到的是严晓梅正眼都不瞧她。不待杨跃回家就撂下她抱着孩子回了娘家。杨跃回家后见状大怒。他立即赶到岳母家，一改往日的斯文，当着岳母的面痛斥妻子的不恭。严晓梅当然更不相让。两人唇枪舌剑，将几年的怨愤发出。严晓梅骂杨跃是一个“道貌岸然的伪君子”、“虐待狂”；而杨跃却嘲笑妻子是个“不贞的女人”、“性冷淡者”。

放肆的争吵让岳母气得直哆嗦，竟脑血栓发作昏倒在地。

一连两个星期，杨跃衣不解带地在医院里忙着，一家人几乎筋疲力尽。

正月十五，岳母终于脱离了危险期，醒来后的第一句话便是：“你们都老大不小了，又受过高等教育，为了这些见不得人的事情胡乱猜疑，不是太有失身份了吗？以后要么和好，要么散伙，千万不要这么不死不活地在一起了。否则，我很快便会被你们气死了。”杨跃不语。

严晓梅则愤愤地说：“我不愿与一个不尊重别人的人生活在一起。”但她还是跟着杨跃回家了。

无奈地走上宣告婚姻破裂的法庭

以后的大半年里，杨家无战事，但也没有快乐。

杨跃开始将全部精力投入到科研工作中，他取得了几项省级科研成果，出了两本学术专著且不断有论文发表……基于他的学历和学术成果以及实际工作能力，学校开始考虑让他担任系一级的领导工作，组织部门已开始广泛征求群众意见。

然而，一件意想不到的事情发生了。

1996 年 6 月，杨跃在广州某大学任教的师妹因参加中南地区在武汉举办的一次学术会议来到武汉，特地去看望杨跃。学友相见，分外亲切，两人在宾馆聊到深夜。一连几天，杨跃陪着师妹到武汉三镇玩了一玩。

这是前所未有的举动，敏感的严晓梅头脑中的“战争”弦绷紧了。她开始跟踪丈夫。终于有一天，她在珞珈山饭店门口拦住了正要登上出租车的杨跃和师妹。

杨跃尴尬万分，他陪着笑脸介绍道：“这是我的大学同学，刚从广州来。我准备带她去见一位同济医科大学的教授。”严晓梅却冷冷一笑：“我早已领教过这位小姐了。够有能耐的，追男人追到武汉来了……"

杨跃没想到妻子这样不给他面子，气得扬起手扇了她一巴掌。

严晓梅是平生第一次挨打。她的眼泪扑簌簌地流了出来，咬牙切齿地说道："姓杨的，你要为今天这一巴掌付出代价！"

第二天，严晓梅扶着母亲找到了办公室。严母是一位修养极好的老师，平时很有人缘，院长对她的话深信不疑。顿时，杨跃有了第三者并殴打前来规劝他的妻子的消息便在教职工中传开了。

杨跃陷入了一种尴尬的境地。严晓梅住回娘家，女儿的吃喝拉撒全得由他操持。而此时，杨的一项科研课题正进入关键阶段，他只好向母亲求救。但母亲已受够了城里儿媳的气，这辈子再也不想跨进武汉一步。杨跃只好忙里忙外，几天下来已筋疲力尽。此外，原来准备提拔为系领导的事也泡汤了。

6 月 23 日，陷入绝境的杨跃一怒之下向武汉市某区人民法院提出了离婚诉讼。他用两天时间写了一份洋洋数万言的诉讼状，条理清楚，逻辑性极强，连办案法官阅后也不由感慨万分："如果他们两人对待生活像对待学问一样，怎会走到这一步啊。"

严晓梅猝不及防。但一向好强的她从不会认输，毅然决然同意离婚。

法院有关人员进行了耐心细致的调查和调解，但两人均表示对共同生活前景失去信心，要求离婚。

1996 年 8 月 20 日，杨跃和严晓梅解除婚姻关系。杨跃把所有的家产都留给了严晓梅和女儿。

半年之后，杨跃调离所在学校，去了一家电脑公司，完全放弃了他所学的专业。他对朋友说："我虽然读过那么多年的书，但连简单的家庭问题都处理不好，真是有愧于博士的称呼。我决定从头干起。"

严晓梅始终没说什么。但她经常要女儿去看望爸爸，去时总带些她亲手烧的菜。

三、一场离婚大战中的哀夫怨妻

打了那么多年，闹了那么多年，分了那么多年，聚了那么多年；恩也罢、怨也罢，毕竟相爱相守那么多年。然而，为何在离婚之后，怨恨的妻子竟弄出一张 20 万元“借款”的协议，要这个战败了的丈夫偿还呢？

夫君长叹：天地良心啊！她什么时候借给我这么一大笔钱呢？

1996 年 12 月 5 日上午，笔者在处理湖北省某市的一起因非法同居引起的债务纠纷案件的过程中，发现诉讼双方在旷日持久的对抗中两败俱伤。作为法官，我将此案披露出来，让读者从中得到某种启示。

成为城里人后的第一次“反叛”

1980 年 8 月，21 岁的刘国锐毕业于省农校，分配到湖北某市农业局，作为青年技术人员，他又暂派到离市区 60 公里的南头镇农机站工作，担任技术员。他因此感到深深的失落。但唯一感到欣慰的是，他的父母在市里均有相当职位，他相信他们有能力终究会在市区内给他安排一个合适的工作。

在乡下闲得无聊时，他在一个乡村小商店里发现了一个长得很漂亮的女营业员，这位姑娘叫汪玲，是个高中毕业生，比刘国锐小两岁，是 1979 年顶职工作的，在农村苦度了 18 个春秋。 汪玲是个心气极高的女孩，她感到凭自己的才学和容貌，不该在这个偏僻的农村，而应该去大城市工作。于是两人有了共同语言，感情迅速升温。

半年后，刘国锐通过父亲的关系调回了市局机关，担任行政科副科长；此后，汪玲一封封热烈如火的情书彻底征服了刘国锐，刘国锐也信誓旦旦地表示，千方百计也要让心上人回到身边来。他四处活动，终于把汪玲调到市工业局当打字员。1982 年 5 月，两人结婚，1983 年 2 月，他们生了一个儿子，取名刘林亚。

1984 年 6 月，刘国锐被提拔为局办公室副主任，而汪玲也经过努力转了干，成了正式的国家干部。

起初，汪玲对丈夫有一种报恩的感情，丈夫圆了她的做城市人的梦，但久而久之，她发现丈夫以功臣自居，在家里饭来张口，衣来伸手，便感到了一种不平衡。在她周围的女同学中，像她这类情况为数不少，但唯有她像一个女佣人一样包揽了一切家务。于是，她不再殷勤地为丈夫端茶送水了，儿子也成了她对付丈夫的武器，常常把大哭大闹的儿子塞到丈夫怀中，自己摔身出门……

妻子的变化让刘国锐痛苦和愤恨，他常常愤怒地对同学说："当个叛徒还要动动刑，这个女人摇身一变就成了将军了。"

他们从结婚到生孩子一直住在公婆家里。看到儿媳的反叛，担任市卫生局副局长的婆婆不得不出面干涉了，她语重心长地对汪玲说："千万不要忘本啊，不是我家国锐，你可能现在还在一个小店站柜台，你能有今天，一定要珍惜啊！"汪玲起初是默默地听着，后来听多了，听厌了，便反唇相讥："别老给我上政治课了，如果我不跟着你家儿子，也许会过得更好。"从此婆媳关系紧张起来，婆婆召集丈夫和儿子开会，大家订出了一个协议：凡属汪玲的事情，刘家绝不伸手帮忙，让她知道离开刘家寸步难行。极为荒唐的是，大家全在协议上签了字。婆婆郑重地说，以后大家相互监督，谁也不准"犯规"。

哀怨的丈夫和得意的妻子

1986年3月春节刚过，刘国锐突然发现妻子变得温柔体贴起来。母亲立即提醒他：这又是"阶级斗争"一种动向，她一定是有事求于你。果不其然，一天上午，汪玲在百般爱抚之后提出把她的姐姐妹妹也给办到市里来。但刘国锐却冷冷一笑："对付你我都够麻烦的，再把你的姐妹弄到一起，那我就要遭罪了。"顿时，汪玲杏目圆睁："告诉你刘国锐，你不要不识抬举，仗着在这个鬼城市有点根基就不知道自己是谁，我汪玲就是不靠你也同样能办成事，那时候你别后悔！"

此后，在一次应酬中，汪玲认识了市财政局一位年轻的副处长，当她得知这位副处长刚过30仍是单身时，便适时地给他送去了许多温暖，取得了副处长的好感，很快为汪玲的姐姐汪萍办理了城市户口，并为她在闹市区弄了一间很便宜的门面。1986年10月底，"红人精品服装店"隆重开张了。

1987年春节前，副处长被邀请参加了汪家姐妹为他专设的酒宴，席间，汪玲向副处长敬酒，并把21岁的妹妹汪红推到他面前，请他以后多多帮助照顾这个小妹妹。副处长对漂亮可人的汪红一见倾心，不久便和汪红结为夫妻，并设法把汪红安排到市区一家大型企业财务室工作。

从此，汪家三姐妹在这座城市生根落脚。

有一种成功感的汪玲更感到丈夫刘国锐的无能和可恶，他常常把姐妹们邀到家里玩，用她的话说是："用我们爽朗的笑声让他去发抖吧！"

正在这个时候，刘国锐的父母相继退休了，显然，原来热闹的家门冷落了许多，他原来准备升迁办公室主任的事情也因工业局换届而搁置下来，刘国锐的情绪一落千丈，时常借酒消愁，发泄不满，特别是看到汪玲姐妹那种放肆的样子，更是怨恨难忍。他在写给一位中学同学的信中谈及了家庭现状，他说："我原本憧憬美好的生活，以为找个漂亮的妻子就一了百了，可幸福一生，但在现实生活中，并不像我想象的那样，漂亮的脸蛋不能代替美好的心灵，我愿娶个丑陋而心灵美好的贤妻，也不愿守着漂亮而心灵丑恶的妻子。"

1987 年 4 月的一天，汪玲的一位高中同学来看望她，朋友以为这对夫妻和睦美满，便开起了玩笑："如果我再嫁人，一定要嫁给像刘国锐一样帅气的男人。"这句玩笑话一下子触动了汪玲的神经，她的脸立即沉下来："啥？这样的男人也算人，整个是一个'天津狗不理'！你要，我就送给你，再另送 1000 元。"说完突然哭了起来，弄得那位同学尴尬万分。同学刚一走，已压抑了半天的刘国锐突然一跃而起，扑向汪玲，狠狠地卡她的脖子，几乎发疯般地喊："你这个忘恩负义的女人，我让你得意，我让你去死！"汪玲奋起反抗，将刘国锐抓得满脸伤痕，两人发生了婚后第一次肢体冲突。

此后，"战争"更加频繁，逐步升级，由肉搏到用上了锅铲、木棍和菜刀，总是双方拼得精疲力竭。这对夫妻与众不同的是，战争总是悄悄地进行，突然爆发瞬间结束，用汪玲的话说就是好像两人都有一种默契，好歹我们都是机关干部，闹出去对谁也没有好处，于是都咬着牙不出声地搏斗。

1987 年 8 月 12 日，又一次"战斗"之后，精疲力竭的刘国锐说："算了，打架也打麻木了，咱们还是离了好，我也快 30 岁，你也 27 岁了，离了咱们还可以重新开始。"

汪玲欣然同意："好，不然我们都会耗死在这个鬼家。"

8 月底，刘国锐单位分房，已是正科级的他有资格分得三室一厅，如果离婚他会丧失这个机会，于是在汪玲催促离婚时，他却躲躲闪闪，找了许多借口，他的计划是分了房以后再离婚。但汪玲敏感地发现了他的"阴谋"，威胁道："要么马上离婚，要么你给我签订一个协议，保证给我赔偿，否则，我会向你的领导汇报。"

刘国锐选择了后者，于是，由汪玲起草的一份奇特的协议书产生了——赔偿延迟离婚协议书。

男方刘国锐违反双方商定离婚的约定，单方面提出延迟离婚，以达到分配住房的目的，女方念及双方共同生活 5 年的感情，愿意牺牲个人利益，成全男方，将离婚时间移至分得住房之后。

对于女方的崇高牺牲与奉献，男方深表敬意，并为过去的作为忏悔，决定对女方的沉重付出给予补偿。一、一次性补偿因延迟离婚而造成的精神和情感损失费 2000 元；二、女方可无条件使用一室半厅，一切费用均由男方支付。

双方约定，该协议在女方再婚后生效。

签名：刘国锐 汪玲 1987 年 8 月 27 日

协议书签字不久，一套面积 85 平方米的三室一厅分了下来，这一对哀怨夫妇各怀心事地搬进了新房。

1988 年元旦，他俩协议在民政部门办理了离婚手续，汪玲很高兴地对前夫说：“咱们结婚后从没有安安静静吃一餐饭，今天我请你，咱们好好地喝一次酒。”

喝醉的刘国锐回家，推开新房的门时，说了一句很清醒的话：“新房住旧人，哪有一点温暖啊！”

周而复始的“战争”与“和平”

离婚不离家的生活开始了，只是两人并不是每天都回到这里，刘国锐经常在他父母那里，而汪玲却常常在她姐姐的时装店过夜，她把儿子托付给姐姐家。

刘国锐一家又忙碌着为他物色对象，一连物色好几个，他都不满意，他拒绝的一个主要理由是，这些女人像汪玲一样，人美心不美。他宁愿找一个丑一些的，但相处了几个，感觉并不美好。

汪玲离婚后，出于一种报复，坚决拒绝让儿子和刘国锐见面，因此，刘国锐常常在幼儿园外面看一看儿子。他开始拒付抚养费，理由是与儿子见面的权利被剥夺了，这意味着也被剥夺了做父亲的权利。为了 100 元的抚养费，两人又燃战火，这次彼此不再顾及面子了，除在对方单位大闹一通外,汪玲起诉到法院,要求刘国锐履行义务,她理直气壮地说:“作为母亲,不让父亲的坏习惯传染给儿子,这对儿子成长是很重要的。”而刘国锐却在法庭上大声声辩:还我做父亲的权利!结果法院判决刘国锐必须履行义务,按时支付儿子的抚养费。

汪玲在单位的形象一下子败坏了,在妹夫的帮助下,她调到郊县司法局工作,儿子也随其一道生活了。这期间,她也谈了几个男友,往往是别人看上她她却不满意,她中意的别人却瞧不上,高的不成低的不就,连连遭受了几次打击。

儿子的远离,给刘国锐精神上打击不小,他开始一蹶不振了,工作上也常常失误,多次受到领导的批评。他一连谈了几个女朋友,都很不中意。经过一段时间的感情折磨,他开始不断地反省自己,在孤独中开始回想妻子的好处,检讨自己的过失,在一番沉思与思念之后,他终于鼓起了勇气,在 1991 年 4 月向汪玲写了一封检讨信,信中说:“通过近四年的分离,我认识到,既然我们今生有缘,就应该珍惜,这种缘分不是来生可有的。让我们看在孩子的分上,看在往日的情分上,给我一个改过的机会,我们和好吧!”

信写得诚恳也是真诚的,汪玲也动了恻隐之心。

1991 年 6 月 17 日,刘国锐又以看孩子为由,找汪玲长谈了一次。1992 年 2 月,两人同居了,同年 6 月,汪玲又通过妹夫的关系,调回市里一个区检察院工作。

一个月后,刘国锐要求与汪玲到民政部门办理复婚手续,不知汪玲在什么思想的支配下不愿补办结婚证。单位领导对此提出过忠告,认为作为一位政法干部不能知法犯法,而且也应该知道非法同居的危害。但他们始终未走进民政部门的大门。

两人再次走到一起不足一年,旧病复发,争吵不断升级。有时一月打几次架,一打架就是动棍拿刀,互不相让,此时他俩谁也不再顾及什么影响和名声了。汪玲常常借故不回家,1994 年 7—8 月,汪玲以帮别人在外打官司为由,两个多月未回家。刘国锐对此产生了怀疑,疑心汪玲背着他另找新欢,常常借酒消愁,经常邀约哥们通宵打麻将。由于二人都不顾家,儿子处于无人照管的状态,不得已只能常住在大姨家。1994 年 11 月,正当他们打得不可开交时，儿子回来了，他怦然跪下，痛哭着求父母不要再打了。第二天，他在学校写了一篇题为《我的父亲》的300字作文，作文写道："我比其他小朋友多一个痛苦，就是我不知道我的爸爸是不是我的爸爸，他在我心中是个什么位置呢？从我记事起，他就是位不称职的父亲，行为没有给我做出好表率，父母的好胜心均用在夫妻吵骂中，我就是在打骂声中成长起来的，所以说别人都有父爱，而我却一点没有感觉到。"刘林亚的愤懑感动了老师，老师把作文复印了两份寄给了刘国锐和汪玲，两人看了泪水横流，当即发誓以后绝不再发生战斗，但是，这种许诺没几天，旧事又重现了。

从1992年2月到1995年5月，汪玲与刘国锐同居3年多的时间里，吵闹——分居——同居——再吵闹——再分居，成了这对夫妻的主要内容，以至双方都觉得忍无可忍，1995年5月12日，他们再次协议"离婚"。

20万元的"借款"从何而来

1995年5月22日，由刘国锐起草了一份"离婚协议书"，内容包括孩子由父亲抚养；家庭的所有家具、电器归女方所有；两人共同出资购买的一套三室一厅公房归男方所有，女方在无房情况下，暂住男方的房中一年等，两人均在协议上签了名。

自签好协议后，两人在三室一厅的房中半年相安无事。1995年12月的一天，刘国锐经他人介绍相识了一个女人，这女人进门后见房中还住着另一个女人，大为不满，刘国锐立即向这女人解释说，这是他的前妻，两人已离婚，因女方无房，离婚不离家，但声称两人已无任何来往，并起身去找那份"离婚协议书"给这女人看，结果满屋子找了半天没有找到，那女人哼了一声，摔门而去。晚上，刘国锐只好要汪玲将她手中的那份原件复印一份给他。第二天，刘国锐高兴地将复印件拿给那刚结识的女人看，以证明已离婚的事实。此后连续几天，在刘国锐的房中不断传出他与那女人的欢愉声，不时干扰着汪玲已平静的生活，汪玲非常气愤，她对同学说即使千刀万剐刘国锐也不解恨。她感到刘国锐是存心报复她，故意嬉闹做爱，是故意表演给她看的，她越想越恨刘国锐，发誓要使刘国锐身败名裂，人财两空。

1996年初的一个晚上，天气晴朗，刘国锐脱下衣服在卫生间洗澡，衣服放在客厅中，不知什么时候汪玲回家了，待刘国锐洗澡发现其口袋中一张20万元的收据单不见了，立即断定是汪玲拿走了，汪玲没有否认，她斥责道："刘国锐，你不仅从感情上欺骗了我，而且从金钱上蒙骗了我，你做生意的这20万元应有我的一半，这笔钱应属婚前夫妻的共同财产。"但刘国锐否认自己有20万元钱在做生意，并愤愤地说，即使我有20万元钱也没有你的份！这句话激怒了汪玲，一连几天，她吃不下饭睡不着觉，为如何得到这笔款绞尽了脑汁。突然，一个念头涌上心来：他的那份"离婚协议书"的原件不是丢了吗？经过深思熟虑，一套计划如期出台了。她急忙地找到其姐汪萍……

1996年5月9日，某市法院接到汪玲写的一份起诉状，要求刘国锐归还其20万元的借款。汪玲还向法院递交了"离婚协议书"的原件，以协议书为根据举证刘国锐在做生意中向她借了20万元的款。

法院对此案进行了审理。双方在辩诉举证中，刘国锐拿不出离婚协议的原件，他只是承认汪玲交的原件中，即小孩抚养、房屋归属、财产分割这三条是双方协议的，而第四条中关于他向汪玲借款20万元纯属捏造，并提请法庭注意，第四条的墨迹与前面条款有异。对此汪玲没有否定，但咬定这一条是经双方再次于1995年底协商后共同增加的，并强调称刘国锐手中也有份原件，反复要求刘国锐拿出协议书的原件。

刘国锐申辩道，自己因那份原件丢失了，而手中只有一份经汪玲亲手复印的未加第四条的复印件。刘国锐说："1994年底，我们的关系已十分紧张，她不可能借钱给我，且我从未做生意，也不存在借款做生意的事情。至于那张20万元的收据只是一个朋友为承包一个商场需要担保人，我出于义气写了担保书后，对方才给了我一张20万元的收据，且这张收据根本不是交的现金，法庭可以调查。同时，举证说汪玲向其姐姐借款20万元，纯属伪造，她姐姐的服装店被火烧了两次，曾四处逃债，怎么会有这样一笔巨款借给她后再给我做生意？"

经过法庭调解，刘国锐跟他人担保出具的20万元的担保收据属实。但在调解中又发现刘国锐的确借款5万元给其妹做生意，对于一个月只有800元收入的干部来说，这笔款的来源刘国锐讲不清楚；20万元借款不实的情节，又无法举证推翻离婚协议中原始的书证，故二审法院于 1996 年 9 月 13 日作出如下判决：

一、解除汪玲与刘国锐非法同居关系；

二、婚生子刘林亚由汪玲抚养，刘国锐每月付给抚养费 200 元，抚养费支付到刘林亚独立生活为止；

三、由刘国锐归还汪玲的借款 20 万元；

四、双方共同出资所购买公房（二室一厅）一套，70% 的产权归汪玲所有（另 30% 房屋产权系刘国锐单位所有），而刘国锐应享受的房屋份额冲抵其 20 万元的借款利息。

这份判决，将刘国锐击懵了。

20 万元，对他是个天文数字，他在法院大叫，“我不仅没向她借钱，且哪来这么多钱还她呢？二审甚至将我在单位购买的公房产权也判给她，判决太不公平了！且我俩原已协商，购买的公房产权也属于我，为何二审判于她？你们的判决只相信她提出的理由，从未审　我提出的理由，我不服。汪玲你太狠心了，不说夫妻一场，就是萍水相逢，你凭天地良心讲一句，你哪有这么多钱借我，我借钱又干什么？你说呀！”

这场官司始终结不了，刘国锐在申诉中。

四、一场由情感间谍引发的家庭风暴

放弃辩论，那个被告步步退让

1997 年 9 月，某法院受理了一桩颇为奇特的离婚案。

原告张峰，现年 36 岁，湖北大冶人，某大学制冷专业高才生，毕业后曾在武汉石化系统一家研究所工作。被告李青，系张峰之妻，某外语学校毕业生，在武汉一重点中学任教师，1994 年停薪留职，创办了一家自立服装店。

当法庭调解结束，进入法庭辩论程序时，原告张峰慷慨陈词：“我出生在山里，靠自己的勤奋进了城。在城里能找到一份固定工作，拥有一个漂亮又有文化的妻子，还有一个聪明的儿子，在人们眼中，我该知足了。可是，你们谁又知道，寄人篱下是什么滋味。在朋友眼中，我早没有男人的尊严了，我的一举一动都得看妻子的脸色，想串串朋友的门，得请示妻子批准，与异性正常往来，有拈花惹草之嫌。出门要请示，进门要汇报，处处受监视，没有一点人身自由。这种婚姻囚笼，让我发疯。是的，我在物质上是富足了，也算得上是个款爷，但我在精神上却是个奴隶和乞丐，我乞求法院帮我打开笼门，给我自由！”与这位男士激动的陈述相反，被告李青却冷静得出人意料。在答辩中，她未涉及任何攻击张峰的言词，只要求张峰看在多年夫妻的情分上，看在儿子的亲缘上，原谅她的过去，请不要离婚，并针对张峰列举的“罪状”，一一作了检讨。她忏悔的时候声泪俱下，其诚挚赎罪之情感动得法庭上的不少人都为之落泪。她最后说：“我是一个刀子嘴、豆腐心的女人，如果说我对你有什么限制的话，那也是因为我太爱你的缘故，这点你也应理解。”

但李青的忏悔丝毫打动不了张峰那颗铁了的心，最后法院不得不裁决离婚。双方在离婚协议上签字时，李青又再一次恳求张峰认真考虑一下，但张峰没有丝毫犹豫，斩钉截铁地说了一个“不”字，就在协议上签了名。

李青到底做错了什么呢？笔者把她的故事写出来，或许能提示或告诫那些生活富足了的现代家庭，特别是那些被称为老板或款爷的人们。

血书为证，那是个执着的爱情追求者

张峰出生在农民家庭，排行老三，1978 年以优异成绩，考入武汉某重点大学，1980 年 8 月一个偶然机会结识了他的一位家住武汉市青山区红钢城的亲戚的邻居李青。

李青毕业于武汉外语学校，在一所大企业子弟中学任英语教师。李青在张峰心中留下的第一印象是：这是一个美丽得无可挑剔的姑娘。此后，张峰每星期都往他亲戚家跑，且非常勤快，经常帮亲戚做家务事。他的目的很明确，找机会接近李青，后来他又常常去帮李青的父母做些事情。

在 80 年代，电视在我国还未普及，而李青家里有一台黑白电视机，张峰常找机会去李青家看电视，同样在 80 年代初，大学生受人尊重，李青的父母常常有意无意在李青面前夸张峰：“看，别人跟你年龄差不多，却在读大学，有知识懂礼貌，看你一个姑娘，快 20 岁了，还在撒娇。”

父母的评品自然引起了李青的注意：张峰虽身材不高，不过 1.68 米，但非常有个性，不仅勤奋、气质佳，且肯动脑筋，反应快，的确是一位优秀的青年。

李青本为独生女，又天生丽质，因此受到许多男孩的青睐，但没有一个让她为之动心。后经人介绍，她结识了武汉大学计算机系的一位大学生。两人有过一段恋情，但很快因为这位大学生的清高、不懂人情世故而遭到李青父母的反对。李青是一个孝敬父母的女孩，在与张峰相识后，又在父母的极力撮合下，俩人谈起了朋友。

恋爱中，李青发现张峰因为出生在一个农民家庭，有一种自卑心理掩盖下的倔强个性，他从不轻易认输，而且得理不饶人，为此，李青几次打算分手，但都被张峰抵制住了。他太爱她了，不能轻易失去她。张峰对天发誓，今后一切言听计从，决不妄自尊大。李青也因为欣赏张峰的才学，便顺势默许了他的许诺。1982 年 2 月，正当张峰爱李青有一种死去活来的感觉时，李青突然宣称，二人因性格不合，不再交往了。一连数天不与张峰见面，搞得张峰丈二和尚摸不着头脑。整整一个星期，李青不是在同事家躲躲闪闪，就是见面时，故意表现出对他人的兴趣，弄得张峰神不守舍。2 月 14 日情人节那天，张峰咬破食指，向李青写了一份血书。

上面有这样一段话：你是我的太阳，失去你，我的生活将会失去温暖；你是我的上帝，没有你，我的生命将没有任何意义。请接受我的一腔痴爱，让我的热血为我的赤诚作证……

当他把这份血书递给李青时，他一下掀掉男人尊严，砰然跪下。看着那殷红的血字，李青眼睛湿润了，一连几个晚上，那血书在她脑海中萦回："你胜过我的生命。只要能与你在一起，我今生做牛当马来报答你。如果你就此了结我俩的爱，我将　灭我的身躯，来生再向你求爱。"

字字血，声声泪，深深打动了李青。她决心与张峰相守一辈子。

假戏真做，情感间谍找到真感受

张峰大学毕业后，被分配到十堰二汽。在张峰绝望伤感之际，李青表明了态度："你二汽报到后我们就完婚，使出混身解数也要将你调回武汉。"

1983 年 10 月，张峰一报到，李青就开始为张峰的调动奔波了。她不知托过多少人，送过多少礼。可事情没有一点着落。1984 年 5 月 1 日，张峰与李青在武汉举行了婚礼。

婚后不久，李青怀孕了。怀孕期间，李青腆着大肚子十多次奔波于武汉与十堰之间。她“晓之以理,动之以情”,她不辞劳苦的精神感动了许多人。1985 年 10 月,张峰终于正式调入了武汉某石化研究所。望着妻子憔悴的面容,张峰感动万分。他对妻子说,你给我了今天,我会还你明天、后天……这样的经历,使他们婚后的家庭,形成了典型的妻主夫从的格局,凡事均由李青定夺。她办事风风火火,把个家治理得平平整整,用儿子的话说“我们家,妈妈是司令,爸爸是警卫……”夫妻间有时发生争执,也总是以张峰失败告终。他对妻子有种畏惧感,每次都是作自我批评。他习惯了认错。有一次,他又是认错,李青开玩笑说:“你说你错在哪里?”张峰支吾了半天说不出,最后说:“我又错了,连错在哪里都不知道,这是最大的错。”天长日久,张峰以惧怕妻子而出名,常有一些同事在研究所把他当作“妻管严”的典型来告诫那些初涉爱情的年轻人。张峰变得不苟言笑,更不敢与女同事谈笑。1988 年的一天,下班后,领导要张峰与一女同事加班校对一份文件,因未能按时回家,6 时李青闯进办公室,一见丈夫与一位女人在一起,她不问青红皂白,对张峰就是一巴掌,结果搞得满城风雨,直到领导出面才平息了事端。但从此张峰在同事面前再也抬不起头来。1990 年,他所在研究所人员结构调整,进行优化组合,张峰决定离开那个受尽屈辱的地方下海经商。

似乎有天生的经商才能,张峰在商海里很快成功了。在不到 3 年的时间里,他就成了大款。他体会到一种从未有过的成就感。

李青为丈夫的成功所鼓舞,1994 年 8 月,她也停薪留职,应聘在一家化妆品公司当推销员。很快,她就以出色的工作业绩站稳定了脚跟。

由于职业的变动,原来热闹的家庭变得寂静了,夫妻俩常常碰不上面,更让李青不安的是,张峰说话的口气变大了,有些坚持自已的观点了,并开始反驳她了。她敏锐地感到这是一种新动向,是商海中的不正之风侵蚀的结果。尤其是当她在生意场上,看到那些有钱的男人们荒淫无度的生活时,她的心里就充满了恐惧。她对张峰约法三章:不准在公司招聘漂亮小姐当秘书;不准在外面滞留;不准拈花惹草……为了落实这“三不准”,她时时突击检查,令她欣慰的是丈夫并没有出格的行为。她常常被同事当作成功的妻子介绍管理丈夫的经验。1994 年 10 月中旬的一天中午,李青通过手机告诉张峰说她与某公司联系了一笔业务,要他到亚洲大酒店招待客户。张峰5点与客户取得联系,6时准时赶到酒店,客人是一位20多岁的漂亮小姐,她高雅的气质,给张峰留下了深刻的印象。

其实,这位小姐与张峰的会面是李青特意安排的,她是一个刚毕业的大学生,并没有什么业务,是李青一个要好同学的妹妹,叫邵莉,当时在一宾馆任公关部副经理,她是受李青之托来完成考验张峰的任务的。李青很认真地说:"你就是我的情感间谍,去帮我考察一下我丈夫是不是一个花心的男人。"尽管这是一个荒诞的要求,但邵莉觉得富有刺激性,高兴地答应了。在张峰与邵莉谈话的时候,李青就在不远的地方盯着他们,当她看到张峰彬彬有礼、正经拘谨的神态时,自然也就放下了心。

但事与愿违,就是李青这次"巧妙的安排",为后来的结局提供了机会。

张峰自与邵小姐见面后,便再也忘不掉她了。他找各种理由与邵莉见面,介绍客户在那家宾馆住宿,提供各种生意上的信息,甚至还在她的宾馆租了一套房间作为办公室,这样两个人开始了频繁的幽会。张峰感到与邵莉在一起轻松愉快,没有压力,也没有教诲,更主要的是邵莉是一个善解人意的听众,似乎永远在倾所。从家庭到事业,从理想到成功,张峰像换了一个人,他精神焕发,口若悬河,很有一种超脱感……

邵莉正值芳龄,身边不少追求者,但她没有找到中意的,张峰的到来让她耳目一新。他那种特有的男人气质和成熟使她流连忘返。她有一种说不清道不明的感觉,想与张峰往深处发展,又觉得他是姐姐同事的丈夫,而且又身负一种特殊的使命,她想结束这种不明不白的关系,但张峰的身影总在眼前挥之不去。痛苦之中,她与张峰进行了一场认真的对话,告诉了她作情感间谍的真相。

当张峰得知自己好不容易才找到的一种好感觉原来出自妻子设下的陷阱时,他感到自己的感情被亵渎了。出于一种逆反心理,他决定报复妻子,假戏真做,于是他开始主动向邵莉献殷勤。事情的发展使张峰自己也无法控制了,他成了一匹脱缰的野马。

1996年9月中旬的一个星期天,李青带着儿子到归元寺去玩。刚走进归元寺,就发现了一对善男信女正在那里敬香叩头,她仔细一看正是自己的丈夫张峰和邵莉,李青目瞪口呆,差点昏倒过去。在失控的情绪下,她丢下孩子,冲到张峰面前语无伦次地吼道:"这就是你对我的爱的回报?

今天早上我叫你陪我们母子上街买东西，你谎说要与他人谈生意，这难道就是你的生意，你在光天化日下搞婚外恋……”这时的张峰不再像一头羊羔了，他理直气壮地说：“是的，我欺骗了你，但我真爱小邵，她也真爱我，现在她已身怀有孕了，我们准备今天拜佛后，回家就向你摊牌，我要和你离婚。”

李青做梦也未想到，自己设下的圈套却套到了自己的脖子上。

1996年9月20日，他们走进了法院，有了本文前面的那一幕。

前车之鉴，那个婚姻入侵者筑起了城堡

离婚不久，李青创办了一个服装店，她过着寂寞又平静的生活。张峰不久即与邵莉完婚，生了一个女儿，在武昌梅园小区买了一套住房，并购置了一辆富康小汽车，生意还算红火。

但事情不像张峰想象的那样。再婚后，他的行动更加受到了限制。邵莉很现实，她开诚布公地对丈夫说：“我希望你珍惜第二次婚姻，我会比李青更加关怀你，你既然可以成为我的情感俘虏，当然也可以做别的女人的俘虏。这一点有前车之鉴，我作为女人不能不防。”邵莉不仅约法三章，而且为张峰建立了账目，开始控制他的经济命脉了。她比李青更泼辣、更精明，一结婚她就去公证处对婚后的财产进行了公证。为此，张峰也进行过反击，但都一次次败下阵来。站在邵莉身后的还有她的三个兄弟和两个姐姐。那位李青的同学、邵莉的姐姐很严肃地告诉张峰：“你必须对我妹妹负责，她一个大姑娘，把后半生都给了你，你要有半点背叛，我们全家都不会饶恕你……”

张峰开始感到自己的选择出了毛病，每当与邵莉发生冲突时，他就强烈地怀念李青，怀念那种写血书的日子。渐渐地一种强烈的负罪感压迫着他，他开始偷偷地往李青的服装店跑，去忏悔、去检讨，比当初李青在法庭上还虔诚。但李青给他的只有一句话：好自为之吧。”

1997年8月20日，张峰为了邵莉擅自将一笔6万元的款项借给二哥做摩托车生意而与她大吵一架，他说：“这个公司谁是经理？是你说了算，还是我说了算？”邵莉却理直气壮：“公司是我们的共同财产，我也有支配资金的权力……”。盛怒之下的张峰再也控制不住自己，他对邵莉拳打脚

踢一番后才息怒，但很快，他就被邵莉电话呼来的几个兄弟拳脚相加，打得鼻青脸肿，邵莉则回了娘家。

张峰的心境越来越差，公司的生意也无心去做。9 月 14 日他公司的一位副经理又抽出了入股资金，带走了一批业务骨干，这使张峰元气大伤，神志也变得恍惚起来。1997 年 10 月 3 日，他终于出了车祸，摔成骨折。在验血时，又发现患了乙肝，而且属于“大三阳”，他独自躺在医院里，整日给妻子打电话，但邵莉得知丈夫患了传染病后，连 BP 机也不回。

正是张峰四面楚歌的时候，他的前妻李青带着儿子来到医院，开始默默地照顾他生活起居。

在笔者去看望这位患者时，他表达了一种尴尬的意愿：他准备不惜一切代价去离婚，去吞下因婚外恋种下的苦果。他说：一切美好的情感，当你失去它时，才感到真正的可贵。目前他已请了律师，准备向区法院提出诉讼，他还预料到这场由情感间谍引发的家庭风暴，还可能是一场旷日持久的离婚大战……

五、爱的谎言，逼她逃到天涯海角

女主人公吕静，26 岁，大学毕业。当她用生命去尝试爱情时，却被一个骗子无情地愚弄了，最后带着一种空虚迷茫的伤感南下海南，去寻觅灵魂的“安息地”。

孙超，男，湖北某报社招聘人员，一个以“记者”身份出现的情感高手，当他骗取女大学生的爱情时，却难以摆脱家乡那 3.2 亩责任田和妻子儿女，他的灵魂在挣扎之中……

沉默，失意人情归何处

1970 年，吕静出生在一个山区的农村。她读书刻苦，成绩一直名列前茅。1988 年她以优异成绩考上了西南政法学院。为了庆贺，父母邀请了亲朋好友，杀猪宰羊为她饯行。并在家境十分困难的情况下，借债五千元将女儿送入了大学。

走进大学的课堂，浓郁的现代气息，使吕静感到新鲜、好奇！城市对她的诱惑太大了，置身于现代都市生活中，联想贫穷落后的农村，她心里产生着极不平衡的心理，为何同样生活在一个世上，城乡就有这么大的差距。她决心缩小这个差距，彻底地改变一下自己。从大学第二年开始，她不断地向家里要钱，一年要 1000 元至 3000 元。起初，她编造各种理由：社会实践，支援灾区，购买书籍等。在信中她明确向父母提出："我已走出了山村，这里的生活是另一种形式，我请求你们做出无私的奉献，我需要钱，我会在未来加倍偿还。亲爱的爸妈，你们会为有一个高贵的女儿感到骄傲，我又是山村方圆几十里第一个大学生。"她父母为了满足她的需求，省吃俭用，每年卖几头生猪，尽力满足女儿的学习需要，零花钱成倍增长，只要女儿写信，父母在所不惜。1991 年 7 月她父亲为了她的需要上山挖药材卖钱不慎摔断了一条腿，医生要他拿一千元钱住院治疗，而吕静的父亲嫌钱太多而未住院，只找一位乡村土医生治疗，结果造成病腿。

1992 年吕静大学毕业，根据她所学的专业，原以为可分配在政法机关工作，然而却被分配在一个区企业办公室工作。这对吕静来说，无疑是个不小的打击。

她懊恼、沮丧，她的同学当上了法官、检察官，而她只能做个小文书，她恨自己的命不好。她在日记中写道："我是一名大学毕业生，被置于自己不懂的部门工作，相反，一些不学无术的纨绔子女，却靠父母之权而选择工作，论知识我并不比谁差，如果我的父母是位局长或者厅长，我今日的下场也不至于此。"

这种对某些不公的愤恨，促使她向感情生活中寻找慰藉，她变得消沉，沉默寡言。

艳遇，粉红色的旅程

1992 年春节回家探亲。在归家的汽车上，她无心观赏风光，脑海里还在不断浮现近期不顺心的工作。

"小姐，你到哪里去？"车出武汉市后，一个男中音打断了她的沉思。这是一位近 30 岁的小伙子，人高马大，仪表堂堂。她先是一怔，不自觉地从脖子根红到脸颊，羞答答地回答道："回家过春节。""咱们同道，我也在武汉工作。"小伙子乘机介绍自己："孙超。"说着，从口袋中掏出一个本本："我在湖北 xx 报社工作，记者。我们家同住一个地区，还是老乡呢！"

吕静并未认真看那本本，但听他是记者，敬慕之心油然而生，在“记者”面前她除了羡慕外，并对他那一表人才也投以了赞誉的眼神，在车上二人交换了座位打开了话匣，从人生前途到家庭社会谈得很投机。分别前二人留下了姓名、家庭住址。

说实在的，孙超确实在某某报社工作，但只是一个雇佣的核校员。他家在农村，高中毕业后，因爱好文学经常在一些报刊上发表文章而被该报聘为合同工。春节本来有20天假，他回家后，眼前不时映着吕静的身影：高挑的身段，秀眼上架着一副金边眼镜，显得文雅极了。正月初三他迫不及待给吕静写了一封信，相约提前回武汉。吕静收到孙超的来信后，看着那流利的文笔，适当的语言，竟连读了三遍。她酌量着每个字，感到万分陶醉，这唤起了她的初恋。双方都未休完假，便迫不及待地提前回到了武汉。

正月初十，两人相见在吕静的住处。出双入对，互相倾吐着爱恋之情，不到一个月，两人便抱着不同的目的同居了，进入了“试婚”阶段。

吕静用自己的积蓄为孙超进行了包装：皮尔·卡丹的西服，火箭牌的皮鞋，连衬衣都换上了三百元一件的名牌。为了照顾孙超的生活，她每天起早到市场采购新鲜蔬菜，晚上总是提前下班，做饭洗衣，任劳任怨。一天，孙超下班骑自行车不慎把脚划伤，她见孙超的腿划了一条口子，心痛得不得了，又是给他包扎，又是帮他服药看医生，关怀备至。用孙超自己的话说，他今生无悔，只因与吕静相处了一段日子。在与吕静相处的日子里，他享受了家庭的温情。一次孙超说去湖南“采访”，时间为半个月，吕静听后竟哭得像泪人似的，为他清理行装，清早起床为他送行。十天后，孙超写信说，他将提前回武汉，晚上吕静捧着信，似见了人一样，反复看了数遍，高兴得彻夜未眠，早晨一觉醒来，早已过了上班的时间。孙超回来的这天，吕静特意清洗了被子，房子打扫得干干净净，并上街买了些孙超喜欢吃的东西，备了一桌佳肴为孙超洗尘。

然而，吕静并不是孙超的理想伴侣，他与她邂逅，只是被她的风韵所倾倒，只不过是在玩弄女性上耍了一个花招。他采用自己的小聪明，善于观言察色，利用了年轻女性单纯、幼稚的弱点和虚荣心，干些见不得人的勾当。他根本无权采访，只不过是为回家找了个借口。说实在的，他与吕静同居只是为了品味一下偷来的禁果，他在日记中写道：“我算是个文化人，我期望在我的传记里有一段粉色的回忆。”

谎言，美丽的面具

吕静一连几天感觉身体不适，厌食作呕，先以为是感冒引发了胃病，到医院一检查，已有身孕两个月。孙超只好请假陪同她到吕静家乡做了人工流产。

这是她第一次带男友回家。吕静的父母知道未来的姑爷是一名记者，又仪表堂堂，从其言谈举止看是一位才华横溢的后生，也感到十分满意，只是希望他们早日成家。而吕静对她父母说，他们已拿了结婚证，只是单位无房子无法结婚，为了工作暂不要孩子才回家流产，她父母深信无疑。

吕静回单位后，几次要孙超去办理结婚手续，而孙超总是借口以事业为重，想干出点成就后再结婚进行搪塞。吕静对此深信无疑，反正生米煮成了熟饭，结婚证只是一种形式，她看重的是爱情。

但吕静已被爱遮住了眼睛，对一切虚假行为反认为是爱情的兴奋剂。1994年春节前夕，在吕静的强烈要求下，孙超不得不带吕静回家探望“公婆”。腊月二十六日，他们乘车到了孙超居住的所在县，住在一家旅社，孙超声称去邮电局给单位打个电话告诉领导自己已顺利回家。过了半个小时，他快快不语，在吕静的追问下，他说领导要他明天一早就返回单位有一个重要采访任务非他莫属。带着敬意，他深深地吻她一下说：“亲爱的，感谢你，我一定向我父母转告你的一片盛情。”无奈之下吕静买了张车票一人回去了。1994年正月初三孙超又赶到吕静家给她的父母拜年，并一再声称这几天采访收获极大，写的报道得到了总编的好评，文章即将在《人民日报》的头版发表。他绘声绘色的吹嘘使吕静听得如醉如痴。她深信自己找到了如意郎君。

1994年4月16日，孙超接到电报，闻其父去世，噩耗把他弄懵了，吕静安慰他并主动请假陪同他回家料理后事。二人一同乘汽车再次来到了县城，刚下车孙超声称先到他父亲生前的一个好友家去看看，而要吕静在车站等他。吕静人生地不熟，在车站等了近一个小时，孙超返回来告诉她：父亲的好友说，按当地风俗未过门的媳妇不能参加公公的丧事。她又一次无奈地回家了，只好将身上仅有的500元钱掏给了孙超，要他向他母亲表示问候，回到武汉后她已身无分文了。

实际上，孙超已结婚三年，有一个女儿，每次名曰出去采访，实际在农忙两个季节回家帮妻子收割种地。他有 3.2 亩责任田，与吕静同居后，几次“采访”，都是帮助妻子收割稻谷，他一遍遍地对妻子说，辛苦你，你既要养老又要抚小，善良的美德在你身上体现得淋漓尽致。在妻女熟睡后他又伏案给吕静写信：“爱情是甜蜜的，尤其是相爱的人在一起，活如神仙；它也是一种兴奋剂，催人奋进。我们自相爱后，我享尽人间欢乐，少活十年也心甘情愿。今生今世我将永远爱你……”

出逃，破碎春梦

1994 年 9 月，吕静再次怀孕了，她想留住孩子，但被孙超拒绝了，不得已吕静只好做了人工流产。为此，两人就爱情的真实性问题发生了争吵，吕静扬言她并不是离开孙超的爱情就无法生存。孙超为此产生了一种危机感。1994 年 10 月初，他谎称出去采访。一个星期后，他连夜潜回居住地，因他怀疑吕静与一个邻居的租户浙江男子有染，半夜回来为了捉奸。结果赴了个空，但见房里多了个煤气罐，就询问吕静，为何还多了一个饭碗，吕静说当天因煤罐内无气又停电，就将那个浙江人的煤气罐借来做了晚饭。孙超听后大为不满冲着吕静发火。为此，二人闹翻了，一连数天吕静不归，孙超开始了围追堵截软硬兼施，扬言如果吕静不归便要弄得她声名狼藉，吕静害怕了，只好又回到了孙超身边。但好景不长，1994 年 12 月的一个星期天，吕静在翻阅书籍中，无意发现了一封信，她打开一看，如雷轰顶，当即差点晕倒。信是孙超的妻子写的。吕静这时才如梦初醒，她深感到自己被孙超彻底愚弄了。她欲哭无泪，此时又发现自己怀孕了，她恨他欺骗她。

1995 年 2 月，吕静与孙超大吵一架，只身逃回家乡，住进了乡卫生院。因医院条件差，技术又落后，做人工流产时手术不彻底，回到武汉又住进了医院，再次进行了刮宫，医生告诉她，她已经再也不能怀孕了，否则将有生命危险。在医院中只有眼泪陪伴着她，无一人去探访，她孤独极了。

但孙超仍是紧追不舍，他许诺自己马上与妻子离婚，今生今世再不离开吕静了。为了表示自己的“真心”，他向法院起诉，要求与妻子离婚。在孙超起诉中因妻子已身怀有孕，他们离婚化为泡影，他拿出起诉书向吕静说："看，我可是一片真心啊！"

吕静伤透了心，含泪吞下了自己酿的苦酒，她不得已转移了租房，而孙超放弃工作跟踪追击，在吕静新的租房继续纠缠，要求吕静再给他一次机会，孙超在希望已灭的情况下，以死相威胁，企图迫使吕静就范。1995年3月5日早上，他站在吕静租的房屋上，明知不会摔死人，就从二楼跳下，脸部被地面擦伤。带着脸伤，孙超睡在地上嚎哭，结果也未感动任何人。在孙超无休止的纠缠下，吕静深感其结局的不可设想，她伤心地说：我的爱情是杯苦酒，教训太深刻了。吕静在躲避无能的情况下，1996年元月只身逃到海南……

这出谎言搭就的爱情戏，注定会这样降下悲剧的帷幕：曲终人散，落荒而逃。孙超企图用爱情来扮饰自己空虚、贫乏的生活，而备受生活现实的煎熬，他只能躲在谎言的世界里偷欢逞强。而吕静却成了虚荣的俘虏。

粉红色褪去了，留下的只是一段苍白。

六、一位特级教师对家庭暴力的控诉

这是一起由女方起诉、其女儿坚决支持的离婚诉讼案，女方是湖北武汉市一所重点中学的特级教师，她几乎是声声泪字字血控诉了她作为一个家庭暴力受害人的悲惨人生。她说，我后悔当初为什么害怕戴上女"陈世美"的帽子而背了十几年枷锁，我的身心伤痕累累，今天，我要寻求一个女人的解放，恳求法官判决我离婚吧……

大龄时盼来的婚姻并不甜美

我是武汉市人，1949年6月出生，父亲曾是武汉大学法律系教授，民革湖北委员会委员，1957年他被错划为右派，下放到沙洋农场劳动，随即厄运连连降临。他因不懂农活，一次为棉花打枝时，将公母枝留"反"了，又被打成现行反革命，开除公职，转入潜江劳改，直到1962年才回到武汉。此时他又无事可做，全家5口人生活全靠我母亲一个月几十元的工资。在接踵而来的"四清"运动、"文化大革命"中，母亲也受到株连，不堪忍受压力，于1966年8月10日自缢身亡。1970年作为现行反革命的父亲，被街道下放到监利县农村，两年后，因脑溢血病亡。1968 年 12 月，只有 19 岁的我，作为第一批知识青年下放到监利县新沟区新场公社青龙大队。

少年时，我的理想是上大学，做一个像父亲那样有学问的人。因而，每天晚上，我都是在一盏昏黄的灯泡下苦读各种文化书籍。

1973 年，华中师范学院来监利招生，招生人员看了我用英语写的一篇短文，很是欣赏，但了解到我的家世后，他们抱歉地对我说："姑娘，你的家庭已不允许你上学了，还是安心在农村干吧，你要等待时机。"但机遇一次次从我眼前掠过，机遇似乎不钟情于我，与我同下放的 6 位同学，全部被招工回到了武汉。我痛苦过、彷徨过，但从未动 我上大学的信念。

我在农村一呆就是 6 年，正是用这 6 年的代价，我赢得了乡亲们的信任。1974 年，我作为可以改造教育好子女的典型被推荐上了监利县师范学校，两年后被分配到监利县白螺中学，每个月拿 24 元的工资。我一个人兼任语文、数学、英语的教学，每周 36 节课，工作繁重，但我毫无怨言。我知道，毕竟我是一位老师了，这个职业，比我整天泡在泥水里，简直像在天堂上，我很知足。

岁月还一点点淹没了我的情感。我的少女生涯也变得苍白，这 8 年，我曾有过几次恋情。在我 25 岁的那年，与一位家境不错的小伙子相识相恋，但很快他那当干部的父母出面制止了一场快成为婚姻的爱情。那个时代，对政治的选择远远大于婚姻。我至今记得那小伙子分手时说的一段话："你漂亮、正直、有知识，在我一生中永远占有位置，即使我们今生无缘，但愿来生相聚，我真心爱你，但又不能抗拒父母的压力，我的一生全仗父母的支持，如果背弃了家庭，我将痛苦一辈子。"

情感上的挫折似乎改变了我的性格。我感到了一种自卑与压抑，变得寡言少语。我渐渐放弃了回武汉的念头，准备扎根农村一辈子。

这时，我的身边已没有一个亲人，两个妹妹也去了江西五七农场随叔叔一道生活，我固然很想念她们，但经济上已无力承担我与她们的团聚。1977 年春节，我应母亲的一位挚友的一再邀请回武汉她家过年。这年的正月初四，我们高中的几位同学相聚时，我得知高中同学李凯也已 30 岁了，因调动工作等原因，一直也未结婚，在一些同学们的撮合下我们取得了联系。

我们二人只是高中同学，但毕业后十多年未见面，他的遭遇比我好多了，因为出身好，他虽1969年下乡在监利，但第二年就被招工到了孝感地区汽车修理厂。1975年又从孝感调回武汉，在一家造船厂工作。他不知什么原因，在婚姻上也受到了几次挫折，直到30岁也未成家。

我们彼此间有一种同情，更有一种相互慰藉的渴望，短暂的见面之后就是通信。那时，他一封封炽热的信，融化了我孤苦凄凉的心。我几乎无须去了解他，也对未来没有作什么考虑便答应了他的求婚。1977年6月，他从武汉赶到监利，在白螺中学与我举行了婚礼。

我紧紧地依偎在他的怀中，感到我的生命之船有了一个港湾。

失望中我找到了一条读书的道路

我们结婚不久，我发现李凯大男人气太足了，以致让人有些不堪忍受。记得我们曾婚后一道去云南昆明看望我的舅舅，一路上，他处处摆出一副大男人的派头，一切全是我张罗，稍有怠慢，他就一脸的不高兴。一次火车中途停站时，我又下火车去买吃的，上车时因扶一个老人稍慢了一点，他就当众羞辱我是“白痴”。我委屈得泪水直流，但又害怕坏了兴致，于是，强作笑容道：“急什么，你还怕我掉了车不是。”谁知他一听脾气更大，啪地一下把茶杯摔在地下。

从昆明回来后，他开始喋喋不休，说自己是一个根正苗红的工人阶级，这辈子算倒霉找了一个没有用的老婆，一个“臭老九”……蜜月期间，我们便有些不愉快了。为了我们的婚姻，我决定用女人特有的温柔来感化他，来表达一个妻子对丈夫的爱。在武汉，我总是将他带到朋友家串门。我的朋友多数是那种有教养的读书人，我想用朋友和睦的家庭气氛让他领悟到家庭的温馨。我回到监利后，也写信劝他做男人要大度、冷静。我说我能有这样的婚姻的确不易，我一定会加倍珍惜。

但李凯却每次都是一种嘲讽，他说：“我不做那种‘妻管严’的窝囊男人。”

在以后的日子里，怨天尤人，成了他的习惯，他在单位没有一个知心的朋友，仿佛这世上只有他自己。我几次在武汉联系工作，邀他一块去找人帮忙，他都拒绝。我说：“为人在世，总有一个求人的时候，何况又是为了我们夫妻早点团圆。”

1978 年 6 月底的一天，我到监利县城关去办事，无意在报刊橱窗中的《光明日报》上看到了一则消息：根据教育部有关文件的规定，凡是“老三届”的学生，因历史的原因，婚否不限，可以报考大学。

这一则消息，无疑给我打了一针强心剂，我无法通过正常调动回到武汉，但我可以凭借我的知识力量走另一条路。我赶回学校，在校长的支持下，我办了报考手续，而这已是报名的最后一天，结果，我如愿以偿，被华中师范学院物理系录取了。

我感到命运并没有亏待我，我的婚姻虽然有几分灰暗，但我毕竟在事业上有了新的起点。在学校，我发愤读书，常常读书到深夜，加上原来的功底，很快，我成为班上学习的尖子。

“当代陈世美”成了我心头上不堪忍受的压力

机遇圆了我上大学的梦，但我的婚姻却未能出现转机。我上了大学，李凯有一种危机感。他的同事们不断地开他的玩笑，有的说他一堆牛粪上插了一朵鲜花；有的警告他别把个如花似玉的老婆丢掉了……他的脸色变得很难看。

从此，他常为些小事同我吵架。我们当时是住的一个集体宿舍，我生怕别人知道我们吵架来看笑话，每次都是压低音量和他讲话。他发现了我的胆怯，总是三句话不对头，就故意大声嚷嚷，有时甚至打开房门，站在走廊上跟我吵，因此，我总是败下阵来，用沉默来抵制他。

我的忍让，使他得寸进尺，他开始规定我每天回家，不得住校，而且必须晚上 6 点前回家。1980 年底的一天，老师讲课延长了半小时，待我赶到家里，他就大发雷霆，说我一定是与哪个野汉子鬼混去了。我诚恳地对他说：“我已是 30 多岁的人了，你不要轻率地怀疑我，也要尊重我的人格。”话未说完，他就扑上来啪地甩了我几个耳光，打得我右眼充血，脸也被打青了。第二天，我无法去学校上课，我同宿舍的同学事后知道了此事，告诉了班主任，大家都很气愤，要来与李凯论理，但我却央求大家，他毕竟是我的丈夫，家丑不可外扬。1982 年夏天，我毕业前夕的一天下午，我手里提了一床棉絮，从学校回家，一个男同学碰上我，见我身怀有孕，走路不便，便主动帮我抱上公共汽车。哪知在学校大门口，他一见那位同学，便上前大声斥责那男同学行为不轨，我尴尬万分地去劝阻，那位男同学早已耳闻李凯的作为，便大声斥责李凯缺乏修养。李凯扔下自行车，又要动手打人，这下引起围观者的一片谴责。

严酷的事实，逼得我不得不考虑离婚。一天，我鼓起勇气说："让我们暂时分居一段时间，调整一下各自的情绪……"话还未讲完，李凯就威胁说："只要你提出分居，我就让你身败名裂。你能从监利回到武汉工作，全是依仗我这个靠山才实现的。我供你上了大学，没有我的武汉户口你也不会留在武汉……"我申辩道："我们结婚后，我是带工资上学，我没有沾你一点光，我如果能分配在武汉，是武汉的中学需要师范毕业的学生。你根本不是'救世主'，也没有什么值得我感恩报德的。"这席话更加激起了李凯的不满，他大声叫道："你不要以为读了几年大学就想当'陈世美'。我这个'秦香莲'也不是好欺负的。"此后他四处对人散布他是一个被当代女"陈世美"抛弃的劳苦功高的男人……一时间，周围的人有的在我背后指指点点，"这个女人大学毕业了，却要甩掉她的工人丈夫……"这对我是一个无形的压力，一直压了我许多年。

当时，李凯周围有一些不明真相的人纷纷为他打气："拖住她，不要让'陈世美'的阴谋得逞。""咱们工人也不是让别人说甩掉就甩得掉的。"当时，女人尤其是知识女性提出离婚，是很少得到支持和理解的。就这样，我只好与李凯勉强生活下去。

1982年9月23日，我生了一个女儿，女儿的出生未能使我的婚姻有任何转机。1983年春我大学毕业分配到中学工作，不久我的小妹妹赶来看我，由于我们仅有一间住房，我想留妹妹住一个晚上，请李凯去他父亲家住一晚上，哪知他不但不同意反而大骂我想赶走他是想让野男人来。我听不过耳，顶了他几句，这时他像一头发疯的恶狼，抓住我拳打脚踢，甚至连我妹妹也不放过。我们姐妹俩的哭喊声引起了学校老师的公愤，大家对他进行了严厉斥责。他只好去了他父亲家，但临走时将衣柜锁上，并拿走了购粮证。几天我们无法买米，只有靠邻居们的帮助才度过了难关。我终于忍无可忍，在1983年4月，第一次向武汉市某区人民法院提出了离婚诉讼。但最后由于孩子太小，双方组织出面做工作，加上李凯的"检讨"、"悔过"，我撤诉原谅了他。但李凯的德性和暴力行为仍无改变，他一不顺心，抓住什么就砸什么，拿着什么就用什么东西打我。我害怕同事们发现我被打的模样，有时为了遮丑，不得不戴上墨镜，尽量回避自己受家暴的事。在我的印象里，家，这个本该温馨无比的地方却演变了暴力的场所，我既要维护我为人师表的形象，又要时刻提防着李凯对我的动辄以暴力的虐待和凌辱，岁月就这样在凄凄惨惨之中流逝……。

1995年因我带毕业班，工作相当辛苦，加上家庭矛盾升级耗费了我很大精力。10月5日晚上9时，我正在备课，李凯要与我同床，我未同意，他发疯似的又是打又是闹，将我备课本撕了并打伤了我的左眼。为此，我第二次起诉离婚。而当时正值夏日我累病了，这几天，他细心地照料我，使我享受到一些温暖，在他的"软化"下，我再次撤了诉。

就是要当一次女"陈世美"

1995年底，因为企业效益不景气，李凯内退了。他平常除了上股票市场转转外，在家中饭来张口，衣来伸手，什么事都不做，一天到晚除了看电视就是睡大觉，稍有不顺心，就拿我出气。1996年春节，我的一位在深圳工作回汉探亲的高中同学邀请同学及家属聚会，我和李凯也到了场；我们这群20多年未见面的同学，见面后分外亲切，其中有个女同学指着我开玩笑说："当年的校花，长得非常漂亮，我们嫉妒死了，当时不知有多少男士追求……"

谁知这句玩笑话，引起了李凯的不满，他不顾众人挽留，站起来就强拽着我回家。一到家，他便大吵大闹，说我在高中时就有情人且现在仍然藕断丝连。我急得不知说什么好，当我面对这无端的诽谤而无法证明自己的清白时，他又大打出手，他那粗大的拳头直落在我的脸上，又将我的左眼眶打得充血。

1997年4月初，学校开学不久，我与另一位老师在学校的门口捡了个6岁的小女孩，我见小孩可怜，就将她带回家，给她洗澡，照顾她吃饭。李凯回家后，见小女孩穿的是自己姑娘的衣服，就大骂，说这是我在外跟野男人生的野种，他余意未尽，又跑到校工会找工会主席吵骂。无论别人怎么解释他就是咬定我有外心……

我这些年来，一方面在家里承受了巨大的痛苦生存着，另一方面我又用事业的成功来减轻心理上的悲伤。我被评上了特级教师，成为我所在的省重点中学的骨干教师。但我算得什么特级老师，我简直就是一个被"秦香莲"虐待了十几年的"陈世美"。我不知道我所有的成就和名誉对于我还有什么意义。1997 年 10 月 8 日，我们那一段时间因为吵架已互不理睬对方了，交流凭着一张张纸条，这天李凯病了，躺在床上哼哼唧唧，我毕竟是妻子，便动了恻隐之心，下午出去为他买药顺便办了其他一些事，回家已是晚 9 时多。可当我走到离家不远的地方时，李凯突然从一暗处窜出，吓得我几乎昏了过去。他这时却急忙赶回家，把门锁上，我只好叫女儿开门。当门还未完全打开时，我的脸上挨了几拳，眼睛被打肿。他一边打一边叫："我让你去外面撒野，打死你这个贱妇。"我手上拿的药全撒在地上。第二天，我不能去学校讲课了。1997 年 10 月 13 日，我在女儿的支持下，第三次向法院起诉了离婚。1998 年 2 月 3 日在法庭上，我宣读了诉状，并拿出姑娘的声援书，要求法院为我解脱精神上的痛苦。我说，我起诉离婚的这个时期，正值我姑娘中考前夕，说实话，我也知道可能影响女儿的中考，但她在这样一种充满暴力的家庭，怎能安心学习？我想为了早日结束家庭暴力，免受身心之苦，也早日让女儿有一个安静的学习环境，我只能走出这一步。我恳求人民法院为我做主，就是这次法院不判决我离婚，再过半年我还会起诉，一直起诉到离婚为止，一直起诉到我生命中止的那一天……

七、婆婆啊，你该如何面对长眼的儿媳

这本是个不该发生的故事，然而谁能想到，生活的饱暖和安逸竟无端的使人多疑的本性张扬起来，于是悲剧就这样不可避免、接二连三地在一个小家出现了……

在离城区只有 30 多公里的市郊，住着一户祁姓人家，三代同堂，上慈下孝，团结和睦，一块"五好家庭"的匾牌常年挂在门上，十分显眼。邻里都知道这是一户模范家庭。可是不知何故，祁家的一棵独苗已二十有五，论长相，仪表堂堂，风度翩翩；论才智，高中毕业，聪明能干；论家境，生活富裕，独苗继业。与他同龄的人，大多成家立业，而他至今还是独身。每当熟人侃家常，婆婆总是不失时机，托人说媒，说自己三十有余才得一

子，祁家的烟火全靠他一人支撑。但是，事违人愿，儿子多次相亲，不是高的不成，就是低的不就，相识不结缘。随着儿子的年龄增大，婆婆的心病不断添忧。

世上之事真是无巧不成书。1990 年在一次赶集时，不知是什么缘分，婆婆相识了一姑娘，二人在集上谈得很投机。

一天，结伴返程时又碰上了雨天，姑娘只好随婆婆到家避雨，一来二往，1991 年终于促成了儿子的百年好合。

这姑娘就是后来的儿媳。

儿媳进门，砸破醋罐

婆婆促成了儿子的婚事，皆大欢喜。儿媳既漂亮又贤惠，粗细一把手，深得全家的喜欢。婆婆为自己娶了个好儿媳高兴得逢人便夸自己前生积了德，今生为儿子娶了个天仙女；公公心想自己一生无女，儿媳是自己的终身所靠，待她比亲生女还亲。别人说新娶的媳妇三天客，而祁家几年来却一直视儿媳为稀客，不管轻重活计，从不让她先动手，好吃的让儿媳吃，新衣服让儿媳穿，甚至早中 饭都是婆婆亲自下厨。只要儿媳过得好，祁家就心满意足了。

儿媳在怀孕期间，公公更视其为掌上明珠，早晨要婆婆煨汤打蛋，上要婆婆买肉加餐，只求儿媳为祁家嗣香火。一次儿媳动手帮家里搬煤，公公看见后把儿子骂了一顿。公公不管大事小事都不让儿媳动手，事事关怀，像一位慈父。可是，日久天长，婆婆心中起疑：是否老伴心术不正，怀有他意？她越想越觉不对劲，认为自己娶的是儿媳，而不是供品，不能太娇惯。而老伴这样宠爱只会娇纵了儿媳，因而，越发引起她的醋意。从 1994 年开始，她不时寻衅挑事，不准老伴单独接触儿媳，甚至不让老伴从儿媳怀中抱走孙子。有一次，老伴进城返家，在门前从儿媳手中抱过孙子，同儿媳一起进屋，婆婆见后，对老伴风言风语地说：“哟，你出了门，还有人在家望呢？”说得公、媳骑虎难下。有时她抹抹脸上的皱纹，看看头上的白发，比比年轻的儿媳，总自寻烦恼，挑起事端，制造矛盾。

为了证实自己的猜测，婆婆开始了一系列的跟踪活动。1994 年儿子外出做生意，只要公公与儿媳同时下地劳动，婆婆总要疑神疑鬼，下田插秧，只要儿媳挽袖卷裤，婆婆就疑是在脱衣服，总躲在旁看个究竟。有一次，婆婆躲在田旁一直守到中午，顶着日晒，忍受蚊咬蚂蚁爬的折磨，又渴又饿，最后还是一无所获，搞得老伴回家无饭吃，孙子寄养在邻居家哭成泪人。有时老伴晚上出外串门，她像丢了魂，坐在卧室，守着儿媳熄灯，等待老伴回房。半年下来，愁白了发，累出了病。

一次一次的失败，一次一次的扑空，婆婆并不甘心，决心以自己的行动弄一个“水落石出”。

乔装老公，“强奸”儿媳

1994 年 8 月 17 日，天气格外晴朗，酷热并未收敛其淫威，土地被太阳烤裂，等待解渴的甘雨。夜半时分，人们被这闷热的空气搅得不能入睡，三五成群的躲在阴影下乘凉，各自侃着东南西北的新鲜事。市郊祁家也像散了席的客人，各奔东西。这天公公又到邻居家打牌去了，儿媳带着孩子已进入梦乡，婆婆关掉电视机，守着空房感到无聊，想前虑后，总觉人生是一杯苦酒。她越想越觉不是滋味：为何人要老而不能永葆美丽青春，永远年轻？老伴会不会接受新的信息赶时髦？她越联想越觉老伴与儿媳有那个事儿。望望窗外的灯光，看看摇荡的树技，她想想老伴近日的行为，越发觉得可疑。她躲在厨房门后，注视着儿媳的卧室门，观察儿媳屋内的动静，认为老伴名为去打牌，实想与儿媳私通，决心今天一定要捉双。可是一直守到凌晨，站了几个小时，眼皮直打架，腰发酸，腿发软，还未出现任何疑点。她伸了伸腰，刚要抬脚，突然窜出一只猫，“咪”的一声把她吓了一大跳。她叹了口气，自觉无趣，准备回房休息。但转念一想，今天不能白费劲，一定要抓住老伴与儿媳的证据。她绞尽脑汁，还是不甘心情愿就此罢休，决定孤注一掷，要用自己的行为考验儿媳的贞洁。她走到卧室里，换上老伴的衣服，学着老伴平日的装束，头上缠着毛巾，口叼一根旱烟袋，到堂屋拉掉电匣刀后，拨门来到儿媳的床前，掀开被单，故意深吸了几口旱烟，借助一闪一闪的烟火，在儿媳的身上从上至下触摸。就在这一瞬间，儿媳惊醒了坐起来，先伸手拉灯未亮，然后用左手直捣来人的脸部。在黑暗中，儿媳借助抽烟的火光，发现来人的装束，断定系自己的“公公”，便求饶道：“爹，你不能这样，你这样做对不起你儿子，对不起你的孙子，你……你不能这样……”儿媳乞求着，不知是哀求的作用打动了婆婆的心，还是怕事败露，婆婆便仓皇逃出进入自己的卧室。她喘着粗气，感觉脸部疼痛，伸手摸了摸被划破的伤口，陷入了沉思。不知是后悔，还是反思，她在床上翻来覆去睡不着，生平第一次失眠了。

屋里异常寂静，只有钟摆嘀嗒嘀嗒地响着。儿媳被辱后，哭肿了眼睛，她恨公公，更怪丈夫只顾赚钱。第二天天刚亮婆婆还未起床，她就对婆婆说有事去找丈夫，怀抱小孩出门了。儿媳刚出门，婆婆也慌忙起床连早饭都未吃就走亲戚去了。

公媳同日入殓，疯婆哭双柩

公公在邻居家与牌友鏖战了一宿，太阳升起来后才回家，心中还在为“结交”了几个“孔方兄”高兴得意，回家后既未发现老伴，也未见到儿媳，虽感到蹊跷，但未十分在意。过了一天，儿媳带着儿子回家了，公公刚起床，儿子上前伸出巴掌就是三嘴巴，并骂：“你这个老不死的东西，敢欺负自己的儿媳。”父亲被打得莫名其妙，但儿子还不解恨，还在大声诅咒。于是两人打了起来，邻居们闻讯而来。劝架人不明事因，有人说，这老人一生忠厚正直，助人为乐，平日连小孩都不得罪，为何被儿打；有人谴责儿子鲁莽，有人指责儿媳挑拨父子关系；有人交头接耳，说儿媳未过门前，祁家幸福美满，自儿媳过门后，祁家成了多事之秋；也有人声讨社会风气不好：现在一个老子养活十个儿子，十个儿子养不活一个老子。儿媳是婆婆，婆婆变佣人……一片议论声，一片谴责话，总算平息了这场风波。父亲被这突如其来的巴掌打懵了，自己一泡屎、一泡尿地含辛茹苦，把儿子拉扯成人、娶媳立家，却被儿子打嘴巴，他越想越气，越想越不是滋味，转身进房拿了根绳子，悬吊在卧室的一根檩条上……

他走了，带着恨，带着不明的原因，死不瞑目。

公公死后，人们的一片谴责声都集中在儿媳身上，有人当面问罪，让她把事情讲清楚……

儿媳面对眼前的事实，受不住压力，心想自己被辱反被问罪，哪有天理，她伤心得哭了。她看看顽皮的儿子，想想深情的丈夫，泪水像断了线的珍珠，她该怎样回答亲戚的责问，又如何解释前天晚上发生的事情呢？

她从来没有受过这么大的委屈，怎么想也想不通，只恨公公做事荒唐，只恨自己今生为女人。她抱过儿子亲了又亲，对丈夫瞧了又瞧，猛地走进空房，拿起一瓶农药喝了个光。

她带着不解之迷死了，带着遗憾走了，死在了医院。

村干部来了，公安人员接到报案后也赶到现场，在调查询问中，一些疑点引起了公安人员的注意。为何婆婆早上出走？邻居证实公公打牌一夜未归而旱烟袋又是怎样到了儿媳的房中——当公安人员找到在外走亲戚的婆婆询问时，发现她脸上有抓痕。面对事实，婆婆才说出了事情的真相。当其得知老伴因涉嫌“强奸”儿媳而自缢，儿媳不堪压力而自尽后，悲痛欲绝。

她痛恨自己草率从事，也无法接受眼前的事实，哭着、哭着竟一头撞在老伴的灵柩上，头上的血直往下淌。“是我害人，是我——”她后悔，后悔不信任几十年同床共枕的结发丈夫，凭着想象制造事端害死了老伴和儿媳。突然，她大声地狂叫了起来：“是我……”然后语无伦次地向田野奔去——

她疯了，再也未回首看双柩。婆婆啊，你如何能面对长眠的儿媳？

一个令人羡慕的幸福家庭就这样被无端的悲剧给毁灭了，触目惊心的结局难道不值得人们深思吗？猜疑，在日常生活中并不少见，可它的隐患却几乎不为人所注意，请记住，人与人之间的信任是融洽相处的前提，更是家庭和睦的基础。

八、一个失去良知的舞女

珍珍排行老三，在三姊妹中，她是父母的掌上明珠。从小养成了任性专横的性格，就连几个哥哥也怕她三分。在上山下乡的年代里，两个哥哥均镀过金，唯她高中刚毕业，1974 年顶母亲的职，进入 W 市一国营企业，当上了一名会计。在工厂里，会计可是许多人羡慕的差事。众人相捧，更促成了她的清高和傲气，遇事不闹就不罢休，逞强的个性让男人畏惧，让女人避而远之，已 28 岁的年龄，婚姻仍无人问津，即使个别降低条件的大男子，闻其独尊后也摇头。连她自己也不明白，1.62 米的苗条身段，长相也好，为何许多条件差的同龄人连小孩都几岁了，自己却仍孑然一身。她困惑过、反思过，但终未找到答案。

后几经周折，珍珍与本厂一老实工人甘家宽结婚，1986年，他们有了自己的女儿。甘家宽在性格上有些“懦弱”，常常引起珍珍的不满。他不是珍珍理想中的男人，因为他既不喜欢抛头露面，也不喜欢阿谀奉承，是一位循规蹈矩的老实人。

改革开放后，舞风在中国大地上风起云涌；许多人以舞起步，开始了男女间的交往，这种交往，也不免带来了一些负效应。人非草木，男女交往多了，家庭的港湾也容易泛起波澜。

珍珍是个眼高手低的人。从小她想当演员成明星，而现实把她的理想变成了幻想，寄人篱下使她心里总不平衡。性格外向又不能使她安分守己，当舞风在社会上盛行时，她已是一位舞蹈教员了，不管是工厂组织的，还是被人邀请的，只要音乐响起，她就情不自禁，心旌摇动，翩翩起舞，从始到终，深夜还流连忘返。久而久之，她有了舞瘾，只要一下班就往舞场赶，家庭什么事她也不管。

开始，她只是在工厂与工厂之间赶场，随着舞厅的兴起，不是豪华舞厅她不去，常常深夜不归。在相对固定的舞伴中，她结识了一些三姑六婆，在灯红酒绿中，她将工作视为儿戏，将家庭视为累赘，将丈夫视为绊脚石。有时对家人讲，工厂忙需要加班；有时又称娘家的父母病了需她去照顾；有时又以搞“三产业”为由深夜不归。

最初，甘家宽并未在意，深信妻子的话。就是妻子深夜回家他也无怨言，深信妻子为这个家付出太多了。妻子什么时候归来，他都问寒问暖，有时妻子已进入梦乡，他还为妻子清衣、洗袜，承担了全部家务。一天，妻子又称其母病晚上不能回家。甘家宽下班后接上学的女儿回家，发现女儿发烧，将女儿带到医院去看医生。碰巧，从公共汽车上甘家宽看见妻子正与一个男人手挽手在街上走，女儿看见后大声喊：“爸爸，那是妈妈。”甘家宽看见他们亲热的样子，觉得无地自容，迫于病重的女儿，只好忍气吞声。甘家宽发现妻子所谓加班其实是在撒谎。

甘家宽发现这个秘密后，想跟踪弄个明白，但因家务事太忙，女儿又无人照顾，心中的苦处只好打掉牙往肚里吞。

数月过去后，妻子变本加厉，隔三差五昼夜不归，有时单位也不见她上班。即使上班，不是迟到就是早退。珍珍的一些不良行为在单位闹得沸沸扬扬，有不少朋友劝甘家宽要管管妻子。在内外压力下，1995 年 9 月 14 日下班后，他到妻子的上班处，见她下班后往回家的反方向走，甘家宽明白今天妻子又不会回家，便在后跟踪。转了几个弯，见妻子与一男人坐上的士跑了。凌晨一时许，妻子拖着疲倦的身子回家了。这一次甘家宽对妻子发火了："你今天到底到哪里去了？"珍珍被眼前的一幕搞懵了，从来都是软弱的丈夫不知今天是否吃了豹子胆，竟敢发怒。她刚要发狠，甘家宽伸手就是两拳，打得珍珍眼冒金花，连退了几步。她像一头母狮，要与甘家宽拼命。甘家宽火上加油，又连打了她几拳，吓得女儿在旁直喊叫。这一打不要紧，正好给珍珍找到了不回家的借口。

家庭失去了凝聚力，感情的漩涡自然像一团星云，飘浮不定。因过度的夜生活，珍珍上班丢三落四，一部公用电话成了她与舞伴聊天的工具，甚至未等下班就提前往舞厅赶，群众反映大，领导对她也多次批评，但她却无动于衷。1996 年，随着企业的深化改革，她成了第一批下岗的年轻女工。

下岗不仅没有给她以危机感，反而她觉得更加自由自在。无约束的生活，使她更加放荡。她在外租了一间房子与舞场结识的赵伟过上了"夫妻"生活。赵伟本是一个浪荡公子，与珍珍同居也不过是逢场作戏。他家有贤妻，又有一个 10 岁的儿子。论长相，他妻子比珍珍漂亮；论才华，他妻子是街道干部，能说会道。与珍珍鬼混，用赵伟自己的话讲，只不过是在感情的漩涡中讨到一份慰藉，珍珍也看出了这点，不得已她又转向了新的目标。

甘家宽见妻子下岗，为了免除她的失落感，便主动向珍珍赔不是，承认自己打人不对，并保证不再发生类似事件。为了证实自己的诚意，为了解除妻子的寂寞，在家境十分困难的情况下，出几百元钱为妻子买了一条哈叭狗。但这一切都未收回妻子的心——舞厅才是她向往的地方。

为了收回珍珍的心，甘家宽想了许多办法，以情动人，以诚换心。可是，甘家宽的一切付出都是徒劳的。珍珍除了无理吵闹，还常以家中锅碗为出气筒。无奈之极，甘家宽只好劝妻子去参与赌钱。他曾手把手地教，也曾故意要人输钱。只要妻子不去跳舞，他给她做牛当马都可以，甚至为了妻子有赌资，甘家宽除节假日加班加点外，业余时间还摆起了摊。三元五元，珍珍觉得不过瘾，没有一月，舞场的磁石又将她吸了去。万般无奈，甘家宽只好再次跟踪。1996年5月23日凌晨，在汉口火车站旁的一租房里，甘家宽将妻子和一男人拦在房中，不是旁人闻讯拉架，险些打出人命。为此，珍珍以夫妻感情不和、家庭暴力为由诉至法院，要求离婚。

在舞厅，珍珍又结识了一个帅哥，两人成了无话不谈的朋友，不到一个星期，她就进了那男人的一间租房……

他们俨然一对夫妻，但每日都是来去匆匆，她只知那男士叫解东京，在一家广告公司工作。一天，珍珍与解东京又风风火火地赶到租房处，解告之珍珍，要她与一个广告公司联合，拍一个束身腰带的广告。珍珍闻此消息后，高兴得直跳，深深地亲了解东京的脸，连声说："只有你懂我的心。"

的确，从小就想当电影明星的珍珍，有这一次拍摄电视广告的机会自感身价倍增，见到朋友就炫耀，又是给亲人打电话，又是给故友写信。一段时间，她那"束身腰带"的广告把自己抬得神魂颠倒。她自我感觉良好，加紧了自己的离婚速度。为了达到离婚的目的，甘家宽提出的什么条件她都依从。为此，两人达成了三条协议：

1. 双方离婚后均不得再婚；

2. 珍珍必须每月回男方家四次与其共同生活；

3. 珍珍生是甘家的人，死是甘家的鬼，甘家的父母死后，珍珍必须以儿媳的身份披麻戴孝。

协议达成后，1998年3月26日，两人正式办了离婚手续。

谁知，几秒钟的广告，在电视里播了数月，广告商除了给她1条一文不值的束腰带外，劳务费分文未给。如此义务演出，她成了熟人茶余饭后的话柄。有的还笑话她，"这么丑，还做广告，既浪费表情，也丑化了电视节目。"一些非议，加上报酬落空，使珍珍的自信心受到了极大的打击。

两人协议离婚后，珍珍高兴得不得了，并及时将这一喜讯告诉了解东京。解闻之后，觉得太可笑了，自己本是逢场作戏，根本没想娶珍珍为妻。晚上，解东京又来到珍珍的租房内，行乐后，珍珍撒娇地问解东京什么时候娶她，解东京以自己明天要与客户谈生意为由推辞走了。而珍珍走火入魔，三天两头电话追踪解东京，解今天推明天，明天推后天，搞得珍珍像热锅上的蚂蚁，坐卧不安。珍珍为了达到目的，就公开向解东京的爱人单位和家里打电话，企图要挟解东京。但几个月的付出终告失败。一天傍晚，在大街上，她见解东京与另一女人从一旅社出来，追上去就对那女人说："他是我男人，你为何勾引他！"解东京被这突如其来的情况惊呆了，等缓过神来，他对珍珍说："我根本不认识你，神经病！"珍珍气得直发抖，本想在众目睽睽下大闹一场，一辆的士已将解东京与那女人载走了。

离婚后的头两个月，珍珍按协议每月回去 4 次履行"妻子"的义务。但从第 3 个月开始，珍珍就拒绝履行承诺，即使回到甘家宽的住处，也与女儿同床。

1998 年 4 月中旬的一天，甘家宽为了掌握珍珍不执行协议的证据，凌晨 3 时在珍珍的住处捉了一双，甘家宽愤怒之下，将珍珍与那男人打得头破血流，并拿出刀对珍珍进行威胁。

珍珍也感到这样下去不是办法，她除了不断地调换租房外，并将自己的一个女友介绍给甘家宽，甘开始未心动，还是不断追逐珍珍。珍珍在外躲了半年，甘家宽才死了心，与珍珍介绍的那女人好上了。交往中，甘家宽发现这女人不仅比珍珍长得漂亮，且善解人意，经过一年的接触，1999 年 8 月两人正式领了结婚证。

珍珍在解东京的帮助下，几次换租房，总算躲开了甘家宽，也了结了她的心病。她加快了行动，不断缠着解东京，要他离婚。解东京为了脱身，以帮珍珍找工作为由，先后 3 次介绍珍珍到餐馆打工，都因珍珍吃不了这份苦而告吹。1999 年 3 月 13 日上午 11 时许，珍珍打了解东京的 BP 机，在无回音的情况下，只好回到解东京的租房，她拿出钥匙打开门，见解东京与一女子正在床上。眼前的事实把珍珍从梦中唤醒——解东京并不爱她，他只不过是一个玩弄女性的骗子。

她哭了，走在街上孤零零的一个人。她想着已 14 岁的女儿不愿见她，看着甘家宽已有贤妻，她低下了头。她开始对自己的所作所为有所反思，她认为她的良知丢失在舞场上了，空虚的灵魂又被魔鬼所吸引，从而走向深渊。她漫步到自己住了近 10 年的房前，伫立在风中，望望那熟悉的房屋，想着那熟悉的面孔，听着那熟悉的声音，该说什么呢？一切都无法换回了。

九、丈夫与姨妹同谋，妻子惨遭毒手

她比他小 22 岁，站在同一被告席上俨然父女俩。一个身段苗条，一头披发，眉清目秀，不过 20 岁，纤细的手指，衣襟的装束，看不出她出生在山区的农村；一个蔫头蔫脑，除了身材高大，一张宽广的前额外，头发已渐白，脸上布满皱纹，显示他已过不惑之年。

女的叫曾祥菊，男的叫马大华。

曾祥菊 8 岁那年，其姐姐曾祥卫与枣阳市蔡阳乡的马大华结婚，她因家境贫穷，缺衣少食，便随其姐姐来到马大华家，长期在一块生活。她视姐夫为父亲，十分尊敬。其姐姐曾祥卫像母鸡护小鸡一样，在生活上对她关心备至，精神上安慰体贴，使她享受了人间的温暖。

儿时的她，姐夫并不喜欢，常指责打骂，一次吃中饭时，侄子的头在地上撞了一个包，姐夫怪她没照看好，将她头部打出了血，她姐姐为此与丈夫吵了一架。随着岁月的流逝，曾祥菊渐渐长大了。她身材匀称，桃红的瓜子脸蛋，雪白的牙齿，乌黑发亮的头发，以及不高不低挂着一对媚人的大眼，有着一种迷人的美丽。马大华对她早已垂涎三尺，常常眼直心躁，一有时机，就对她进行挑逗。使她感到羞涩，拘束不安。但她一想到姐夫的恩惠，想到他平时的关心和体贴，慢慢也就习惯了，而且尽量迎合姐夫的心意。

1984 年秋，曾样菊刚 16 岁，一天深夜，马大华在妻子熟睡之时，摸进曾祥菊的房间。她既感到突然，又不意外，她在房门被推开的一瞬间就意识到是他。此时，两颗变态的心紧紧地拥抱在一起，一个滑向了罪恶的深渊，一个过早地偷食了禁果。此后，一发不可收，二人频繁接触，放荡不羁，当其姐姐发现并对他们的秽行进行指责时，马大华竟大打出手，曾祥菊也经常挑拨、唆使，多次借故与其争吵，并不准马大华再与妻子同居。

曾祥卫无奈，多次可怜巴巴地对曾祥菊进行规劝："爹死得早，妈起早贪黑，拉扯我们几姊妹，后来实在不能养活我们，只好改嫁，是我将你养这么大。一次为你治病，我深夜背你走了 50 多里路，因身体虚弱，过度劳累，造成小产……请你看在侄儿侄女的份上，看在我们姊妹的情上……"

姐姐说得泪流满面，用乞求的目光祈求她，真心实意爱护她，而她，不仅听不进去，反将姐姐当情敌，恬不知耻地站起来叫道："我爱他！"

她不懂得，在我国性爱是有严格的界定的，必须在法律或风俗习惯允许的情况下，才能受到认可，超越就是违法或者犯罪，乱伦或淫乱的性爱，必遭千古唾弃。

曾祥卫在劝说无效的情况下，又找母亲出面做工作，但曾祥菊已鬼迷心窍，不仅一句也听不进，连母亲给她介绍的对象也一一拒绝。

从16岁到19岁，先后三次怀孕堕胎，但一次比一次更失去羞耻之心。

16岁那年第一次堕胎，她痛苦过，睡在床上，一串串的泪像断了线的珍珠，她发疯似地咬着被角，她恨过他，觉得世间一片灰色，自己不知眼泪为什么要涌出来。然而，她并没有从羞愧中醒悟，而是一步一步地往下滑，更加放荡。在第三次堕胎时，她已堂而皇之，泰然处之。

她简直成了一头"母山羊"，情感、嫉妒、性欲、欢乐都集中在马大华的身上。她听不进任何忠告，这种非法关系由半暗半明逐渐变为公开化。群众的指责、母亲的漫骂、姐姐的劝告，对她只是耳边风，她越陷越深。1987年10月，她第四次怀孕，并拒绝堕胎，也不嫁人，逼着马大华"想办法"解决。马大华为了达到与曾祥菊结婚之目的，即起杀害妻子曾祥卫之恶念。同年11月20日，马大华将准备杀死妻子的事告诉了曾祥菊："今天务必将你姐姐弄死。"曾祥菊听后无任何反应，实际已表示赞同。深夜，马大华趁妻子曾祥卫熟睡之机，拿起床边事先准备好的一根铁棒，朝曾祥卫的头部猛击，曾祥卫呼救，马大华更是持棒连续拼命地照曾祥卫的头部猛打，致使曾祥卫颅脑严重损伤当即死亡。马大华连夜隐尸灭迹，并将杀死曾祥卫的经过告诉了曾祥菊。次日，曾祥菊将马大华未洗尽血迹的被子又进行了一次清洗。

在曾祥卫死后，马大华和曾祥菊到处散布"她到武汉看病去了"的谎言。为了达到欺骗群众的目的，马大华还多次到枝城等地佯装寻找妻子，企图移花接木。

一晃半年过去了，曾祥卫杳无音讯，好心的人们无不叹惜，疑惑不解。

1988年4月6日和27日，曾祥卫的表姐刘某向枣阳市公安机关举报："曾祥卫于1987年11月21日突然失踪，活不见人，死不见尸，怀疑是马大华和曾祥菊合谋杀害。”公安机关于5月2日派员调查，马大华和曾祥菊均供述曾祥卫出走到武汉去治病去了。但群众反映，曾祥卫去看病决不会四五个月无一点音讯。而且曾祥卫刚一走原来睡的床也不见了。据此，公安人员认为马大华作案嫌疑甚大，1988年5月30日将其收审。直至7月上旬，经多次审讯，均无所获。在审讯中，他编造谎言，拒不认罪。

假的终归是假的，狐狸再狡猾也逃不脱猎人的眼睛。1988年7月21日，公安机关在第二次收审马大华的同时，对曾祥卫的住处进行了详细勘查。发现：在曾祥卫睡床的三周墙壁上、被拆掉的木板床上均发现了血迹，并附有刮刨的新鲜痕迹。同日下午，经突审曾祥菊，其交代了马大华的全部犯罪经过。22日，根据曾祥菊的交代，在马大华家门前的椿树窝泥坑内挖出一具女尸，左邻右舍还能清楚地辨出此尸体就是曾祥卫。

7月27日根据马大华的交代，分别在其菜园里门前的泥坑内挖出附有血迹的被套、枕头和铁棒等物证。案件终于真相大白。

1988年12月28日，襄樊市中级人民法院在枣阳市人民广场召开了两万余人的公判大会，遵照湖北省高级人民法院死刑执行命令，将马大华绑赴刑场，执行枪决。曾祥菊明知马大华杀人并帮其毁灭罪证，又编造谎言欺骗公安机关，为马大华开脱罪责，情节严重，其行为已构成包庇罪，被判处有期徒刑五年。

十、一个寡妇与两个鳏夫

他身材矮墩，头大腿细。一对半睁半闭的斜视眼，镶嵌在宽大的前额下，与歪斜的嘴巴上下对应；低隐的鼻梁，衬托着满脸的横肉，一副凶神恶煞的面孔。

他姓董，名锦普，郧县高庙乡杨家河村人。1947年出生，虽生不逢时，但新中国成立后还是上过几年的小学。在一个文盲充斥的穷山沟沟，他还算是一个秀才哩，什么家信对联红白喜事，总有他发挥才能的机会，但不知是基因遗传的缘故，还是饭不饱肚的缘故，年岁虽一年大一岁，但怎么也逃不出孩子的圈圈，1.5米的身材使他只好加入了光棍儿的队伍。

天无路，人有情。1967年王某年仅23岁就守了寡，三个小孩，在大集体里，人口粮加工分粮，生活过得虽艰苦，但还能过，但联产承包责任制后，一个寡妇带着三个未成年的孩子，生活显得更加艰难，耕田耙地处处求助于他人。同村的单身汉董云，虽大她8岁，但身体健壮，1.8米的个头，干起活来力大无穷。在王某的丈夫去世后，他长期帮着干一些力气活，尤其是联产承包责任制后，耕田犁地，担水打柴，均由他一手包干，一来二往，二人产生了感情。他俩的关系已是公开的秘密。她也多次想名正言顺地嫁给董云，但因多种原因，直到47岁，也未能如愿。二人长期过着明来暗往的生活。

她对董云一往情深，董的鞋袜垫底，拆洗缝补，家务料理，均由她操办。董云自与她相好后，改变了过去那种不修边幅的习惯，出门风风火火，进门蹦蹦跳跳。十多年来，他们二人虽非夫妻而胜似夫妻，遇事有商有量，年关小节、生日寿辰，张罗亲朋，二人总是暗中相助，生活安排得得心应手，俨然一对模范夫妻。

董锦普是董云的远房堂弟，又是邻居，却无事生非，只要王某与董云在一块，他就“醋性”大发，好像王某是他之妻，并多次跟踪、威胁王某离开董云。

其实，醉翁之意不在酒，董锦普之目的，是企图将王某置于自己的怀中。他不知多少次，在路上拦、门口堵，意在发泄兽欲。有一次，他得知董云去商店买化肥去了，便窥视王某的动向，他知道到商店往返有80多公里，要背上百十斤，回家非到半夜不可。早上9时许，他便摸到王某家，敲打窗户，王某以为是董云回来了，即刻打开窗户，在从窗户射出灯光的照映下，她发现来人是董锦普，当即对他进行了斥责，骂他不得好死，而董锦普却厚颜无耻地在窗户外嬉笑，用语言对王进行调戏。

王某痛骂起来，骂声惊醒了几个孩子，从被子里起来了。董锦普见状，只好夹着尾巴怏怏地走了。

在回家的路上，他越想越气，越气越恨董云。他对前后过程进行了联想，什么前几天与某某吵架是因董云所致，什么王某不理他，也是因为董云的存在。他发誓：董云不让他好过，他就不让董云好过。

1987年春，王某见别人的小麦即将播完，而自己因无耕牛，麦种还装在仓里，心急如焚，她找过许多人家，均因麦种未播完，牛不能借用。只有董锦普有空闲的牛。为了孩子，为了生活，她只好硬着头皮无可奈何地找到董锦普。

"爷！"王某带着二姑娘进了董锦普的家。

董锦普见是王某。心中不知多高兴，但还是装着爱理不理的样子应了一声。

"爷！你是长辈，看在我几个孩子的份上，想将您的牛借耕一次。"王某低着头求他。

我又不吃人，借条牛还用得着几个人来？董锦普心中不悦。但他眼皮不眨地直盯着王某，心里策划着：

"好说！好说！明天天不亮，你一人来将牛赶到山上去喂，你一人……"董锦普连说了几声，生怕王某没听见。

王某心里明白，借他的耕牛，就会受他的欺，不借，一年之计在于春，她恨自己的命苦，晚上睡在床上，她越想越伤心，眼泪成了她无言的仇恨，往事也历历呈现在眼前：

那年不到20岁，就嫁给了自己的丈夫，丈夫勤劳，为人和蔼慈祥，男耕女织，和睦相爱，出门双双，进门一对，笑声歌声，欢乐无穷，使她享受了人间的幸福。然而，天有不测风云，使其守了寡，三个孩子的衣服只见补丁不见纱，换下的衣裳，没见过太阳……她不敢再往下想。

王某太伤心了，太累了！慢慢地进入了梦中：一条恶狗向她扑来，咬住她的脖子，使她挣扎不能，她呼救，喊无声，她哀求，恶狗不懂人性。她挣扎、呼喊。突然，一声狗的狂叫声，把她惊醒。醒来时，天已发白，她一步步向董锦普家走去，五里多路，走了近一个小时。她分明是在走向"刑场"。

到了董锦普的家，她先到牛栏里去拉牛，可圈门已锁上，无奈，只好去敲董锦普的门，董锦普起床将门打开，要她随其进屋拿钥匙。她刚踏进门坎，董锦普像饿狗将她抱住，她哀求道：

"爷！按辈分你是我的长辈，不要这样！这样不好。"她拼命向门外退。董锦普死死地抓住她，她进退两难地说：

"爷！晚上再说，我还你牛时再说！"

"你想要我！"董锦普已失去了人性，他哪肯放下到口的肉，将她推进房内，摔在床上，原始的兽性冲动使他忘记了一切。他的目的达到了。

事完后，她眼泪直流，而董锦普却发出狰狞的笑声：哈哈！哈哈！进了我的门，占了我的心，用我的牛，换你的身。这划得来，划得来，真是无赖到了极点。

她受尽了侮辱，感到无地自容，泪水直往肚里流。她早上将牛拉去，下午连麦子没种完，就将牛还给了董锦普。

女人做人难，难就难在她太孤单。在农村，没有男人的家庭，处处低人一等。

董锦普从此以后，又多次对王某进行纠缠。有一次，他在王某屋后山上砍柴，见王的几个孩子不在家，以磨刀为名借机窜到王某家的灶屋，将王抱住，王拼命反抗、呼救，董锦普犯罪未遂。

她太软弱了，不懂得运用法律保护自己，这种软弱，使他更加有恃无恐。

1988 年 9 月底，董锦普专程到高庙乡供销社。

"同志，有毒鼠药卖吗？"

"有，每包一两，每两 0.75 元。"营业员答到。

"那我就买一包。"董锦普为犯罪已开始准备工具，制造条件了。

这种毒鼠药，名叫磷化锌，成人一般口服 2 克就可致人死亡。

1989 年 10 月 21 日中午，董云到王某家加工粮食，被董锦普看见。他见王某正在帮董云的忙，心中顿起无名火。越想越有气，他朝地连吐了三口唾液：骂道，该死的，我看你们还能亲热几天。说完便返回了家中。

董云是个独身汉，出门从不锁门。自己无子，也很喜欢邻居的孩子，不管谁家的孩子，只要到其家，他都很喜欢。糖果饭菜，经常有小孩子在他家吃，他也很高兴。

董锦普回家见董云又未锁门。即从家中拿出毒鼠药，窜进董云的家。见董云的午饭已煮好，便迅速将约 15 克的磷化锌倒进了锅内，因磷化锌呈深灰色，董锦普唯恐罪行败露，便将锅内的红薯翻起来，又撒上生白面粉进行了搅拌。作案后，恐事不成功，又在大米、白面粉中撒了磷化锌，直到认为万无一失后才逃离现场。

午后约一时许，董云回家见煮的饭被动过、又有白面粉，以为是远房的孙子李某开的玩笑，未在意。便盛了一碗大口吃起来。董锦普站在自己的家门口，见后非常高兴，并双手合一，求神保佑他成功。

恰巧，邻居杨某某（女）领着自己5岁儿子和1岁多的女儿收工回家路过董云的门口，见董云吃的大米饭，两个孩子就讨着要吃。董云叫杨某某自己去给孩子盛饭。开始杨只给女儿盛了半碗，5岁的儿子自己也拿碗盛了半碗。而董锦普见状只是站在门口观望，等待结果的发生。

饭后，董云又去加工粮食，一个多小时后，杨家的两个小孩相继毒性发作呕吐。小孩的父母见状，即刻跑去问董云饭里有什么东西。刚走到王某家门口，见董云也呕吐了几次。呕吐物被鸡子吃后，有11只鸡被毒死。根据呕吐物和症状，村里人断定是毒鼠药中毒，两个小孩子经医院抢救无效，于次日清晨相继死亡，董云经抢救脱险。

杨某25岁，有一子一女，视其为掌上明珠。眼前的事实，使她怎么也无法接受，见着死在怀中的儿子、女儿，她痛不欲生，见着那多件衣服上附着的呕吐物，口鼻渗出的黄色液体，连声骂自己，为什么不将小孩子带回家吃饭，而吃他人的饭，她要与董云拼命，她几次冲进正在抢救董云的病室，要与董云同归于尽。

1989年10月21日下午，杨家河村一组组长董某从白桑关回家，途经白洋卫生所时，见医生正在抢救董云等三人，即到派出所报了案。次日上午8时许，公安机关派员赶来现场勘查。在案件侦办中，有群众反映，董云平时与杨家的关系好，两个孩子常在他家吃饭无杀人的动机。相反，董锦普与董云有矛盾，矛盾的原因是吃醋，且董锦普有杀人的动机和时间。23日经传讯董锦普，他即交代了杀人的经过。

根据董锦普的交代，在其厕所南端86厘米距墙40厘米处，获取一张白色纸，上附有粪便，经董锦普辨认，此纸是包磷化锌的纸。经化验，纸呈阳性反应。

另据董锦普的交代，磷化锌买回家后，用木盒和小布包着，作案时，将药装在其衬衣口袋里带进现场，经在其家提取，经蒸馏浸泡取材，检验亦呈阳性。且与被害人胃内物、呕吐物相一致。

1989年12月13日，郧阳地区中级人民法院对董锦普作出死刑判决后，其不服，提出上诉。1990年3月12日湖北省高级人民法院审理认为，上述事实清楚，证据确实充分。原审法院定罪准确，量刑适当。故裁定如下：

驳回董锦普的上诉。维持郧阳地区中级人民法院刑事判决，以强奸罪判处董锦普有期徒刑五年，以故意杀人罪判处其死刑，剥夺政治权利终身；决定执行死刑，剥夺政治权利终身。

郧阳地区中级人民法院代送达湖北省高级人民法院刑事裁定书，董锦普听到根据最高人民法院依法授权高级人民法院核准部分刑事案件的规定，本裁定即为核准他死刑的裁定时，即刻瘫倒在地，再也站不直了。

杀人者得到了恶报，但此案留给人们的是什么呢？爱与被爱是相对的，这是人的权利，但这种权利必须以相互接受为前提，己所之爱，勿强求于人，不得将个人单方之爱强加于他人。爱应是有理智的爱，不理智的爱，是自私的爱，自私的爱，是不明智的爱，亦为道德、法律所不容。

十一、在畸形的情人道上

1994年9月24日，李崇海被处决了。

他付出的代价太大了，年仅46岁，有一个漂亮的妻子和一个聪明的儿子。有一份舒适的工作，为了满足自己的情欲，他不惜家庭的幸福和美好的前程，婚外又恋着一个年仅20岁的姑娘王某。为了达到结婚的目的，竟杀害了自己的结发妻子，最终将自己送上了历史的断头台。

而她——王某，年仅20岁，是一个刚出花季的女性；为了一份工作，出卖人格，最终身败名裂，在人生的道路上为自己写下了不光彩的一页，其教训非常深刻。

堰塘里的头颅

1993年11月10日。深冬的早晨，寒冷的北风，吹袭着大地。邹某像往日一样，荷着工具，来到受雇于他人承包的鱼塘，驾驶着小舟，操起耙子打捞着鱼塘里的渣子。打着、捞着，在鱼塘的南岸西侧，意外地打捞起一个塑料袋，因忙于劳作，他不在意地将此塑料袋扔在鱼塘岸边。

翌日上午戴某从此路过，出于好奇，用脚踢了一下塑料袋，不料滚动的塑料袋里面露出一颗人头，他当即喊来他人，因人头的头皮被剥掉，面目全非，无法辨清是男是女，于是，又将人头扔在水管处，并向公安机关报了案。

蹊跷的失踪人

1993 年 11 月 11 日下午 2 时许。宜昌市公安局刑警队干警，正准备利用午饭的时间松弛一下紧张的神经。突然，清脆震耳的电话铃声，又将他们送到了勘验的现场。

现场位于宜昌市胜利四路八宝塘。

经勘验，除人头外。现场未获取任何有价值的线索，但可断定，鱼塘不是作案的第一现场，那么颅骨又是从何而来？且颅骨无法辨清是男是女，为此，弄清死者的性别已是该案的关键。

为了获得犯罪的证据，公安机关以寻找失踪的人为重点，开展了一系列侦破工作。同月 17 日，闻讯赶来一男子向公安机关报案：

"李志英，女，45 岁，系宜昌市西陵邮政分局营业员，于 1993 年 10 月 7 日失踪。"

这一报案，无疑给破案增添了信息，但此案是否与李志英失踪有关，因无确凿证据，不能完全确定。

公安机关为了弄清事实，对现场做了进一步勘验。18 日，在鱼塘的南岸西侧又打捞出一块盆骨，经鉴定，确系女性盆骨，且李志英家住中国银行宜昌分行胜利四路，鱼塘就在该宿舍附近。人头、盆骨的腐烂程度均在一个月以上。

结合李志英"失踪"的时间。公安干警坚定了信心。在侦　中得知，李志英夫妻关系不好，失踪后的第 4 天，其丈夫李崇海就将女友王某带到庐山游玩，且李志英"出走"时未带任何证件和现金，其同事证实，李志英在失踪的前一天，无任何出走的迹象；相反"失踪"又是其丈夫李崇海一人所言。故认为李崇海具有重大作案嫌疑。

为此，围绕李志英失踪公安机关立案进行了侦查。19 日，公安人员在李崇海宿舍的化粪池内打捞出女性头皮、乳房、外阴及肠系膜等组织，下午，依法传唤了李宗海。李宗海进行百般狡辩、抵赖。

为了证据确实、充分，20 日公安机关对李宗海家的便池管道进行了冲洗，冲出三块尸块。20 日至 24 日，公安机关再次在李崇海宿舍的化粪室内打捞出皮肉，心脏、肺及棕色健美裤碎片及白色图案绒衣碎片，经证人证实，李志英失踪前一天所穿的健美裤为棕色，与打捞出来的健美裤碎片颜色相符。在铁证如山的事实面前，李崇海供认了犯罪的事实。

26日，根据李崇海的交代。在鱼塘西岸靠宜昌市酒厂围墙东北角打捞起一人体股骨，所打捞的尸块及骨骼血型与李志英的血型相符。全案的侦破终于打上了句号。

那么，李崇海为何要置其妻子死地呢？

舞池中的艳遇

1993年6月的一天晚上9时许，宜昌市商业俱乐部舞厅里人头攒动，华灯闪烁。舞池中一男搂着一少女伴随着舞曲，悠悠自得，一曲赶一曲。男的就是李崇海。女的姓王，刚满20岁，她五官端正，身段苗条匀称，一头披发似的瀑布，垂挂在肩上，婀娜多姿的身影把他迷得如醉如痴。

他有他的目的，她有她的所图，两人怀着不同的心理相约在舞场。他和她是在5月的一个晚上，经人介绍相识，因王某招工未被考取，有人托他为王某找份工作。李崇海当即许诺，并被眼前王某的美貌所迷住。当即王某被邀泡进了舞池，从此李崇海三天两头去找王某。

为了找份好工作，王某每晚只好赴约在舞场，她被他那三寸不烂之舌夸得昏昏然，依偎在他的怀中跳着情人舞，并不停地送去佩服的眼神，皱纹虽布满额头，头发已渐灰白，但他博学聪颖，沉稳豁达，见识深邃深深地吸引着她，特别是那潇洒的舞姿令她惊叹不已。

他的确不是一般的角色。高中毕业后于1961年在云南省东川市公安局工作，1968年入伍，先后在昆明市武装警察部队东川市武装警察部队服役。1980年转业到宜昌市副食品公司工作，1983年调任宜昌商场任副书记。1985年在宜昌市保险公司任人事科副科长，1993年在中国银行宜昌分行任办公室副主任，同时担任该行创办的中银实业开发总公司经理，可谓事业上一帆风顺。

李和王认识以后，很快就勾搭成奸了。

李崇海先后三次为王某调换工作，开始在夷陵饭店工作了3个月，觉得当服务员太累，李崇海又将她安排在开发楼学美发，不久干脆将她调到了他所属的公司任出纳。二人苟且过着俨如夫妻的生活。

苛刻的离婚协议

李崇海的目的达到了，为了讨得与自己儿子年龄相仿情人的欢心，他不惜重金相送，多次表示要与王某组成新的家庭，并几次要到王某家里去登门拜访“未来的丈人”，均被王拒绝。

她只想利用李崇海为自己谋份舒适的工作。

这时的李崇海已鬼迷心窍。在家里有意找岔与其妻李志英争吵，为了达到离婚的目的，他答应了李志英提出的一切苛刻条件，1993 年 8 月 10 日，共同起草了一份协议离婚书，规定：家中除男方的衣物和日用品外，一切物品归女方；儿子随母亲生活，其费用一切由男方供给，直到大学毕业。现在所住的房子归女方使用，当李崇海拿着这份苛刻条件的离婚协议书后，喜上眉梢，当天递交法院。

在双方协议离婚起诉状递交法院后，李志英又反悔不同意离婚，8 月 23 日李崇海无奈撤回了起诉状，实际上二人已分居，俨然不相识的过路人。同年 10 月 6 日晚上，二人再次发生争吵，李崇海随即用手卡住李志英的脖子，致其当即死亡，李崇海为了毁灭罪证，将李志英的尸体拖入卫生间，持刀肢解尸体。

庐山上的情话

庐山，山清水秀，美极了！她兴奋地发出感慨。在游客中他和她手拉手，亲昵地谈论着庐山的好风光。她今日特别高兴，一路上依偎在他的怀中，娇滴滴地撒着娇，“我爱你”，这句话不知说了多少遍；有时二人又疯疯癫癫的打情骂俏，若不是看见他们一路上这样放肆，一般人还以为他们是父女俩呢。

这对如父女的野“鸳鸯”，就是李崇海和王某。

10 月 6 日晚，李崇海杀害李志英后，第二天就约王某到家中，商定二人出外旅游，不巧，李崇海的妻妹从枝江来，见其姐不在家，就问李崇海其姐的去向，李崇海当即说：“你的姐姐跟一个有钱人跑了。”闻讯赶来的妻弟要李宗海去报案，李崇海说，为了你姐的名誉，不要报案。谎言欺骗了许多人。

10 月 10 日，李崇海即将王某带到了庐山，想以此解脱自己。十多天的旅游，并没有给他带来什么欢乐。他无心观赏风景，有时为了迎合王某，笑比哭更难看。白天，其妻阴魂未散，杀害其妻的情景萦绕着心头；晚上，噩梦不断，搅得他心神不定，夜不能寐。谁知庐山归来，他前脚进屋，妻弟接踵而至。在妻弟的强迫下，10 月 27 日，李崇海才在宜昌市电台登了个寻人启事。

罪孽深重法不容

1994 年 3 月 12 日，来自各方面的群众涌向宜昌市中级人民法院。人们关注这起杀人碎尸案，是日在这里开庭，李崇海在法庭上一反常态，推翻原供，编造谎言，百般狡辩。他声称自己夫妻关系尚好。没有杀人动机。

法庭当即宣读了王某等人的证言。证明李崇海早已与其妻分居。就连他的辩护律师，听了他的狡辩，也当庭拒绝为其辩护。

李崇海的算盘拨错了，合议庭经过审理认为，被告人李崇海仅因家庭矛盾杀害其妻，并肢解尸体，其行为已构成故意杀人罪，手段特别残忍，罪行特别严重。且归案后认罪态度恶劣，依照刑法第一百三十二条、第五十三条第一款之规定，判处故意杀人犯李崇海死刑，剥夺政治权利终身。李崇海不服提出上诉。湖北省高级人民法院经审理认为，原判事实清楚，证据确实充分，定罪准确，量刑适当，审判程序合法，驳回李崇海的上诉，维持了原判。

法国著名作家英洛亚说："我和她或他终生缔造了，我已选定，今后我的目的不是寻访使我喜欢的人，而是要使我选定的人喜欢"。然而，进入 80 年代末期，由于两性的社会地位的变化。相互的社会交往日趋频繁，个体意识的独立性与家庭职责重新划分所带来的不适应等因素，促成两性组合的婚姻矛盾日渐尖锐，毁损了由两性自由恋爱而富有诗情画意的浪漫性，形成了新的感情纠葛。这种"不相容的意愿"构成"婚外恋"，有的似洪水猛兽，形成悲剧。李崇海一案就是其中的一例。

十二、继父杀子，九龄童死里逃生

人们常说："虎毒不食子"，然而这个丧尽天良的继父却将罪恶之手伸向了无辜的孩子，九岁的孩子侥幸逃过了死神。然而这个由婚外恋造成的恶果并没有结束。

奇迹般复活

“卢洋，现年九岁，身高一米四，身穿……若知其下落者，请告诉……”

某年7月19日，宜昌市人民广播电台、电视台同时中断晚间新闻，播出了一条令人揪心的寻人启事。

六天之后的一个下午，大雨滂沱。柳州市东大桥偏僻竹林深处，一个九岁的男孩经雨水的淋浴，惊醒后发现自己被竹枝埋住，左耳和肛门都被戳伤，他艰苦地拔掉左耳内和肛门的竹枝，忍着伤痛拼命地向柳州市大街爬行。不知爬了多久，一位老太太发现了他，把他送往医院抢救，医生们望着这位苦命的孩子，无不流下同情的眼泪。经鉴定：脑震荡、上腔静脉压迫综合症；头面部外伤；左外耳道裂伤；肛门会阴裂伤；乙状结肠不完全性裂伤并发腹膜炎。罕见的重伤，他能活下来，的确是个奇迹。这个九岁的孩子就是卢洋！

他为什么会遭到如此灭绝人性的伤害，是谁这么残酷地残害一位无辜的儿童？人们在痛恨之余不禁发出愤怒的责问？这一切到底为什么？

事情还得从1986年谈起。

船上邂逅 缠绵悱恻

1986年6月，酷热的暑天已提前将六朝古都南京占据，葛洲坝水力发电厂工程师申友光买好船票后，不急不慢地持着轮船票向船码头走去，他不时地远眺着古都南京的风貌。在他前面走着一个30余岁的妇女，提着一个鼓鼓的行李包，也往船上赶。她那婀娜的身姿，深深将申友光吸引。

上船后，申友光找到了自己的舱室，刚放下行李，发现这位女士站在他的面前等候过道，申抬起头赶快接过这位女士的行李包，问：“你也在这个舱室？”

她见他热情大方，风度翩翩，长得又帅，脸上泛起红晕。“你到哪儿去？”

“宜昌！”申友光回答着。

“那太巧了，我也是去宜昌。”

“去宜昌出差？”申友光又问。

“不，我是去四川探亲，路过宜昌。那你呢？”女士反问着。

“我在葛洲坝水力发电厂工作。”说着申友光从荷包里掏出工作证，递给了她。

她接过工作证，端详了一会，像发现了新大陆，竟叫起来：“呀！还是个工程师呢？

“是这么个称呼！”申友光谦虚地说。女士刚要开口说什么，申友光又问：“你在南京工作？”

“不，我在江苏镇江一军工企业工作，我姓刘。”女士自我介绍道，并不时地用手理头发，用毛巾擦去脸上的汗珠，笑着又说，“看来今天我们有缘分，结伴而行，我正愁几天时间怎么过，碰上了你，就不用担心了。”

就这样，申友光与刘某相识了。一路上，进餐厅、出舱室、观风景，两人谈得非常投机，大有相见恨晚之感。船到宜昌港两人已如胶似漆，难舍难分……

甚至两人在花前月夜下，海誓山盟，商定各自离婚再续鸳鸯谱。

尽管他们两人自以为“婚外恋”做得神不知鬼不觉，但终究被刘某的丈夫发现。他将刘某与申友光的丑行印成传单，跑到葛洲坝水力发电厂散发，并找到申的领导，要求对申进行教育，不要破坏他的家庭。

同事们的议论讥讽，领导的批评教育，刘某丈夫的传单，反加快了申友光与刘某重组新家的速度。于是，两人都积极策划和行动，申友光与刘某迫不及待地建立了一个新家庭，实现了双宿双飞的愿望。刘某的九岁儿子卢洋随母来到宜昌，组成了一个新三口之家。

卢洋长得聪明伶俐，活泼可爱，但由于父母的离异在其幼小的心灵投下了深刻的阴影。他带着一颗受伤而早熟的心随母亲走进这个新家后，申友光以一种复杂的心情接纳了他。起初，申友光出于讨刘某的欢心，尽量努力去关心、接近卢洋，买了许多玩具陪卢洋玩。可是，他发现无论自己怎样努力，卢洋总是忧郁地默默接受，即使偶尔有笑声也带着些忧郁的冷漠。两个月来，卢洋不仅未喊申友光一声“爸爸”，且显得更加忧郁，申友光发觉卢洋的眼睛中含有一种仇视的冷光。

申友光与卢洋间的冷战僵持了两个月，申感到严重不安，有时看见卢洋就联想起将来：这孩子长大后对自己这个继父一定不会善待。想来想去，越发心情不安，卢洋成了他一块心病。

痛苦不能自拔

现实证明：不惜一切追求的东西，并不一定全是正确的。

短暂的新婚蜜月之后，申友光越来越发现生活不像他原来想象的那样美好。刘某原先如火如荼的恋情大大消减了，对儿子的爱远远超出了对他的爱。苦闷、怀旧，使他总感到失去了点什么，缺少了点什么。刘某对儿子的爱占去了她大部分的精力，男人的一半是女人，女人的一半是孩子。申友光悟出了这个道理。

原形毕露

经过激烈的思想斗争，他决定除掉孩子，扫清他生活中的障碍。

新婚两个月后的 7 月中旬，申友光开始休假，准备到海南省海口市去联系工作。在收拾行李时，一个大胆计划产生了。15 日和 16 日连续两天，申友光一反常态，将正在度暑假的卢洋带到儿童公园，看录像，坐碰碰车，划船，尽情地满足卢洋的要求。卢洋高兴极了，申友光陪卢洋划着船，问卢洋，划船好玩吗？卢洋兴致浓浓地说，好玩，而申友光说这里并没有什么好玩的，大海边才真正的好玩。大海有汹涌的波涛，海边有柔软宽广的大沙滩，色彩斑斓的小贝壳，还有大片的树林，树上结着大而漂亮的芒果、椰子……申友光的描绘诱惑着天真无邪且充满好奇心的卢洋。讲完后，申友光问卢洋，你愿不愿意跟我去海南？卢洋早已被那沙滩、贝壳、芒果所迷住，答应愿去。申友光见时机已成熟，又说："但有一条，你不能把这件事告诉你妈妈，否则，你妈妈晓得了，就不会让你走。她要你在家做作业，不准你去玩。"

"我不告诉妈妈，那明天怎么走呢？"卢洋天真地问。

"你明天吃过晚饭，就说到同学家去玩，出门后，就在工艺大楼门口等我，我马上来接你走，你说好不好？"卢洋听后高兴极了。

第二天晚上，卢洋按申的要求做了，申友光特地为卢买了一套夏装和拖鞋，要他换下了旧衣裳，并让卢洋再等一会儿，说把旧衣服拿回家后再来一起走。于是，申抱着衣服急匆匆地来到长江边，把衣服、鞋子放在长江岸边，制造卢洋自己游泳被淹死的假象。

当晚，申友光带着卢洋从宜昌启程南下了。7 月 17 日和 23 日，申在枝城市的长江边和广东省海安县的海边，两次准备杀死卢洋，都因人多没有机会下手。25 日凌晨五时许，返程的列车到达风景秀丽的柳州市，申友光看着身边的卢洋余兴未尽，意识到这将是最后的机会了。如果再不下手，恐怕将来永远没有机会了。于是，申友光将卢洋带下车，逛遍了柳州的夜景，天亮后，申将卢洋带到了柳州市东大桥边的一偏僻竹林深处。此时的卢洋一点也不知道死亡已逐步向其逼近。

“我们到河里去游泳好吗？”申友光的声调正好迎合了卢洋的心理。二人相继跳入水中，畅游了近一个小时。之后，卢洋软绵绵地爬上岸，依偎在继父的身旁。于是，申便给卢洋讲故事，谈笑话。讲着谈着，申突然对卢洋说，为了将来不被人欺侮，我教你武功，说着申友光站起来：

“你看，就是这样一使力，摔倒，这叫力托千斤！”申胡乱地做着示范。

“哟，敌人爬不起来了！”天真无邪的卢洋看得直拍手。

“你看，用力卡住，嗯……！出来了，这叫双钩锁喉！”申友光假意伸长着自己的脖子，一本正经地表演着，并说：“这一招最重要，人人要学会，不然就会被坏蛋欺负！来，我再教一遍。”说着申走近卢洋，把一块手帕捏成一团，塞进了卢洋的口中。

“嗯嗯！”卢洋说不出话来，用眼神示意继父的手帕塞紧了出不了气！

申友光突然露出狰狞的面孔，双手迅速地扼住卢洋的脖子，死死地用劲……卢洋被卡昏过去了。可怜的孩子不明白刚才还是那么和善的继父此刻为什么变得如此残忍。申友光喘了几口气，看看四周无人，见卢洋还在动，喉咙里还有响声，灭绝人性的申友光连忙朝卢洋的颈部连踩几脚，恐卢不死，又惨绝人寰地从竹林里找来一根拇指般粗细，一尺多长的竹竿猛捅进他的肛门，并使劲地搅动，然后抽出血淋淋的竹竿，发疯般地戳进他的左耳……见卢还在抽搐，又用自动伞尖朝卢洋的颈部连续猛戳……直至认为卢洋已死亡后，用竹枝掩埋了“尸体”，仓皇逃离了现场。申友光返回宜昌后，卢洋的母亲一再追问卢洋是否跟其去玩了，申一口否定，并拿出买的崭新的玩具手枪，以自己未带卢洋去海南，企图进一步迷惑他人，制造假象！

罪恶的申友光哪里料到，卢洋以惊人的生命力奇迹般地苏醒了，带着浑身的创伤，顽强地回到了人间。他以血的事实控诉道：

“那天是 7 月 16 日，我和继父从宜昌坐火车，转了两次车，从湛江转到海口。25 日早晨到达柳州，在城郊的大桥下边的小河里游泳上岸后，在竹林里他教我武功，就把一手帕塞进了我的喉咙里，并猛卡我脖子，我被卡昏了……不知过了多久，当我苏醒时，发现浑身是血，我挣扎着爬到河边，用水洗了洗，才向大路爬行，后被一位老奶奶送到派出所……”

在血的事实和庄严的法律面前，申友光不得不低头认罪。

在法庭上他痛哭流涕，要求政府给他一条生路，他写道：“党和人民把我培养为一名电气工程师，我具有丰富的实际工作经验，能够熟练地组织和领导现场技术工作。在葛洲坝工程建设中作出了一定的贡献，先后多次参加过国内外设备鉴定。希望政府给我一次重新做人的机会。”而其辩护人在法庭上也一再声辩：申友光之罪，应判处死刑，但念其过去为党和人民做过许多有益的事情，且案发后，认罪态度较好，请求法庭能给他最后一次戴罪立功的机会，再者申友光是一个中年知识分子，具有丰富的理论知识和实践经验，我国的建设急需人才，且杀害继子未遂，请法庭考虑从宽……

法律无情。己巳年 9 月 23 日，湖北省高级人民法院依法驳回申友光的上诉，维持原判并下达了执行死刑的命令！

临刑前，终于醒悟的申友光留下了这样一段遗言：“请法庭转告我的前妻，我本有一个很好的家庭和贤惠的妻子，有个聪明的女儿，是我把这个家拆散了，害苦了她们母女，她们恨我是应该的，我希望她们拿出勇气来，走向新的生活。”

一切忏悔，一切醒悟，为时太晚了，法律无情！

一声正义的枪声过后，一个罪恶的生命结束了，但是，留给社会的思考是沉重的……

十三、令人发指的罪恶

这是一起罕见的服刑人员勾结他人强迫妇女卖淫案，其犯罪手段令人发指。犯罪人年龄最大的 30 岁，最小的不满 16 岁。他们相互勾结，采取暴力等手段将妇女强奸后逼迫其卖淫，仅在一个多月的时间里，十几名妇女被害，不仅危害了社会治安，败坏了社会风尚，且严重损害了妇女的合法权益和身心健康。他们的罪恶公布后，在当地引起了强烈的义愤。

漂浮的女尸

1994 年 9 月 26 日清晨，湖北省恩施市红庙经济开发区黄泥坝办事处农民庄辉明起床后，迎着日头，哼着小调到位于清江河中的大龙潭电站去担水。望着碧蓝的河水，看着清早跳跃的鱼儿，他动心地放下水桶，顺水坝向上寻找看能不能拣些死鱼（水坝常有死鱼）。刚走到水闸处，突然发现一漂浮的白东西，他以为是头死猪，顺手拣起一根木棍去翻看，不料吓了他一大跳："死尸！一具死尸！"他丢下水桶，跑到电站值班室告诉了值班员。

"电站发现了一具女尸。" 案情就是命令。恩施市公安局接到报案后立即赶赴现场勘查：案发现场位于清江河中红庙境内的大龙潭电站，西端与恩施市小渡船办事处相接，东端是红庙经济开发区枫香坪居委会，水坝下游 2000 米处是恩施市城区，318 国道经过这里，地形复杂，人员广。

女尸高 1.58 米，上穿中山黑色裙式上衣，内穿白色圆领短袖汗衫，下穿黑色弹力健美裤，赤脚。尸体稍侧仰浮于水闸内的水面上，双脚露于水面，头及上身浸于水中。打捞中发现，尸体的上身被一根双股白色电话线捆绑，线下吊一盘石磨，直径 25 厘米，重 43 斤。经尸体解剖：左 1、2、3 肋骨骨折；左肺出血，右肺下叶边缘出血；心底前下部可见小指大小的出血斑。气管及支气管内无溺水及泥沙。说明死者生前因暴力造成胸部严重损伤，导致呼吸循环衰竭，死后溺水。

案情重大。为了及时侦破此案，公安机关从查明死者身份入手，在各乡镇张贴了死者的照片，以求群众协助。照片一贴出，各种线索纷纷汇集到公安机关。经死者父母辨认打捞的遗物，证实死者名叫向会平，系恩施市六角亭办事处高桥村人，20 岁。嗣后，根据陈某等人提供的线索，确定谭振、万义奎、田世华、叶香军等人系本案的重大犯罪嫌疑人。在追捕中，发现谭振等人均已逃往广东省。经过多次追捕，谭振、万义奎、田世华、叶香军等人分别于 1994 年 12 月，1995 年 3 月、7 月、8 月被抓获归案。

经审讯，谭振等供出了涉及此案的十多个作案人，这伙人大都有前科：

谭振,29岁,1983年10月28日因犯流氓罪、奸淫幼女罪被判处无期徒刑,1988年5月16日经再审被改判有期徒刑13年,1990年11月保外就医;

万义奎,30岁,1983年9月9日因犯流氓罪被判处有期徒刑12年,1994年4月13日被刑满释放;

叶香军,22岁,1990年6月因盗窃被劳动教养3年,后因策划、支持、协助他人逃跑延长劳教3个月……

1990年11月,谭振在服刑期间被保外就医后,又于1992年12月22日寻衅滋事、1993年6月12日诈骗、同年11月24日流氓斗殴,被一次治安罚款,两次收容审查。1994年2月4日,谭振被解除收审后,网罗"牢友"结交坏友,大肆进行犯罪活动,白天在餐馆白吃白拿,晚上泡舞厅以玩弄女性寻求刺激。

16岁的少女不能自拔

1994年3月的一天,他领着一伙狐朋狗友,来到恩施市星光卡拉0K歌舞厅。

"小姐们!先生们!在欢乐今宵里,我为大家唱一首《糊涂的爱》,希望各位喜欢。"一位女士在舞台前扭着腰肢,在音乐的伴奏下,展开了歌喉。

"她叫什么名字?"谭振被眼前这位小姐所吸引,忙问身边的女士朱某。

朱某在谭振的肩上狠掐了一下说:"怎么,你又想吃着碗里看着锅里?"谭振见朱某不悦,将脸一沉:"你去将那女娃子叫过来。"朱某见谭振要耍狠,觉得惹不起,忙赔笑道:"我认识她,她姓赵,等她把歌唱完后,一定将她介绍给你。"

赵小姐刚唱完,朱某忙捧着一束花送上,并用手一指说,这是那位先生送你的,他想认识你,赵小姐微笑着将眼光投向谭振。谭振坐在椅子上向她挥手。赵小姐随朱某走到谭振的身旁。谭振说:"你不仅歌唱得好,人长得也漂亮。"说完将一张100元面值的人民币送到赵小姐的手上。不知是女人天生就喜欢男人夸自己漂亮,还是票子缘故,赵小姐未迟疑,就大方地坐在了谭振的身旁。

朱某在旁别有用心地说:"谭振,这位小姐是我的朋友,她姓赵名艳蛾,是嫦娥的娥，今年才 16 岁，在鄂西宾馆工作。”

“赵小姐能不能赏个脸，今晚我请客。”赵艳娥见谭振既长得帅，又慷慨邀请，未加思索便随潭振等人到了清江宾馆。几杯酒下肚，赵艳娥已昏昏然，当晚未回鄂西宾馆，随谭振在徐福忠家里同宿，第三天她便搬进谭的家中二人公开同居。

同居不到一个月，赵艳娥发现谭振不仅流氓成性，且已将性病传染给了自己，但这时她已不能自拔，苦水直往肚里咽。

1994 年 4 月，在谭振的强迫下她辞去了鄂西宾馆的工作，随谭振到处流浪。1994 年 5 月，潭振将赵艳娥带到广东省云浮市卖淫。同年 6 月的一天晚上，赵艳娥因身体不适不愿接客，只陪“客人”唱卡拉 0K 得了 50 元小费，潭振和同伙周清喜嫌她一天未接客，赚钱不多，当众羞辱了几句。赵一气之下将 50 元钱撕得粉碎，扬长而去。谭振和周清喜十分恼火，当即赶到云浮市皇都旅店，抓住赵的头发，从一楼拖到四楼，在皇都旅店 405 房内，撕开赵的衣服，分别用烟头、打火机烧赵艳娥的乳房，永远留有疤痕。

就是这样一个受害人，她竟好了伤疤忘了痛，后来多次协助谭振监视卖淫女，成了一个害人者，直到她被抓获，年龄才刚满 17 岁。

在广东的几个月中，谭振等人仅靠赵艳娥卖淫赚钱不多，于 1994 年 9 月初重返恩施，寻找新的目标。9 月 11 日下午，在恩施市舞阳坝，谭振等人看见一女子神情不安地站在街头张望，凭经验，谭振断定该女刚从乡下来，便指使赵艳娥上前搭讪。“小姐从外地来？你叫什么名字？家住哪里？”“我姓白，19 岁，从利川来，准备到恩施打工，谁知找了几家饭店都没有着落。”

“哈哈，这么点小事包在我身上，看，站在那边的男子，个子高点的就是老板，走。”赵艳娥神气十足像一位救世主，在未征得白某同意的情况下，与谭振等人强行将其带到恩施市晴元酒楼，欲将白某带到广东去卖淫。当晚在卡拉 0K 厅玩至 10 时许，谭振和文艺以请白某吃饭为幌子，将白带至晴元酒楼一房间内，说明要白某去广东卖淫赚钱。白某深感陷入了虎口，言明不干。谭振、文艺见白某不从，便进行殴打、凌辱，文艺用水果刀划伤了白的左手腕，迫使白某就范。谭振见白某浑身颤抖，即令其脱掉衣裤，与文艺共同轮奸了白某。次日凌晨，白某伺机跳楼逃回了利川。

抛尸大龙潭

1994 年 9 月 14 日晚，即白某逃走的第三天，谭振、叶香军、向阳林、文艺及赵艳娥在恩施市舞阳坝“川味香”餐馆吃饭时，叶香军要餐馆的女老板给他们找个女娃子玩。女老板惧怕这伙人，便将向会平介绍给谭振等人，谭振、叶香军对向会平进行纠缠，欲将向带往广东去卖淫。次日凌晨一时许，谭振等人将向会平带到恩施市晴元酒楼三楼住宿。谭振要向会平去广东卖淫，向不从，谭振、向阳林便强行脱光向会平的衣裤，对其殴打后又用烟头烧向的乳房，并实施了强奸（向阳林强奸未遂）。尔后，谭振仍要带向会平到广东去卖淫，向为了逃出虎口，谎称要抽烟，趁谭振为其取烟之机，从三楼窗户跳楼逃跑时摔伤。谭振、叶香军等人追到出事地点，谭振又拣起砖头准备砸向会平，被他人制止。后来谭振、叶香军用三轮车将向带至谭振家中，拂晓，向会平死亡。谭振、叶香军唯恐罪行败露，即将尸体藏于谭振卧室衣柜内。9 月 15 日中午，谭振、叶香军与万义奎策划抛尸。16 日凌晨谭振、万义奎、叶香军将谭振家的石磨用电线捆在向会平的尸体上，将尸体从龙凤镇峡口大桥上抛入大龙潭河中。9 月 18 日，谭振、万义奎、叶香军、文艺及赵艳娥逃往广东省云浮市。

残酷凌辱女青年

向会平的死，并未使谭振等人的犯罪有所收敛。他们反而变本加厉更加猖狂。在广东省云浮市，他们大肆招募“财源”，严加控制卖淫女的活动，规定没得到许可不准上街；不准向嫖客暴露身份；彼此以代号称呼；不得拒陪客人；小费一律上交。1994 年 10 月的一天晚上，谭振、万义奎、李乾维在云浮市玉明饭店碰见了恩施市女青年谭某。三人强行将谭带到云浮市皇都旅店 201 房，谭振要谭某帮他们卖淫赚钱，谭某不从，谭振便令谭某脱光衣裤跪在地上，并用电击手枪击谭，用烟头烧谭的乳房，李乾维对谭某也拳打脚踢。谭某被迫同意随万义奎去卖淫。在卫生间，万义奎对潭某进行了强奸。次日，谭某借看病之机逃跑。

谭某逃脱后，谭振等人更警惕了。为了避免失去“财源”，他们严加控制卖淫女，有时为了杀鸡给猴看，采取凌辱、毒打的方式迫使卖淫女就范。

1994年9月下旬，田世华、查中武、徐福忠以到广东省打工为由将恩施市女青年谭某某、孙某某骗到云浮市。谭振、李乾维等人强迫谭某某、孙某某卖淫赚钱。二被害人在卖淫过程中藏了几百元小费，买了几件衣服，到邮电局往家里寄时，被李乾维发现，李以为谭某某、孙某某要逃跑，便强行将二人带回皇都旅店309房内，告诉了谭振等人。谭振令谭某某、孙某某脱光衣裤跪在地上，伙同万义奎、田世华、李乾维、欧阳潞用皮带、钢管、椅子殴打两个被害人。一阵毒打后，谭振、万义奎当即轮奸了谭某某，万义奎强奸了孙某某。

同年11月的一天，谭振、万义奎、田世华及谢恩兵等人在皇都旅店209房内，采取上述手段将女青年胡某强奸后迫使其卖淫。

罪有应得

1996年6月13日，湖北省恩施土家族苗族自治州中级人民法院经不公开审理，认定被告人谭振、万义奎、田世华、叶香军、向阳林、李乾维、文艺采取暴力迫使女青年卖淫，其行为均已构成强迫妇女卖淫罪。被告人谭振、万义奎在犯罪中起主要作用，均系本案主犯，且犯罪情节特别严重，谭振在服刑期间又犯罪，万义奎系累犯，均应从重处罚。被告人田世华、叶香军、向阳林、李乾维、文艺均系本案从犯，被告人文艺犯罪时不满16岁。被告人向阳林强奸妇女，其行为已构成强奸(未遂)罪。被告人万义奎帮助移尸灭迹，其行为还构成包庇罪。依照《中华人民共和国刑法》和全国人大常委会《关于严禁卖淫嫖娼的决定》的有关规定，以强迫妇女卖淫罪判处被告人谭振、万义奎死刑，剥夺政治权利终身；判处田世华无期徒刑，剥夺政治权利终身。叶香军、向阳林、李乾维、文艺分别被判处有期徒刑。在法定期限内，除文艺外均不服判决，向湖北省高级人民法院提出上诉。湖北省高级人民法院经审理认为，原判定罪准确，量刑适当，审判程序合法，1996年6月27日作出终审裁定，驳回上诉，全案维持原判，并核准了被告人谭振、万义奎的死刑。

十四、百万元金银首饰被窃案始末

他在伸手的那一瞬间，就有一种预感：多行不义必自毙。

他被押上审判台时，耷拉着脑袋，不敢正视威严的法官。他知道：法律是无情的！

他接到被判处死刑的宣判后，未提出上诉，似乎早就知道有今天的结果。

他叫程坤元，41岁，家住武汉市江岸区京汉街50号。1996年9月23日，经湖北省高级人民法院复核，认定1995年6月17日晚7时许，被告人程坤元携带作案工具窜至武汉市中南商都，从一楼楼梯处爬上天花板翻入存放金银首饰的保管室，用铁撬杠撬开铁皮柜，盗得金银首饰制品1859件，价值人民币102万多元。

震惊江城的盗窃案

1995年6月19日，阵阵小雨不断地飘洒在武汉的天空，三级的偏南风并未驱走闷热的空气，室温达33℃。这对具有抗热能量的武汉人来说，却是一个凉爽的日子。中南商都的营业员像往日一样，早晨上班后习惯地步入保管室，放下提包，正欲拿板凳时，突然发现存放首饰的铁皮柜洞开，即问杨某，怎么昨晚铁皮柜未锁？杨顿时傻眼，忙说昨晚下班时是她亲手锁的，便用手拉开柜的上下门，发现金银饰品被窃一空。

当日8时30分，武汉市公安局江岸分局接到报案。9时40分，武汉市公安局刑警大队刑警也迅速赶赴现场，在江岸分局刑警现场勘查的基础上，共同再对现场进行了勘查。

现场位于武汉市中山大道中南商都，其方位坐南朝北，面临中山大道，东面是六合路，西面是五福小路，南面是胜利街，人来车往，地形十分复杂。中心现场位于中南商都一楼正中的黄金首饰柜。首饰柜周围是玻璃柜台，柜台中间有用装饰板建的两个相对称的小房子。南面小房面积为1.2×1.1，高度为2m。经勘查发现，在南端的小房球形门锁上以及对应的门面上有蹬踏痕迹，在小房门上端墙顶及侧面有灰尘和手套痕迹。进门对面是一层1.8米高的铁皮柜，在上层铁皮柜右侧门顶端有撬压痕迹，柜子下端两个抽屉均被撬，下层右侧门顶端有二处撬痕，其中一处宽0.6米；铁皮柜内上下插销结构被破坏失灵。同时，在商场内其他部位勘查中发现，商场临五福小路一扇卷闸失灵；门一侧的下水溜筒上有攀爬痕迹……

这是一起翻墙入室的重大盗窃案。

真实的匿名电话

百万元金银首饰被盗一空。案情重大，引起了省、市有关部门的重视。武汉市公安机关专门成立了“6・19”专案组。在侦查中，公安机关充分依靠群众获得了许多有价值的线索。

1995年12月11日晚8时25分。武汉市公安局水上分局值班室内灯火通明，公安人员忙碌地处理着各类案件。突然，急促的电话铃声响起。发话人系一男子，他以清晰明亮的声调称：“京汉街50号程坤元家中碗柜里有100多块手表，你们管不管。”话刚说完，电话就挂断了。

是日晚上9时30分，公安人员依法对程坤元家进行了搜查。在一楼前厅放置的台球桌的夹层内和厨房内的一碗柜里分别搜出63只手表；在二楼程坤元的卧室内的一墙角堆放的木箱中搜出了大量的金银饰品，饰品上均标有“中南商都”的标签。

搜查至凌晨5时许才结束，参战人员又是一个通宵。面对这些被盗的赃物，公安人员你看着我，我望着你，相互无言地对视着。大家的脸上均挂满了水珠，这不知是汗水还是泪水；也不知是悲还是喜，只有身临其境者才有所感受。

此案虽然起获了全部赃物，有了一定的进展，但作案嫌疑人程坤元去向不明，一度使案件又进入悬案。1996年5月17日，一群众再次向公安机关反映，程坤元在汉口利济南路出现，侦查人员经过周密的部署，次日下午5时50分，程坤元被抓获。

程坤元被捕后，对其犯罪事实供认不讳，武汉市中级人民法院依法判处其死刑，他未提出上诉。

曾因盗窃，二次被判刑

程坤元，1955年6月出生在一个工人家庭。1972年初中毕业，从武汉下乡到东西湖，好逸恶劳。1973年回到武汉，开始其偷摸行为。1973年7月13日下午2时许，他窜入江汉大道234号，趁武汉拖拉机厂职工姜某(女)上班之机，用其携带的凿子、起子等作案工具，撬门入室进行盗窃。行窃时正值姜某回家被发现，程坤元用凿子向姜某的头部连戳二下后，又冲下楼采用“贼喊捉贼”的手法，妄图畏罪潜逃。1974年元月16日，武汉市汉阳区人民法院以盗窃罪判处其有期徒刑8年。1981年7月12日刑满释放。

程坤元刑满出狱不久，1982年3月9日晚11时许，又携带作案工具，窜到湖北省地质勘探公司办公楼，先后撬开事务室、打字室、财务室，撬开两个保险柜和五张办公桌，盗得现金1380余元及其他物品。当程坤元携带赃物行至武昌司门口时，被巡逻人员抓获。1982年5月12日，武汉市武昌区人民法院以盗窃罪判处其有期徒刑5年。1987年9月1日刑满释放。

程坤元刑满释放后，正值我国个体经济蓬勃发展之机，他也做过小生意，后来几个人合伙办起了汽车修理厂，1991年又个人开办了台球桌，每月千元左右的收入，生活算是富裕之家。可是在市场经济的大潮冲击下，他又不安分起来了。

罪恶源于一则新闻

1995年初的一天下午，程坤元在家闷得慌，无目的地在街头溜达。他看见许多人聚在一报摊处谈天说地，好不热闹。从不看书读报的程坤元出于好奇，也不自觉地走向报摊，胡乱翻动着报纸。程坤元挤上去，囫囵吞枣地阅读标题，寻找人们议论的这条新闻，不费功夫，就在某报上看见“一个罪犯爬上楼进入商场，打死两名值班人员后劫得黄金”这条新闻。他喜出望外，便出钱买了这份报纸，急忙返家反复地慢读细看，报上的每个细节他都看得十分认真。虽说他是个初中生，而实际文化水平不如一个小学生，写起字来歪七竖八，文理更是一窍不通。但他看完这篇报道后，握起笔笨拙地在报纸上画了许多圈，并在空格处写道：“难道商场的黄金就这么好偷？我如果也能有这么多黄金，也可发财！”

“黄金—发财！商场—黄金—发财！”程坤元完全被这篇报道所吸引，他如临其境，脑海中不断地翻腾着黄金梦。从此以后，他丢开汽车修理工作，在近半年的时间里，来回往返于武汉商场、中南商场、汉阳商场，多次进行实地观察。通过几次窥探，他觉得这几家商场不仅安全管理好，无漏洞可钻，且周围环境无从藏身，不是理想的作案地。一次，他在中南商场乘晚上关门之机，想混进商场，结果未踏进门就被保卫人员请出，搞得狼狈不堪。他生出一计，反诬服务员态度不好，企图以此遮掩，但最终还是以失败而告终。

1995 年 4 月初，他从广告中看到中南商都实行“十点利”销售，便来到商都，在一楼的金银首饰拒，他发现这里的金品保存柜是铁皮的，且进入保管室没有门，与其他商场相比，管理存在一定漏洞，且周围环境有利。程坤元隔三差五地在中南商都周围转，常常以玩游戏机为掩护，对地形进行观察，寻找进入和藏身的位置。经过五六次的反复观察和两次实地“演练”，他下手了。1995 年 6 月 17 日晚 7 时许，程坤元携带撬杠、起子等作案工具再次窜到中南商都从一楼楼梯处爬上天花板，潜伏至 19 日凌晨 1 时许，见值班人员聚在一块打扑克，便翻入存放金银首饰的保管室，用撬杠撬开铁皮柜，将物品窃取一空。捧着闪闪发光的金首饰，看着白花花的银制品，他长叹一声：“老天爷可怜我，但不该给我这么多。”盗窃成功后，他伫立在铁柜旁，看着亲手撬坏的铁皮柜，又不寒而栗，总觉得一双眼睛在盯着他，笼罩在恐惧之中，回家后，他彻夜未眠，连续两天吃不下饭，睡不着觉。上街见警察躲着走，见着熟人不敢抬头，犯罪心理使他背上了沉重的包袱。

作案后，程坤元用盗窃的现金购买了成都 125 型三轮摩托率一辆，摩托罗拉牌数字 BP 机一部。而后多次到云南、宜昌等地想低价卖掉首饰都未成功。甚至连一些加工首饰的个体户也不敢胆大妄为。为此他伤透了脑筋。1995 年 12 月 11 日晚，为了抛售赃物，程坤元从宜昌坐班车通宵赶回武汉，到家已是凌晨 4 时了，他刚要踏进家门，便听到公安人员在房中的询问和谈话声，又见家中已被搜查，感到罪行已暴露，便流浪于鄂州、黄冈等地，饥饿的肚皮使他不得不潜回武汉，终被抓获归案。

掩卷的思考

程坤元盗窃一案虽已结案，但本案也反映了一些问题：中南商都是个较大型的企业，发案后，被盗的物品多少说不清楚，且公私物品混放。在被盗物中，既有营业员的私人财物，也有营业员朋友存放的东西，内部管理较为混乱。且安全措施不到位，公安人员在勘查中发现中南商都临五福小路一扇卷闸门失灵，而犯罪分子就是通过此道门进入保管室。据程坤元交代，当晚他通过阁楼爬到大门的一天窗处，从上向下跳，正好站在铝合金拉闸门与玻璃门之间，而玻璃门未锁，卷闸门失灵，使其轻易地进入了商都内。其次，值班人员擅离职守。当晚的五个值班人员聚在一块打扑克牌，几个“牌友”为赢钱而聚精会神，犯罪分子正是利用此机会才盗窃成功；尤其是程坤元在撬柜时发出了响声，而几个值班人员也听到了声音，但为了每张牌五分钱的收获，谁也未在意，就是凌晨电话铃几次响起，也无人去接，使犯罪分子竟在值班人的眼皮下盗走了全部首饰，这难道不值得我们深思吗？

十五、五百六十万元的“密押”

密押是鉴别全国银行联行间汇划款的真伪、保证国家资金安全划拨的重要工具。它极为神秘。

神，就神在它属国家的特级绝密。

密，就密在一般人不知它是啥东西。

随着改革开放、经济的发展，人们逐渐认识了它的作用和价值。一些贪婪的人，像饿狗似的在密押上嗅来嗅去，把罪恶之爪伸向了它。

据记载：全国首例采用密押贪污被判处死刑的是湖南省邵阳市农业银行的滕文高和工商银行的熊桂柳。他们纠集社会上的其他人员使用密押，多次伪造信汇、电汇，从外省银行窃取库款一百万元。湖南省高级人民法院以贪污罪判处上列人员死刑；最高人民法院 1990 年元月核准了上列罪犯的死刑。

而笔者文中的主人公，较之腾、熊二犯则是有过之而无不及。

他叫曾国德，生于 1951 年。1972 年、1973 年、1976 年因犯盗窃等罪三次被判刑，1983 年 7 月刑满释放。

他出狱时，正值改革、开放时期。计划经济的束缚被市场经济的洪流冲破，个体经济蓬勃发展。

曾国德也加入了个体经营的行列。

在个体经营活动中，他走南闯北，结识了一些狐朋狗友。一次，在广州偶然认识了一个新加坡商人。见富商腰缠万贯，财大气粗，他羡慕不已，而为自己的囊中羞涩感到惭愧。当他从这个商人口中得知，外国好赚钱时，他便跃跃欲试。

他有一个座右铭：骗钱要骗银行的，捞钱要捞巨商的，生意要做私营的，招牌要打国营的。他孤注一掷，拿出看家本领，投机钻营。当发现银行在经济改革中具有重要作用，且有机可乘时，便产生了在银行搞一笔钱后逃往国外的意图。

于是，他将邪欲的触角伸向了银行的密押。

人，一旦被自私扭曲了灵魂，其欲望便无限的膨胀，欲壑难填。1987 年 5 月，他结识了广州市的黄某，并用 4 万元买了本泰国假护照，向既定目标迈出了第一步。

为了尽快达到目的，曾国德不失时机地疏通各种关系，不惜重金宴请各路“豪杰”，千方百计地接近银行工作人员。

在一次聚会的酒杯碰击声中，刘某告诉他，仙桃市三伏潭一姓罗的朋友，其爱人在银行工作。这一信息，无疑给曾国德打了一针兴奋剂，使他做起了黄粱美梦。

1987 年 6 月的一天，刘某专程带曾国德从武汉赶到仙桃找到了罗某。罗某的爱人周某经不住几句好话，置规章制度于不顾，从营业所拿出三份空白汇票给了曾国德。

汇票具备后，为了破解汇票的密押，同年 8 月中旬，曾国德指使刘某再想办法找一个银行懂此业务的人。刘即找到中南电力设计院的王伟，要王伟通过在银行工作的爱人帮忙。曾国德为此二次宴请了王伟夫妇，当谈及密押时，发觉王伟的爱人不懂密押，曾国德像被人浇了一盆冷水，从头凉到脚，后悔又白花去了 1 千多元。他开始吝啬起来。

不过，客并没有白请，王伟的爱人介绍说，有个叫张利的人，在武昌县农业银行民主路分理处当出纳。其父是某某银行的行长。1983 年高中毕业顶职曾在武昌县郑店营业所当会计，主管过省辖联行的密押，可能有办法。

在王伟的引见下，曾国德与张利接了头。

张利的确不是一般的角色，没有“利”是不肯应酬的。

当晚，曾国德租了一辆出租车，将张利夫妇接到汉口饭店。饭店内灯火闪烁，富丽堂皇，热闹非凡，劝酒声、划拳声、酒杯及碗碟的碰击声，一浪高过一浪。

在三楼的一雅座席上，曾国德正在为张利夫妇洗尘。酒过三巡后，张、曾二人皆相见恨晚，张利对曾国德慷慨大方，用钱如流水佩服得五体投地。曾国德也乘机阿谀奉承，夸奖张利年轻有为，风度翩翩，才华横溢，把张利说得昏昏然。

张利平时就有海量之称。今晚见酒逢知己便更加显示其酒文化，主动端起酒杯："曾大哥，感情深，一口吞，喝下！"碰杯后，二人一饮而尽，连喝几杯后，张利口里直打哆嗦，还不停地饶舌：

"我决不亏待朋友，有事只管说……"

曾国德见时机已成熟，便将话题一转，问省辖联行密押与全国联行密押计算方法是否一致。张利答，方法基本相同，只是密押不一样。二人一直谈到深夜，对密押的要素编制规程、技术要求、计算方法等进行了交谈。曾国德要张利想办法搞到编制规程的联行行名和行号，用密押骗取现金，然后一同逃往国外。

张利开始还心有余悸，顾虑重重。但在出国、金钱的驱动下，终于答应了曾国德的要求。

此后，二人又多次对盗取密押进行了策划、分工，张利负责搞全国联行的密押，曾国德进行假印章的雕刻。并商定平分赃款，而张利表示只要50万元，在一开始，他们的胃口就极大。

张利为了搞到全国联行密押，四处进行活动，多次到有关人员家里进行感情投资，不惜重金，笼络有关人员。1987年9月中旬，武汉市农业银行首义路分理处会计邓某在张利的相求下，将《全国联行行名、行号》一书借给了他，直到案发，此书才被收回。

曾国德也未意料到，第三步计划的实现是这么容易。

张利为了掌握密押的计算方法，绞尽了脑汁，一天，个体户殷某到银行贷款，张利心生一计，这不是"天赐良缘"吗？为什么不借殷之名，得自己之利呢？

殷某全靠贷款赚钱，虽明知张利是"无底洞"，但为了生意能继续红火，不敢怠慢，张利向其借支票及印章等，殷某未敢说个"不"字。张利向殷某借了750元钱的支票及印章，以要将此款汇往上海购货为由，在武昌县农业银行民主路分理处办理了票汇委托书。1987 年 9 月 17 日到农业银行武昌县支行申请办理汇票手续，当会计马某在计算票汇密押时，张利在旁偷看偷记，基本掌握了全国联行密押的计算办法。

按规定，不得使用密押汇票购货，会计计算密押时，他人也不得在场。马某不敢得罪上司的儿子，例外地放弃了原则。

与此同时，曾国德也加紧了活动，为实现下一步的目标，他网罗一些无业人员或刑满释放人员，以分赃、出国为诱饵，合伙进行犯罪活动。广州市观发洋行装修工程公司业务员李志坚按曾国德的授意，找人私刻了全国银行联行、新洲县烟厂和虚设会计巫艳珍、出纳黄萍等假图章七枚。

一次次的得手，一次次的过关，金钱的作用使曾国德非常得意。在广州他与潜入内地的香港黑社会成员林某相识。

当林某得知曾国德的计划后，一拍即合。二人对有关汇票单位和提款分成计划进行了多次策划。林某负责提供账号、提取现金；曾国德负责密押的计算等。

为了防止马失前蹄，曾国德进行了周密的部署，他利用曾因盗窃、抢劫被判过刑的罗双喜充当马前卒，负责提款、转款。他计划着即使失败，也可丢卒保车。

1987 年 9 月下旬，曾国德将张利、王伟、罗双喜等人带到广州。张利用了两天时间，反复进行了计算核对，并按照曾国德的要求，提供了所需要的有关数据。曾国德亲自填写了两张金额分别为 280 万元的汇票。分别汇入深圳市工商行和农行。

汇票填好后，曾国德用电话通知了林某，要林某在深圳接应。林某根据计划的安排，为了套取现金，对有关人员亦事先进行了感情投资。

曾国德拿着盖有七枚假印的汇票，反复看了数遍，坐在沙发上，兴奋不已，不知为什么，他突然又变得目光呆滞，眼睛盯着这张汇票，内心焦躁不安，仿佛汇票变成了一粒子弹，正要射中自己的心窝。他越看心情越紧张，越看心里越发慌，拿汇票的手不时的颤抖。他担心密押计算错了，前功尽弃；又担心林某吞了独食，用力不讨好。心神不定搅得他一夜未安神。

然而，这一次他的确失败了，当他特派的罗双喜和郑某到深圳找到林某到银行进账时，均因密押计算有误未得逞。罗双喜当即电话告知了曾国德。曾最怕听到的事情发生了，他瘫在沙发上久久闭口不语。

罗双喜从深圳返到广州，将假汇票交给了张利。次日，曾国德、张利等人乘上了返回武汉的火车。在火车上，曾国德一言未发，只是叹气。

回武汉后，曾国德并不甘心失败，又多次与张利进行了策划。要张利想办法找出密押计算有误的原因。张利自己也困惑不解，又再次核算了密押，还是未解其要领，为了弄清原因，张利重蹈覆辙，又找殷某借了1500元的支票和印鉴，以汇款长沙购货为由，于9月29日再次找马某办理汇票密押，又一次在旁偷看，并悟出了自己在汇出日期上有误是密押计算错误的原因。

张利即将此情况告诉了曾国德。曾国德如释重负，心情格外高兴，从沙发上站起来，用缓慢的步子在屋内移动，并不时从口中发出“很好，很好”的声音，脸上浮现出洋洋自得的微笑。

10月4日和5日，曾国德、张利、罗双喜、王伟及曾维纲、余昌奎，又先后赶到广州，再次进行了冒险。曾国德将原假汇票上的错误密押涂掉，填上张利重新提供的密押，并在涂改处加盖了假会计巫艳珍的图章。

10月6日，曾国德认为一切办妥后，便指派罗双喜、余昌奎持假汇票到深圳再次找到林某，于当天在深圳工商银行人民南路办事处和农业银行北路办事处分别各提取280万元。

当转眼560万元到手时，曾心中充满了喜悦，并在广州宴请了同伙。

林某也十分高兴，这笔巨款来得相当容易，既实惠，风险也小，得利也多。他当日迅速将已提到的560万元巨款，分别汇往广东省海丰县旅游公司等20余个单位，并套出大量现金。林某让罗双喜、余昌奎交给曾国德脏款人民币30万元，港币32万元，香港本票360万元。曾国德获得上述赃款后，分给张利、王伟各人民币1万元，分给罗双喜、余昌奎各人民币2万元，并给二人到上海的藏身费用人民币1万元，托香港人杜某从香港将32万元的香港本票转往了泰国，又指使其侄儿曾维纲将人民币26万元、港币32万元带回武汉窝藏。曾国德于1987年10月14日由昆明逃往泰国。林某将大量赃款转往境外后潜逃。

1987年10月12日，中国农业银行新洲县支行收到了从深圳工行和农行各返回一笔280万元的汇票存单。

国家的资金遭受了重大损失，这是一起特别重大的利用密押的经济犯罪案件。

武汉市公安局经过侦查，张利、罗双喜、余昌奎、曾维刚、王伟等人分别在武汉、昆明被抓获。

主犯曾国德、李志坚、林某在逃。

曾国德逃往泰国后，用 80 万元的港币买了泰国护照，曾化名二次潜回广州与情妇寻欢作乐。1988 年 7 月 30 日，曾国德再次潜回国内时，在广州与李志坚一同被抓获。曾的情妇看着自己凸起的肚子，见到公安机关的手铐，她一扫往日的风流，口里不停地叫道：完了，完了……。

是的，完了，梦想被现实冲破。她天天想与曾国德一同逃往泰国，而等待他们的将是法律的惩罚。

十六、婚宴上的悲剧

这是一起全国十大假酒案之一。

1994 年 12 月 19 日，经最高人民法院核准：生产、销售有毒、有害食品的罪犯皮成刚被绑赴刑场，执行枪决。一时间，在荆门市闹得沸沸扬扬的一起制售假酒致死人命一案，终于打上了句号。

婚宴上的悲剧

1994 年 3 月 14 日，荆门市沙洋区官当镇罗祠村的范维军为儿子举办婚礼，婚宴办得热热闹闹。

连续两日，范家吉庆的鞭炮爆炸声，人们的庆贺祝福声，席间的酒杯碰击声，洞房逗趣的吵闹声，无不显示出范家的喜庆场面。

为了儿子的婚礼办得体体面面，范维军操碎了心，油盐酱醋、柴米烟酒，无不倾注了他的心血。他不知牺牲了多少个不眠之夜，辛劳、勤俭为的就是把儿子的婚事办得像个样。连续几日，宾客满座，望着这喜庆热闹的场面，范维军不时抓挠胡须，满脸堆笑，一张高兴得合不拢的嘴巴，见客一句“同喜”的吉词，不知打发了多少亲朋好友。他不顾疲惫，忙前跑后，不时举杯欢迎着每位来宾。

酒过三巡，时针已指向了深夜。划拳饮酒声还在此起彼伏。许多人饮酒后只觉头痛、呕吐、四肢乏力。范维军也酩酊大醉，不省人事。但谁都以为这是醉酒的特征。在洞房里，以新郎新娘为主角，闹着各类短剧，把婚礼带入了高潮。新郎的妙语，逗得客人满堂笑声，新娘的羞羞答答点燃笑柄的引信。正当人们兴趣不断高涨时，突然，又有十几个醉汉倒地不省人事，此时的哭声、闹声、叫声，把婚礼闹得底朝天。

悲剧，在婚宴之后发生了！

悲剧源于假酒

1994 年 3 月 16 日，阴。

下午五时许，荆门市公安局沙洋分局刑侦科，急骤的电话声，报来一条骇人听闻的不幸消息：

官当镇罗祠村村民范维珍、李连洲等 37 人，3 月 14 日、15 日在本村范晓华家喝喜酒后，相继中毒住院，范维珍、李连洲经医院抢救无效死亡。

人命关天，公安人员迅速赶赴现场，进行了紧张的勘验、询问。经调查了解到，住院的 37 人均饮过酒，而未饮酒的人员没有中毒，由此判定此次婚宴上的酒是毒源。在调查中，范晓华的父亲范维军提供，喜宴上的酒均是在个体业主许兴华的商店购买共 64 斤。公安人员将剩余的酒提取封存后，即对许兴华进行了询问。许兴华提供：该店销售的散装白酒，均是该镇马沟村皮成刚和金克银送来销售的。经查证，皮成刚和金克银均系农民（皮成刚现年 37 岁，曾任过村团支部书记和农业技术员。金克银，现年 41 岁，曾先后任过农业技术员和村长）。在获取证据后，公安人员即对皮成刚和金克银进行了传讯，并提取皮成刚送酒的塑料壶中留存的残液和许兴华店中送酒的塑料壶中留存的残液及店中酒缸中的余酒，经化验有高浓度甲醇；而从范维军家提取的残酒中甲醇超标高达 1120 倍。经审讯，皮成刚和金克银两被告人供述了用工业酒精兑制假酒的犯罪事实。

经法医鉴定：死者均系高浓度甲醇白酒中毒致死。

悲剧在继续

正当公安人员深入调查、取证，审讯被告人时，同月 18 日，沙洋农场黄土坡砖厂报案称：

该厂服刑罪犯李学斌等九人因饮用白酒中毒，其中八人经医治后痊愈，李学斌经医治无效死亡。

经法医鉴定，死者李学斌亦系生前饮食了高浓度甲醇白酒导致甲醇中毒致死。

又是甲醇中毒。公安人员在调查中获悉，李学斌等人所饮用的白酒，系服刑罪犯陈鄂于 1994 年 3 月 12 日，趁外出之机，违反监规，私自在个体业主许兴华的商店中购买白酒 20 斤，然后转卖给了李学斌，18 日，李学斌等九人因饮用而中毒。

又是从许兴华的商店中购买的，供货者还是皮成刚和金克银。

根据皮成刚二人的交代，案情逐步现出了端倪。

金钱的诱惑

人，唯利是图，就会不顾一切，最终必将丧失良心，走向毁灭，既害人也害己。皮成刚和金克银就是例证。

皮成刚、金克银和我国的其他农民一样，随着改革开放的不断深入、发展走上了致富的道路。1993 年通过竞争，承包了荆门市沙洋区官当镇马沟村的酒厂。在一段时期，经过艰辛的劳动，以薄利多销，廉价劳动，减少成本，提高质量，赢得了市场，也赚得了一定的利润。他们脱贫致富，走上了小康的道路，得到了社会各方面的认可。可是，市场如战场，1993 年下半年，米价上涨，酿酒的成本增加，他们获取的利润不断减少。这种变化莫测的市场是皮成刚和金克银所料未及的，眼看一年的时间以分秒计算，他们心急如焚，多次策划，采取措施，都因技术力量薄弱，传统酿酒方法落后，即使使出了浑身的解数，还是不得要领，利润状况没有好转。针对成本高的状况，皮成刚和金克银也到邻近的一酒厂取过经，但因技术保密，收获甚微。一日，皮成刚在作坊操作时，看着涓涓流出的尾酒，茅塞顿开，这不是发财之源吗？

顿悟的心计，使他兴奋。皮成刚望着从作坊流出的尾酒，发自内心地笑了，他走到作坊旁，捧起只有 20 多度的尾酒，自言自语地说道，傻、傻、傻！我们太傻了，真是捧着"金碗要饭"，这好的发财之源，为何原来将其扔弃。他恨自己"开化"得太迟了，他捧着从酿酒过程中产生的尾酒，闻了又闻，嗅了又嗅，害怕再浪费一滴。金克银看见皮成刚犯傻，只觉好笑，问他为何这样高兴。皮成刚当即对金克银说，快！快别让尾酒浪费了，不是有人用工业酒精兑制白酒赚钱吗？尾酒只是浓度低，只要我们提高尾酒的浓度，就不愁赚不到钱，我们可以用酒精兑制尾酒出售，这也是变废为宝！

说完，皮成刚得意地笑了！

金克银十分佩服皮成刚的“聪明”，也对这一生财之道很感兴趣，即随声附和道，这的确是个赚钱的好方法。不过，工业酒精有毒，毒死了人可不得了。金克银心有余悸地补充道。皮成刚见金克银犹豫不决，又说，别人不是用水兑制酒精当白酒卖过吗？不会出问题的，再者无毒不丈夫，瞻前顾后是赚不到钱的。想到那信手可得的花花钞票，想到容易获得的利润，以一种不能让皮成刚独吞的逆反心态，抱定“人无横财不富”的侥幸心理，金克银投降了。二人对销售的商店、兑制的比例销售价格进行了多次商议。

在“孔方兄”的诱惑下，皮成刚和金克银冒天下之大不韪，开始了罪恶的行为。1994 年元月上旬，皮成刚专程到沙洋李某处购回 17.5 公斤的工业酒精，然后伙同金克银用 12 公斤酒精与尾酒兑制成 50 公斤假酒，由金克银送到许兴华的个体商店销售，转眼就获得利润一百多元。

小本赚大钱，在利益的驱动下，皮成刚与金克银在犯罪的道路上越滑越远。同月下旬，皮成刚再次从李某处购回酒精 60 公斤。二人再次将 50 公斤工业酒精与尾酒兑制 200 公斤假酒，皮成刚先后分四次将假酒送到许光华处销售，又获利二百余元。

捧着钱，皮成刚像虔诚的教徒，对着光亮，反复抚摸着一张 100 元的票子，自语道：“为了你，我不知花了多少心血，流了多少汗水，起早贪黑、整日奔波、劳作，不也就是为了你！钱哪！钱哪！你让我吃了多少苦，只要有了你，我会让时间倒流。”

他想着，想着，第一次开了窍，当即买了一包“阿诗玛”香烟，连续吸了几支。吐着烟圈，得意地长笑了三声：

“人生有几回风流，我皮某也会发财的！”

然而，其结果并不像皮成刚所想像的，法律将他们押上了审判台。

罪不容诛

皮成刚、金克银制售假酒致死人命一案，在荆门市引起了强烈的反响，社会各界对该案的处理结果都非常关注。1994 年 7 月 26 日荆门市中级人民法院公开开庭审理了此案，认定被告人皮成刚、金克银以盈利为目的，生产、销售有毒、有害食品，导致46人甲醇中毒，其中3人死亡的严重后果，其行为均已构成生产、销售有毒、有害食品罪，且情节特别严重。被告人皮成刚在共同犯罪中起主要作用，系本案的主犯；被告人金克银在共同犯罪中起次要作用，系本案的从犯。根据《全国人大常委会关于惩治生产、销售伪劣商品犯罪的决定》第3条第2款及《中华人民共和国刑法》第22条、第23条、第24条、第53条第1款规定，以生产、销售有毒、有害食品罪，判处皮成刚死刑，剥夺政治权利终身；判处金克银死刑，缓期二年执行，剥夺政治权利终身。皮成刚、金克银均不服，提出上诉，经湖北省高级人民法院复核，报请最高人民法院核准，维持了原判。

案件终于打上了句号。它告诉人们，公民必须在法律规定的范围内活动，必须通过诚实的劳动获取利润，任何超越法律，损人利已，通过犯罪的手段赚取不正当利润必将受到法律的惩罚。

十七、雇人索债引发的杀人案

在当今商品经济社会中，各种债务形成了新的矛盾和纠纷，也是酿成恶性事件的根源之一。有的人在索取债务时，不是通过正当途径或法律手段，而是使用暴力，以暴对狠，两败俱伤；更有甚者，以人质作手段，进行严重的刑事犯罪。本文的主人公，在帮他人索要528元的欠债时，雇用打手，殴打债务人，从而引发出一起恶性杀害公安人员的事件……

突如其来的灾祸

1993 年 10 月 10 日上午 8 时许，天气晴朗。初冬的早晨，因受西伯利亚寒冷空气的影响，冷风飕飕地掠过长长的狭窄街道，无情地袭击着每个行人。

余某今日打扮得格外引人注目，装束得体的皮夹克，抵御着寒风的侵袭。他踏着街面滚动的树叶，在一群学生的簇拥下，大步流星地向长江河运专科学校走去。

他是本省吉他学会会员，弹得一手好吉他，在我国市场经济大潮的冲击下，他自谋第二职业，在长江河运专科学校办起了私立吉他教学班。近几年，经过他自身的努力，桃李遍布武汉三镇，每期的学员络绎不绝，大量的“孔方兄”流入荷包，真可谓春风得意。

今日他特别兴奋，为了检验自己的教学成果，清早就赶向学校，准备对学员进行考核。当他刚走到学校门口，一群人挡住了他的去路。他抬起头，望着这一群陌生人不知所措。他刚要开口问原因，被一阵“快交出钱来”的吼叫声弄得莫名其妙。来者共 6 人，团团将他围住，其中一个拿出水果刀向他逼近时，他才感到事情的严重。一时他六神无主，浑身打颤，口里直哆嗦。问：

“你……你们要什么钱？”

“什么钱，你是知道的。”这时一个人从荷包里掏出两张纸条，在空中晃了一晃：“就是为了这。”

“那是他自己半途退出学习班的，我不能退学费。”余某还以为是不久前自动退学的人雇请他人来帮助要学费的，为此，他一再声明。

“什么半途退学，你胡说些什么。”对方骂起余某来。余某心里发慌，向左走了几步，又向后直退，刚好与其中一个人相撞，双方为此发生殴打。斗殴中，余某的后腰部被刀刺伤。负伤后，余某才从梦中清醒，使出平生之力，将持刀人打倒后，在他人的协助下，终于突出了包围圈，被在场的学生救助，送进了医院。

报案人的蹊跷

面对众多的打手，终归逃出了魔爪，得知自己的伤情，余某不寒而栗。他始终不明白，自己为什么被打，躺在病床上，冥思苦想了两天，他也不解其因。最后，他还是在不明不白，又怕再次被报复，让父亲走进了武汉市公安局武昌分局新河街派出所。

1993 年 10 月 12 日，余某的父亲报案称：10 月 10 日其子无辜被人用刀杀伤。报案中，除提供被害的时间、地点外，其他情况一概不详。为了查明案情，公安人员不得不向被害人余某本人询问。余某也是除提供“已知”

的情况外，说不出多少有价值的情况。一时间案情被搁浅。人们处于各种推测中：是否是“黑吃黑”得到的报应，或是为争地盘、抢山头进行的斗殴，是否因为……

猜测，总归带有想象的内容，但不是定案的证据。那么，是什么原因促成多人对余某进行报复，的确无线索可查证。

困难难不住我们的公安干警。他们对案件进行着认真地分析、研究。询问中，余某回忆说在其被拦截围攻时，一个瘦高个曾拿出两张条子在空中晃了晃，但具体是张什么条子，因当时心情紧张，又相距几米，也无法看清楚。

“条子——钱——条子”，一时成了案情进展的关键。如果是明火执仗的抢劫，为什么要拿出两张条子提示余某；且根据具体案情，说明索钱人是“当面直接”向余某索款，这里面必有蹊跷。余某可能有难言之隐。要真正抓获凶手，余某首先必须提供一切情况。为此，公安人员制订了另一套调查方案。在继续询问余某时，一件几年前的买卖赊账引起了公安人员的注意。

两张欠款单

余某回忆说，1992年初春之后，各种公司像雨后春笋，处处可见，什么运输公司、电器公司、建筑公司等等，各种广告占领了整个城市街道两旁。一天，走到街头，一条吉他招生广告启示了他。他想别人都在搞第二职业，自己也可发挥一技之长。且现今广告大多属治病、招收餐馆服务员，而实际上，当今江城跳舞热血沸腾，卡拉OK也闹得沸沸扬扬，大量需要乐队专业人员，且此类人员缺少。为此，他也决定开办一个吉他教学班。

可是，万事开头难，资金紧缺，一无所有，一时间伤透了脑筋。正在山穷水尽之时，他想起了吉他学会。联谊中即找到杨某。当余某谈起自己的想法时，杨某积极赞同、支持，并答应尽力帮助。因此通过杨某，在杨的姐夫开办的琴行买了几把吉他及吉他附件，共计528元，当时赊账打了两张欠条。但是否是这两张欠条引起这次事件，余某感到疑惑。

杨某系省直机关干部，又是吉他学会的秘书长，按其身份是不会雇打手索债的，且其已表示有了钱一定还账，也不至于为这点钱而……至于杨某的姐夫因近年工厂效益不好，办了一个琴行，收益颇丰，他要欠款也只能通过杨某向我索要，他没有理由直接向我索要。但的确他们两人的嫌疑最大。

案情终究露出了端倪。根据余某提供的线索，公安人员对杨某的姐夫进行了调查，发现杨的姐夫曾多次通过他人向余某要过债，并下过“挑战书”，具有作案的可能性。但是，经过认真调查，其结果，事实把他从怀疑对象的名单上划掉了。相反，杨某保存着两张欠条，具有作案的动机，其姐夫也多次向他催过此款，具有作案嫌疑。在被询问时，他又不积极配合公安人员，有时答非所问，有时不能自圆其说。

根据案情，公安人员认为杨某不是作案人，也是知情人，但在事实未查清前，是不能轻易下结论的。调查中，公安人员当问及余某的两张欠款单时，杨某掩饰不住心虚，不得不说出此人——杨跃飞！

真正的幕后操纵者

1993 年 9 月 24 日，杨跃飞到杨某处，要杨某给其开一张介绍信和联系打印吉他教学辅导资料时，二人在交谈中，杨某顺便讲了余某欠其款之事，杨跃飞当即表示愿帮其要回欠款。杨某表示感谢，并将两张欠条交给了杨跃飞。

杨跃飞为教学地点与余某发生过矛盾，多次想报复，又没有机会。回到家后，杨跃飞将两张欠条拿出来反复酌量了数遍，无名的火焰燃烧着他的理智。他想，男子汉就是争口气，你为教学点出我的丑，我就要你加倍偿还。他思量着，如果自己亲自出马，不仅要不回钱，且会暴露自己，不仅事情办不好，还会引火上身，招来灾祸。经过深思熟虑，认为跟自己学吉他的杜建军讲义气，如果杜出马，将事半功倍。

10月6日，杨跃飞特意买了好烟好酒，将杜建军请入上座。几杯酒下肚，杜建军便不知东南西北。当杨跃飞将此计划告诉了杜建军后，杜欣然许诺，为了讨好杨跃飞，杜建军并谈了自己的打算。

第一步计划落实后，杨跃飞对余某的行动进行了跟踪，当了解到余某10 日上午在长江河运专科学校讲吉他课时，便告知了杜建军。杜建军又邀约了张敏、钟浩、张波、张胜旗、朱毅等人。10 日上午 8 时许，在长江河运专科学校的门前，杜建军一伙将余某等人拦住，在要钱的过程中，双方发生殴斗。朱毅用随身携带的水果刀将余某刺伤。

案件终于大白于天下，杨跃飞是幕后策划者。经查证，杨跃飞出生于1958年2月23日，高中文化程度，1976年至1988年曾在武汉市汉阳区腰路堤小学任教师。1988年辞职后从事个体吉他教师工作。当他得知杜建军等人将余某用刀刺伤后，深感不安，整日提心吊胆，出门不安、进门惶恐，生怕事情败露后有人上门报复。

理智的丧失

报复的心理，使杨跃飞丧失了理智。

武汉市公安局武昌区分局新河街派出所决定由民警祝光辉带领治安联防队员张少剑、胡建新等人前往武汉市汉阳区建桥街河泊所14号依法传唤杨跃飞。由于杨跃飞不在家，祝光辉等人便退到附近拦江堤上守候，当发现杨跃飞与其妻回家后，祝光辉与张少剑便从大门进入。

杨跃飞听到有人从大门进入的脚步声，即手持藏刀冲出家门，在院内的天井处被迎面而来的张少剑拦腰抱住，杨跃飞即持刀朝张的颈部刺去，祝光辉见状冲上前，杨跃飞又持刀朝祝的左脑部猛刺一刀。尔后，又将带伤与其搏斗的张少剑左臂刺穿，挣脱逃离现场。在逃跑过程中，被及时赶到的胡建新及在拦江堤上巡逻的公安人员当场抓获。

祝光辉倒下了，在同犯罪分子斗争中，为了保护他人的生命，为了社会治安的稳定，他倒下了，再也没有站起来。人们将会永远记住他！

1993年10月30日，湖北省高级人民法院以故意杀人罪核准了杨跃飞的死刑。

罪犯虽然处决了，但本案也告诉人们：债务纠纷必须通过法律手段来解决，那种以暴力索债或者以雇用打手报复他人的，必将搬起石头砸自己的脚，杨跃飞就是一个典型的例证。

十八、杀人越货罪当诛

刑场上的忏悔

人是能思维的动物，其言行受理智的支配。如果一个人良知被泯灭，那他就会像一头野兽，横冲直闯，危害社会。1995 年岁末，荆沙市某刑场，两个罪犯就是如此。法官对其验明正身时，他们最后留下的一句话耐人思考："我们以前从来未干过任何坏事，当过先进得过奖，在当今商品经济时代，即产生了一种变态心理，认为别人富了是靠偷拿摸要哄骗抢夺得来的。为此，在金钱的诱惑下，我们也想走一条发财捷径 —— 抢劫出租车。我们不顾后果，杀人越货，犯下了死罪，不仅害了他人，也害了自己。"

的确，这是他们的醒悟之言，只是醒悟得太晚了。

诱人的生意

1995 年 6 月 8 日，天似乎发了狂，太阳将大地烤得冒烟。荆门市似乎由于火力发电厂和炼油厂的存在，天气格外闷热。两星期以来，没痛快地下过一场雨。曾勇自当上个体出租车司机以来，很少碰上这种天气，本来白天想多跑几趟，而因公路上脚踏下去就一步一串的白烟使他打了退堂鼓而未出车。晚 7 时许，吃过晚饭，他忽然想起今天是 6 月 8 日，既顺又发，是个吉利的日子，便将出租车开出拉生意。当车开出家门不远，就有一乘客搭车。曾勇停住车，注视着这个陌生的行人：中等个儿，二十多岁，一头乱蓬蓬的头发盖住了一张凹陷的脸，那不修边幅的形态让那马蹄形嘴巴上嵌着一双鼠眼所掩饰。曾勇正在审视对方，乘客声称以高价租车从荆门到钟祥去接个人。谈了价后，曾勇喜上眉梢，心想今天确是个吉利日，出门就碰上了一笔好生意，他心中美滋滋的，按照乘客的要求，他将车急速转弯向目的地开去。

冤死在他乡

在荆门通往钟祥的公路上，快速奔驰着一辆桑塔纳牌出租轿车。

"师傅！你这辆车值多少钱？"

"13 万多元。"曾勇回答道。"那么你一月能赚多少钱？"还未等曾勇答完话，乘客坐在车后座又问道。

“赚不了几个钱，你看晚上 8 点多了，我还在外面跑，累死累活的不过千余元，加上税收等费用开支，一月下来赚的不如你做生意掉的几个。”

“哪里！哪里！我也赚的钱不多，只不过比你赚得容易些。”在车上二人不断地交谈着。当谈到家庭和年龄时，乘客说：“我俩不仅同岁且还是同行，我也买了一辆大卡车，赚了几个钱，想出来转转，了解一下市场行情，想从市场上再增值。”说着，说着，乘客将话头一转说：“不是吗？今天要你去帮接的那个人，就是我的合伙人，也是我的徒弟，我们想考察一下，在荆门投资办个厂。”乘客胡编乱造地吹嘘着。按照乘客的要求，从荆门到钟祥的冷水镇，车跑了一个多小时才接到另一乘客，被接的这个人年长些，30 余岁，满脸横肉，从谈吐举止看要老沉一些。双方不冷不热地交谈了几句，曾勇便开车向荆门返回，当车行至冷水镇田岗村路段一上坡处时，乘客要曾勇将车停下让他们小便，车刚停住，曾勇的脖子即被一根绳子勒住了……

自掘坟墓

1995 年 6 月 8 日晚，钟祥市公安局冷水镇派出所值班室内灯光明亮，蚊虫围着灯光在不停地飞舞。几台风扇还是不能将暑热驱走。值班干警冒着闷热的高温不断地记载着每一个报案点。深夜，张某突然报案称：在冷水镇田岗村发现一司机被杀，一辆桑塔纳轿车被抢走，车牌号为鄂 H-10666。

案情就是命令。钟祥市公安局旋即进行了部署。9 日上午，公安人员在钟祥市胡集镇发现了该车。在现场勘查中，公安人员在离弃轿车以南的 430 米处提取了一个方格黑白相同的花布包，包内有一串钥匙，其钥匙串为圆形深色有机玻璃，上面有“中国农业银行南阳分行房地产信贷部”字样；另有印有“月亮湖大酒店”字样的一把塑料梳子。并经群众提供线索在田岗村城山五组公路段右边搜到一把带血的双刃匕首。根据线索，公安人员调查发现，发案的头一天晚上，持有河南省南台县城关镇康乐街 76 号身份证的李大田两人在荆门市月亮湖大酒店 401 号房间住宿过，属重要的嫌疑对象。

10日，钟祥市公安局派员赶赴南台县，发现李大田下落不明，但经李大田的父亲李连章辨认：公安机关在现场提取的方格布提包及包内的一串钥匙系李大田之物，并用其中两把钥匙打开了李家院子大门及房门上的锁。经查证，李大田近几天与南台县四棵树乡二郎船村的张世平外出，在当地公安机关的协助下，张世平被抓获，并供述了犯罪事实。而首犯李大田在逃。

原来，李大田与张世平在作案后弃车逃跑的途中，张世平提着包嫌碍事，即将提包丢弃在一草丛中，跑了一段路后又将杀人凶器匕首扔在一公路右边。两人一口气跑了10多里路，在一山坡处，李大田气喘吁吁地回头问张世平拿的提包呢？当张世平说拿着东西怕招事而将提包丢了时，李大田顿时脸无血色，上气不接下气地剋了张世平一顿，并要张世平先走，自己便沿原途返回寻找提包。张世平自感罪孽深重连夜兼程返回了家，便向其好友黄某讲了与李大田在荆门抢劫杀人的犯罪事实。李大田在被弃的车旁边来回找了好几遍也未找到提包，因又害怕天亮后被人发现，即向西逃窜。

1995年9月25日，李大田逃至甘肃省永登县仍贼心不死，在一招待所内发现停有一辆北京切诺基轿车，便又起歹心。他从车的挡风玻璃上发现该车有铁道部第一工程局桥梁处第四桥梁工程公司的标识，因无法得手，第二天李大田便花了8.50元钱乘车赶到该公司，凌晨2时许，李大田采取撬车库门手段，正欲盗窃该车辆时被当场抓获。

1995年11月29日荆沙市中级人民法院以抢劫罪判处被告人李大田死刑，剥夺政治权利终身；以盗窃（未遂）罪判处其有期徒刑十年；合并执行死刑，剥夺政治权利终身。认定被告人张世平犯抢劫罪，判处其死刑，剥夺政治权利终身。李大田、张世平均以“量刑过重”等为由提出上诉。1995年12月6日，湖北省高级人民法院审理后驳回上诉，维持原判，核准死刑。

1995年12月20日荆沙市中级人民法院遵照湖北省高级人民法院的命令，对李大田、张世平执行枪决。

此案给我们留下了诸多思考。

金钱如下山的猛虎，古今中外，许多人为它而走上歧路，有的丧尽天良，杀人害命，有的不惜丧失人格，自掘坟墓，也使许多君子成为小人，被世人唾弃。近年来特别是犯罪分子以出租车为抢劫对象，杀害司机的案件屡见不鲜，严重危害社会治安，政法机关亦予以了严厉打击。但为何此类案件仍逐年上升，究其原因除犯罪分子在利益的驱动下，冒天下之大不韪，另有一个重要方面，就是被抢劫的车能销赃，又能过户，且买赃单位并非单是个体，有些甚至是国家机关。这些买赃人无形之中助长了犯罪分子的私欲。为此加强车辆管理，防止车辆的黑市交易刻不容缓，也是防患于未然的有效措施。

十九、金钱梦断魂

大凡众生，各有所梦。发财梦、升官梦、桃花运梦……梦的世界，千奇百怪。有离奇的梦幻，有渴望的梦想，有美妙的梦境，有疲倦的梦乡。或虚幻蜃楼，或官运亨通，或富贵通达，或柔柔香馨，或缠绵缱绻。人们的灵魂往往在这些梦中得到升华。

人世中，有的人梦刻即醒，回头是岸，有的人梦醒在黄昏，悔之晚矣，而邵四胜却至死梦未醒。

新中国诞生的翌年，他出生在黄州市团风镇。中学毕业后，18 岁的他就幸运地走进了军营，三年兵役服完后，又幸运地进了武汉重型机床厂。在当工人期间，他以工作认真，踏实肯干，沉稳内向，精明能干，而深得领导的器重。1985 年，即被调到武重运输车间做提货工作。这项既有利又实惠的工作，许多人为之倾心。在工作中，他善于察言观色，没干几个月，又被厂里派往武汉铁路分局武昌北站当提货员，独当一面。

武昌北站，是火车南来北往运输货物的集散地，整车整箱的货物，钢铁、铝、锡、汽车、冰箱令人眼花缭乱。而货物的提货员对这些大宗货物的运输，具有决定权，因而，各路运输单位视提货员为“上帝”。

他如愿以偿了，不仅是他工作上顺心，且单位规章制度也为他提供了理想的条件。武汉重型机床厂规定，零担货由本单位带车提，整货由外单位的车提货，然后用空白支票结算费用，提货员无需经厂领导同意，根据提货单和发票回厂报销。即使是空白支票，只需邵四胜签个名，便可“自由”地领取和使用。

美差，一份令人垂涎的美差。

邵四胜为此不知做了多少美梦，梦似金黄色的晨纱，若明若暗。

优越的工作条件，舒适的生活环境，扰乱着他那本不安分的心灵，整日看着从手中流出的票子，他神不守舍。常在忙完单调的工作后，想着自己尚还贫穷的家庭，叹声唉气，坐卧不安。

钱的确是很有用的东西，想吃好穿好的，就得有钱，想开公司，做买卖，一切都需要钱。

过去贫寒、无能、寄人篱下，全归于与钱无缘。为此，他决心干一番事业。于是，每当触到支票时，他总渴望从“自由地支配”演变为“自主地使用”。

他开始做起金钱梦来。

梦本来是人类不可缺少的东西，如同大地不能缺少阳光一样，没有梦的世界，将是枯萎而乏味的，但邵四胜把梦幻作为追求的目标。什么理想、道德、法律，他全然不顾，只求圆金钱之梦。

为了圆梦，他深深地陷入了不能自拔的境地。苦恼、懊悔、无策。

苦恼是支票只对单位，无策是支票无法套取现金。

正在他无策之时，一个跛足人进入了他的视野。

“朋友！”跛足人在武昌北站的一货场边喊道。

邵四胜转身见是一跛足人朝着他叫，只是望了一眼，无心回答喊声。

“我姓李，是武昌北站装卸运输组的，早闻你其名，今见其人，的确名不虚传。”李某走近邵四胜的身边恭维道。

邵四胜扫一眼面前这位其貌不扬的跛足人，爱理不理地应了一句：“啊！李师傅！”转身走开了。

俗话说：一回生，二回熟，三回成朋友。后来由于业务往来，时间一长，邵四胜改变了初衷的印象。觉得李某不仅是生意场上的老手，人且心眼好，聪明，大方，他后悔当初不该以貌取人。

人一旦放松警惕，病菌便会乘虚而入。李某也看准了邵的心思，经常少收运输费，多少给邵一点“甜头”，邵对小惠来者不拒。时间一长，二人心照不宣，有来有往，各有所得。有一天，在结算搬运工人的力资时，李某对邵说：“这次力资费可暂不结算，到我们单位去结，到时候我们都有甜头。”

邵四胜茅塞顿开，心领神会地直点头。实际上邵早已对那杯水车薪的

“甜头”不感兴趣了。他的目标在于巨款。但还是心有余悸，胆怯地问：“这事可不可靠。”

“都是正规发票，你好报账，别人都这么搞。”

于是，在李某的授意下，邵虔诚地将一张空白支票塞在李某的手中，至此，一场用空白支票套取现金的丑剧拉开了序幕。

四五天过后，李某将一叠钞票递给了邵四胜，邵简直不敢相信自己的眼睛。当他忐忑不安地将假发票拿回单位报销时，竟顺利地通过了，他万万没想到，这220元相当于他一个月的工资的“孔方兄”，竟来得如此容易。对此，他十分得意，便开始瞄准财务管理上的这个漏洞，接二连三地向李某等人提供空白支票，套取现金装入自己腰包。几个月下来，便套取现金9000余元。这个经过三年军营熔炼的“钢铁”，在20年的风雨过后，开始被金钱腐蚀了。

邵四胜在李某的言传身教下，很快成了这方面的行家里手，李某被调走后，他开始寻找新的目标，一次偶然的机会，他发现武昌汽车运输二站的孙老头与李某如出一辙，钻的是同一鼠洞，用同样手段将支票不进运输二站，而转进了徐家棚街堤上段装卸运输组。邵四胜窥见端倪，便露出无赖的嘴脸，以此要挟，明借暗要，向孙老头索要财物。

精明老辣的孙老头也很快发现，显得文静，穿着西服，戴着眼镜的邵四胜是个梁上君子。他们臭味相投，便沆瀣一气，不仅干起了“老本行”，还另辟途径，在货物运输上大做手脚，采取在开发票时加大运输费用，把多收的部分钱转到其他账号上提取现金。几千元甚至上万元轻易地流入了邵四胜的腰包。

有一天．在孙老头的介绍下，邵四胜与堤上段装卸运输组开展了一项运输业务，事完后，一个姓刘的太婆给了邵一条“希尔顿”香烟。并直言道：“你们武重跟我们来往很长时间了，以后有什么事直接找我们。”

邵四胜见钱来得既快又容易，不再满足于间接与堤上段装卸运输组做“生意”了，而是嗅着腥迹，单独跨进了堤上段装卸运输组的大门，建立了长期的“生意”关系。

出乎意外，在业务往来中，邵四胜发现余家棚堤上段装卸运输组是居委会办的集体企业，招牌姓“公”，其实姓“私"，其经营范围是为托运单位联系车辆及人力，替运输单位穿针引线，牵线搭桥，兜揽生意，然后从中收取一定的劳务费。但主要从事一项“特殊业务”，即有些单位在外发生运输业务，装卸运输组在没有派人派车的情况下，只要对方拿钱，就可按对方的要求开出运输发票，从中扣除营业额15%-20%的管理费，这项业务，的确为邵四胜实现梦想开了“绿灯”，也为他掘了坟墓。

1986年6月的一天清早，邵四胜走进了堤上段装卸运输组办公室，将几张空白支票和一张纸条递给了刘太婆：

“钢材、设备等台班，支付金额……”

其实，这些运输业务，全是邵四胜胡乱编造的，压根儿就没有发生过任何运输业务。此后，邵四胜便成了堤上段装卸运输组的常客。就连邵写一张便条，其他人也可以从堤上段装卸运输组兑成现金。正如邵四胜自己说的，“堤上段装卸运输组，就是他开的一个银行。”一旦钱被花光，就回单位拿支票交换。而该单位财务部门仅凭邵四胜的签名，在不办理任何清款手续，无须任何领导批准的情况下，直接将空白支票给邵，邵即将此转账支票转到他处，以支付运输费为由开假发票，回厂报销。由于转账支票管理不严，企业财务制度不健全，支票管理失控，邵四胜经常随身携带三四张空白支票，只要有利可图，随意填写，将支票兑换成现金揣进腰包。

金钱的魔力，使他像一位阔老板，脚蹬名牌鞋，身穿高档衣，嘴里叼着高级烟，每天至少连吃带甩30至50元。每周三番五次地邀请他人进餐馆，入舞厅，一甩千儿八百，家庭的各类奢侈品应有尽有；朋友结婚，他主动支付宴席费；亲友缺钱，他慷慨解囊，挥金如土。

1987年7月中旬的一天，晴川饭店，灯火辉煌，门庭若市，过往宾客，无不为走进这豪华餐厅而自豪。邵四胜打扮得像一位绅士，守候在门口，对进入饭店的客人频频点头微笑，风度翩翩地招呼各位嘉宾。这日邵四胜正在为叔父从台湾回大陆“寻根”破费。五大桌的凉盘热菜，累得服务员汗流浃背，食客们无不为这美酒佳酿投以羡慕的眼光。人们哪里知道，这所花费的每桌1千元的酒宴费，不几日，便以运输费名目开的支票填补了豁口。

吃喝是他的嗜好，女色也为他所喜。邵四胜虽自知早已不是姑娘追求的时令小生，但在金钱欲的驱动下，骚动着的心使他不论是含苞待放的未婚少女，还是朋友之妻，抱定“钱能买风流”的宗旨，以金钱为诱饵，到处拈花惹草，一旦得手，便以存折衣物、金戒指相送。三年来，他仅花在女人身上的钱不下万元。仅邵四胜被抓后，一李姓女人就交出了三个存折。骄奢淫逸的生活，腐蚀着他的灵魂，使他一步步滑向了罪恶的深渊。

1989 年 8 月 15 日“两高”通告发布后，许多经济犯罪分子投案自首。

1990 年 1 月 19 日，法网恢恢，邵四胜被逮捕了。在被审讯期间，他悔恨地低下了头：

“我开始犯罪是由几十元到几百元。由几百元到几千元，我梦想过好生活……我是一步步走下去的。”

然而，他醒悟得太晚了。

经查明：1987 年 1 月至 1989 年 10 月间，邵四胜先后以支付运输费为名填写假支票，亲手和通过他人将本厂转账支票 138 张，计人民币 25.3 万余元转到徐家棚街堤上段装卸运输组的账上，除扣除堤上段装卸运输组所谓“管理费”4.24 万余元及支付本厂承包汽车运输费和吊装费 2.2 万余元外，实际贪污 18.8 万余元。案发后，除追回赃款及实物折款 7 万余元外，其余赃款均被其挥霍。

1990 年 8 月 21 日武汉市中级人民法院以贪污罪判处其死刑，剥夺政治权利终身。邵四胜不服，提出上诉。同年 12 月 12 日，湖北省高级人民法院驳回上诉，维护原判，并依法报送最高人民法院复核，1991 年 4 月 22 日，最高人民法院核准湖北省高级人民法院以贪污罪判处邵四胜的刑事裁定。1991 年 5 月 3 日，遵令将邵四胜绑赴刑场时，他还乞求政府再给他一个机会，他想办法让台湾的叔叔帮忙偿还，弥补国家损失。

梦！他至死还在做梦！

金钱的梦想，将其送进了罪恶的坟墓！

人们请记住，贪财必被毁，伸手必被捉！

二十、偷鸡盗猪犯下死罪

1995 年 6 月 12 日，自以为“小偷小摸无死罪”的盗窃犯杨义平被依法处决，结束了他可恶的一生。

杨义平并非是抢劫银行的大盗，也不是盗窃国家重要生产资料的惯犯。他是因为偷鸡盗猪而送了性命。人民法院宣布判处杨义平死刑立即执行，在松滋县引起很大震动。

在农村，养鸡养猪是农民致富的一条重要门路。然而从 1992 年开始，一股偷鸡盗猪的幽灵在松滋县徘徊，闹得人心惶惶。

1993 年腊月的某一天，万某从松滋县饭店路过，看见一男子用口袋装了几头小猪出售，价格便宜得很，就买了两头。回到家里，万某刚要向其妻报告好消息，其妻直流泪地说昨日天刚亮，自家的两头小猪被人偷走。万某听后直发呆，却见刚买回的那两头小猪直往猪圈里跑。再仔细辨认，原来就是自家被盗的那两头小猪。

这年腊月的一天，天特别寒冷，陈某被温暖的棉被送入了梦乡。时至深夜，一阵猪叫鸡鸣把他从梦中惊醒，陈某明白了所发生的事。他急呼家人，披衣开门，但门却被绳索捆住。他只得眼睁睁地望着自家的 3 头猪、15 只鸡被偷走。

偷鸡盗猪之风危害着全县 9 个乡镇的 60 多个村，农户纷纷加固鸡舍猪圈，设哨守护，仍不能幸免。

杨某家养了 5 头猪，一天夜里被人盗个精光。为了加固猪圈，他借款建圈，准备第二年用养猪的款还债。谁知盗贼又连续两次盗走他家的猪和鸡。他灰心了，发誓再也不养猪喂鸡。

艾某为了供孩子上学，养了 4 头猪，1993 年 8 月被盗，使艾某的大孩子辍学。

许多农民认为养猪喂鸡不仅不能赚钱，且招来盗贼，危及人身安全，因此放弃养猪喂鸡致富的门路。1994 年，松滋县有的乡镇养猪业比 1992 年下降近一半。偶尔，群众也抓获到几个偷鸡贼。送到派出所后，大多因盗窃数额较小不构成犯罪，关上十天半月，罚款后又放虎归山。放一次，那伙人的胆子就大一次。他们变本加厉，有的下午出拘留所，晚上即刻去偷。农民见派出所对“小偷”无奈，即使发了案，也很少有人去报案。

1994 年 6 月 19 日凌晨，几名公安干警守候在松滋县新江口大桥上。

“突突”！一辆 50 型嘉陵摩托车渐渐地驶向桥头。在桥上强烈的灯光照射下，骑车人没有注意新江口桥上的公安巡逻人员。

“站住！”一声吼叫，才把骑车人惊醒。他见面前站着几位公安人员，立刻就慌了神。在检查中公安人员发现摩托车上用麻袋驮有 16 只鸡。

他叫覃世金，松滋县新江口镇农民。这晚他骑摩托车跑了近百里，都因没有合适目标“收获”甚小。当行至松滋县矾坛村，忽闻公鸡啼鸣，他便加速赶到鸡鸣的房屋旁，观察了许久，因鸡舍在房内而无从下手，便翻墙揭瓦，在唐某的家中盗得鸡子16只。

正当公安人员在讯问覃世金时，新江口大桥的另一头，几辆 50 型的红色嘉陵摩托车正驶向八宝桥头。骑车人还未反应过来，就被公安人员“请”下了车，当场搜出钢钎等作案工具。原来，韩秀勇等人携带作案工具撬门入室连续作案，盗窃了田某等七户农民的鸡。又准备去作案时，被公安人员抓获。

在事实在前，韩秀勇、覃世金等供认了与杨义平等人相互勾结的盗窃经过。

杨义平 1988 年因犯盗窃罪被判刑。在监狱中认识了也因犯盗窃罪被判刑的文远海。1990 年，文远海、杨义平先后刑满出狱。此后不久，杨义平纠集文远海、尹昌平、韩秀勇、覃世金等人，结成盗窃团伙，大肆盗窃农户的鸡和猪。

公安机关根据韩秀勇、覃世金两人提供的情况，将杨义平等一伙人抓获，侦查结案后交检察机关提起诉讼。

人民法院审理认定，从 1992 年 4 月至 1994 年 6 月，杨义平盗窃团伙共盗得 219 头猪，鸡子 1541 只，价值 4.9 万余元。依照《中华人民共和国刑法》和《全国人大常委会关于严惩严重破坏经济的罪犯的决定》，以盗窃罪判处杨义平死刑，剥夺政治权利终身；判处韩秀勇死刑，缓期二年执行，剥夺政治权利终身；文远海等人亦被依法判处有期徒刑。湖北省高级人民法院对杨义平一案予以复核后，下达了执行死刑的命令。杨义平等人以为“偷鸡盗猪不是大事，法律奈何不得”，企图以此逃脱应负的法律罪责，但他们的如意算盘落空了。

二十一、从“捷径”到深渊

2000 年 3 月 22 日，震惊全国的一起抢劫团伙案在湖北省襄樊市结案，该案 5 名罪犯在襄樊市某刑场伏法。正义的枪声宣示着一个铁的法则：多行不久必自毙！

这 5 名罪犯为了获得不义之财，从 1993 年 12 月至 1998 年 1 月间，在三省六市冒充警察，疯狂抢劫作案 8 起，残忍杀害 9 名司机，劫得桑塔纳轿车 5 辆、大货车 3 辆。被抢车辆和物资共价值 243 万多元。犯罪情节特别恶劣，手段极端残忍，在全国实属罕见。

可是，透过这宗特大恶性抢劫杀人案，我们可以从这几个原本有着幸福美满的生活，却在生意失败后急功近利、投机取巧，最终走向人生不归路的罪犯身上吸取惨痛的人生教训。

原本忠厚勤劳 为财铤而走险

这 5 名罪犯都是湖北省襄阳县人，原本是生活在贫困之地的农民，本性忠厚、勤劳。他们曾经率先适应市场经济发展的需要，建立一个小货栈，将农村滞销的土产品进行异地交易，赚取了不少利润，凭靠诚实的劳动，成了农村先富起来的一群人。尤其是 38 岁的吴选德、45 岁的崔书文。他们跑湖南进河南，充分利用有一定文化、信息灵的优势，仅每年贩运芝麻等土特产就获取了丰厚的收益，生活也有了明显的改善。有电视机、摩托车、电冰箱等“新三件”。他们靠勤劳致富，受到许多乡邻的羡慕和称道。

45 岁的唐道友有一手过硬的驾驶汽车技术，他靠跑运输发家致富，也在社会上结识了不少朋友，无论乡邻们有什么困难，他都会热心相帮，因此赢得较好的人缘。袁明文 31 岁，原本也是个爱憎分明、嫉恶如仇的人。有一次，他在公交车上碰到一个小偷偷了一位老人的钱，被老人发现，恳求小偷还他在城里做挑夫攒来的 20 元钱，小偷不但不还钱，反而恶狠狠地威胁老人，当时全车厢的人都漠不关心。袁明文却冲出来抓住小偷，不顾小偷的哀求把他扭送到了派出所。

年龄最小的胡美春才 30 岁，他头脑灵活，下过广州，跑过上海，做倒买倒卖的生意，几年下来，倒也赚了一笔，他的家人跟着他过着比上不足比下有余的日子。

如果他们就这样保持他们的淳朴厚道，循规蹈矩地赚钱，他们的人生应该是祥和而平静的，然而，他们却鬼使神差地选择了另一条通向深渊的歧路。

最先起非分之念的是吴选德，他违反计划生育政策超生的儿子，自生下时就一直病痛不断。吴选德做生意好不容易攒起的钱都花在了体弱多病的儿子身上。几年下来，还背了几万元的债。为了给宝贝儿子治病求医，他无暇顾及生意，渐渐坐吃山空。这时的他不仅不振作起来通过正当渠道赚钱，反而怨天尤人，成天不是骂妻子是个扫帚星，生个儿子一身病，就是抱怨老天爷不公平，既让他儿子得怪病，又不助他财源滚滚。他做梦都希望天上掉下一个金元宝来。

因为没钱做大买卖，吴选德只好又摆起了地摊。可这利润微薄的小生意他根本看不上眼，没几天就收摊不干了，整天无所事事，转悠着想搞个一本万利的大生意。妻子劝他："你还是踏踏实实做做小买卖，不要整天胡思乱想。"吴选德瞪着妻子说："你懂个啥！马无夜草不肥，人无横财不富，守一个小破摊，这辈子也休想还掉债！"

1993 年 11 月底的一天晚上，消沉、颓废的吴选德和胡美春等几个酒友在一个小餐馆里喝酒，在酒杯的碰撞声中，吴选德大发牢骚："他妈的，有些人挣钱简直不费吹灰之力，我们为什么想挣点钱就难上青天呢？"几个酒友也齐声附和。见多识广的胡美春喷着满嘴酒气说："要说挣钱也不难，只要胆大！"

吴选德一听来了劲："我现在啥也不大，就是胆大，你说说，干啥能挣大钱？"胡美春神秘兮兮地压低声音说："我有一个朋友，前不久从武汉开回一辆桑塔纳轿车，经过改装，一转手就成了万元户，怎么样？够胆大吧？"一席话果然让吴选德茅塞顿开，他忘乎所以地说："这个主意好！这活计来得快，比我一天到晚苦折腾划算多了。"

酒席散后，吴选德和胡美春在回家的路上开始共同谋划盗车。胡美春时下正好做生意不顺，背了一屁股债，也正想钱快想疯了，盗车发财正合其意，于是两人一拍即合。在策划中，两人都为不会驾驶汽车而犯了难。要想干盗车的勾当，必须有会开车的人加入才行。吴选德思索了一下，说："我的姑父唐道友会开车，可以约他一起干。"

第二天，吴选德急不可待地专程赶到襄阳县黄渠镇找到了姑父唐道友。只比吴选德大 7 岁的唐道友靠着一手驾车技术致了富，本来他大可不必去冒险劫车，可经吴选德一番对"美好未来"的描绘，贪财的唐道友毫不犹豫地答应和外甥一起干。

这几个发财心切、心怀鬼胎的人击掌为盟，开始走向罪恶。

疯狂抢劫杀人 犯下累累罪行

1993 年 12 月初，吴选德、胡美春和唐道友先后窜到湖北的武汉市和荆州市、湖南的长沙市等地伺机劫车。可转悠数日，都没见到一辆空着的出租车，不是司机在车内，就是载着乘客，无从下手。3 人不仅分文未获，反倒各自花去了数百元，心里十分窝火。晚上回到旅馆，3 个人商议了半天，也没个好主意。两瓶白酒下肚后，吴选德把桌子一拍说："干脆一不做，二不休，先干掉司机再搞车！"胡、唐二人也摩拳擦掌地响应。钱欲膨胀了这伙人的胆，使他们变得更加疯狂。

第二天，3 个被不义之财烧昏了头的亡命之徒在长沙市的一个地摊上购买了一把钉锤、五连发钢珠枪和警棍等凶器。当月 25 日中午，3 个人带着作案工具，来到长沙市区物色目标。不一会，路边驶来了一辆新的蓝色桑塔纳出租车，车里的司机看样子也很年轻。3 个人赶忙伸手拦车。上车后，吴选德对司机说要到星河开发区接一个人。车飞快地在宽阔的马路上行驶，年仅 21 岁的司机汤雄杰丝毫没有察觉到大难临头的危险，他愉快地跟着播放的磁带哼着张宇的歌："都是你的错，轻易爱上我，让我不知不觉满足被爱的虚荣……"

坐在副驾驶座上的吴选德心里忍不住微微得意，他一边警惕地观察路面情况，一面伺机下手。车开上了星河开发区一条偏僻的小路，前后都无行人和车辆，时机到了。吴选德忙叫司机停车，说要小便。司机汤雄杰还没将车停稳，吴选德一把伸出左手卡住汤的脖子，右手用钢珠枪对准汤的头部就开了一枪，惊恐至极的司机拼命挣扎，后座上的胡美春掏出钉锤猛击汤的头部，唐道友接过锤子继续打击汤的头部，鲜血瞬间染红了车厢。吴选德惟恐汤雄杰不死，又让胡美春解下白围巾，两人一起用围巾猛勒汤雄杰的颈部，致汤当即死亡。

首次得手，3 名罪犯立即将车开回襄樊。在途经枣阳市七方镇地段时，将汤雄杰的尸体掩埋在 316 国道附近。然后，唐道友一路飞快地将车开回了襄樊。直到平安地回到家，做贼心虚的 3 名罪犯才松了一口气。

作案后，吴选德一时没联系到买主。又怕夜长梦多导致事情败露，便找到在生意场上认识的袁明文帮助销赃，并答应事成后给一定报酬。袁明文问起这车的来历，吴选德不无得意地说是在湖南抢的。见钱眼开的袁明文当即爽快地答应帮他找买主，并对他叮嘱道："下次干活别忘了我。"吴选德说："如果你有兴趣，就一起干吧。"

袁明文果然很有门路，不久就将车以 145000 元的价格卖掉了，因为车手续不全，购车人最后只付了 92000 元。袁明文得了 22000 元，吴选德等人分了 7 万元。

1995 年 10 月初，沉寂了一年多的吴选德、袁明文又蠢蠢欲动了，他们约上了一个叫李健的男子共谋抢劫。为此，吴选德准备了自行车刹车钢丝、伪造了两块军用车牌。同月 28 日，袁明文、吴选德、李健一起窜至湖南省湘潭市，又以租车到长沙市星河开发区为名，乘上了一辆蓝色桑塔纳出租车。司机张勇才 27 岁，和第一个被害司机汤雄杰一样毫不设防地让这伙歹徒上了车。当车行至星河开发区一个偏僻地段时，袁明文谎称下车找人，当张勇停车后，这伙丧心病狂的歹徒残忍地对手无寸铁的司机下毒手。李健按住张勇的头，吴选德用钢丝套住张勇的颈部猛勒，直到将张勇勒死才松手。

劫得出租车后，吴选德等人立即换上伪造军用车牌，由袁明文驾车返回襄樊，在途经襄阳县唐白河大桥附近时，他们将张勇的尸体草草掩埋。然后驾车逃回襄樊。回襄樊后，袁明文很快通过一个叫王大和的男子将劫得的出租车以 84000 元卖给了襄阳县公安局伙牌派出所。这次，袁明文分得赃款 48000 元；吴选德及李健各分得赃款 10000 元；王大和得赃款 10000 元。

两次作案得手后，这几个歹徒的胆子越发猖狂，贪欲的火焰已经烧毁了他们最后的人性与良知，仅仅隔一个多月，这伙歹徒又在长沙星河开发区酿起血案。

1995 年 11 月 28 日，袁明文、李健和新同伙崔书文带着同样的作案工具窜至湖南省株洲市，以相同谎言骗乘了 47 岁的司机邓小明驾驶的一辆红色桑塔纳出租车，并以相同作案手段残忍杀害了司机。接着这伙歹徒又将劫得的出租车换上军牌，然后驾车返回襄樊，在途经襄樊市寺湾收费站附近时，将邓的尸体掩埋。

回襄樊后，崔书文花 2000 元找人将劫得的出租车由红色改为蓝色，作为他们抢劫作案的交通工具。

1996 年 2 月初，袁明文、吴选德把抢劫目光瞄准上襄樊市恒达汽车运输公司往外地运送香烟的车辆。经策划，由吴选德、崔书文、唐道友购买了 3 套警服、1 只警灯，吴选德、崔书文还准备了杀死司机的自行车刹车钢丝。同月 13 日凌晨 4 点左右，袁明文驾驶抢劫的桑塔纳轿车挂上军牌，吴选德、崔书文及李健身着警服与唐道友乘坐该车窜至襄樊市区，见襄樊市恒达汽车运输公司的一辆装有香烟的东风牌 140 型货车从该公司开出，即驾车尾随其后。

当行至襄阳县欧庙镇路段时，袁明文超车，李健从车窗示意货车 45 岁的司机王年训停车。王不知出了什么事，立即停车。吴选德说："前面出了交通事故，车过不去了。"王年训将信将疑地下了车。吴选德、李健立即将王的腰、腿抱住，崔书文掏出钢丝缠住王年训的脖子，与吴选德一起将王年训勒死了。

随后唐道友、崔书文驾驶劫得的大货车，袁明文驾驶桑塔纳轿车经南漳、保康到达谷城县石花镇，将王年训的尸体掩埋在石花镇杨溪湾村附近。这一次，这伙歹徒共抢劫香烟 530 件，价值 24.5 万元。他们将劫得的香烟转到事先租好的位于丹江口市的一间空房内存放。后来将香烟分别卖掉销赃，获得人民币 20 余万元。袁明文将东风货车以 4.5 万元卖给了一个个体户。这回，袁明文分得赃款 11 万元，吴选德、李健各分得赃款 6.5 万元，唐道友分得赃款 1 万元。

一次又一次的得手，使这伙歹徒完全失去了人性和理智，对金钱的疯狂掠取已经到了不择手段的地步，他们已经没有了底线，成了一群不折不扣的抢劫狂魔。

在以后的 3 年多时间里，这伙凶残、狡诈的狂魔继续疯狂抢劫，到案发时止，他们先后共作案 8 起，杀害 9 人，劫得出租轿车 5 辆，大货车 3 辆，获得赃款 243 万多元！累累罪行，罄竹难书！

一起又一起的出租车抢劫案惊动了湖南警方，警方将失踪车辆的车牌号、发动机号在网上向全国公安机关发出协查通告。由于这伙歹徒作案手段残忍、销赃隐蔽，在 6 年多的时间里，他们居然一直逍遥法外 。

犯罪团伙落网——“捷径”通向深渊

但正应了“法网恢恢，疏而不漏”的老话，作恶多端的袁明文一伙最终走向了他们自掘的坟墓。

时间到了 1999 年 1 月 18 日，这天，襄樊市公安局刑警支队向襄阳县公安刑警大队转来一条湖北省公安厅提供的线索，称该县有一辆车驾号为 C044509、发动机号为 504727、车牌号为鄂 0F　1098 的桑塔纳轿车可能是湖南省公安厅在计算机网络上协查的被抢车辆，要求查实。

襄阳县公安局接到此线索后十分重视，立即组成专班进行调查。经查，这辆桑塔纳轿车竟是襄阳县公安局伙牌派出所的警务用车，该车是原所长赵某于 1995 年初通过一个叫侯义昌的人购买的。

襄阳县公安干警立即找到候义昌询问，得知该车是帮襄阳县方集镇的车贩子王大和销售的。公安干警当夜传讯王大和，王大和交代该车是帮一个叫袁老大的人销售的。他还交代，他除此次之外还帮袁老大销了一辆桑塔纳和一辆东风 140 货车。

公安干警当即令王大和给袁老大打传呼，说有一笔生意要做，约袁到襄樊市购物中心见面。袁老大在电话里爽快地答应了。

第二天下午 5 点钟，袁明文如约来到见面的地点，被守候在此的公安人员一举抓获。

一开始，狡猾的袁明文像一块顽石般拒不开口，公安人员经过一整夜的突击审讯，并拿出有力的证据，在事实面前，袁明文不得不承认，他让王大和销售的车是他和吴选德一起偷来的。

公安人员又让袁明文传呼吴选德，约定当天上午 10 点在襄樊市第三人民医院门口见面，同样，吴选德也很快落入了法网。经过审讯，吴选德当天即供认了他和袁明文、崔书文、唐道友、李健共同劫车的事实。公安人员遂于当晚 10 时驱车赶到朱集镇，将唐道友抓获。并与 21 日的凌晨和傍　分别将崔书文、胡美春抓获 (李健逃跑)。

经过审讯,5 个犯罪分子各自交代了自己的犯罪事实。一个震惊全国、罪大恶极的抢劫团伙终于被摧毁了。

1999年11月18日，襄樊市中级人民法院以抢劫罪判处被告人吴选德、袁明文、崔书文、唐道友、胡美春死刑。被告人王大和犯销赃罪，被判处有期徒刑一年。

2000年1月25日，湖北省高级人民法院作出终审裁定：

根据《最高人民法院关于授权高级人民法院和解放军军事法院核准部分死刑案件的通知》的规定，本裁定即为核准以抢劫罪判处被告人吴选德、袁明文、崔书文、唐道友、胡美春死刑，剥夺政治权利终身的刑事裁定。

有一句老话：君子爱财，取之有道。而我们从吴选德、袁明文等人身上看到的，却是君子爱财，取之无道。不劳而获、巧取豪夺、杀人越货成了他们"致富"的唯一本领。他们原来可以靠着自己的聪明才智、技术本领勤劳致富，过上幸福安宁的富足生活，但扭曲的金钱欲使他们选择了一条致富"捷径"，这条"捷径"给他们带来过滚滚横财，但最终也给他们带来了灭顶之灾，"引导"他们走向万劫不复的深渊。一个颠扑不破的真理是：靠非法占有取得的短暂富足终将昙花一现，只有靠自已的智慧和劳动装扮的生活才是美丽而永恒的！有时安宁而清贫的活着也是一种美满幸福！

二十二、女处长之死

时间一晃已几年过去了，但至今，这起故意杀人案仍使我记忆犹新，今日发表此文，以飨读者，从中得到教益。

人们常说，水火不相容，警察是罪犯的"克星"。然而，这仅是相对行为规范而言的，二者并没有不可逾越的鸿沟，一旦行为超越法律规范，警察亦可成为罪犯。

急促的报案声

1986年元月24日。

武汉市公安局总值班室像往常一样，接待着各种信息和报案。下午5时30分，一条不寻常的报案，吓惊了在场的人……

武汉市公安局二处副处长刘春珍被杀害在家中。

急促的报案声，震惊了武汉市公安局。闻讯赶到的公安人员对现场进行了紧张的勘验。

现场位于武汉市江岸区青岛路附一号。“五好家庭”的匾牌悬挂在门框上，十分显眼。房外围满了许多人，人们从不同角度，议论纷纷：听说公安局的这位女处长，为人正派，工作认真，是罪犯的“眼中钉”，看样子属报复谋杀；当处长的有权有势，送钱送物多的是，屋里像“金银洞”，不排除谋财害命……

房内除公安局现场调查人员外，一位50开外的男人趴在床上，大声哭诉着，数落着妻子的勤奋、贤惠、几十年的夫妻情。悲恸无不打动着在场的每一位同情者。当他的养女赶回家时，他过度悲伤的脸上滴下几颗眼泪，对养女小声地说：“你去看看你妈妈，她死得好惨呀！她不该这样死，死得太惨呀！我的妻……”

是啊！她死得太惨了

经现场勘查：死者尸卧北室，头朝窗，脚朝门，衣着完好地倒在血泊之中，头部有11处挫裂创，其中10处深达颅骨，后枕部大面积颅骨粉碎性凹陷骨折，头部损伤分布零乱，方向不一，两侧胸部有对称性多发性肋骨骨折，两手有抵抗性伤。靠南室的床头柜，食品柜、大衣柜及木箱都被打开，衣服、被单散落一地。地面留有杂乱的脚印。这无疑给破案带来了困难，但足以证明刘春珍系他杀。

在调查询问过程中，死者的丈夫称：下午5时30分下班回家，用钥匙打开门，即发现其妻被杀害在家中，旋即电话报了案。此外，除提供死者有1300余元现金放在抽屉里外，其他情况一概不详。但经勘查，大门及抽屉无撬压痕迹，而1300余元现金却不翼而飞。死者的养女除对死因提出疑问，讲明其母没有自杀迹象外，提不出任何有价值的线索！

现场杂乱的脚印，报案提供的线索，家属的愤慨，的确给破案带来了许多疑惑，也为破案提供了有益的材料。参战的公安人员目击战友的惨死，个个义愤填膺，表示要尽快破案，抓获罪犯为战友报仇。

惊诧的结论

是政治谋杀、刑事杀人、还是图财害命？办案人员思索着。据现场勘查表明：刘春珍夫妇卧室衣柜眉框下虽然发现了加层指纹，尸体旁的一折叠椅和现场地面上有皮鞋印，但床头里的2200余元的存折未动，卧室内也无明显的翻动痕迹，显然，可以排除图财杀人。

那么究竟出于什么动机杀人，的确令人困惑不解，案情布满了荆棘，但公安人员在调查中，得知刘春珍平时有非熟人到家一律不开门的习惯，可见其具有高度的警惕性，因此，可排除陌生人入室报复杀人。种种的推断和猜测，一度使案情陷入泥泞之中。

难道是……有人联想着。

不，这只能是猜测、联想！不仅因为他们是“五好家庭”，而且一家 3 口人全是公安干警。

当案情进一步明朗时，办案人员简直怀疑勘验结果，不敢相信事实，也无法对结论作出解答。死者的女儿虽属养女，母女关系较好，经查证无杀人动机和作案时间。而他——死者的丈夫，武汉市公安局十处副处长刘寿林的疑点引起了他的下属们的注意：他作为第一位现场目睹报案者，下午 2 时左右去向不明，且办案人员在向其了解情况时，发现所穿的警服和衬衣上喷有许多血迹；在被讯问记录上按指印时，办案人员同时发现其左手指上有伤。根据可疑迹象，武汉市公安局于元月 25 日决定正式传讯这位处长。面对昔日自己部下的讯问，刘寿林一连两天否认犯罪事实。时而回避问题或者答非所问；时而哭悼妻室恩情，死的悲惨；时而编造谎言，捏造事实。企图逃避法律的惩罚。

技能专家揭发犯罪

就在刘寿林被传讯时，另一个她，刘寿林属下的一个女副科长郑某，当听到同事的传闻后，便浑身颤栗、腿发软，在过道被他人扶进办公室。连日来坐卧不安，日不思饭，夜不就寝，整天低头不语，以泪洗面，几次忍不住找来其妹妹，想诉说由衷而又言未道明。

她一改不送客的习惯，其妹走时送出门外后还含泪恋恋不舍。其妹觉察反常，便一再追问，郑某才向其妹道出事因，而其妹几次劝她站出来揭发犯罪，但郑某顾虑重重。揭发吧！怕连累自己，作茧自缚，影响自己的声誉，甚至受到殃及，丢掉饭碗，不揭发吧！纸是包不住火的，事情败露后怎么办？不揭发且是一种失职，追究起来，也难以逃脱，不是同伙也算知情人。她思想进行着激烈的斗争。

元月 25 日，武汉市公安局为了获取证据证实犯罪，特派郑某——这位开锁专家参与现场勘查。在进入刘寿林的住宅时，郑某触景生情，对照自己已知的情况，自疑公安机关已怀疑自己参与了作案，心中不寒而栗。平时将一把锁的启开，凭着她的绝活，不费什么劲，而今日，她不是丢三就是落四，手直打颤，额头的汗水直冒，一把抽屉锁，启开的时间比平时花费多几倍。

她无力地工作着，两次被他人搀扶。送回家后，更自疑办案人员怀疑其参与了作案。这时，她再也按捺不住自己，26日凌晨，即向领导揭发了所了解刘寿林的犯罪事实，并当即交出了刘寿林作案后交给她的1370元现金及自己的立功勋章。

理智焚于情欲

此案终于大白于天下。尽管结论出乎人们的意料，但凶手毕竟是死者的丈夫，一位具有几十年党龄的公安处长。可在蹊跷的案件中令人不解的是，刘寿林杀死妻子后，为什么要将1370元现金交给郑某？

事情还得从1983年谈起。

1983年底，身为副处长的刘寿林，将郑某带往上海、杭州出差，沿途别有心计的他对三十有五但仍未成家的郑某大谈人的性感、情欲，处处表明自己与其妻的关系不好，女儿又不是亲生的，扰动着郑某的春心及同情。在上海的一天晚上，刘寿林在向郑某倾吐所谓的一些隐言和烦恼后，见时机已成熟，情不自禁，提出要与郑某亲吻，郑某面对自己顶头上司的无理要求，无所适从。拒绝吧！他是自己的直接领导，恐怕今后的日子不好过；不拒绝吧，自己还未成家，又怕事情败露……刘寿林见郑某没有明确拒绝，便不断地向郑某靠近。在强烈的情欲诱动下，郑某驯服地向刘寿林献出了处女的贞操。从此，两人勾搭成奸。刘寿林则常借口工作在郑某家留宿，逐渐滑向堕落的深渊。

实际上，刘寿林与刘春珍自由恋爱，夫妻关系一直较好。二人虽未生育，但他们将养女视为亲生女，且都在武汉市公安局工作，家庭和睦、幸福。自刘寿林与郑某勾搭成奸后，刘寿林经常昼夜不归，家庭才出现波折。

为了达到与郑某结婚的目的，刘寿林不择手段，玩弄戏法，有时说要给郑某介绍对象，有时又干涉郑某的来往电话。当别人给郑某介绍对象时，他又从中作梗，并采取卑鄙的手段，亲自替郑某写信退掉郑某的恋爱对象，还捏造事实诋毁对方的名声。1986 年元月 23 日晚，在郑某的家中，刘寿林对郑说：要杀死其妻，然后与郑某结婚。郑某当即表示反对。而被情欲熏昏头脑的刘寿林已丧心病狂，决意铤而走险。

次日下午 2 时许，刘寿林从单位溜回家中，故意找茬向在家休假的妻子挑衅。双方在扭打中，刘寿林拣起事先准备的斧头朝其妻的头部猛砍，致刘春珍的颅脑大出血休克死亡。刘寿林作案后，在室内的抽屉内胡乱翻了一阵，拿走现金 1370 元后，伪造现场，企图转移视线，逃脱罪责，随即返回单位，窜至郑某的办公室，将杀害其妻的事告诉了郑某，并将现金如数交给了郑某，要她保管好，以备将来他们结婚之用。

低下傲慢的头

刘寿林被传讯后，进行抵赖，编造谎言。然而，再狡猾的狐狸，也会露出尾巴，最终逃不出猎人的眼睛。刘寿林作案时在现场留下了鞋印，所穿警服，衬衣上留有死者的血迹，且左手被划伤后，在卧室的木柜及烟盒上留下了血印，现场的指纹也系刘寿林所留。

元月 26 日下午 6 时许，在铁的证据面前，刘寿林不得不低下傲慢的头，供认了其犯罪事实。可恶的是，他在交代其杀害妻子的原因时，又是那样的简单：郑某年轻、听话、聪明、懂技术、有魅力、懂得爱情，对其真心，目的是想与郑结婚。

人失去理智，必将走上歧途，这是事物发展的规律，刘寿林就是其中一例。按理讲，刘寿林身为一名公安干部，应模范地遵守法律，维护社会治安，同犯罪分子作斗争是他的天职。然而，他冒天下之大不韪，为了满足个人的情欲，杀害了与其共同生活了几十年的妻子，且手段残忍，情节恶劣、实属不杀不足以平民愤。1986 年 2 月 5 日经湖北省高级人民法院复核，以故意杀人罪核准了刘寿林的死刑，剥夺政治权利终身。

可怕的悲剧！为了达到无魇的情欲，竟残酷地杀害自己的结发妻子，实属十恶不赦。作为一名公安干部，情欲的火焰烧毁了自己的理智，实为可悲。按理，人的行为是受理智支配的，在情感与理智发生冲突时，理智能战胜情感。而刘寿林随情欲的放荡，放纵情感的发展，以身试法，竟成为一名惨绝人寰的杀人犯，令人无法想象和理解。然而，这确是事实，一名公安处长被送上断头台，这恐怕不仅仅是生活给人们开了一个天大的玩笑，而是在人生的旅途中，情感不能自己时，警察也会变为罪犯，这种教训不胜枚举。

二十三、法官沦为盗窃犯

1992年4月7日上午，黄冈地区中级人民法院审判庭座无虚席。开庭工作准备就绪后，审判长宣布："现在开庭。传被告人……"

刹时，聚光灯把法庭前部照得雪亮。人们的眼睛随着法官的宣告声，聚焦着这个非同一般的被告人。

一个中等身材的人，在法警的押解下，低头蹙眉地走上了法庭的被告席。面对亲属的眼泪，面对昔日的同事、部下，他无地自容。

"太岁头上动土"

1992年1月26日，黄州区法院家属院炸开了锅。黄州区公安局、黄州区法院停放在该院内的两辆单轮摩托车被盗。

公安局、法院的摩托车被盗，犯罪分子真是在"太岁头上动了土"。一时间，此事成了人们茶余饭后谈论的焦点。

被盗现场位于黄州区法院家属院内，邻靠黄州区公安局看守所，四面有围墙，唯一一扇铁门洞开，是人们进出的通道。据了解，该院平日的铁门锁着，一般在早上6时启开。因当日黄州区法院要执行死刑犯，有加班的干警出入，故铁门未加锁，且无人听见任何摩托车的启动声。通过勘验、调查，公安机关未获得任何有价值的线索。但分析认定，摩托车的被盗时间应为这天的黎明，是从铁门推出后，借助门前的下坡盗走的。

一个多月过去了，不知花了多少心血，案件没有进展。越是这般神秘莫测，越把黄州区搞得人心惶惶，加固窗户，安装防盗门，闹得满城风雨。人们议论纷纷，责难、揶揄都有。公安人员压力很大，车辆的保管人更像热锅上的蚂蚁。

一封举报信

1992 年 2 月 19 日下午 6 时许。

黄州区公安局像往日一样，电话铃声接连不断，值班员正在处理报案材料。突然，郑某急急忙忙走进值班室，向领导交出了一封举报信。

这是一名姓吴的群众举报信，她通过郑某把信转到了黄州区公安局。信的举报内容令人震惊，人们不敢相信这是真的。但的确是事实，两辆摩托车就在她举报的地点搜获。

爆炸新闻

1992 年 2 月 19 日深夜，一家牌桌上的人正酣战着，一阵敲门声，闯进了几位公安人员。

黄州区法院副院长赵某被捕了。这起盗窃案终于打上句号。

法院副院长沦为盗窃犯。有人为之惋惜，33 岁就当了法院副院长，被捕时才 42 岁，可谓一帆风顺。有人不可思议，一位政法领导干部，为何自己给自己套上枷锁？

赵某中学毕业后，当过农民，当过工人，大学毕业后入了党，提了干，组织对他是寄予厚望的。令人遗憾的是，他经不起改革开放的考验，把个人利益摆在党和国家的利益之上，陷入了犯罪泥坑。在铁的事实面前，他供认了经过：1992 年 1 月 26 日凌晨，他趁黄州区法院家属院无人之机，将黄州区公安局停放在该院内的一辆“峨眉”牌 A100 型单轮摩托车盗走，接着采取同样的手段，又将黄州区法院停放在同一地点的一辆“全田牌”80 型单轮摩托车盗走，价值共为 3600 元。后用欺骗手段，将两辆摩托车隐藏于黄冈地区金属材料公司仓库。2 月 6 日，赵某为驾驶摩托车，又请人配制了两部摩托车的 4 把钥匙。为避开侦查，2 月 19 日下午赵某又请摩托车修理女工吴某对 80 型摩托车进行检修后，将该车转移到鄂州市其侄孙女殷某的住处。接着，又将 A100 摩托车转移至黄州市中学机电修理部。他以为神不知鬼不觉，不料吴某的一封检举信，使他东窗事发。

掩卷长思

湖北省人民检察院黄冈分院对赵某盗窃案向黄冈地区中级人民法院

提起公诉。黄冈地区中级人民法院进行了公开审理。认为：赵某盗窃两部摩托车的犯罪事实清楚，证据确实、充分，赵亦供认不讳，且盗窃公共财物数额较大，其行为已构成盗窃罪。依法被判处有期徒刑4年。宣判后，赵某一再声辩自己的盗窃动机不是想占有摩托车，而是想以此在法院内制造混乱，揭露法院管理不善、领导不力等问题。但又表示服判不上诉。

这是何等的荒唐。作业一名党员领导干部，以秘密窃取的方法，将两辆摩托车盗走，又配制了摩托车的钥匙，却一再狡辩，其盗窃摩托车不是以占有为目的。难道他真的一点法律也不懂？退一步说，如果他真是对某人有意见，自己身为领导，尽可通过正当途径反映，而他采取的手段是一种犯罪的方法，作为一名法院的副院长，难道这也不清楚？即使法院管理不善，他作为法院的二把手，难道没有责任？实际上，他从不参加组织生活会，对工作马马虎虎，缺乏一个领导干部应有的责任心。而有关部门对此略有所闻，可惜无人向他提出忠告。他于是在错误的道路上越走越远，沦为盗窃犯。教训值得总结。

二十四、从法警到死刑犯

1994年9月19日，湖北省高级人民法院终审判决认定：原利川市法院干部谭光祥为了私利，授意无业人员黄佐平伤害他人，致人重伤，已触犯我国刑法，构成故意伤害罪，且情节恶劣，后果严重，依法判处谭光祥死刑，缓期二年执行，剥夺政治权利终身；判处黄佐平无期徒刑，剥夺政治权利终身。这是湖北省第一个被判处死刑的法院干部。

一

1993年5月28日凌晨，利川市公安局办公室内响起了急骤的电话铃声，该市法院干部谭光祥报案称：利川市委综合开发公司汽修厂的谭仁都及其爱人邬继英被一蒙面人打成重伤，危在旦夕。与此同时，利川市公安局又接到市委综合开发公司汽修厂的同一报案。公安局当即派员赶赴现场，从现场获取一根木棒、一把钥匙、一张字条。经法医鉴定：邬继英开放性颅脑损伤，系重伤；谭仁都系轻伤。干警走访周围群众，了解案发过程。

27日这天，利川市委综合开发公司汽修厂承包人潭仁都加班至深夜才关门休息。

“师傅！师傅！”急促的喊声把刚入睡的谭仁都惊醒。他伸了伸腰，尽力睁开眼睛，但因睡意正浓，又合上了眼睛。

师傅！师傅！我的车坏了，急需赶路，麻烦您帮个忙。”来人连续的敲门喊叫，把谭仁都一家都从梦中惊醒。谭的妻子邬继英催促丈夫：“别人可能路过此处，急需修车，你快点起床去看一下。”谭爬起拉灯看了一下时间，已是凌晨4时。他披上衣服，刚打开门往外侧身探头，“啪”的一声，木棒狠狠地打在谭仁都的左臂上。

“哎哟！”谭仁都被打得直叫，他本能地奋起反抗，抓住来人再次举起的木棒，连同来人一起拖入室内。此时，谭的妻子邬继英闻声起床，顺手拿起一块木板朝来人打去。来人见状急忙从谭仁都的手中夺回木棒，朝邬继英的头部猛击一棒后逃离现场。

二

“谭：你原欠我的款未给我，多次来利川，未找到你。现于交手。黔江人。”现场获取的这张字条落款“黔江”二字，到底是“潜江”的误写，还是贵州黑道上的人？写此字条的意图是什么？从案件分析，罪犯玩弄的是“此地无银三百两”的花招：其一，罪犯讲话系本地音，熟悉现场，证明系本地人作案；其二，罪犯深夜蒙面作案，说明罪犯熟悉被害人；其三，罪犯深夜以修车为名，达到犯罪的目的，证明罪犯掌握被害人的工作习惯。据此，侦查重点确定为与被害人有密切交往或是有利害关系的人。在调查中，公安人员对几名嫌疑人员逐一进行了调查，均被排除。只有报案人谭光祥可疑点大，但经过调查证实，谭光祥也被排除，侦查工作一度陷入僵局。后来，公安人员对可疑人员再次进行了逐一分析，报案人谭光祥的可疑点再次引起了注意。谭光祥住在谭仁都隔壁。他自称“听到呼救声后即起床，发现凶手作案。”而冉斌证实，当晚他与谭光祥在睡梦中被谭仁都的呼救声惊醒，即准备从床上起来去捉强盗，而谭光祥却将冉拉住，并说没有冉的事，叫其莫做声。过了一会儿，冉斌再次要去看一下时，谭光祥则将冉拉住，要自己走在前面。开门后，发现凶手已逃走。

谭光祥作为一名法院干部，对制止犯罪应有积极作为，而他不仅不积极制止犯罪，反而阻拦他人，是什么原因？谭光祥与谭仁都因经济关系发生过矛盾，案发前与无业人员黄佐平交往密切，案发后二人表现反常，这又作何解释？公安人员遂对黄佐平进行了重点调查。经查证，现场获取的字条系黄佐平写后由其姐夫周绪文抄写的，目的是为了欺骗公安人员而故意丢在现场。通过黄佐平的儿子及女儿对现场提取的钥匙辨认，确系黄的物品。经过对黄的衣服反复检查，发现上面有 A 型血，同被害人邬继英的血型一致，而被告人黄佐平的血型为 O 型。在确凿的证据面前，公安机关对黄佐平进行了收容审查。

三

黄佐平被捕后，谭光祥像热锅上的蚂蚁，坐立不安，多次通过关系找黄订立攻守同盟，并许以重金要黄翻供。

谭光祥的这些行为，都未逃脱公安人员的眼睛。在事实面前，谭光祥不得不低头认罪。

在改革开放的鼓舞下，许多人依靠政策、靠劳动走上了致富道路。谭光祥看着别人腰缠万贯，想利用自己会修理、驾驶车辆的一技之长，在商海中一试身手。1993 年 3 月，谭光祥与谭仁都合伙承包了利川市委综合开发公司汽修厂，自任厂长，谭仁都任副厂长。承包不久，谭光祥主动与谭仁都签订协议，汽修厂由谭仁都经营，每年向谭光祥交纳 25000 元的利润，并承担风险。谭仁都经营有方，获得了可观的经济效益。谭光祥后悔当初不该让权，于是想将谭仁都挤走，由自己经管。同年 5 月 20 日，谭光祥以厂长的身份召开职工大会，试图撤销谭仁都业务副厂长职务。后经发包方干预，谭光祥未达到目的。次日上午，谭光祥找到单某、程某、张某商议，决心铤而走险，以犯罪手段赶走谭仁都。商议后，谭光祥在利川市委旁的一餐馆请了一位张姓客人，以重金许诺，要张某请人帮忙实施伤害从而将谭仁都撵走，张某拒绝了谭光祥的要求。谭光祥并不甘心失败，又找到程某、刘某，要他们再找一个能赶走谭仁都的人。1993 年 5 月 21 日下午，程某与刘某即将黄佐平介绍给谭光祥。谭光祥多次授意黄佐平实施伤害赶走谭仁都，并许诺让黄到汽修厂当门卫。1993 年 5 月 28 日凌晨 4 时许，黄佐平按照谭光祥的旨意，对谭仁都夫妇实施了伤害。

谭光祥作为一个法院干部，却置法律于不顾，雇请打手伤害他人，最终受到法律的严厉制裁。

二十五、从审判台走向被告席

他曾站在审判台上，代表国家的审判机关，审判过许多罪犯。而今他却走上被告席，从一名法官沦为罪犯而接受法律的惩罚，的确耐人寻味。

1994年11月29日，对他来说是个“栽跟头”的日子。随着审判长“带被告”的落音声，一个中等个儿，四十有九的中年男子被押上了被告席。面对熟悉的面孔，他无暇顾及，他不敢正视昔日的同事、上级。低眉垂首，一张懊悔的脸皮红一阵白一阵；一张凹陷的脸绷得紧紧的。他似乎对他所犯的罪行及对他将受到法律的惩罚是那样的胆战心惊；他浑身直打颤，一副无可奈何的可怜相。

他叫张某林。站在被告席上，神情沮丧，他闭着眼睛张着嘴，等待着湖北省高级人民法院的终审刑事判决：

“被告人张某林明知葛某是严重痴呆妇女而对其奸淫，并造成怀孕堕胎的后果，已构成强奸罪。依照《中华人民共和国刑事诉讼法》第一百三十六条第二项及《中华人民共和国刑法》第一百三十九条第一款之规定，以强奸罪判处被告人张某林有期徒刑4年。”

尽管这一判决张某林早有预料，但他仍觉得太突然。判决书刚一宣读完，他像泄了气的皮球，一种绝望的神情深深地反映在他的脸上，每个特征都说明他笼罩在痛苦之中，他用颤抖的手，缓慢地在判决书的送达证上歪歪斜斜地签上了自己的名字。

他不敢正视眼前的现实，因为他过去的历史太辉煌了，且不说他18岁参加工作后又入伍参军的20年，就凭他十多年游刃有余的司法工作经验，冠有某市人民法院审判委员会委员、刑一庭庭长的职衔，某市政协委员这一耀眼炫目的光环，足以让世人羡慕。

然而，从法官到罪犯只有一步！

痴愚妇女怀孕

1994年3月4日是国务院宣布实行44小时工作制的第一个大休息日，天似乎专与人作对，久晴之天突然下起了雨，寒气又一次侵袭大地。王某原打算外出的计划全被天气泡了汤，只好在家料理家务，吃过早饭，她正准备将女儿葛某穿的衣服换下清洗，突然，眼前的事实把她弄懵了，女儿腆着隆起的肚子，大腹便便……她欲哭而无泪……

女儿自生下来到今22岁，因精神发育迟滞（痴愚），生活不能自理，全靠父母抚养。而今女儿又出了乱子，她该如何对世人解释。她怨自己的命苦。的确，家庭的悲剧再度出现，对她的打击够大了。

是的，一个无自控能力的痴愚妇女怎能养孩子。一时，王某六神无主，问其女她讲不出真情，骂她又无济于事，要她去医院她拒绝。无奈，王某只好与丈夫商定，哄骗其女说：你肚子里有虫，必须到医院去治。最终才将女儿带到医院，经检查女儿已怀孕6个月，而堕胎又迫在眉睫。为了尽快弄清事实真相，经过反复劝说，葛某才吐出真情，并经过亲子鉴定，证明罪过在于其父的朋友张某林。

3月8日，妇女们都为自己的节日而高兴，无不在欢笑之中，而王某处在极度的痛楚中，无心享受节日的“洗礼”，她把张某林告上了法庭 。

在事实面前，张某林交代了犯罪经过。

邪欲的后果

1993年9月初，热浪还未失去淫威，秋老虎还在“显灵”，人们身着短袖单衣还被这热浪炙得难忍。一天上午，葛某像往日一样，身着短衣裙裤在某宁市法院办公室游玩。张某林正好一人在办公室内坐着沉思，抬头看见葛某，即将葛叫进办公室，从上到下在葛某身上扫描，看着那飘逸的裙子，邪欲直往上冒，便说葛某的裙子太脏，即将手伸进了葛的裙内……随后张某林将葛某带进某市法院的候审室，对葛进行了奸淫。不久，张某林在其卧室再次对葛进行了奸污。

作为一名法官，又是主持刑事审判工作的庭长，明知痴愚妇女不能真正表达自己的意志，对性无自我防卫能力，而对其实施奸淫，是知法犯法，受到法律的惩罚是罪有应得。但他的犯罪也给我们提供了值得思索的问题：

他有一个幸福美满的家庭，妻子知情达理，贤淑正直；家庭富裕和睦；一双女儿个个亭亭玉立，聪颖漂亮。而他自己也一帆风顺，工作得心应手，不仅有数个炙手可热的头衔，且有一份令人羡慕的工作。然而他被冲昏了头脑。对自己失足的历史又重蹈覆辙：当兵时，他不顾战友情意，因奸淫战友之妻而受过处分。但他并未以此为鉴，知命之年又奸淫一名痴愚妇女，真是不撞南墙不回头。

再者，身为法官的张某林，对自己的犯罪无所顾忌，光天化日之下在法院的候审室内奸淫妇女，确为胆大妄为者。他的人生轨迹，为众人提供了一份反面教材。

无理辩解

强奸罪的本质特征是妇女的性不可侵犯性。而痴愚妇女在性遭受侵害时，对自身所受侵害和严重后果缺乏实质性的理解能力。因此，不管采取什么手段，只要与痴愚妇女发生不正当的两性关系，就构成强奸罪。这点张某林再清楚不过。据此，在法庭上张某林深感罪孽严重，却一直辩解不知被害人痴呆，企图推脱罪责。然而，张某林的算盘拨错了，某地区中级人民法院判决宣判后，湖北省人民检察院某分院以“被告人张某林不真诚悔罪”等为由提出抗诉，并列举了大量事实，证实被告人张某林与被害人之父早年相识，且是战友，二人关系一直较好。80年代初，张某林与葛某的父亲调到同一单位工作后，两家来往甚密，葛某的病情张某林了如指掌。且不说张某林与葛家有十几年的交往，就连一般熟悉的人都知晓葛某是痴愚者。

事实胜于雄辩，无理狡辩只能说明张某林无悔罪表现。湖北省高级人民法院经审理认为，“被告人张某林在案发后，虽能如实交代作案经过，并且有赔偿被害人经济损失的情节，但其犯罪造成的后果严重，影响很坏；且张某林一直辩解其不明知被害人痴呆并非真诚悔罪。”故撤销某地区中级人民法院的判决，以强奸罪判处被告人张某林有期徒刑4年。张某林自己酿的苦酒，彻底改变了他的人生轨迹。他既是人生的失败者，又是害人者。

辩证唯物主义者认为，一切事物都是发展变化的，都有其自身的内在运动规律。如果一个人放松世界观的改变，必定走向人生的反面，张某林就是例证。

二十六、家庭官司

在审判实践中我善于总结经验，在工作中注重观察事物，用案例启发人的良知，这是我在工作中形成的习惯。

随着社会经济的发展，市场经济与计划经济交置，社会各种矛盾交错；随着“严打”深入，申诉案件大幅度成倍上升，上访堵门的增多，告诉立案的突飞猛进，一时告状难申诉难成为社会舆论的焦点，根据上级要求，省法院正式成立了告诉申诉立案庭，1997 年我从刑一庭调到了告诉申诉立案庭，负责立案，审查申诉，复查再审。其大部分功能还是接待上访，处理来信，复查申诉案件。记得 1999 年 9 月 29 日上访老户熊国洪持刀砍伤了我们一接待干部。那时正值法警改为招聘合同制，值班法警见状比谁跑得都快，说是上二楼找警棍，可一去不复返。我和一老干部江传云同志，扑向行凶人，二人合力将刀夺下，同事被砍住了半个月的医院，差点出了人命。

有一次我在办公室正阅读诉讼状，一精神病患者突然就坐在我的背后……

当然，通过信访，为上访人解决一些困难，心灵也得到了许多安慰。记得闹得最厉害的钟祥人赵书芹，已上访 6 年多，因承包河滩修鱼池被大水冲毁。他认为村委会有责任，造成他一万多元损失，要求赔偿。法院判决后他不服长期上访，妻子离婚，抛下四个子女，以上访为业。我接待他后三次到钟祥找几级政府，解决了他几个具体问题，他的合理要求得到满足，化解了心结，后来他反成了帮做上访人工作的先进。

在实践中，也遇到少数不讲理的上访人。李某从武汉市洪山区人民法院打到武汉市中级人民法院，从中级人民法院告到省高级人民法院，要求 80 多岁的父亲从其自建房中搬走，由他一人继承，三番五次到省法院缠诉，根据案情，以“孝”示警，1999 年我在《知音》杂志上发表了《三上法庭，那场家庭官司风起云涌》一文。其原文：

一处房产，手掌手心皆骨肉；

三起官司，原告被告系亲人！

在 1997 年 10 月到 1998 年 7 月不足一年的时间内，武汉市洪山区的一个普通家庭竟连续打了3场官司，这3场官司的原告和被告全是同胞亲人。

法律无情，裁决公正。但那引发家庭大战的纷飞战火，却将那一缕亲情烧得灰飞烟灭，惨然失血了……

清贫之家 手足情深

1956年，本文女主人公李×珍出生在武汉市一个普通工人家庭里，她上有一个哥哥和一个姐姐。作为最小的女儿，李×珍也是最乖巧、最懂事的。平常百姓家，居家过日子，难免与邻里间有些磕磕碰碰；每次发生口角，都是李×珍出面去调解，她懂事、聪明、肯替别人着想，邻里间的不愉快就在她的笑容中烟消云散了，她成为家里的“和平大使”，凡事都由她出面周旋。

李×珍与哥哥姐姐从小一同长大，情深意笃，他们一直都是相互爱护，情同手足，这种和睦与快乐使清贫的父母感到了生活中的乐趣。

哥哥李×华长大成人，娶妻生子。嫂子经常因为一些家庭琐事与父亲李×杰发生争执，每当这时，小姑子李×珍就会站出来，耐心地做双方的工作，她不偏不倚的公正和态度诚恳的劝解，一次次弥补了家庭的裂痕。

斗转星移，父母都已上了年纪，体弱多病，每次生病也都是李×珍侍奉汤药；就连几家亲戚姑姑和姨妈们也都十分喜爱这个孩子，夸她孝顺懂事。母亲真挚地对亲友们说：“将来我可就靠这个小女儿了。”

后来李×珍也结了婚，丈夫彭×启是湖北省轻工业学校的职工，他们生了一个儿子，生活十分美满。李×珍在武汉灯泡厂工作，以前还有一份固定工资，后来，厂里的效益越来越差，李×珍终于不可避免地下了岗，一家人的生活开始艰难起来。

李×珍和丈夫彭×启为了支撑日趋艰难的生活，决定筹借一笔款项做点小生意，恰好，她的哥哥李×华有一间空房闲置不用。

李×珍决定向哥哥借用这间房。丈夫对她说，现在什么都讲钱，找哥哥借，妥不妥当。李×珍说：“都是自家人，咱们付他租金，如果自家人都讲钱，这个世道就太不像话了。”于是，他们向李×华提起了这件事，经过商量，1996年10月20日，哥哥李×华与妹妹李×珍及妹夫彭×启口头约定：同意将李×华所属坐落在武汉市洪山区珞南街石牌岭的房子租给李×珍开办文具店，每月租金400元。

很快，李×珍的文具店开张了。由于她服务热忱，赢得了许多顾客，生意颇为红火，家庭生活也有了一些改善。她还忘不了时常为哥哥的孩子们买些食品，两家人十分亲密和睦。

房租事件 兄妹反目

一段时间之后，由于随着市场的变化，这个地段处于亚贸商业大楼附近，属于黄金地段。一位生意人看中了李×华的那间小屋，便提出要以600元的租金租李×华的这间房。李×华动了心，他几次想开口向妹妹提出解除租约，但碍于情面，都欲言又止，他只能伺机行事。1997年7月李×珍的孩子考上了大学，她交学费花了一些钱，同时偏偏又因买住房花去了家中所有的存款4万元；因此，这个月她迟了一个月向哥哥交纳房租。李×华找到了借口，提出要向妹妹收回出租房。李×珍急了，责问哥哥为什么不念兄妹之情，出尔反尔。而李×华则直言相告："有人愿出更多的钱租房，且这次你又违约在先，我们都按规矩办吧。"兄妹两人争执起来，弄得个不欢而散。

1997年10月5日上午9时，李×珍的婆母到文具商店准备开门营业时，李×华走上前阻止说，这间房我不出租了，你们的生意也不用做了！中午12时，彭×启闻此消息，恰恰他又喝了几两酒，凭着酒力，他赶到李×华家，他一边走一边喊，敲了几下大门，见里面没动静，便捡起砖砸起门来。李×华开了门，两人话不投机，争执起来。彭×启朝李×华的头部、面部打了两拳。顿时，李×华的鼻子出血不止，被闻讯赶来的邻居强行扯开了。

李×华立即拨"110"报警，公安人员赶往现场进行了调解。但双方争执不下，气氛十分紧张。当天李×华到广州军区武汉总医院进行了治疗，诊断为脑外伤，医生建议全休一个月。李×华又找到法医，经鉴定为轻微伤。1997年10月28日，武汉市公安局洪山分局依据治安管理规定，决定对彭×启拘留15天，自拘留之日算起。彭×启不服裁定，认为双方系亲戚关系，因房租处理不当而引起纠纷，且情节轻微，他向武汉市公安局提出了复议申请。1997年11月14日武汉市公安局回复，维持洪山公安分局的裁定。这一场纠纷以李×华的胜诉告终。但李×珍和李×华的兄妹之情也从此有了令人心痛的裂痕。

李×华怨气未消，他感到自己实在冤屈，不仅没有赚到钱，反而挨了打，他不能让事情这样了结，1997年10月21日，就在彭×启被拘留期满后，李×华即向武汉市洪山区人民法院起诉，要求彭×启赔偿医药费、营养费、误工费、交通费、精神损失费等，并提出，由于彭×启的侵害，致使他开设的两张台球桌、一个卡拉0K室无法经营，造成了2400元损失，要求一并赔偿。

李×珍没料到哥哥竟会这样薄情寡义，她觉得这场争执怎么说都是家庭内部矛盾，应该协商解决。她苦苦地在亲友们中寻求帮助，希望能够化干戈为玉帛，让哥哥撤回这场官司。但李×华断然拒绝了，他决意要打这场官司。

经洪山区人民法院和武汉市中级人民法院审理，这场官司最后有了结果：判决彭×启赔偿李×华的医药费、误工费、交通费等经济损失2154元，同时驳回了李×华的其他诉讼要求。

父爱难却　公堂难言

李×珍输了这场官司，心中酸楚万分，她感到亲情在哥哥的心中已黯然失色了。一向珍视家庭珍惜亲情的乖巧女儿，也赌上了口气，她不服一审判决，向武汉市中级人民法院提出上诉。李×华更是不甘示弱。1998年3月19日，李×华的一纸诉状再次递送到洪山区人民法院，他以妹妹李×珍拖欠租金、辱骂殴打80高龄的老父为由，要求妹妹李×珍、妹夫彭×启退还所租的房屋，交齐所欠9个月的房租3600元，并承担全部诉讼费用。李×珍夫妇再一次被推上了被告席。

这一次李×华抬出了老父亲李×杰，提出了一个新的请求。他说，房子本属父母赠送给我们子女的，我们兄妹口头约定，我将父母赠给我的这间门面为房租给妹妹李×珍做生意，月租金400元，租金归父亲李×杰收取，供其养老用，这也算我当儿子的仁至义尽了。然而，妹妹李×珍不仅9个月不交房租，就在老父亲出面催要租金时，李×珍夫妻居然出言不逊，辱骂并殴打80岁的老人啊！这是天理不容大逆不道！我是个孝子，自己挨打也就算了，但我实在无法容忍妹妹、妹夫的不孝忤逆，我要伸张正义，坚决要求收回出租的房子，并催要所欠房租。

这份诉状，凝聚了满腔愤恨，简直是一份控诉书。李×珍夫妇在接到诉状后，如遭五雷轰顶，她简直不敢相信这是她手足至亲的亲哥哥写的。李×珍与丈夫抱头痛哭，她决定不再忍耐，不再一味地做一个乖乖女，她要向法官、也向世人澄清真相。

1998年3月31日，在法庭答辩上，李×珍声泪　下，痛说苦衷：1997年7月，因为儿子要上大学和单位集资买房，李×珍花光了所有的积蓄，一时资金困难，没有按时间向哥哥交房租。1997年8月6日李×珍前去交7月份的房租，父亲李×杰又拒绝接受房租。其时，父亲已了解了李×华想要转租的意思，他从心里是疼爱小女儿的，但从他的习惯意识上老是觉得嫁出去的女儿泼出去的水，要帮肯定是帮儿子。于是他故意拒收女儿的租金，而这以后，李×珍根本没有开张营业，也就谈不上交纳租金，实际上李×珍拖欠的房租只有两个月的，但矛盾却激化了，导致9月李×华逼迫妹妹退房，引起纠纷。事实上，老父亲在这场纠纷中起了推波助澜的作用。

说到动情处，李×珍热泪横流：“作为女儿，我问心无愧，我也相信是非自有公论。我只是感到悲哀，现在金钱主宰一切了，什么父女情，什么手足情，统统一文不值了。”

李×珍伤心地表示，她从心底里不愿上法庭，丈夫伤了人，她可以认错，她也可以不租哥哥的那间房，但她看到亲人们为了区区几百元反目成仇，甚是心寒。

李×珍又向法庭陈述，1987年4月，父母李×杰、黄×英主持为儿女们分家产，李×珍分得了坐落于武汉市洪山区珞南街石牌岭的一间28.84平方米的房屋，同样门牌的另一部分则分给了哥哥和姐姐。由于哥嫂一直对妹妹参与分房十分不满，最后姐姐主动放弃了分给她的一部分，由哥哥出钱给予补偿，但李×珍坚持留下自己的一部分，她认为作为女儿同样有平等继承权，5月8日，李×珍办理了房屋所有权证。但一直没有行使使用权，她把房子借给母亲让其出租，收取租金作为赡养母亲的费用；1996年1月母亲病故后，她又把房子让给了父亲任其出租收费。

“这都是女儿的孝心哪！”李×珍说着又忍不住哭了：“我也有孩子，他已上大学，他总不愿他的长辈们为了区区小钱打上法庭，今天的结局他该怎么想？这个社会，是不是人的良心全被金钱吞噬了呢？”

李×珍讲得是那样动情。法官们也一时被这桩家庭纠纷迷惑了，他们立即找李×杰了解实情。这位八旬老人感到有苦难言，认为自己也难做人，两头受气，自从把石牌岭的房子分给女儿后，儿子和儿媳时常借故找他扯皮，认为他胳膊往外拐，为此还常遭儿媳的辱骂。而向女儿索要房租，那张老脸又时时放不下来。他说，1992年我给女儿分的是一间平房，儿子分的是楼房，现在这间平房给我在出租，我也知道女儿的孝心，我也不愿意一家人闹成这样啊！

在调查中，法官感到在这场官司中存在一种封建意识的阴影，人们普遍认为，出嫁的女儿泼掉的水，女儿既然是别人家的人，就不应分家产。李×杰老人分家后的确受到了不少的压力，亲戚怨过他，儿媳与他扯皮，儿子也与他闹纠纷，在一定意义上，打这官司他也是迫于无奈，儿子女儿，手心手背都是肉，伤了哪一处都会痛的呀！

洪山区人民法院经审理，于1998年7月16日下达了判决书，主要内容是：

一、李×华与李×珍、彭×启所达成的房屋租赁口头协议终止履行；

二、李×珍、彭×启归还李×华出租的房屋，偿还李×华租金800元;

三、驳回李×华的其他诉讼请求。

风波再起 情义不再

一波未平，一波又起。李×华起诉李×珍的诉讼中，父亲李×杰也多次声称要收回已馈赠给李×珍的房屋。李×杰虽是迫于无奈，但态度上却表现得异常坚决：女儿本不该分家产。李×珍被这变了味的亲情激怒了，她决定不再固守乖巧，她要争取自己的权利。1998年4月7日，李×珍一张诉状，将老父亲李×杰推上了被告席。

李×珍陈述说，1987年当她取得父母分家产分给她的房屋所有权后，她于1992年投入资金对该房进行了加层改造装修。并作出了一个口头协定：将改建的两层楼房的第一层出租，租金由母亲黄×英收取作为养老金，直到母亲去世为止。1996年1月母亲病逝，1996年2月父亲李×杰没有与我商量，继续将房屋出租，收取租金。为此，李×珍向法院提出，认为父亲侵占了其房屋使用权，要求其父解除租约，立即停止其侵权行为，并赔偿经济损失 16800 元。

作为被告的李×杰答辩称：李×珍的房屋是 1987 年 4 月 20 日在家庭会议上分得的，但当时他提出了一个附加条件，即在自己有生之年，以收取租金养老，故这是一种合法行为，他声称基于目前女儿的这种态度，他要收回房子。对此，李×珍进行了反驳，她取得房子所有权后，是许诺让其母收取租金，因为母亲没有工作，没有退休金，而父亲有独立生活来源，当母亲去世后，父亲不该继续将她的房子出租，收取租金。法院根据事实走访了许多证人，查明了事实真相。

李×杰，黄×英夫妇很早就后怕在身后子女为争夺家产发生纠纷，于 1987 年 4 月 20 日，将属于自己的 3 间平房进行了分配。为了确保兄妹 3 人今后不至于产生纠纷，李×杰夫妇让子女们各立了具保书，其大致内容是：子女绝对尊重两位老人之命，保证今后对该房屋问题决不发生争执，不闹纠纷，并特立此字为据等……

在签了具保书后，3 个子女于同年 5 月 28 日在武汉市洪山区房地产管理局办理了房产证。1992 年，李×珍对该房进行加层改造；从 1993 年 5 月，李×珍将该房交由母亲黄×英出租，收取租金；1996 年 1 月黄×英去世后，租金由李×杰收取。

通过对此案的查实，洪山区人民法院于 1998 年 7 月 18 日下达了判决书，认为位于石牌岭的平房应属李×珍所有。但李×珍自愿将所分得的房屋交给没有经济收入的母亲黄×英出租，以补贴生活，合理合法。李×珍在黄×英去世后明知李×杰收取了租金，李×珍未主张租金权利，李×杰收取的租金可视为黄×英的继续，李×珍要求李×杰偿还租金，法院不予支持。李×杰提出分给李×珍房产所附条件是其夫妇去世后才能由李×珍占有，对此尚无充分证据证实。据此抗辩李×珍不能行使房屋所有权，法院不予支持。李×珍要求李×杰归还房屋，理由充分，法院予以支持。李×杰应将本案争议的房屋返还给李×珍……

法院的民事判决书下达以后，胜诉了的李×珍反倒潸然泪下。这几场官司打得她心力交瘁，遍体鳞伤，而她心中更是充满了苦辣酸甜的百般滋味。与她对簿公堂的，是她在这个世界上的至爱亲人啊！法律还给她一个公正的判决，但却无法修复已经破碎的亲情。而最让她心中不忍的是，年逾八旬的老父也被自己无奈地推上了公堂。今后，她该如何面对老父，将如何面对亲兄，又将如何面对九泉之下殷殷牵挂着他们的老母？

读罢此文，又喜又忧。喜的是公民的法律意识如此强烈，为维护自身利益，诉诸法律，解决问题的直接方式是法庭上见！喜悦之下，不能不说忧心忡忡，亲人之间，难道又一定要在法庭上短兵相接，刺刀见红吗？此文的主人公们几上法庭，最后亲情被剥离得血迹斑斑，最终的结局，可否引起我们的欣叹和称赞？可否让我们评价这是一种法律意识的觉醒呢？原来有许多事情，包括可以用法律来解决的纠纷，还可以用另一种方式加以调和和处理，尤其在亲人之间，血浓于水，亲情应该是最好的调和剂了。遗憾的是，本文主人公原本温馨的亲情被世俗的观念和金钱利益剥落得苍白失血了；官司之后，他们又怎么对待亲情与人生呢？

人类的行为可以用道德和法律来约束，同时也可以用亲情与爱心来温暖自己，来化解矛盾。法律可以裁判是非，但不能构造人生和亲情，在这场家庭大战中，我们需要思考的是，当我们赢得了利益的同时又将在何处安放那颗需要慰藉和关爱的心呢？

文章发表后，李某起诉《知音》杂志社。法院经审理认为，此文写的真实，没有人身攻击和侮辱性语言。他败诉后，即向中央和省委有关部门写控告信，说我是黑社会头目。

二十七、“内耗”的离婚诉讼案

社会千奇百怪，有时见怪不怪。有一位长期上访的大学老师，为离婚而战，为财产而访，双方精疲力竭，但又彼此不让，长期上访工作搞丢了，就只一个理上访求一个“公正”。

在征得同意后，1998 年在《知音》上发表了《“内耗”之最：这对高知夫妻的诉争如火如荼》一文，引起了很大轰动。全国多家刊物转载，也有几名慕名者给我写信，让我牵线，愿结姻缘。文中的内容是：

婚姻是人生的重要内容，但绝不是全部，在一桩不愉快的婚姻中，两个知识分子毫无意义、没有休止地空耗了他们的宝贵的生命年华和聪明才智……

这是发生在武汉的一个真实的故事，一对怨气冲天的夫妻先后走向法院，相互起诉、上访、控告，大有将对方置于死地之势。这对智商颇高的知识分子在婚姻中都出人意外地缺乏理智，不肯宽容，针锋相对，展开了一场诉讼大战；在这场大战中，谁又是胜利者。

这是一桩无可奈何的婚姻

1974年，邵斌毕业于北京航空学院，分配在西安某研究所工作。1981年他结了婚并很快有了一个女儿。邵斌是武汉人，一直不能适应西安的生活，1983年，他从西安调到了武汉的一所大学工作，1984年9月，邵斌考上了哈尔滨工业大学计算机系的研究生，毕业后他回到武汉，在武汉地质大学任教。由于他的学术成就颇丰，发表了不少论文论著，很快被晋升为副教授。他的家庭生活却不甚美满。因为多年与西安的妻子两地分居，双方的感情日趋冷漠。1994年11月21日，邵斌与妻子和平分手，女儿离开了邵斌，到西安去和母亲一起生活。已经是功成名就的邵斌独身一人了，他感到一种从未有过的孤独，不由自主地萌发了再婚的念头。

1995年6月，邵斌在读一本生活类杂志时，被上面的一则征婚广告吸引住了：某女，37岁，1.70米，本科，未婚，主治医师，品貌双全。觅在本市机关、党校及事业单位就职，年龄45岁内，品行端正，本科以上学历的未婚或离异身边无子女的男士。

这则不足百字的征婚，邵斌反复看了数遍。他感到自己很适合女方的条件，他斟酌再三，提笔写了一封应征信，他详尽地向对方介绍了自己的一些情况，表达了欲与女方见面的意思。

一周以后，征婚女子嘉丽给邵斌回了信，她同意与他建立恋爱关系。他们开始了中年人那种平和而理性的恋爱。但即使是中年人，也下意识地在恋爱中掩饰着自己的缺点和毛病，而把最美好的一面展示给对方，因此他们相处得十分愉快。

然而，他们相处还不到一个月，由于邵斌独身已久，嘉丽又对爱情渴望万分，他们迫不及待地同居了。

两人有了肌肤之亲以后，彼此不再刻意地掩饰自己，两人在性格上的差异也十分明显地暴露了出来。邵斌沉默寡言，嘉丽则快人快语，两人还常常为了一些琐事发生争吵。起初急于结婚的邵斌犹豫了，他生恐与嘉丽这样个性很强的女人将来无法很好地相处。每当嘉丽提出结婚的要求时，他总是支支吾吾地不肯正面回答。

嘉丽而着急了，她是个未婚的大姑娘，与邵斌有过两性关系后当然认定要嫁给他；但邵斌不冷不热的态度让她十分伤心。嘉丽认为邵斌是个玩弄女性感情的骗子，她完全是上了他的当，1995 年 7 月 30 日，嘉丽服下了安眠药，她感到自己无颜面对亲朋好友了。经过抢救，嘉丽没有死，她的全家人纷纷出动了；他们找到邵斌，劝告他应该对嘉丽负责任。嘉丽拖着病体愤怒地要到法院去告邵斌，一时间闹得满城风雨。

邵斌心里非常不高兴，他感到自己是被挟持着走向婚姻，但他又不能不考虑社会影响，因为他刚刚就任系党总支书记，他不想把事情闹大。于是，邵斌忍着气答应和嘉丽去登记结婚。

嘉丽和家人松了口气，但邵斌却出人意料地提出一个附带条件。他说他自己已经经历过离婚的痛苦，希望嘉丽以一个贞女的形象步入神圣的婚姻殿堂，他要求嘉丽先做处女膜修复手术，而后再结婚。嘉丽觉得这是无稽之谈，是无理要求，但邵斌在这件事上十分强硬。1995 年 8 月 20 日，嘉丽无可奈何地去做了处女膜修复手术。9 月 1 日，邵斌和嘉丽领取了结婚证，11 月，邵斌在学校分到了一套 70 平方米的住房。1996 年元旦，邵斌和嘉丽举行了婚礼。这个婚姻从一开始就充满了尴尬与不快。

硝烟纷起掩不住渐行渐远的脚步

婚后的平静只维持了短暂的一周。

1996 年 1 月 5 日中午，家中的电话铃突然响了一下，嘉丽拿起话筒，却没有人说话，起初她不以为然，可到了晚上，电话又响了，接起来无人讲话。嘉丽疑心顿起，她板着脸质问邵斌：这电话是谁打的？为什么不说话？你在外面一定有了第三者！"

邵斌生气地说："你这样不信任我，那结婚还有什么意思？你再这样无理取同，不如明天就离婚！"

嘉丽一听这话，怒不可遏。她冲着邵斌叫道："你骗了我的人和财，要离婚可没有那么容易的！”

嘉丽感到又伤心又愤怒，她不能容忍丈夫在新婚蜜月之际就花心；她决心保卫自己，保卫婚姻，于是嘉丽开始了对邵斌的跟踪。一天，邵斌下班后在楼下与一个女同事讲了两句话，嘉丽听到了，愤怒地跑下楼来，不由分说地大声斥责邵斌，弄得邵斌十分狼狈。

1 月 28 日，邵斌到学校门口的小卖部去买东西，刚付完钱转身要走，就被嘉丽拦住了去路：“你刚才向那营业员塞的什么纸条？你背着我约她幽会？”

邵斌不敢应战，落荒而逃，他到底是读过书的人，不敢在大庭广众之下破口吵架，回到家，邵斌对嘉丽说：“我厌倦了你这种叫骂，大家好合好散吧！”

盛怒之中的嘉丽立即同意签字离婚。邵斌起草了离婚协议书，嘉丽则在协议书上愤怒地痛骂邵斌道德败坏，离婚协议书只好作废了。

嘉丽不肯签字离婚，却固执地向周围的人控诉邵斌的“卑鄙阴谋”。她指责邵斌结婚是为了骗取住房，然后再离婚，目的是想要和一个 16 岁的临时工结婚。

当时，邵斌正准备报考博士研究生，又担负者繁重的教学任务，他无暇与妻子纠缠，每当嘉丽逼问他时，他就自嘲地说：“是的，我是在和一位 18 岁的博士生谈恋爱，你满意了吧！”

嘉丽把丈夫的回答当作证据，写了许多控告材料四处散发，弄得校园里议论纷纷。

1996 年 6 月 10 日，是个周末，下午 3 时许，邵斌到照相馆洗照片，准备办理教师资格证书。他一回到家，嘉丽就不依不饶地追问道：“我跟踪你好久了，你老实交代，你给哪个情人打电话了？”

一个追问，一个反驳，唇枪舌剑之中两个小时过去了。邵斌只好收拾书本逃到系办公室去复习，直到夜里 11 点才回家。不料，怒气未消的嘉丽大发雷霆，扯着邵斌论理，邵斌也怒火中，顺手将一摞书摔到嘉丽身上，夫妻间一场大战。

第二天，嘉丽的妹妹嘉慧带着男友和一帮朋友闯到邵斌家，质问邵斌为什么欺侮嘉丽。一语不合，双方拉扯起来，对方人多势众，邵斌被打成了轻伤。

1996年6月14日，邵斌到医院看病、花去了医药费、交通费等计1100余元。受伤的不仅仅是邵斌的身体，还有他和嘉丽原来就基础薄弱的婚姻，这场家庭恶战发生后，邵斌即与嘉丽分居。7月9日，邵斌正式向武汉市洪山区人民法院起诉离婚。

几度出手，诉讼风云波澜起伏

离婚判决还没有下来，这时夫妻间的战争则硝烟再起。

1996年8月11日，嘉丽与妹妹嘉慧回到家中清理自己的衣物。她见邵斌正在更换房门锁，意识到邵斌是企图把自己“扫地出门”，再次愤怒地与邵斌发生了争执。激烈的争吵中，邵斌手中的钢钳碰到了嘉丽的鼻子，顿时血流如注。嘉丽住院治疗达60天之久。

嘉丽不甘心吃亏，她想到了用法律保护自己，她立即为打官司做准备，去做了法医鉴定：嘉丽鼻骨骨折并移位，鼻位软组织挫伤，脑脊液鼻漏，为轻伤(重型)。嘉丽岂肯善罢甘休？她向洪山区人民法院起诉邵斌恶意伤害他人。这对名义上还是夫妻的人开始对簿公堂了。

8月23日，洪山区法院认为邵斌在民事诉讼中将诉讼参加人打伤，严重妨害了民事诉讼活动，决定对邵斌行政拘留15天。邵斌不服，向武汉市中级人民法院申请复议，武汉市中级人民法院驳回了邵斌的申请，维持原裁决。

嘉丽得理不让人，于8月27日又一次向洪山区法院提起了刑事附带民事诉讼，要求追究邵斌的刑事责任，并赔偿她的经济损失 。

法院受理此案后，邵斌向法庭提出嘉丽的伤情鉴定有假，请求重新鉴定。邵斌同时提出，他和嘉丽是夫妻，发生纠纷属正常现象，他希望能在互谅互让的基础上酌情对嘉丽给予赔偿，为了表达自己的诚意，邵斌还于1996年9月6日主动撤回了离婚起诉。

嘉丽却并不打算接受邵斌的这份好意，她觉得邵斌是理亏了。她决定“宜将剩勇追穷寇”，她不放弃对邵斌刑事责任的追究，与此同时，她还分别向法院和有关单位散发了许多材料，指责邵斌在玩弄阴谋，企图逃避法律的制裁。

嘉丽的不依不饶也激怒了邵斌。1996 年 11 月 9 日，邵斌向洪山区人民法院起诉嘉慧及男友。这场原本是夫妻间的战斗波及了亲朋好友。法庭调查后判决嘉慧及男友对邵斌的身体造成了一定损害，应承担一定的民事责任。邵斌和嘉丽彼此间全没有了宽容，他们开始不顾生活和事业，而一味地纠缠于官司了。

1996 年 11 月 12 日，湖北省高级人民法院对嘉丽的伤情也重新作了司法鉴定，认为原鉴定轻伤（重型）依据不足。12 月 27 日，洪山区法院据此认为邵斌的行为不构成犯罪，并依法驳回嘉丽对邵斌故意伤害罪的指控。

面对裁定结果，嘉丽倍感委屈，她向武汉市中级人民法院提出了上诉。同时，她拿着一纸刑事裁定书到省人大、省法院上访，一起由家庭纠纷引发的诉讼案弄得沸沸扬扬。

为了慎重起见，1997 年 2 月 28 日，武汉市中级人民法院再次聘请了公安、检察和省内包括同济、协和、省人民医院及广州军区总医院各方面的 16 位专家，对嘉丽的伤情进行了会诊，最后一致认为：认定脑脊液鼻漏，颅底骨折证据不足，嘉丽的伤为“轻微伤”。

1997 年 3 月 27 日，武汉市中级人民法院二审判决：虽嘉丽的损伤程度为轻微伤，但邵斌应对嘉丽予以经济赔偿，对邵斌不予刑事追诉。

怨偶之战绵延不绝

邵斌在心理上略胜一筹，只要不用承担刑事责任，赔偿多少他是无所谓的，但这场婚姻对于他来说是早已死去了。1997 年 4 月 17 日，邵斌再次提出离婚诉讼。

已经都是遍体鳞伤的夫妻俩在公堂上互不相让，唇枪舌剑。嘉丽控诉邵斌强行与她发生性关系，导致她身心受害。为了证明自己的话，她还向法庭出具了两张医院的证明，证实邵斌对她实施过性暴力。但法庭调查鉴定发现，这两张证明都是伪造的。

邵斌则指责嘉丽无理取闹，四处散布自己有第三者的材料，败坏了他的声誉。

1997 年 11 月 13 日，洪山区人民法院认定这对夫妻感情完全破裂，准予双方离婚。

一对怨偶终告分手，缘已尽，双方都该从这场失败的婚姻中悟出些什么了，该用平和的心态去面对过去了。但嘉丽不解气，她余恨未消，感到不能这样轻易地放过邵斌。她再次以邵斌骗取了她5万元财物为由起诉，并要求追究邵斌的刑事责任。并对邵斌有第三者为由，对离婚民事诉讼也提出上诉。

嘉丽请了假，开始了不遗余力的诉讼。她不辞劳苦地赶到北京，证实自己的“伤势”。1997年11月至12月间，她分别在北京的同仁、天坛及协和医院进行伤情诊断，她拿着三家医院的病历，于1997年12月24日到北京物证技术鉴定所鉴定，得到了“鼻脊液鼻漏，颅底骨折，蝶窦和筛窦骨折”的结论。

嘉丽拿到这一纸结论，底气更足了。她满腹冤屈地到全国人大和最高人民法院上访。全国人大和最高人民法院对此案进行了督办。

案子又回到了湖北省。嘉丽的伤情又成为案件的焦点。结果，嘉丽在北京的鉴定由于没有受到司法机关的委托，不具备法律效力。武汉市洪山区人民法院于1998年1月6日再次审理认定：邵斌不构成犯罪，但须承担赔偿责任。故判决邵斌一次性赔偿嘉丽的医药费、误工费和营养费等经济损失4600元。

案件终结了。但邵斌和嘉丽都不肯就此偃旗息鼓，嘉丽坚持要追究邵斌的刑事责任，而邵斌则以赔偿额太高为由提出上诉。武汉市中级人民法院不得不再次受理了这起纠纷案，双方均无意和解，因而无法达成谅解，这让法官们感到十分遗憾。因为这样长久地纠缠下去，双方都会精疲力竭，最后只能是两败俱伤。

邵斌是个优秀的学术人才。在与嘉丽结婚前，他出版了三本学术专著，有两篇论文获奖。但自从与嘉丽展开官司大战以后，他把宝贵的时间和精力耗费在取证、写答辩状和申诉材料上，而把专业研究搁置了起来，这种浪费真是令人叹惜。

嘉丽也是一名优秀的主治医师，但自从卷入官司以后，她长期请假，告状并到处上访，耽误了工作，也弄得自己心力交瘁。一股不平之气积郁于胸，她始终觉得这场婚姻中最吃亏的是她自己，她非得把官司打到底，给自己出一口恶气不可。

1998年5月，邵斌报考了华中理工大学的博士研究生，考试成绩合格，学校初录了他。嘉丽到华中理工大学找到有关领导，反映邵斌因打人正在接受起诉的情况，最后，学校决定不予录取邵斌入读。这样一来，邵斌和嘉丽之间的积怨简直就不可化解了。

1998年8月7日，武汉市中级人民法院委托司法部司法鉴定科学技术研究所对嘉丽的鼻伤又进行了鉴定，结论为轻伤。9月25日，法院作出判决：认定邵斌犯故意伤害罪，判处其拘役3个月，缓刑6个月，赔偿额追加到11656元。

1998年11月18日，武汉市中级人民法院作出民事判决：嘉丽上诉邵斌有"第三者"的证据不足，予以驳回，维持洪山区人民法院的其他民事判项。

嘉丽似乎是反败为胜了，她终于成功地给邵斌定了"罪"，但她的心理却无法获得平衡，在这场婚姻与连绵不断的官司中，她失去了一个女人最珍贵的东西：温柔、安宁、幸福，嘉丽把这一切都归罪于邵斌，她认定他是因为有了"第三者"，才会对她敬而远之的，她发誓一定要弄个水落石出，挖出邵斌生活中的"第三者"。于是嘉丽继续上访，继续到邵斌所在的单位和一些相关单位散发材料。

输了官司的邵斌更是不肯罢休了，他也决定以牙还牙，展开反击，这个才华横溢的学者才思敏捷地把嘉丽在婚前与别人发生纠纷的几次官司翻出来，写成材料，以此诋毁嘉丽，告诉人们嘉丽就是一个"打官司专业户"。

1998年11月，邵斌正式向武昌区人民法院起诉嘉丽侵犯其名誉权，要求追究嘉丽的诬陷诽谤罪，并要求赔偿精神损失和名誉损失5万元。新一轮的诉讼又拉开了序幕。

法院受理了邵斌的起诉后，分别于1998年11月24日，1999年2月14日和3月1日多次开庭，案件在无休止的继续进行中。

这场怨偶之间的大战给双方的身心都造成了难以估量的损失，但双方都没有任何鸣金收兵的迹象，而他们宝贵的生命才华和过人的聪明才智完全被他们抛诸脑后了。不知这一对聪明过人的知识分子何时才能醒悟：生活中还有许多美好的东西，是那无谓的婚姻纠纷所不可比拟的！

这场诉讼大战硝烟未散，嘶哑的杀声又起，不知何时得了，这里没有真正的胜利者。

一对曾经恩爱的夫妻，一对颇有才华事业有成就的知识分子，本应珍惜这不易得到的幸福和淡泊宁静的生活。可是，他们偏偏说不！偏偏掀开痛苦的一页，星火燎原，以致燃起了足以烧毁婚姻乃至一生的大火。不能否定他们的智商和法律意识，一次次走向法庭向对方宣战，然而，让人心悸的却是那场诉讼已成为一场刹不住车的搏杀，战局莫测！

一场场战役打响了，枪声未远，炮火又起。所有的理性与宽容都化成了仇恨。因为疲于“内战”，那些宝贵的时间和精力都耗尽了，那原本辉煌的事业也暗淡了。即便是有了真正的赢家，其价值又有几何？

其实，这世上有的事情，实在不必过于较真，毕竟是一日夫妻百日恩，好合好散时，何妨糊涂一把呢？

二十八、二十年之后的无罪判决书

在工作中，有成绩得到肯定就觉得有收获，每当受到嘉奖和表彰有种自豪感。在告诉申诉立案庭，我办理了一起尹定杰、尹定扬等“反革命集团”案。此案经过通山县法院，原咸宁地区中级法院复查八次均维持原则。我经过复查，在39本厚厚的卷宗中发现，除几条“文化大革命”标语、被告间的供述外，是一起典型的冤案。我跑乡村核实证据，到监狱询问被告核查证据，尹定杰、尹定扬被宣告无罪。为何八次复查都维持原判，其原因就是有的原基层法院的复查人就是原承办人，原承办人就是原“革命委员会”的组成人员。当判决送达后，有一个原案件承办人后任基层法院副院长的审判长，找到省法院告状，说省法院再审宣告无罪的刑事判决书错字百出。我们一位领导听了汇报，既不调查也未核实，就在全院大会上不点名批评说：尹定杰、尹定扬“反革命集团”案宣告无罪就值得商榷，判决书错字多处。

当一字未错一个标点符号未漏的刑事判决书展现在他面前时，这位领导瞪着眼睛一言未发，反问“这是什么意思”？不久我以报告文学形式写了《改判，于二十年后兑现——尹定杰等“反革命集团”冤案平反录》。

全文如下：

1992年12月25日上午。

武昌监狱。

他接过湖北省高级人民法院的刑事判决书，捧在手中，兴奋不已。喜悦，使一个刚烈的老人热泪像断了线的珍珠，扑簌扑簌地往下掉，他激动地连声说："感谢省法院给我作出了实事求是的结论！"他反复阅读着判决书："原判认定尹定杰纠集尹定扬等人预谋策划组织反革命集团，散布反革命谣言，书写反革命宣言的证据不足"。"依照《中华人民共和国刑事诉讼法》第一百四十九条第二款、第一百五十条、第一百三十六条第(3)项之规定：判决如下：

一、撤销……

二、宣告申诉人尹定杰、尹定扬无罪。

我无罪了，我无罪……他不断地重复着。

是啊！一个年近60岁的人，要告别他曾劳改了15年，后又留场就业8年的地方，即将步出森严的高墙铁门，他怎能不兴奋、激动。

这位不幸之人的眼泪，把我又带入了一摞39本案卷中，每本卷宗都记载着他的历史，一段活生生的传记史……

他叫尹定杰，现年59岁，原系通山县二轻局干部，刑满后在武昌监狱就业。

他为何沉冤至此？

让我们把日历往回翻！

一句言论，殃及百人

时间回到20多年前的1968年。

地点，原通山县黄沙区太平公社，现阳新县王英乡。

轰轰烈烈的"文化大革命"把这个穷山沟闹腾得天翻地覆。相亲不相认，斗私批修、抓走资派；游乡、批斗，"停产闹革命"。挥舞笔墨，大字报到处可见，"宁要社会主义的草，不要资本主义的苗"的口号响彻大地。

一些正义的人们，对这种无政府状态，愤慨、忧惑！

"这场文化大革命'闹得人心乱、生产乱、武器乱'（称内有三乱），农民有田不能种，工人有工不能做、到处抢枪、搞武斗，定要失败。"尹定杰与尹定扬、尹云香常集聚一起加以议论。

正是这些“不满言论”，招来了不幸之灾！

当这些言论一出现，“造反派”就推定必由反革命特务操纵，理由是，解放前这地方是国民党划定的白区，必有暗藏的特务。为此，从上到下，进行清查。“造反派”从追查言论开始，对所怀疑的对象进行吊打、审讯、刑讯逼供造成人人自危。亲牵亲、邻连邻、朋友扯朋友，像“瘟疫”一般蔓延在这山沟沟里。有的被打死、有的不堪痛苦，割颈、割动脉、跳楼自杀；有的被关押致死……

这起追查“反革命集团”的运动，正值史无前例的“文化大革命”高潮时期，人人要划清界限，个个要检举揭发。

经过几个月的吊打、审讯，当时身为通山县二轻局干部的尹定杰和通山县太平公社团委书记尹定扬被指控为预谋策划组织“反革命集团”的首犯，并对王贤怀等93人进行了审讯，其中涉及国家干部26人，大队干部2人，党员10人；因刑讯逼供致死6人，致残8人。有6人被开除党籍和公职。尹定杰、尹定扬2人被定罪判刑。尹云香、尹法之等7人被定为“反革命分子”。

百字判决书，沉冤几十载

厚厚的39本卷宗，百字判决书作了结论。1969年10月10日，原通山县公安机关军管小组以(69)军刑字第21号、第22号刑事判决书分别认定：尹定杰早在中学读书时，就读过很多反动书籍，妄图颠覆无产阶级专政，在无产阶级文化大革命中，大肆进行反革命活动，到处散布反革命言论，蛊惑人心。为进一步密谋反革命活动，贪污公款192元私买八管半导体收音机一部，专门到深夜收听敌台广播。1967年(阴历)7月密谋策划组织反革命集团，由尹犯亲自拟写反动透顶的反革命宣言，恶毒攻击毛主席和林彪副主席，无耻地吹捧人民公敌蒋介石。尹定扬一贯思想反动，对我党怀有刻骨的仇恨，乘文化大革命之机，伙同反革命首犯尹定杰等人密谋策划组织反革命集团，并亲自邀约反革命密会，发展反革命成员、大肆进行反革命活动。尹定杰被判处有期徒刑15年，尹定扬被判处有期徒刑8年。

判决执行后，尹定杰自1974年，尹定扬自1979年先后连续向各级法院和有关单位申诉。尹定杰的申诉信已能订出厚厚的几本卷宗。他在申诉信中说：原判认定的犯罪事实，没有任何证据，原判中所作的供述，是原办案人员刑讯逼供、指供的产物，不能作为定案的证据，原判认定我犯罪的法律依据是“文化大革命”的《公安六条》，根据党中央彻底否定“文化大革命的”精神，对我的判决也应否定。

他俩确实是不幸者，正当年时，被关进了监狱，离别了父母、妻子、儿女，分别在铁窗中度过了23年、8年的生涯，现在他们均已59岁了。回首往事，不寒而栗。

尹定杰原有一个幸福的家庭，年纪轻轻已出人头地，在县里当上了干部，惹得多少人的羡慕，可这百字判决书，使他妻离子散，家中的不幸接踵而来。

他在被关押期间，其亲属有10多人受牵连。为找所谓反革命宣言，他三叔家被挖地三尺；他的大哥在武汉工作，写信告诉了武汉的社会情况，被审查是否参与了“反革命集团”；在湖南工作的六叔父也为此受到审查；就连其母的娘家，也同样受到牵连，舅父等被挨斗、遭打。妻子不堪审查和政治压力，与他划清了界限，儿子出走，使他成了孤零零的单身汉。

在狱中，他苦闷、彷徨。多少次的泪水，多少次的喊冤，多少封的申诉信，成了他精神的依托。他相信，总有一天会伸冤的，他相信党。数十年来，他向各级司法机关和有关领导机关写出数以千计的申诉信，数年上访，申辩自己无罪。1978年以来，通山县法院、咸宁地区中级法院，先后根据通山县委、咸宁地委的指示和湖北省高级人民法院、最高人民法院4次发函交办的意见，数次组织复查，6次作出复查结论，均维持了原判。今天他20余载的冤案总算被昭雪了，怎叫他不兴奋、激动！

尹定扬虽未妻离子散，但抄家、挨斗，给他家庭带来了多少不幸？全家人政治上的压力，精神上的枷锁、生活上的窘迫……这一切的一切，使他提而生畏 。

隐匿20载，审势返故里

“下落不明”，这是历次复查报告中对尹法之的结论。

1988年4月，两位古稀的老人，在一后生的陪同下，小心翼翼地回到了故里。

尹法之一家三口返回家乡了。这爆炸性的新闻，把阳新县王英乡闹了个底朝天。相识的老人，梳抓着胡须，问长问短；年轻人见到这位陌生老人，只是乡音相通，相见不相识。

当年，刚过不惑之年的尹法之在被关押期间，联想到自己曾于1942年抗日期间任过国民党军事委员会湘鄂赣边区行动总队二支队三大队准尉文书，1952年被以历史“反革命”判刑2年的往事，深感此次在劫难逃而越墙逃跑。他带着妻子、儿子流浪在江西的永修、德安；最长的算是在安徽省宿松县程营公社陆圩大队，化名李家明，以帮人放牛住了7年。谁也没有怀疑过，他就是被追捕在逃的“反革命集团”成员之一。

党的十一届三中全会后，拨乱反正，使他明白了许多，为了了解时事，他节衣缩食，买了一部收音机，听新闻，研究时事。他相信党的政策，1988年4月毅然决定返回故里。当他踏上阔别21年的家乡，见到阔别的乡亲，他再也抑制不住泪水，长跪于地——

苍天啊，我回来了！

随其回家的老伴，步履蹒跚，相识的姊妹给她算庚，快做70大寿了。

随其返回的一壮年汉子，为眼前的情景疑惑，孤独的性格，使他站立不言。老人、小孩均不相识。是的，当年他随父出走时，只10多岁，现已不惑之年了，长年的流浪生活，使他至今光棍一个。他见到哺育他成长的土地，长长地吸了一口气。环顾四周，昔日的荒山野岭，今日换了新颜，横穿山脉的公路，使他找不到了儿时的山间小道。变了，一切都变了。

一顶“帽子”至死未摘掉

他叫尹云香，原系通山县黄沙区林业站干部，是被开除党籍、公职的其中之一。相比之下；他比尹定杰、尹定扬幸运。虽到1988年死亡时，一顶暂给群众掌握的“反革命分子”帽子还拿着，但毕竟未在监狱里蹲过。

1968年5月19日，尹云香得知其弟尹云焕在被吊打中，牵连到自己，又联想到自己与尹定杰、尹定扬等人议论过文化大革命要失败的结局时，自感“罪责难逃”，即主动向黄沙区林业站“造反派”头头投案。1969年3月2日，原通山县公安机关军管小组以尹云香能投案自首，揭发其反革命集团的罪恶活动，态度较好，决定对尹云香免予刑事处分，教育释放，开除党籍和公职，暂不戴反革命分子帽子，交群众掌握，以观后效 。

从此，这顶帽子在群众手里一直拿到他死亡。

死亡时，他已 58 岁了，他始终不明白自己到底触犯了哪一条，他常对其子女说：我一生拥护党，从未干过反党之事，你们千万要……

他走了，永远走了……死而未瞑目 。

结论与思索

此案自 1978 年 11 月起，进行了 8 次复查。1979 年通山县法院根据通山县委的指示，虽对与案件无关的其他 84 人予以了平反，但对尹定杰、尹定扬、尹云香、尹法之等人维持了原结论。在上级法院的监督下，1983 年通山县法院对原判决认定尹定杰“早在中学读书时，就读过很多反动书籍，并妄想颠覆无产阶级专政，复辟资本主义”以及“恶毒攻击林彪”等不实之词，予以了否定。但还是认定“只是未定组织名称，未予委职、分工、是正在预谋策划中的反革命集团” 。故在未撤销对尹定扬的原判决的情况下，对尹定杰、尹定扬从定性上改判为反革命煽动罪，刑期均未变。

尹定杰仍继续申诉，1989 年咸宁地区中级人民法院在通山县法院又几次复查仍维持原判的情况下，决定调卷审查。审查结论未变，报送湖北省高级人民法院。1991 年 4 月 1 日，湖北省高级人民法院经研究决定提审。经过询问申诉人及有关证人，在全面核实材料的基础上，认为原判证据不足：

其一，原判认定拟写“反革命”宣言问题。经查：原卷中只有一份抄件，且这份抄件来源不详，无提取的时间、地点、抄件人姓名。而申诉人交代的未装订入卷的一份“宣言”，是“文革”期间群众组织成立的“宣言”，无任何反动内容。

其二，关于原审认定尹定杰散布“反革命”言论问题。据原卷记载，尹定杰与尹定扬、尹法之等人在谈论“文化大革命”时的言论并不具有反革命性质。

其三，关于原判认定召开“反革命”密会问题。据原卷记载和省法院查证：尹定杰与尹定扬在谈论“文化大革命”时，尹定扬介绍说，他有个叔叔叫尹法之，过去读过很多私塾，很有见解，可找他谈谈。但尹法之系“四类分子”，不便直接见面，故通过尹作如约定1967年农历7月初1晚上在尹定扬家见面。因尹定扬家的邻居多，又改在尹定扬屋后一苕窖棚里。当尹定杰、尹定扬、尹法之、尹作如相见后，谈论的主要内容是内有“三乱”，外有“三摧”，文化大革命要失败等等。这就是原判认定预谋组织“反革命集团”的根据。

据此，湖北省高级人民法院撤销了原通山县公安机关军管小组1969年10月10日(69)军刑字第21号、第22号刑事判决和通山县人民法院1983年5月19日(83)通法刑复字第5号刑事判决，宣告尹定杰、尹定扬无罪。

20多年的冤案终于得到了平反，但给人们留下了许多值得思索的问题:1978年起，通山县法院根据通山县委的指示，对该案进行了几次复查，但是，并未查清有关事实。1988年，本案的主要关系人尹法之已返回家乡，可也无人找其调查、询问，使该案长期未予平反。如果说，1978年复查此案时，人们对“文化大革命”还心有余悸，思想认识有待提高，这情有可原。然而，1983年至1989年的多次复查，党中央早有政策，按理说，平反此案应顺理成章，可事实上却不然，这就值得思索了。

冤案的根源

就本案而言，其成为冤案除“文化大革命”的因素外，其主要原因还有:

一、刑讯逼供。本案在“逼供信”上确属少见。1969年此案的审结报告中写道:“通过吊打，破获了此案。”本案在破案中，采取非人道方法，逼供、诱供、指供。审则打，打则供，供则信，信再抓，使近百人无辜受审，致死致残14人。

二、先入为主，捕风捉影。许多受审人为了解脱痛苦，捏造事实，牵连无辜。捕风捉影的供述却成了定案的依据，把一些过激言词，作为反革命言论；把父辈、亲属的历史污点，作为认定反革命罪的根据。

三、发泄私仇，乱打无辜。许多“造反派”借机报私仇，打伤打残多人。

四、“群众专政”，随意抓人。“文化大革命”砸烂了公、检、法，取而代之的是群众专政，那时无法律可言，不经审批就抓人，不审判就量刑。此案也是如此。同时，此案既剥夺了被告人的辩护权，也未给其上诉权，在程序上“一锅煮”。这些都是造成冤案的原因之一。

千原因、万根源，历史是最公正的。扫去乌云，空气、阳光还是那么新鲜。历史不会重演，悲剧将永远地过去。法律保护无罪的人，真理属于善良的人。

当尹定杰无罪释放后，多次给我写感谢信，诚挚的语言至今在我耳边回荡。

二十九、一个贪官落网后的亲情风暴

人一生自由比什么都好，失去自由，就等于失去一切。在审理一些再审案件中，看到有些悔之晚矣的官员，落魄狼狈，只求早日走出监狱获得自由。如一位副市长因受贿贪污入狱，再审申诉只求早一天出狱，过上正常人生活。在征得他的同意后，我写了这篇《一个贪官落网后的亲情风暴》，2003 年在《知音》发表后被多家报刊转载。其原文是：

2003 年 8 月，正在服刑的原湖北省咸宁市某局局长刘明写了一篇情真意切的忏悔录。当他身在风光无限的局长宝座上时，有红颜娇美投怀送抱；当他一夜之间沦为阶下囚时，风花雪月顿成泡影，而“留守”在身边的竟是他当年无情背叛的前妻。这两个女人以截然相反的态度成为他生命中最难忘的记忆。有情是大义如山，无情是绝境背叛，有情无情间，世态炎凉，人心冷暖，事事刻骨铭心……

恩断义绝，花心局长背弃爱妻

刘明与郭春华曾经是一对幸福美满的夫妻。

1955 年，刘明出生于湖北通城，上高中时，他认识了同班同学郭春华。高中毕业后，刘明考上了咸宁农业学校，郭春华也考入武汉音乐学院音乐系师范班。刘明毕业后被分配到咸宁地区农科所，而郭春华则被分配到咸宁地区温泉镇小学教书。1978 年，相爱已久的郭春华和刘明结了婚。1979 年，他们的儿子出生了。刘明喜欢根雕，郭春华喜欢音乐，他们夫唱妇随的歌声琴声和轻盈和谐的舞步令人艳羡不已。

刘明在工作上表现突出，他不断地得到提升。1991 年，刘明调往咸宁市担任副市长兼某道路工程的指挥长。虽然相隔不远，但刘明对妻子依然难离难舍。一次，刘明到地区开会，半夜时会才结束，这时已经没有车了，他思妻心切，竟徒步走了十几公里，赶回了家，只是为了见上爱妻一面。

郭春华被丈夫的深情感动了。1992年，她调往咸宁某局，担任副局长。夫妻团聚，刘明心满意足。1994年，刘明升任咸宁地区某局局长，郭春华也调到咸宁地区温泉开发区某局担任副局长。

刘明每月的工资都如数交给妻子，由妻子安排全家人的生活。刘明在妻子的支持下，读完了本科和研究生，并获得了硕士学位。

可自从刘明担任了局里的一把手，权力大了，求他办事的人多了，身边的女人也多了。1996年，刘明认识了一个有夫之妇许梅萍，这个美艳少妇使尽全身解数，很快与刘明熟悉起来。在许梅萍与众不同的魅力面前，刘明欲罢不能。他们一拍即合，很快就打得火热。为了牢牢地把刘明抓在手里，许梅萍孤注一掷，与丈夫离了婚，成为单身女子的许梅萍几乎天天都跟刘明泡在一起。在这段近乎疯狂的婚外情中，刘明陷得很深，他完全忘记了他的爱妻、儿子和年迈的母亲。

一次，在派出所打击卖淫嫖娼的行动中，正在非法场所苟合的刘明和许梅萍被抓了个正着。许梅萍没有给刘明留面子，把他们通奸的事情一五一十地全都说了出来。为了刘明的前途，郭春华挺身而出，到派出所把丈夫保了出来，还到单位去帮他解释。郭春华忍着心痛做这些事情，只有一个目的，希望丈夫迷途知返，回到家庭，回到正确的人生道路上来。

但郭春华的所有努力都毫无结果。事情已经公开化，刘明反倒更加无所顾虑了。他离开妻子和儿子，公然与许梅萍同居。1997年1月，刘明以感情不和为由，在咸宁地区中级人民法院起诉与妻子离婚。

1月20日，郭春华含泪给刘明写了一封长信，这是一封爱恨交织、泪雨纷飞的信："明，离春节已不足20天，我还不知道你在哪里？我觉得有必要给我那见不到的、精神萎靡的丈夫写封信：让你知道你对我的折磨有多深、对自己的事业和家庭造成的危害有多大。几个月来，你日夜不归家，抛弃了妻儿老母，沉溺于女色。我在你的折磨下日益憔悴，已到了精神崩溃的边缘；儿子因你的所作所为无脸见人，学业大受影响；老母无时无刻不在为你担忧，不知增添了多少白发。自古被女色害得亡国亡家的故事你知道得不会比我少。现在你虽说是局长，但欠债几百万，车子、传真、沙发都被人拿去抵债，已到了这个地步，还不发奋图强，还继续与那些女人鬼混，后果是可想而知的呀……”

但妻子含泪的呼唤没能唤回刘明远走的心，这年春节，刘明没有回家过年，他一直与许梅萍厮守在一起，郭春华含悲忍泪，带着儿子回到通城老家过了年。

地委的主要领导也痛心不已，他们语重心长地劝诫他，他的许多老前辈、老同事、老同学也纷纷上门劝说，但刘明对所有人的劝说都充耳不闻，一意孤行。

法庭经过认真调查后认为，刘明提出与妻子离婚，主要是与许某某关系过于密切所致。刘明起诉离婚的理由不足，法院不予支持，法庭于1997年4月1日下达判决，不准刘明与郭春华离婚。

法院的判决下达了，刘明却依然不肯回家，郭春华见丈夫如此绝情寡义，实难挽回，而儿子又因为受到父母离婚影响，学习成绩一落千丈，心如刀绞。最后，她作出了一个决定：法院的判决下达一个星期后，郭春华通知刘明，她同意协议离婚。他们离婚后不到一个星期，刘明与许梅萍正式结婚。

身陷囹圄，新婚的娇妻无情逃离

为了讨好新婚的娇妻，刘明为许梅萍在市区买了房子，作为他们的新房。许梅萍千娇百媚，风情万种，她对刘明山盟海誓，承诺此生不变。刘明搂着新妻，万分感动，他觉得自己终于获得了人生真爱。沉浸在新婚快乐中的刘明无暇顾及前妻和儿子，他不知道因为他的背弃，正在读高三的儿子受到了极大的影响，当年高考，他没能考上大学，自费读了自修大学。

刘明的幸福生活并没有太长久，1999年4月，刘明被宣布“双规”。5月17日，刘明被正式逮捕。

刘明被捕的消息传到郭春华耳里，她痛心不已，这是她早已预料到的结局，如今真的出现了。

1999年9月，法庭开庭审理了刘明贪污受贿一案。郭春华犹豫再三，尽管她现在与刘明已没有任何关系，但他毕竟还是儿子的父亲，她不可能置身事外。

1999年10月9日，咸宁市中级人民法院下达判决，刘明在职期间，利用职权受贿计10万余元，被告人刘明犯受贿罪，判处有期徒刑10年，犯贪污罪，判处有期徒刑4年，决定执行有期徒刑13年。

宣判后，郭春华在法官陪同下见到了刘明。看着自己曾无情背弃的前妻，刘明的眼圈红了。他低着头对郭春华说，他的确做了对不起国家和人民的事情，但他觉得量刑过重，希望提出上诉。郭春华问："由谁代你提出上诉呢？"刘明知道，上诉必须由直系亲属代为提出，但他直到现在也没有见到许梅萍的面。郭春华看着他无助的样子，心疼莫名。她笑着说："如果你不介意，我就帮你办吧。"刘明的泪水终于忍不住夺眶而出。

郭春华找到了许梅萍，在许漂亮迷人的脸上，看不出一丝的忧伤烦恼。郭春华向她讲述了刘明的案情，希望由她出面提起上诉。许梅萍冷冷地说："刘明的事我不知道，我也不管。"说完，她拂袖而去。

郭春华没有想到，这个刘明不惜为她抛妻弃子的女人竟会如此绝情，想到刘明对自己的无情伤害，她又何尝想再管他的事。但毕竟是曾经的夫妻，毕竟有过刻骨铭心的爱情。郭春华找到了刘明的母亲，老人对儿子的事情一无所知，儿子闹离婚，要抛弃发妻和儿子，老人不答应，却阻止不了。刘明入狱前，把自己所有的工资和存款交给了许梅萍，委托她照顾自己的老母，许梅萍却抛下母亲，独自走了，这一段时间老人的生活全靠亲朋好友接济，不久，郭春华自己花了2000元请了律师，替刘明写了上诉状，为刘明进行二审辩护，1999年12月6日，湖北省高级人民法院重新核定了刘明关于受贿罪的数额，改判有期徒刑七年。

刘明入狱服刑，已是冬季，刘明被逮捕时只穿着单衣，现在天气冷了，他带的衣服根本不够抵挡寒气。他身材高大，监狱里的狱服又穿不上，刘明托人给许梅萍带话，让她送几件衣服来，而刘明心里也深切地思念着爱妻，想借此机会见她一面、但刘明不知道不甘寂寞的许梅萍已有了新的恋人，根本无暇顾及刘明。

老母抱着寒衣，辗转奔波到监狱去看望儿子，刘明看着母亲满是皱纹的脸，担忧地问："你是怎么生活的？"母亲说，她在单位宿舍前的山坡上开垦了一小块菜地，又在单位厕所旁搭了一个小猪圈养猪，母亲颤巍巍地端给儿子一小罐肉汤，哭着问儿子："你在这里吃得怎么样？有没有人打你？"刘明一个劲地点头，一句话也说不出来。母亲说："只要我活着一天，就经常来看你，你要好好改造，争取早日回家。"

母亲走了，刘明在铁栏边大声痛哭。

郭春华也到监狱看望刘明，她知道刘明不放心老母，就对他说："你放心，以后让你妈妈跟着我过吧，我想办法把她老人家的户口转到城镇来。"

刘明问起儿子，郭春华的眼圈也红了，儿子因为父亲被判刑，只好辍学在家。他外出打工，独立谋生，却因为没有文凭而处处碰壁，他毅然改名换姓，回到老家复读。刘明犹豫着说："我知道儿子恨我，可我真的很想他。"郭春华答应他，将来一定想办法让儿子来看看他。她真诚地说："如果你需要，我也会经常来看你的。"

在前妻和母亲的鼓励下，刘明的精神状态有了明显好转，他努力改造，积极参加劳动和学习，多次受到表扬。2001 年春节，因为刘明的表现良好，并有立功表现，他获准出狱几天与家人团聚。刘明欣喜若狂地把这个消息告诉了许梅萍。因为有管教干部同行，临行前，刘明给许梅萍打了个电话，让她安排一辆车接他一下。许梅萍一口回绝说："没有车。"

刘明兴冲冲地回到家，眼前的场景令他失望万分。许梅萍请来了很多朋友在家里聚餐，其中甚至包括她的绯闻男友。家里门庭若市，当着众人的面，许梅萍对刘明形同路人。他一个人闷闷不乐地坐在一旁，神情沮丧。直到晚上，这些人也没有散去，刘明与妻子亲密团聚的梦想破灭了。

第二天，刘明回到了郭春华家，他情绪低落，心神不宁。郭春华问他发生了什么事，他把在许梅萍那里的遭遇告诉了前妻。郭春华忍不住把许梅萍的风流韵事和盘托出，她想让刘明知道，那种权色相交换的爱情和婚姻是不能长久的。

回到监狱不久，刘明就收到了许梅萍的离婚起诉书。尽管自己入狱后，许梅萍不闻不问，冷若冰霜，但刘明总还是心存一线奢望，希望自己刑满后回到家，能与她重新开始。而这突如其来的离婚诉讼彻底粉碎了刘明的梦想，他抱着最后一丝幻想，坚决不同意离婚。但许梅萍的态度却很坚定，2001 年 6 月，她专门聘请了律师。刘明以财产分割不当为由拒绝签字，但在许梅萍的一再坚持下，法庭依法判决他们离婚。法官将离婚判决书送达到监狱，那一瞬间，他一下子老了十岁。为了这段婚姻，他抛妻弃子，甚至不惜赌上了自己的政治前途，而这场建立在权力与美色之上的风花雪月的婚姻竟是如此脆弱，他失去了原本美好的家庭，失去了光明的政治前途，而现在，他仅有的退路、唯一的避风港也轰然坍塌，他的精神彻底崩溃了。

非关爱情，大义的前妻情义深长

万念俱灰的刘明精神委顿，甚至想到以死了却余生。郭春华得知他离婚的消息，马上赶到监狱探望。她苦口婆心地劝告刘明，要珍惜生命，珍惜自己。在郭春华的安慰下，刘明的情绪稍稍稳定了下来。

此后，郭春华探视的时间改为每月两次。每一次，她都要从小到大地讲许多道理。刘明起初不吭声，一副求死的模样，后来，他渐渐地开始跟郭春华交流，谈自己心里的想法。最后，刘明终于痛哭流涕："春华，是我对不起你，我不值得你这样对我呀！你放心，我不会再想死了，我要好好地活着，报答你和儿子。"

在痛苦之中，刘明对儿子的思念更为深切，一天，郭春华终于说服儿子，带着他一起到监狱去看望刘明。刘明流着泪对儿子说了许多话，儿子始终坐在一旁，默不作声。要走了，刘明问儿子："你有什么话说没有？"儿子点了点头说："没有。"看着儿子远去的背影，刘明悲从中来，他第一次深切地感到，他是如此的罪孽深重。

一天，刘明的妹妹来看望哥哥，她告诉刘明，母亲病了，不能亲自来，母亲把自己亲手养的两头猪杀了，换钱做路费，好去探望儿子。留下了一个猪肚，熬好了汤，让妹妹带给他。刘明捧着热腾腾的汤，仿佛看到了母亲慈爱的脸。他这个负罪而不争气的儿子，面对这大山一样沉重的母爱，何以下咽啊！妹妹告诉刘明，母亲自从他出事后一次也没有回过老家，怕丢人现眼。她嘱咐刘明好好改造，早日出狱，她才能面对父老乡亲。刘明听着妹妹的话，热泪纵横。

2001 年夏天，郭春华特意赶到监狱告诉了刘明一个好消息，儿子复读后又参加了高考，以优秀的成绩考上了江汉石油学院。为了解除刘明的后顾之忧，郭春华想办法把他母亲的户口转为城镇户口，还为老人争取到了城镇最低生活保障费。

失而复得的亲情成为刘明最有力的支持，他重新振作起来，努力学习，积极劳动，在服刑期间，他获得表扬二次，三次单项表扬，监狱记功一次，并被评为省改造积极分子。2001年、2002年两次被减刑，共计两年六个月。

2002年春节，刘明再次获准回家探亲，他回到了郭春华的家。对于他来说，这是他唯一的家了。儿子依然没有跟父亲说太多的话，但看得出来，父亲回家，他是很高兴的。在长谈中，刘明向郭春华提出复婚的想法。郭春华征求儿子的意见，儿子懂事地对母亲说："妈妈，这是你自己的事，你自己做决定，无论你怎样决定，我都会尊重你的选择。"

郭春华百感交集。这几年来，她失去了婚姻，却从来没有失去自己，她在事业上也有着长足的进步，在单位也是举足轻重的人物。她为刘明所做的一切，都是出于道义和良知，他毕竟是自己曾经的丈夫，毕竟是自己儿子的父亲，她不能看着他落入深渊不闻不问。至于夫妻之缘，她只能顺其自然了。

因刘明对于受贿罪部分的量刑仍不服，郭春华继续帮刘明申诉，在她的努力下，2003年2月，湖北省高级人民法院就刘明一案作出了再审决定。如果申诉成功，刘明可获得再次减刑。

身在狱中的刘明想了很多，2003年3月，他写了一篇《决裂自我塑新生——刘明忏悔录》，在文中，他深刻地检讨了自己的罪孽："我已懂得，风花雪月中的那些投怀送抱的女孩，她们的海誓山盟是为着你手中的权力和财富做出的承诺，当你一旦失去了附身的光环，你就会失去梦幻般的一切，还原你一个无足轻重的自我。这种构筑在权力与虚荣之上的投机婚姻，本身就注定了它的悲剧性结局。所以，如果允许我重来，我决不会嫌弃真心爱我的糟糠之妻。在无穷的悔恨中，我唯一能做的，而且也决心去做的，就是认真接受改造，彻底决裂旧我，力争早日回归社会，重塑新生。"

一个人真的是必须经历风暴后才能见证真心真情。在刘明从风光无限的官场到身陷囹圄的跌落中，一场亲情风暴在这个家庭横扫而过，有情无情间，人心自知。

跋

2015年3月3日，我签发了最后一份文书——一份审判委员会笔录后，迈着沉稳步伐走出工作36年的湖北省高级人民法院，回望同事一摞摞案件，堆满桌子、柜子的厚厚案卷，让我浮想联翩……法庭敲响的法槌，铿锵的宣判声；法庭上各持一理的争辩声，和风细雨的调解声，这不就是我走过的路吗……

在一捆一捆的蛇皮袋子里，满载着法律书籍，可装满一小车。不愿声张的我，让书籍压得汗流浃背。只有一崭新纸箱盒里，整齐地放着崭新的法袍，不愿用手触摸，生怕汗渍浸染。走出办公大楼，仰望镶嵌的国徽让我流连忘返。

我离开了钟爱的审判岗位，心中不免有抹不去的回忆，但心情是平静的，崇尚法治是我永远的信仰！